JÜRGEN KAMM/BERND LENZ

GROSSBRITANNIEN VERSTEHEN

JÜRGEN KAMM/BERND LENZ

GROSSBRITANNIEN VERSTEHEN

WISSENSCHAFTLICHE BUCHGESELLSCHAFT

Einbandgestaltung: Peter Lohse, Büttelborn.
Umschlagabbildung: London, Tower Bridge. © akg-images.

Gedruckt auf säurefreiem und alterungsbeständigem Papier
Printed in Germany

Besuchen Sie uns im Internet: www.wbg-darmstadt.de

ISBN 3-534-12427-8

Inhalt

Vorwort

Das Motto des Schleswig-Holstein-Musik-Festivals im Jahre 2003 charakterisiert treffend die trotz gelegentlicher Differenzen freundschaftlichen deutsch-britischen Beziehungen: "Great Britain lässt bitten". Zusammen mit dem deutschen Bundespräsidenten fungierte die englische Königin als Schirmherrin; ein engeres Mitglied der Königlichen Familie, Prince Edward, unterstrich mit seiner Anwesenheit die enge Verbundenheit zwischen beiden Ländern; und musikalische Aushängeschilder wie das London Philharmonic Orchestra oder die Academy of St Martin-in-the-Fields, der Stardirigent Sir Neville Marriner oder der in Popmusik und Klassik gleichermaßen versierte Geiger Nigel Kennedy waren sowohl Erfolgsgaranten des Festivals als auch Zeichen eines fruchtbaren interkulturellen Dialogs.

Was der musikalische Länderschwerpunkt Großbritannien symbolisiert, ist das Ergebnis eines langen und langsamen Verständigungsprozesses. In der Vergangenheit wurde die kollektive Wahrnehmung häufig von politischen Strömungen geprägt; je nach politischer Großwetterlage dominierte eine Facette der Zwei-Nationen-Theorie: Deutschland, repräsentiert durch die Weimarer Klassik oder den barbarischen Teutonen. Beide Bilder haben ihre Berechtigung wie auch die daraus resultierende Anerkennung oder Ablehnung. Der englische Literat und Kulturtheoretiker E. M. Forster hat in seinem Roman *Howards End* aus dem Jahr 1910 diese deutsch-britische Problematik an den beiden Familien Schlegel und Wilcox geradezu modellhaft demonstriert und als Konsequenz für ein interkulturelles Verständnis nach dem Motto 'Only connect' plädiert.

Ein europäisches Nachbarland wie Großbritannien aus deutscher Sicht zu verstehen, beinhaltet die Beschäftigung mit interkulturellen Prozessen der Selbst- und der Fremdwahrnehmung. Die Summe der Eigenschaften, die wir uns als Deutsche kollektiv selbst zuschreiben, also unser Selbstbild oder Autostereotyp, bestimmt zu einem nicht unerheblichen Teil unsere Wahrnehmung der Kulturen auf den Britischen Inseln, unser britisches Fremdbild oder Heterostereotyp. Dabei richtet sich das Augenmerk vornehmlich auf Andersartigkeiten und Abweichungen der britischen von der deutschen Kultur. Die Erkenntnis solcher kulturellen Varianten ist aber zumeist gar nicht das Resultat eigener Beobachtung; vielmehr werden solche Anschauungen durch verschiedenste Medien transportiert wie Reiseberichte, Länderkunden, Nachschlagewerke, Schulbücher, Romane, Tageszeitungen, Fernsehen, Film und Werbung:

> Manche Bilder werden als so typisch empfunden, daß sie von der Werbung beliebig zitiert werden können, um im Betrachter eine Vorstellung von England wachzurufen: rote Backsteinhäuser mit weißen Fenstern und einem fächerförmigen Halbkreis über der Tür, strohgedeckte Cottages und weiße Tudor-Fachwerkhäuser, davor das satte Grün eines Common, wie die ausgedehnten Dorfanger heißen, und über allem ein Hauch von Muße, Vornehmheit und gepflegter Langeweile. (Gelfert 2002: 11–12)

Durch die mediale Vermittlung entsteht eine Bilderwelt, innerhalb deren die Komplexität einer fremden Kultur geordnet und überhaupt erst verstehbar wird, indem sie auf eine überschaubare Anzahl wiederkehrender 'Images' reduziert wird. Das im kollektiven Wissen bevorratete Bildmaterial gestattet somit eine erste Einschätzung des Fremden und bietet zugleich auch Interpretationsschemata für die andere Kultur an. Solche Bilder des Fremden sind oft über Jahrhunderte entstanden und besitzen eine erstaunliche Überlebensfähigkeit, die auch tiefgreifende Wandlungsprozesse innerhalb der fremden Kultur vielfach mühelos überdauert. Daher besteht bei der kollektiven Verwendung der Images immer auch die latente Gefahr des Abgleitens in das Klischee oder gar in das Vorurteil, und zwar besonders dann, wenn Heterostereotypen mit Werturteilen gekoppelt werden, um die Überlegenheit der eigenen Kultur herauszustellen.

In Hinblick auf Großbritannien scheint ein verhältnismäßig geschlossenes Repertoire von Bildern zu bestehen, die im kollektiven Wissen gespeichert sind und mühelos abgerufen werden können. Im Jahre 1990 wurde die internationale Studentengemeinde des Europäischen Instituts an der Universität Florenz gebeten, fünf europäische Nationen durch ihre hervorstechendsten Charaktereigenschaften zu beschreiben. Während die Deutschen als ordnungsliebend und obrigkeitshörig, als fleißig und strebsam, aber auch als arrogant und undurchschaubar beurteilt wurden, galten die Briten als nationalistisch, insular und eigenbrötlerisch, als konservativ und altmodisch, als arrogant und reserviert, kurioserweise aber auch als freundlich und humorvoll. Da sich Arroganz und Freundlichkeit nicht unbedingt harmonisch in das Gesamtbild einer fremden Nation eingliedern lassen, verrät schon diese kurze Auflistung, wie widersprüchlich die Wahrnehmung des Anderen sein kann.

Eine wissenschaftliche Erforschung von Selbst- und Fremdbildern stellt kein neues Beschäftigungsfeld der fremdsprachlichen Philologien dar, sondern fand bereits am Ende des 19. Jahrhunderts Eingang in die deutsche Anglistik. Das Ziel der damaligen 'Realienkunde' bestand vornehmlich darin, die Besonderheiten Großbritanniens mittels umfangreicher Kataloge von Daten und Fakten möglichst enzyklopädisch zu erfassen. Da die Realienkunde der Kaiserzeit durch den imperialen Wettbewerb zwischen Deutschland und Großbritannien in hohem Maße politisch ideologisiert war, wurde landeskundliche Forschung aus einem nationalstaatlichen Antagonismus heraus betrieben, und die erhobenen Datenmengen sollten im Sinne einer Folientheorie den unmittelbaren Vergleich zwischen beiden Ländern gestatten, um schließlich die Frage nach der nationalstaatlichen Überlegenheit zugunsten der deutschen Kultur zu beantworten.

Die militärische Katastrophe des Ersten Weltkriegs erwies den realkundlichen Ansatz als völlig unbrauchbar und führte zu einer Neuorientierung der Weimarer Kulturkunde. Unter dem Einfluss von Wilhelm Diltheys Wissenschaftstheorie und der Kulturphilosophie Edmund Sprangers wurde die inventarisierende Realienkunde durch ein wissenschaftliches Kulturkonzept ersetzt, das interkulturelles Fremdverstehen durch die Untersuchung von Werthaltungen, Mentalitäten und Sinnstiftungsprozessen innerhalb der Zielkultur ermöglichen sollte. Die für Großbritannien klassische Arbeit dieser Zeit ist Wilhelm Dibelius' zweibändiges Werk *England*, das 1923 in der ersten Auflage erschien. Hier wurde erstmals die bloße Aneinanderreihung isolierter Fakten wie in der Realienkunde durch den Versuch überwunden, Phänomene und kulturelle Praktiken systemübergreifend zu beschreiben, indem man "nicht nur Einzeltatsachen aus einer Betrachtungsreihe herausnimmt, sondern darüber hinaus imstande ist, sie einer anderen Betrachtungsreihe einzugliedern" (Dibelius 1925: I, xiii). Dieses interdisziplinäre Kulturverständnis, bei dem beispielsweise "Tatsachen des Staatsrechts, der Schulpolitik und der Literatur" in enge Verbindung miteinander gebracht werden, darf auch heute noch als vorbildlich gelten. Weniger nachahmenswert muss jedoch der Rekurs auf biologistische, rassistische und simplistische Erklärungsmodelle erscheinen, dessen sich Dibelius immer wieder schuldig macht, wenn er etwa schreibt: "Der Engländer ist seinem Charakter nach im wesentlichen ein niedersächsisch-friesischer Bauer, den die hervorragende Tüchtigkeit der Rasse zum Herrscher über einen bedeutenden Teil der Welt gemacht hat" (Dibelius 1925: I, 161).

Es zählt zu den traurigsten Kapiteln der deutschen Anglistik, dass die kulturwissenschaftliche Forschung der Zwischenkriegszeit keine kontinuierliche Entwicklung erfuhr, sondern nach 1933 durch die rassistische Ideologie des Nationalsozialismus entwertet wurde, die den Willen zur Völkerverständigung und zu einem tieferen gegenseitigen Verständnis der Kulturen durch die erneute Anstachelung zum Völkermord zerstörte und den Zweiten Weltkrieg entfesselte. Als Konsequenz zeichnete sich nach 1945 eine wissenschaftliche Ächtung der Auslandswissenschaften ab, deren Beschäftigung mit 'Volksseelen', 'Völkerpsychologien' und 'Nationalcharakteren' die Ideologie der nationalsozialistischen Gewaltherrschaft gestützt hatte. Daher findet sich im vorliegenden Buch auch kein Kapitel zum britischen Charakter und zu den Wesensmerkmalen *des* Engländers, wohl aber Analysen zu Werthaltungen, affektiven Dispositionen und Mentalitäten, die von den Menschen auf den Britischen Inseln kollektiv geteilt werden.

Wie der Titel des Bandes es verspricht, soll deshalb Großbritannien als Gesamtheit verstanden werden; also nicht allein England, selbst wenn ihm besondere Aufmerksamkeit gebührt, sondern die verschiedenen regionalen Kulturen und Mentalitäten, die mit den Begriffen 'Großbritannien' und 'United Kingdom' untrennbar verbunden sind. Für ein richtiges Verständnis sind freilich bestimmte Grundkenntnisse, vor allem in der Geschichte, unentbehrlich. Als Eingangskapitel findet sich deshalb ein historischer Überblick, "Grundzüge britischer Geschichte", der als Orientierungswissen für die folgenden Kapitel dient. Darüber hinaus enthält die Darstellung neben Sachwissen vermittelnden Grafiken auch Informationskästen, die Schlüsselbegriffe wie Devolution oder Empire und andere Sachinformationen nach Art eines Lexikoneintrages kurz erläutern.

Da sich der Band nicht in erster Linie als Institutionenkunde oder Faktenwissen versteht, stellt die Sachinformation nur die Vorstufe zum eigentlichen Verständnis Großbritanniens dar. Das bedeutet: nicht nur die zeitgenössischen, aktuellen Entwicklungen wahrzunehmen, sondern die Gegenwart als Resultat der Vergangenheit zu begreifen und die historischen Ursachen als Basis der aktuellen Wirklichkeit zu würdigen:

- das Verfassungs- und Rechtssystem lässt sich ohne die Kenntnis des Common Law oder der historisch bedingten Unterschiede zwischen Schottland und England nicht verstehen;
- das Empire wiederum ist keineswegs nur eine abgeschlossene Phase britischer Geschichte, sondern wirkt in Relikten der Empire-Mentalität weiter fort und bildet die Ursache für die Multikulturalismusdiskussion;
- Arbeit, Bildung und Wohlfahrtssystem, ja die gesamte Modernisierung Großbritanniens stehen in unmittelbarem Zusammenhang mit historischen Ursachen wie der Industriellen Revolution;
- die Monarchie ist schließlich nicht nur eine der ältesten Institutionen Großbritanniens, sondern sie ist immer noch ein zentraler Bestandteil des politischen Systems, allerdings modernen Erfordernissen angepasst.

Großbritannien verstehen impliziert deshalb vor allem ein Verständnis der oft unterschiedlichen Entwicklungen und Mentalitäten. Auf der Basis fundierter Kenntnisse gilt daher das besondere Interesse kulturwissenschaftlichen und mentalitätsgeschichtlichen Aspekten sowie kulturellen Praktiken, die Großbritannien für den Nicht-Briten erst wirklich verständlich machen. Hierzu zählen die Beschreibung spezifisch britischer Denkmuster und Verhaltensweisen wie Regionalismus, insulare Mentalität, Traditionsbewusstsein, Pragmatismus, Empire-Erbe und Klassendenken. So soll der Band zu einem vertieften Verständnis Großbritanniens beitragen und Neugier für unsere oft als skurril geltenden britischen Nachbarn wecken, aber auch immer noch bestehende Vorurteile kritisch hinterfragen.

1. *Making History:* Grundzüge britischer Geschichte

Die britischen Kulturen haben sich in einem viele Jahrhunderte währenden Prozess kontinuierlich entwickelt, so dass sich ohne historische Kenntnisse Großbritanniens kaum überzeugende Erklärungen für Gegenwartsprobleme finden lassen. Bei der Diskussion der verschiedenen sozialen Institutionen, des politischen Systems sowie der Gesellschaftsorganisation sind geschichtliche Kenntnisse unumgänglich. Um fortlaufende Wiederholungen in den einzelnen Kapiteln zu vermeiden, werden im Folgenden die wichtigsten historischen Entwicklungslinien nachgezeichnet, soweit sie für spätere Schilderungen benötigt werden. Der nachstehende historische Grundriss orientiert sich an der Entwicklung Englands und zeigt zudem, wie die übrigen Regionen der Britischen Inseln in das Vereinigte Königreich integriert wurden. Der Überblick gliedert sich in folgende Epochen:

1. Das Römische Britannien (ca. 0–500)
2. Die Angelsächsische Zeit (ca. 500–1000)
3. Das Normannische Reich (ca. 1000–1500)
4. Die Neuzeit (ca. 1500–2000).

Die ersten drei Epochen werden gerafft dargestellt, während die historischen Entwicklungen ab 1500 ausführlich behandelt werden.

1.1 Das Römische Britannien

Aufgrund ihrer Fruchtbarkeit waren weite Landstriche Englands überaus begehrt und ihre Bewohner vergleichsweise wohlhabend. Dies erklärt die spannungsreiche und wechselvolle Siedlungsgeschichte des englischen Kulturraums, in dem unterschiedliche europäische Eroberer- und Siedlerkulturen ihre Spuren hinterlassen haben. Die keltischen Ureinwohner der Britischen Inseln konnten daher ihre kulturellen Identitäten in Wales, Schottland und Irland ungehindert entfalten, während sich die Kultur Englands unter dem Einfluss sich stets ändernder Herrschaftsverhältnisse entwickelte. Hierin besteht ein wesentlicher Unterschied zwischen den britischen Regionen, deren kulturelles Selbstverständnis verschieden gewachsen ist und sich auch in der Gegenwart verschiedenartig äußert.

Die Welle der Eroberungen Englands beginnt historisch betrachtet mit der Ausdehnung des Römischen Weltreichs. Seit etwa 50 n. Chr. wurde das fruchtbare und an Bodenschätzen reiche England durch römische Truppen von der Kanalküste im Süden aus planmäßig und zielstrebig unterworfen. Erst an der schottischen Grenze kam der römische Vorstoß zum Stehen, und trotz wiederholter militärischer Bemühungen gelang es nicht, Schottland unter römische Kontrolle zu bringen. Um die schottischen Beutezüge südlich der Grenze zu unterbinden, entschloss sich der römische Kaiser Hadrian, die Grenze militärisch zu befestigen. Diese zwischen 122 und 128 entstandene, 73 Meilen lange Demarkationslinie zwischen Solwaybusen im Westen und Tynemündung im Osten ist als *Hadrian's Wall* in die Geschichte eingegangen, und die englisch-schottische Grenzziehung hat sich seither an dieser Mauer des Hadrian orientiert, deren Überreste heute noch zu besichtigen sind (vgl. Abb. 1).

Nach dieser innerbritischen Konsolidierung (der Name 'Britannia' ist römischen Ursprungs) konzentrierten sich die Eroberer auf die wirtschaftliche Nutzung der neuen Kolonie. In den südlichen Gegenden Englands, im heutigen Kent, Surrey und Somerset, wurde die Landwirtschaft intensiviert, und es wurden vornehmlich Obst, Wein und Feldfrüchte angebaut, während in Cornwall mit dem Abbau der reichhaltigen Zinnvorkommen begonnen wurde. Für den zügigen Transport dieser Produkte war eine Verbesserung der Infrastruktur erforderlich, insbesondere der Ausbau des Straßen- und Wegenetzes. Eine Vielzahl von britischen Hauptverkehrsadern hat auch heute noch ein römisches Fundament. Ebenso geht ein Großteil der englischen Städte auf römische Gründungen zurück. Ortsnamen wie Dorchester, Winchester, Manchester verraten in ihren Endungen die Herkunft aus dem lateinischen *castra*, also befestigtes Lager. Insgesamt währte die römische Besatzung Englands etwa 350 Jahre und führte zu einer Romanisierung der Kolonie, deren keltische Ureinwohner wohl entwaffnet, nicht aber vertrieben wurden, da die Nutzung des Kolonialbesitzes ohne keltische Arbeitskräfte unmöglich gewesen wäre.

Diese relativ friedvolle Koexistenz zwischen römischen Besatzern und keltischer Bevölkerung neigte sich mit der Krise des Römischen Weltreichs dem Ende entgegen. Ab etwa 400 wurden die römischen Truppen allmählich aus England abgezogen, weil sie zur Verteidigung Roms benötigt wurden. Dies hatte zur Folge, dass die englischen Kelten, die seit Jahrhunderten waffenlos gewesen waren, zur leichten Beute migrierender kontinentaleuropäischer Kriegerstämme wurden, die unmittelbar nach dem Rückzug der römischen Einheiten nach England drängten.

Abb. 1: Rekonstruktion des Hadrianswalls. Ruinen der Mauer bei Wallsend; dieser Name leitet sich vom Ostende des römischen Walles ab.

1.2 Die Angelsächsische Zeit

Zu den eindringenden Stämmen zählten die Angeln (woher sich der Name 'England' ableitet), die Sachsen und die Juten, die unterschiedliche Landstriche der vormals römischen Provinz für sich in Beschlag nahmen und sieben Königreiche bildeten. Im Zuge dieser rücksichtslosen Eroberung wurde nicht allein das römische Kulturerbe fast vollständig vernichtet; verheerender war die Vertreibung bzw. Ausrottung der keltischen Ureinwohner. Im Gegensatz zu den römischen Herrschern betrachteten die Angelsachsen England nicht als Kolonie, sondern beanspruchten das Land als eigenen Siedlungsraum. Dies hatte zur Folge, dass die wenigen überlebenden Kelten Englands die Flucht nach Wales, Schottland und Irland antreten mussten. Da auch die Angelsachsen diese Gebiete nicht unterwerfen konnten, entstand der sog. 'keltische Saum' (*Celtic Fringe*) der Britischen Inseln, in dem Gälisch gesprochen wurde. Als Folge einer radikal betriebenen Anglisierung des keltischen Saums wurden die gälischsprachigen Gemeinschaften im 18. und 19. Jahrhundert beträchtlich ausgedünnt. Aufgrund jüngerer Bestrebungen um eine Wiederbelebung des Gälischen – zunächst in Irland, später auch in Wales – konnte die Zahl der *native speakers of Gaelic* im 20. Jahrhundert wieder deutlich gesteigert werden.

Die kriegerische Aggressivität der angelsächsischen Stämme wurde durch die um 600 abgeschlossene Christianisierung Englands deutlich gemildert. Auch spülte diese zweite Eroberungswelle erneut kontinentaleuropäisches Kulturgut ins Land. Dazu zählte insbesondere die althochdeutsche Sprache, die in unterschiedlichen Varianten von diesen Stämmen gesprochen wurde und als Altenglisch (*Old English*) die Urform der englischen Sprache bildete, welche von hier aus ihre Entwicklung nahm. Zudem waren diese Kriegerstämme nach kontinentalen Mustern sozial organisiert. Dazu zählte die Wahl eines Stammesfürsten aus den Reihen der Krieger, dem ein Ältestenrat als Kontrollgremium zur Seite stand, das auf die Einhaltung der ungeschriebenen Stammesgesetze und auf die sozialen Verpflichtungen der Stammesführung achtete. In späteren Jahrhunderten haben Kritiker in dieser Sozialform immer wieder das Urmodell der englischen (nicht der britischen) Demokratie erkennen wollen, und das politische System der Angelsachsen wird im politischen Diskurs als die 'alte Verfassung' (*Ancient Constitution*) bezeichnet.

Ihre größte Blütezeit erreichte die angelsächsische Kultur in Südengland um 800. Kulturelles Zentrum war Winchester, eine ehemals römische Siedlung, die unter der Führung von König Alfred zur prachtvollen Hauptstadt des westsächsischen Reiches ausgebaut wurde. Zu den Kulturleistungen dieser Epoche zählen die Niederschrift des angelsächsischen Rechtssystems, die erste Übersetzung von Teilen der Bibel ins Altenglische sowie der schriftliche Entwurf einer Grammatik des Altenglischen.

Diese Blütezeit war jedoch nur von kurzer Dauer und wurde durch die dritte Eroberungswelle beendet. Von Skandinavien aus fielen Wikingerstämme in Nordengland ein und drangen rasch nach Süden vor. Die skandinavischen Kulturreste sind noch heute in vielen Ortsnamen enthalten, die auf *-by* (Whitby) oder auf *-ham* (Birmingham) enden. Von den vormals sieben angelsächsischen Königreichen konnte um 800 allein das westsächsische Reich weiterbestehen, das eine erfolgreiche Verständigung mit der skandinavischen Führung in Nordengland zuwege brachte. Diesem Umstand ist es zu verdanken, dass die englische Sprache fortbestehen und sich weiterentwickeln konnte. Wäre das gesamte England unter skandinavische Herrschaft geraten, müsste heute wohl nicht das Englische als Weltsprache erlernt werden, sondern vermutlich eine anglisierte Variante des Dänischen und Norwegischen.

1.3 Das Normannische Reich

Die problembeladene angelsächsisch-skandinavische Koexistenz in England konnte nicht von Dauer sein. Die internen Spannungen und Zwistigkeiten führten rasch zu einer innenpolitischen Schwäche, die von der vierten Eroberungswelle militärisch genutzt wurde. Mit der Normannischen Eroberung (*Norman Conquest*), die mit der viel beschworenen Schlacht von Hastings im Jahre 1066 ihren Anfang nahm, strömte erneut kontinentaleuropäisches Kulturgut, diesmal französisch-normannischer Herkunft, nach England ein. Die neuen Eroberer führten ein an kontinentalen Modellen erprobtes Herrschafts-, Verwaltungs- und Rechtssystem ein, das dem König als allein entscheidungsgewaltiger Person unterlag. Ihr Kunstgeschmack in Architektur, Malerei und Literatur orientierte sich ebenfalls an kontinentaleuropäischen Idealen. Die normannischen Kulturleistungen fanden ihren glanzvollsten Ausdruck in einer radikal neuen Steinarchitektur, die in den großen englischen Kathedralen, darunter Westminster Abbey, Canterbury, York, Salisbury und Wells, auch heute noch zu bewundern ist. Eine beträchtliche Neuerung bestand weiterhin darin, dass die Normannen nicht Englisch, sondern Französisch sprachen. Die Sprache der Eroberer wurde zur offiziellen Amtssprache, und sie behielt diesen Status bis ins späte 13. Jahrhundert.

Auf diese Weise spaltete sich die Bevölkerung Englands in eine kleine, Französisch sprechende Herrschaftsschicht und die erheblich größere Gruppe der Altenglisch sprechenden Beherrschten. Damit verlor das Angelsächsische seinen Status als Sprache von Politik, Recht und Dichtung und sank auf das Niveau einer wenig gepflegten Volkssprache herab. Unterworfene Angelsachsen, die ihr Recht einklagen wollten, mussten nun des

Französischen mächtig sein, was über die Jahrhunderte hinweg zu einer Verquickung von englischen und französischen Sprachelementen führte. Als im 13. Jahrhundert das Englische wieder als Amtssprache eingeführt wurde, hatte es eine Sprachstufe erreicht, die heute als Mittelenglisch (*Middle English*) bezeichnet wird. Die Aussprache hatte französische Anklänge, und das Vokabular war durch eine Vielzahl französischer Lehnwörter bereichert worden, die als sog. *hard words* heute den Erwerb des englischen Wortschatzes beträchtlich erschweren.

Abb. 2: Das Siegel der Magna Carta begründete die verfassungsmäßige Sonderstellung der feudalen Barone im 13. Jahrhundert.

Die Rückkehr des Englischen als offizielle Sprache hatte im Wesentlichen politische Gründe. Das Normannische Reich erstreckte sich im 12. Jahrhundert im Norden bis zur schottischen Grenze, umfasste große Gebiete Kontinentaleuropas und reichte im Süden bis zu den Pyrenäen. Die Verwaltung eines so ausgedehnten Herrschaftsbereichs war nur möglich, indem der König einzelne Befugnisse in der Rechtsprechung und Lokalverwaltung delegierte.

Auf diesem Gedanken beruht das gesamte mittelalterliche Lehnswesen. Lehen waren Ländereien, die der König einzelnen Adligen treuhänderisch zur Bewirtschaftung überließ mit der Auflage, ihrerseits Steuern zu entrichten und im Kriegsfall Truppen auszuheben. Daraus entstand ein System gegenseitiger Abhängigkeiten, aber auch ein Machtzuwachs des Adels, der unter der Herrschaft schwacher Könige seine politische Position zu befestigen oder gar auszubauen versuchte. Mit der Unterzeichnung der Magna Carta Libertatum im Jahre 1215 erkannte der damalige König, John Lackland, die Befugnisse und Landrechte der englischen Barone (*Lords*) an (vgl. Abb. 2) und schuf damit die Grundlage für eine ständige Interessenvertretung des englischen Adels.

In der Gründung des Oberhauses (*House of Lords*) sehen viele Beobachter heute den Beginn des englischen Parlamentarismus, zumal unter der Herrschaft Edwards I (1272–1307) auch die Städte und Grafschaften je zwei Vertreter (*commoners*) in das Parlament entsenden durften. Diese zweite Kammer wird als Unterhaus (*House of Commons*) bezeichnet.

Diese für die damalige Zeit außerordentlich progressive Staatsorganisation, für die sich der Begriff 'Modellparlament' (*Model Parliament*) eingebürgert hat, beruhte nicht auf normannischen Vorbildern, sondern stellte eine ausschließlich englische Entwicklung dar. Dies begünstigte die Rückkehr des Englischen als Verwaltungssprache und stärkte auch das Selbstverständnis der herrschenden Aristokratie, die sich zunehmend als englisch und immer weniger als normannisch begriff. Zugleich verschärfte sich damit aber auch die Distanz zum französisch-normannischen Adel, der sich in wachsendem Maß vom anglonormannischen König in England fremdbestimmt sah.

Diese Differenzen mündeten in den Hundertjährigen Krieg (1337–1453) zwischen England und Frankreich ein, der nach wechselvollem Verlauf schließlich mit dem Verlust englischer Territorien und Ansprüche in Frankreich endete. Diese Niederlage, die auch heute noch gelegentlich für das spannungsreiche Verhältnis zwischen England (nicht Großbritannien) und Frankreich verantwortlich gemacht wird, führte zu einer verstärkten Konzentration der Energien auf England und zu einem machtpolitischen Kräftemessen unter den Vertretern der englischen Aristokratie. Diese innerenglischen Waffengänge werden als Rosenkriege (*Wars of the Roses*, 1455–85) bezeichnet, deren Namen sich aus den Wappenemblemen der beiden verfeindeten Adelsfamilien herleiten, nämlich der weißen Rose des Hauses York und der roten Rose des Hauses Lancaster.

1.4 Die Neuzeit

Die Tudor-Herrschaft (1485–1603)

Mit dem Sieg über Richard III im Jahre 1485 beendete Henry Tudor aus dem Hause Lancaster die innenpolitischen Wirren (vgl. Abb. 3). Nach seiner Krönung und der geschickten Heirat mit Prinzessin Elizabeth aus dem Hause York versuchte Henry VII, die Differenzen innerhalb des Landes auszugleichen und eine Politik der Befriedung einzuleiten. Da im Verlauf der drei Jahrzehnte währenden Rosenkriege der Großteil des normannisches Hochadels (*nobility*) verblutet war, konnte der König seine Position ohne nennenswerte aristokratische Opposition festigen. Während der Einfluss des Oberhauses somit sank, wuchs der des Unterhauses, da Henry VII den niederen Adel (*gentry*) und die Londoner Kaufleute förderte, um durch den Ausbau des Handels die Wirtschaftskraft des Landes zu stärken. Diese Politik wurde von den nachfolgenden Regenten, insbesondere von Henry VIII und Elizabeth I, konsequent weiterverfolgt. Da die Tudor-Herrscher die politische Funktion des Parlaments stets respektierten und die mittleren Schichten der Gesellschaft förderten, konnten sie sich den Rückhalt in breiten Kreisen der englischen Bevölkerung sichern.

Die innenpolitische Befriedung des Landes ging Hand in Hand mit Versuchen einer innerbritischen Verständigung. Zum Zweck einer Aussöhnung

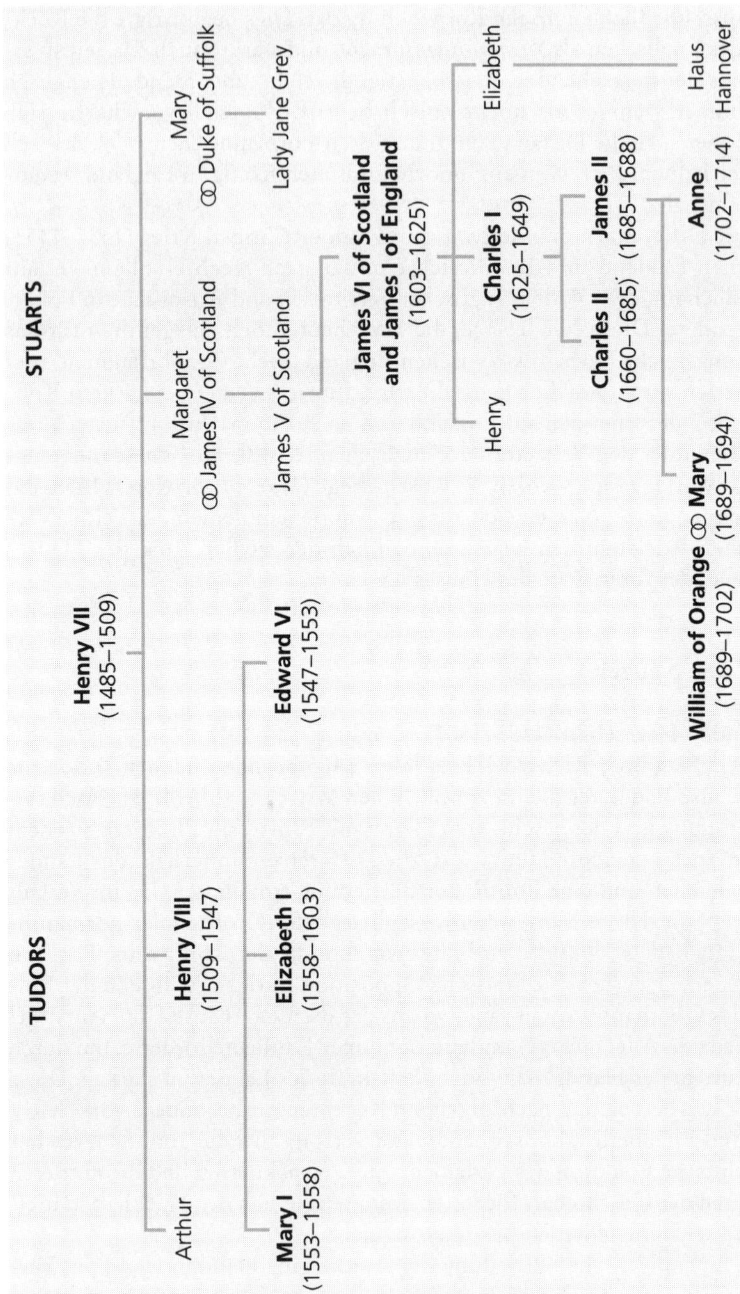

Abb. 3: Tudors und Stuarts.

mit dem traditionell verfeindeten Schottland arrangierte Henry VII die Vermählung seiner Tochter Margaret mit dem schottischen König James IV. Die Politik einer Integration der britischen Regionen in den englischen Staatsverband wurde unter seinem Sohn, Henry VIII, fortgesetzt (vgl. Abb. 4). Henry, der selbst aus Wales stammte, suchte erfolgreich eine Verständigung mit dem walisischen Adel und gliederte mit dem *Act of Union* (1536) das Land verwaltungstechnisch in das englische Reich ein.

Auch Irland wurde zumindest formal dem Staatsterritorium angeschlossen, indem sich Henry 1541 zum irischen König erklärte. Als Elizabeth I, die letzte Tudor-Monarchin, 1603 unverheiratet und kinderlos starb, wurde James VI, König von Schottland, zugleich als James I von England gekrönt. In dieser späteren 'Vereinigung der Kronen' von England und Schottland (*Union of Crowns*) liegt der Ursprung des Vereinigten Königreichs.

Unter den Tudors entstand im 16. Jahrhundert erstmals ein Gefühl nationaler Identität. Durch die Lösung von der Römischen Kirche, die eine Annullierung der Ehe Henrys VIII mit Catharine of Aragon strikt abgelehnt hatte, erklärte England seine religiöse Unabhängigkeit, aber zugleich auch seine politische Autonomie. Die englische Reformation, vom König durch die Dekrete der Jahre 1529–36 selbst in die Wege geleitet, fand ihren selbstbewussten Ausdruck in der Gründung der Anglikanischen Staatskirche (*Church of England*), der seit Unterzeichnung der Suprematsakte (*Act of Supremacy*) von 1534 der Monarch als religiöses Oberhaupt vorsteht. Auch hier beschritt England also einen Sonderweg, dem die übrigen Regionen des Vereinigten Königreichs nicht gefolgt sind. Die irische Bevölkerung hielt trotz massiver Bedrängungen auch in den nachfolgenden Jahrhunderten am katholischen Glauben fest, während sich in Schottland unter dem Einfluss von John Knox eine stärker kalvinistisch geprägte Reformation vollzog, die zur Einrichtung der presbyterianischen *Kirk* nach 1560 führte. Indem England aus dem römisch-katholischen Staatenverbund Europas ausscherte, kam ihm tatsächlich eine Sonderstellung zu, welche die nationale Identitätsbildung begünstigte.

Dass mit dieser Entwicklung auch handfeste materielle Vorteile verbunden waren, wurde der Bevölkerung rasch einsichtig. Zum einen wurde die Staatskasse durch die Einstellung der Abgabenzahlungen an Rom entlastet; zum anderen wurde der gesamte kirchliche Grundbesitz (ca. ein Drittel der Landesfläche) von der Krone konfisziert und zu günstigen Konditionen an willige Käufer veräußert (Säkularisierung). Mit dem Verkauf des klösterlichen Besitzes wurde die Staatskasse prall gefüllt, und es entstand eine neue Schicht von Grundbesitzern, die der Tudor-Dynastie loyal zugetan war und, wenn sie ihr neu erworbenes Eigentum nicht verlieren wollte, eine Rekatholisierung des Landes um jeden Preis verhindern musste.

Diese Entschlossenheit war erforderlich, da sich England die Feindschaft

Abb. 4: Porträt Henrys VIII von Hans Holbein d. J.
Es zeigt den Gründer der Anglikanischen Staatskirche in all seiner Pracht als Renaissancefürst, ausgestattet mit den Insignien königlicher Macht.

der katholischen Mächte Europas, vor allem Frankreichs und Spaniens, zugezogen hatte, die mit einer gewaltsamen Beseitigung der Reformation drohten. Mit dem Sieg über die Spanische Armada (1588) behauptete England seine religiöse und politische Unabhängigkeit und bewies auch eine nationale Geschlossenheit, die das Weltbild und das Selbstverständnis der Tudorzeit entscheidend prägte.

Durch die innenpolitische Befriedung des Landes, den Ausbau des Handels sowie durch die Reformation und die damit verbundene Erhöhung der Staatseinnahmen und -ausgaben wurde die Tudorherrschaft zu einer Blütezeit der englischen Kultur im Zeitalter der Renaissance. Die unter Henry VIII bereits begonnene Förderung der Künste (Musik, Malerei, Dichtung, Architektur) wurde von den nachfolgenden Tudor-Herrschern fortgeführt. Am Ende des Jahrhunderts erreichte unter Königin Elizabeth I (vgl. Abb. 5), der von der gesamten Bevölkerung nicht nur Bewunderung, sondern geradezu Verehrung entgegengebracht wurde, die englische Renaissance-Kultur ihren Höhepunkt. Die einzigartige Theaterlandschaft Londons und das dramatische Werk William Shakespeares sind dafür die eindrucksvollsten Belege.

Die Stuart-Herrschaft (1603–1714)
Mit der Krönung des schottischen Monarchen James VI zu James I von England setzte die Geschichte der Stuart-Dynastie im 17. Jahrhundert ein, das zugleich ein Zeitalter der politischen Revolutionen wurde. Während die Tudor-Herrscher die Rechte des Parlaments stets geachtet und nie gegen das Parlament regiert hatten, vertraten die Stuarts einen am französischen Vorbild orientierten Absolutismus, wonach der König seine weltliche Macht unmittelbar von Gott empfing und daher auch nur Gott allein, nicht aber dem Parlament oder gar dem Volk Rechenschaft schuldig war. Dieser Theorie des Gottesgnadentums (*divine right*) stand das englische Parlament, das seine erstrittenen und verbrieften Rechte in Gefahr sah, ablehnend gegenüber.

Zu diesen parlamentarischen Rechten zählte vorrangig das Budget-Recht, wonach der König neue Steuern nur nach Zustimmung des Parlaments erheben durfte. Hierin lag der Kern für den Verfassungskonflikt zwischen Krone und Parlament, der unter der zurückhaltenden Herrschaft von James I (1603–25) bereits schwelte und sich unter seinem Sohn Charles I (1625–49) entzündete. Die dringenden Bitten um eine Wahrung der parlamentarischen Rechte wurden in der *Petition of Right* (1628) schriftlich niedergelegt und vom König akzeptiert, der sich jedoch schon bald nicht mehr an die Vereinbarungen gebunden fühlte.

Der absolutistische Führungsstil des neuen Königs, seine Missachtung des Parlaments, seine wiederholten Versuche eigenmächtiger Steuererhebungen

Abb. 5: Das berühmte 'Ditchley Portrait' von Marcus Gheeraerts d. J. (c. 1592), das in der National Portrait Gallery in London hängt. Es zeigt Elizabeth in all ihrer Pracht und Macht am Ende ihrer Herrschaft, majestätisch und feenhaft, allwissend und allmächtig. England liegt ihr zu Füßen, und die Königin, die ikonographisch schon an Victorias Status als *Empress* eines Weltreichs erinnern mag, herrscht selbst über Sturm und Sonnenschein, wie die Symbolik des Hintergrunds andeutet.

sowie seine unverhohlene Sympathie für den Katholizismus verschärften den Widerstand eines selbstbewussten, auf seine Rechte pochenden und in weiten Teilen radikal-reformierten, d.h. puritanischen Parlaments. Nachdem Charles I mehrere Petitionen des Unterhauses zurückgewiesen hatte und unvermindert auf seinem absolutistischen Herrschaftsanspruch beharrte, kam es zur Spaltung des Parlaments in eine loyal auf Seiten des Königs stehende und eine die parlamentarischen Rechte verteidigende Fraktion. Hier liegt der Ursprung des englischen Zwei-Parteien-Systems, denn aus den königstreuen Cavaliers wurden später die Tories, während die parlamentstreuen Roundheads später Whigs genannt wurden.

Nachdem dic Forderungen beider Seiten unüberbrückbar geworden waren, erhoben sich 1642 die Verfechter der parlamentarischen Rechte in der sog. Puritanischen Revolution. Unter der Führung von Oliver Cromwell wurden alle königstreuen Mitglieder aus dem Parlament ausgeschlossen und ein modern organisiertes Heer (*New Model Army*) formiert, unter dessen Druck der König zum Einlenken gezwungen werden sollte. 1648 geriet Charles I in die Gefangenschaft des Parlamentsheeres, 1649 wurde er wegen Hochverrats am englischen Volk angeklagt, für schuldig befunden und öffentlich hingerichtet.

Dieser in der europäischen Geschichte bis dahin beispiellose Vorgang erregte internationalen Widerstand, stellte das englische Parlament aber auch vor die komplizierte Frage, wie ein Land anders als monarchisch zu regieren wäre. Das nachfolgende Jahrzehnt war daher geprägt von dem Versuch, eine republikanische Staatsordnung mit einer eigenen geschriebenen Verfassung (*The Instrument of Government*, 1653) zu etablieren. Als Bezeichnung für das neue Staatswesen wählte die politische Führung um Cromwell den Begriff 'Commonwealth' (d.h. 'gemeinsamer Wohlstand'). Das Experiment war in seiner Neuartigkeit allzu radikal und zudem so einseitig auf die Person Cromwells zugeschnitten, dass es zwei Jahre nach seinem Tod (1658) zusammenbrach.

In Anbetracht dieser misslichen Situation sah das Parlament keine andere Lösung, als die monarchische Herrschaftsform wiederherzustellen, dem im Exil lebenden Sohn des hingerichteten Königs die Krone anzubieten und ihn 1660 als Charles II zu krönen. Mit der Restauration der Monarchie kehrte England zwar wieder zu den politischen Verhältnissen zurück, wie sie vor 1642 existiert hatten, doch waren die Erfahrungen des Bürgerkriegsjahrzehnts nicht rückgängig zu machen.

Unter der Herrschaft von Charles II (1660–85), der aus dem Schicksal seines Vaters gelernt hatte, kam es zwar zu einem konstruktiveren Verhältnis zwischen König und Parlament, doch zeigte auch er rasch wieder die für die Stuarts typischen Tendenzen zum Absolutismus und Katholizismus. Noch ausgeprägter waren diese Neigungen bei seinem Bruder, der als

James II 1685 den englischen Thron bestieg, nachdem Charles II ohne eheliche Kinder verstorben war. Vor allem das offene Bekenntnis zum katholischen Glauben erregte den Widerstand des Parlaments, das schon 1679 versucht hatte, James von der Thronfolge auszuschließen. Als sich 1688 das Parlament gegen ihn erhob, flüchtete der König über Schottland und Irland ins französische Exil. Diese zweite Revolution des Parlaments verlief im Gegensatz zur ersten ohne Blutvergießen und ist als Glorreiche Revolution (*Glorious Revolution*) in die Geschichte eingegangen.

Mit der Vertreibung des Königs bot sich dem Parlament die Möglichkeit, seine politischen Rechte abschließend durchzusetzen, ohne den erneuten Fehlschlag einer Republikgründung zu riskieren. Der von den Tories und den Whigs gemeinsam eingeschlagene Mittelweg wird als konstitutionelle Monarchie bezeichnet. Indem nämlich das Parlament die englische Krone dem aus dem niederländischen Haus Oranien stammenden protestantischen William of Orange und seiner ebenfalls protestantischen Ehefrau Mary, der Tochter von James II, anbot, blieb England eine Monarchie, aber die monarchische Gewalt war nun nicht mehr von Gottes Gnaden, sondern aus der Hand des Parlaments empfangen. Zudem wurde die Krönung an eine Reihe von Bedingungen geknüpft, mit denen sich das Parlament seine angestammten Rechte verbriefen ließ. Hierzu zählten freie Unterhauswahlen, Redefreiheit im Parlament sowie Abschaffung der Zensur, regelmäßige Einberufung des Parlaments, Verbot eines stehenden Heeres und parlamentarisches Kontrollrecht bei der Gesetzgebung und Steuererhebung. Niedergelegt wurden diese Forderungen in der Bill of Rights, die von William und Mary 1689 gemeinsam unterzeichnet wurde und damit Gesetzeskraft erhielt (vgl. Abb. 6).

Die Bill of Rights stellt das zentrale Dokument dar, auf dem sich die politische Verfassung Großbritanniens bis zum heutigen Tage gründet. Sie ist die praktische Verwirklichung der von John Locke theoretisch entwickelten Staatsrechtslehre, wonach Menschen freiwillig in Verträge eintreten, die an festgelegte Bedingungen geknüpft sind und die daher gekündigt werden können, wenn einer der Partner die Bestimmungen verletzt. Dieses Prinzip des Gesellschaftsvertrags (*social contract*) kennzeichnet auch die Bill of Rights, in der die Grundlagen des Vertrags zwischen Herrscher und Volk schriftlich fixiert sind und die daher für beide Seiten bindend ist.

Mit diesem Triumph des Parlaments fand das Zeitalter der englischen Revolutionen sein Ende, und die politischen Konflikte zwischen Krone und Parlament konnten dauerhaft beigelegt werden. Seit der Glorreichen Revolution hat Großbritannien keine revolutionären Umbrüche mehr erlebt, und auch die Französische Revolution, die sich fast genau einhundert Jahre nach der Glorious Revolution vollzog und in vielen europäischen Ländern revolutionäre Prozesse auslöste, hat in Großbritannien nur wenig Wirkung gezeigt. Eine der wesentlichen Konsequenzen der Glorreichen Revolution

Die Martis 12° Februarij 1688
The Declaration of the Lords Spirituall & Temporall and Commons Assembled at Westm[illegible]

Whereas the late King James the second by the Assistance of diverse evill Councellors Judges and Ministers imployed by him did endeavour to subvert and extirpate the Protestant Religion and the Lawes and Libertyes of this Kingdome.

By assumeing and excerciseing a Power of dispencing with and suspending of Lawes and the execution of Lawes without consent of Parliament.

By committing and prosecuteing diverse worthy Prelates for humbly petitioning to be excused from concurring to the said assumed Power

By issueing and causeing to be executed a Commission under the Great Seale for erecting a Court called the Court of Comissioners for Ecclesiasticall Causes.

By levying money for and to the use of the Crown by pretence of Prerogative for other time and in other manner then the same was granted by Parliament.

By raiseing and keeping a standing Army within this Kingdom in time of Peace without consent of Parliament and quartering Souldiers contrary to Law.

By causeing severall good subjects being Protestants to be disarmed at [illegible] when ~~Papists were both armed and~~ [illegible]

By violateing the free[illegible] Members to serve in P[illegible]

~~By causeing [illegible] and prosecuted in the [illegible] for matters and causes [illegible] and by diverse other [illegible] illegall courses.~~ By Prosecu[illegible] of Kings Bench for matters [illegible] Causes [illegible] cognizable onely in Parliament and by div[illegible] other Arbitrary & illegall [illegible] Courses

Abb. 6: Die erste Seite des Entwurfs der Declaration of Rights, des verfassungsmäßigen Herzstücks der Glorious Revolution.

bestand in der Befriedung des Landes, in die ab 1707 auch Schottland einbezogen wurde. Die Gefahr einer Rückkehr der Stuarts auf den englischen Thron hatte das Parlament bereits 1701 mit dem *Act of Settlement* gebannt, der nach dem Tode Annes (1714), der letzten Stuart-Herrscherin, die Thronfolge zugunsten der protestantischen Fürsten aus dem Hause Hannover (*Hanoverian Succession*) festgelegt hatte (vgl. Abb. 7).

Das Georgianische Zeitalter (1714–1837)

Mit der Entscheidung in der Thronfolge sicherte sich das Parlament weitere Vorteile, da weder George I (1714–27) noch George II (1727–60) mit den politischen Verhältnissen des fremden Lands vertraut waren und dem Parlament weitgehende Freiheiten einräumten. Auch die Versuche Georges III (1760–1820), die Kompetenzen der Monarchie erneut zu erweitern, blieben im Wesentlichen erfolglos. Im Verlauf des 18. Jahrhunderts, das nach den Regenten als Georgianisches Zeitalter (*Georgian England*) bezeichnet wird, konnte sich Großbritannien somit innenpolitisch konsolidieren und seinen materiellen Wohlstand vermehren. Die nationalen Energien mussten nun nicht mehr in innenpolitischen Kämpfen verbraucht werden, sondern ließen sich auf außen- und wirtschaftspolitische Ziele richten. Die um 1700 bereits erschlossenen Kolonialgebiete, insbesondere in Nordamerika, wurden im 18. Jahrhundert beträchtlich erweitert und in ein geschlossenes Handels- und Verwaltungsnetz integriert, aus dem das Britische Weltreich (*British Empire*) hervorging. Dies war nur möglich durch erhebliche Verbesserungen im Schiffsbau, technische Entwicklungen in den Bereichen Navigation und Kartographie sowie durch logistische Anstrengungen, um die internationalen Handelswege zu sichern. Das Ergebnis dieser vielfältigen Bemühungen war ein Welthandel mit unterschiedlichsten Produkten, und London wurde zur Metropole und zum Umschlagplatz dieses globalen Handelsverkehrs ausgebaut. Darüber hinaus begünstigte der aufblühende Welthandel gesetzgeberische Maßnahmen, mit denen der merkantilistische Warenaustausch zwischen Mutterland und Kolonien rechtlich geregelt wurde. Dies hatte insbesondere eine Ausweitung der Schutzzölle (*Navigation Acts*) zur Folge, die erst durch die Freihandelspolitik im 19. Jahrhundert beseitigt wurden.

Die rasche Entfaltung dieses Wirtschaftssystems erforderte eine Fülle neuer spezialisierter Berufs- und Tätigkeitsbereiche. Da Investitionen in Schiffstransporte mit einem hohen finanziellen Risiko behaftet waren, bildete sich die Versicherungsbranche als neuer eigenständiger Wirtschaftszweig heraus, und auch die Londoner Börse (*stock exchange*), an der Schiffsanteile und Waren gehandelt wurden, erlebte einen kaum vorstellbaren Aufschwung. Zudem etablierten sich zahlreiche, spezialisierte Handwerksbetriebe, die als Zulieferer den wachsenden Markt versorgten. Den größten

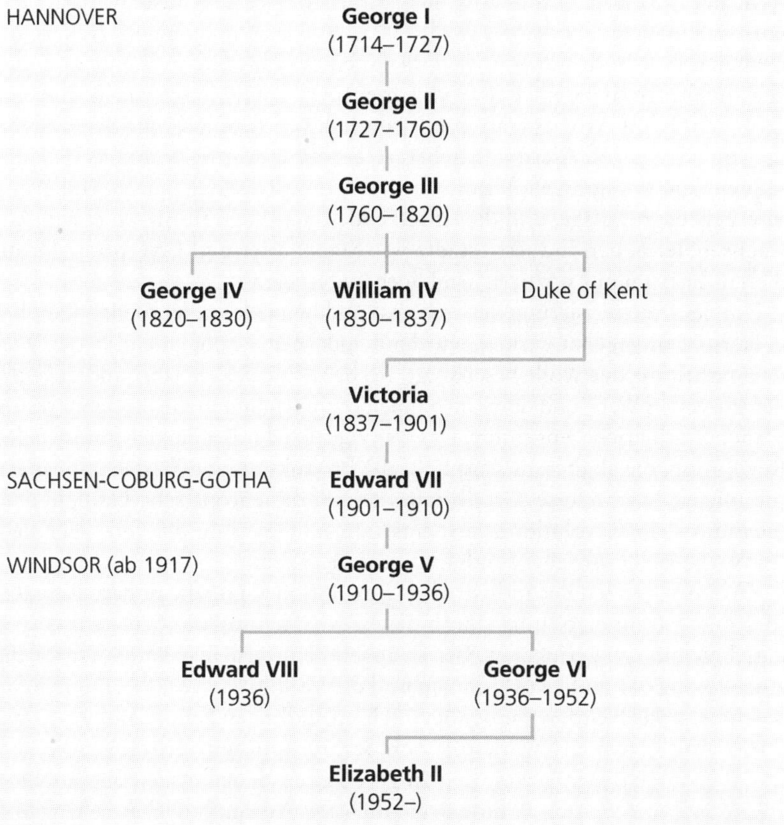

Abb. 7: Die Königshäuser Hannover, Sachsen-Coburg-Gotha und Windsor.

Profit aus dem Fernhandel zog jedoch die Schicht der Londoner Kaufleute, die im 18. Jahrhundert zu Vermögen und zu sozialem Ansehen gelangten.

In Anbetracht des rasch anwachsenden Wohlstands der Hauptstadt war ein sprunghafter Bevölkerungsanstieg unvermeidbar. Zählte London um 1700 noch etwa 500 000 Einwohner, so hatte sich diese Zahl um 1800 bereits verdoppelt. Das rapide Anwachsen der Städte, das in London und den neuen Industriestädten besonders deutlich ausfiel, war zum einen in einem allgemeinen Bevölkerungsanstieg begründet. Zum anderen jedoch lag es an der tiefgreifenden Reorganisation der Landwirtschaft. Während bis ins 18. Jahrhundert Viehzucht, vor allem aber Getreide- und Gemüseanbau die Regel gewesen waren, versuchten die Grundbesitzer nun, die landwirtschaftlichen Erträge maximal zu steigern. Da das bedeutendste britische Exportgut für den Handel die Wolle war, wurden immer mehr Ackerbauflächen durch Einhegungen (*enclosures*) eingezäunt und in Weideland umgewandelt. An die Stelle der arbeitsintensiven Landwirtschaft, für die eine große Zahl von Arbeitskräften erforderlich war, trat jetzt die Schafzucht, die von wenigen Schäfern und Scherern bewältigt werden konnte. Als Konsequenz dieser Agrarrevolution verloren große Teile der Landbevölkerung ihre Lebensgrundlage, und die einsetzende Landflucht führte zu einem Anwachsen der neuen Industriestädte wie Manchester und Liverpool, die auf diesen Zustrom nur unzureichend vorbereitet waren.

Um der Proletarisierung der erwerbs- und heimatlos gewordenen Landbevölkerung entgegenzuwirken, wurden Landarbeiter zunehmend in der Weiterverarbeitung der Wolle beschäftigt. Ab der Mitte des 18. Jahrhunderts wurden die ersten Web- und Spinnmaschinen erfunden und in die bis dahin reinen Manufakturbetriebe eingeführt. Das war zugleich der Beginn der Industriellen Revolution, die ab diesem Zeitpunkt die Produktion von Wirtschaftsgütern grundlegend veränderte. Großbritannien war das europäische Land, in dem die Industrielle Revolution zuerst einsetzte, und es erfuhr die Vor-, aber auch die Nachteile industrieller Produktionsformen am unmittelbarsten.

Zu den Vorzügen der Industriellen Revolution zählte die höhere Rentabilität der Warenherstellung durch die Vervielfachung der Stückzahlen, so dass Produkte zu geringeren Preisen angeboten werden konnten. Durch die Ausbeutung der Kohlevorkommen und die Verhüttung von Eisen und Stahl in Mittel- und Nordengland, aber auch im südlichen Schottland um Glasgow, wurde Holz als Werkstoff von Stahlprodukten verdrängt, die sich durch größere Belastbarkeit und längere Lebensdauer auszeichneten. Dies führte zu Fortschritten in unterschiedlichsten Anwendungsbereichen (Maschinenbau, Stahlkonstruktionen) und beflügelte auch den Erfindungsgeist. Zu den wichtigsten Entdeckungen des 18. Jahrhunderts zählte insbesondere die der Dampfkraft, durch die im Produktionsbereich eine Fülle körperlicher Schwerstarbeiten maschinell erledigt werden konnte. Aber auch im Transportbereich führte die Entdeckung der Dampfkraft durch die Erfindung der Eisenbahn und später des Dampfschiffs zu revolutionären Veränderungen. Zu den Vorzügen zählte schließlich auch die verbesserte Versorgung der Bevölkerung mit Konsumgütern, was zur Steigerung des Bruttosozialprodukts ebenso beitrug wie zum weiteren Anwachsen der Bevölkerung.

Der ungebremste Fortschrittsoptimismus des 19. Jahrhunderts sollte jedoch nicht über die Schattenseiten der Industriellen Revolution hinwegtäuschen. Die neuen Möglichkeiten zur Steigerung des materiellen Profits führten in Großbritannien rasch zu einer einseitigen Kapitalorientierung. Das Denken von Fabrikbesitzern und Kapitalinhabern wurde zunehmend von einer radikalen Nutzbarkeitsphilosophie, dem Utilitarismus, geprägt, der schließlich das gesamte Weltbild der Epoche zu bestimmen begann und auch vor den Menschen nicht Halt machte. Da innerhalb eines industrialisierten Weltbilds nur das Bestand und Sinn haben sollte, was nützlich war, wurden auch die Arbeitskräfte in der industriellen Produktion nach diesen Prinzipien beurteilt. Daher erhielten Menschen nur dann Sinn, wenn sie im Produktionsprozess nützlich waren, also ihre Arbeitskraft möglichst vollständig einsetzten; und dies unabhängig von Alter und Geschlecht, so dass Kinder- und Frauenarbeit zur Regel wurde. Da weiterhin der Utilitarismus auch den Wunsch nach Profitmaximierung nährte, blieb das Lohnniveau äußerst gering, um die Gewinnspanne zu vergrößern.

All dies zusammengenommen führte zu katastrophalen, heute völlig unvorstellbaren Arbeits- und Lebensbedingungen der Fabrikarbeiter. Erst durch die Gründung von Gewerkschaften und die politische Vertretung der Arbeiterinteressen durch die Labour Party konnten an der Wende vom 19. zum 20. Jahrhundert diese Bedingungen spürbar verbessert werden. Zwar hatte die Industrielle Revolution im Ergebnis eine beträchtliche Kapitalvermehrung innerhalb Großbritanniens zur Folge, doch waren die Gewinne gesamtgesellschaftlich völlig ungleich verteilt, so dass wenige Kapitaleigner große Profite einstrichen, während der Großteil der Bevölkerung an der Armutsgrenze lebte. Die wenigen philanthropischen Bemühungen, dem Elend der Industriearbeiter entgegenzuwirken, wie sie namentlich von Robert Owen mit dessen Modell der Arbeiterkooperativen im schottischen New Lanark unternommen wurden, blieben zu vereinzelt, um gesamtgesellschaftlich wirksam zu werden.

Der Viktorianismus (1837–1901)

Das rasante Tempo des industriellen und technologischen Fortschritts wirkte sich auf alle Lebensbereiche aus, so dass erhebliche Anstrengungen zur Anpassung von Politik und Gesellschaft an die neuen Entwicklungen erforderlich waren. Diese Situation hätte vielleicht unter dem Eindruck der Französischen Revolution eine erneute Phase des revolutionären Umbruchs in Großbritannien ermöglicht, doch wählte das Parlament den Weg zur Erneuerung von Politik und Gesellschaft mittels Reformen. Das 19. Jahrhundert, im Wesentlichen die Herrschaftszeit Victorias (vgl. Abb. 7), wurde somit zum Zeitalter der großen Reforminitiativen.

Den Auftakt zu einer langen Reihe von Reformgesetzen lieferte das Erste Reformgesetz (*First Reform Act*) von 1832, mit dem die noch aus dem Mittelalter stammende Aufteilung der Wahlkreise erneuert wurde. Seit dem Modellparlament Edwards I entsandten die Städte und Grafschaften je zwei Vertreter ins Parlament, doch hatte die Landflucht als Folge der Einhegungen zu einer weitgehenden Entvölkerung einzelner Wahlkreise geführt.

Diese korrupten Wahlkreise (*rotten boroughs*) wurden 1832 beseitigt und die damit frei werdenden Sitze an die bevölkerungsreichen Städte umverteilt, die von nun an angemessen im Parlament repräsentiert waren.

Im gleichen Zuge wurde das Wahlrecht (*franchise* bzw. *suffrage*) erweitert und damit den gesellschaftlichen Forderungen nach einer Ausdehnung politischer Rechte nachgegeben, wie sie mit Nachdruck von Reformbewegungen gefordert wurden. Während seit der Bill of Rights das Wahlrecht an den Grundbesitz gebunden war, wurde nun weiteren Bevölkerungsteilen, vor allem der Mittelschicht, das Wahlrecht eingeräumt. Es blieb jedoch zunächst an den Nachweis von Einkommen gekoppelt (*Ten-Pound-Householders*), so dass die Zahl der Wahlberechtigten zwar stieg, insgesamt aber kaum mehr als fünf Prozent der Bevölkerung betrug.

Mit diesem und den nachfolgenden Reformgesetzen leitete das britische Parlament eine schrittweise Demokratisierung der britischen Gesellschaft ein. Zudem kam die Reformpolitik einer Radikalisierung gesellschaftlicher Forderungen zuvor und wirkte somit der Gefahr einer erneuten Revolution entgegen. Zu den revolutionär gestimmten Protestbewegungen zählten vorrangig die Chartisten, die die Interessen der Arbeiterschaft vertraten und politische Gleichstellung sowie soziale Gerechtigkeit forderten. Unter dem Erfolg der Reformpolitik löste sich allerdings die Chartistenbewegung allmählich auf.

Politische Flexibilität und die Bereitschaft zu Zugeständnissen bei der Verteilung staatlicher Macht sind seither Kennzeichen britischer Innenpolitik geworden. Diese nicht unerhebliche Toleranz, die in anderen europäischen Staaten nicht im gleichen Maße ausgebildet wurde, gestattete auch die Integration von bis dahin diskriminierten Bevölkerungsgruppen. Ab 1828 wurde den radikalen Puritanern, die in der Anglikanischen Staatskirche keine religiöse Heimat finden mochten und vom offiziellen Glauben abwichen (*dissenters* oder auch *nonconformists*), der Zugang zu öffentlichen Ämtern ermöglicht, und im folgenden Jahr wurde mit der Verabschiedung des *Catholic Emancipation Act* die weitgehende rechtliche Gleichstellung der Katholiken erwirkt, um die Gefahr eines irischen Aufstands zu bannen.

Diese Auffassung von Politik, in der sich Toleranz mit der Fähigkeit zum Zugeständnis und damit zur Reform verbindet, wird als Liberalismus bezeichnet. Die liberale Politik der britischen Kabinette im 19. Jahrhundert verhinderte einen radikalen, revolutionären Bruch und sicherte eine überwiegend kontinuierliche Entwicklung sozialer Strukturen.

Auch in der Wirtschaftspolitik wurde der Liberalismus eine einflussreiche Kraft. Mit der Einführung des Freihandels (*free trade*) wurden Schutzzölle für einzelne Waren und Produkte beseitigt, der Stückpreis radikal gesenkt und der Warenverkehr um 40 Prozent gesteigert. Die britische Exportindustrie erzielte gigantische Zuwachsraten, zumal die Einfuhr von billigen

Rohmaterialien aus dem Empire reibungslos funktionierte. Zwar war der Verlust der nordamerikanischen Kolonien, deren 1776 erklärte Unabhängigkeit im Frieden von Paris 1783 bestätigt wurde, ein herber politischer Rückschritt, der allerdings die florierenden Handelsbeziehungen zunächst wenig beeinträchtigte. Nach dem Ende der Napoleonischen Kriege, durch die der Fernhandel vorübergehend behindert worden war, und der Neuordnung Europas nach dem Wiener Kongress von 1815 hatte Großbritannien im 19. Jahrhundert keine Mitbewerber mehr im Wettlauf um den Kolonialbesitz zu fürchten. Während im Inneren eine liberale Politik der Toleranz und des Ausgleichs vorherrschte, wurde in der Außenpolitik ein rücksichtsloser und aggressiver Imperialismus vertreten.

Nachdem Neuseeland (1769) und Australien (1788) dem Britischen Weltreich einverleibt worden waren, wurde ab 1816 die systematische Annexion Indiens eingeleitet, das 1858 zur Kronkolonie ernannt wurde und ein Verwaltungssystem nach britischem Vorbild erhielt. Indien wurde seitdem als Kronjuwel (*the Jewel in the Crown*) betrachtet, und Victoria ließ sich 1876 zur Kaiserin von Indien krönen. Damit war das Britische Weltreich dem Namen nach zugleich ein Kaiserreich geworden.

Zeitgleich mit der Annexion Indiens wurde die Kolonisierung Afrikas vorangetrieben, das aufgrund seines Reichtums an Bodenschätzen und Rohstoffen wirtschaftlich bedeutsam war. Im Wettlauf um die Kupfer-, Gold- und Edelsteinminen sicherten sich zahlreiche britische Handelsgesellschaften die Schürfrechte in verschiedensten Teilen Afrikas und setzten sich dabei gewaltsam gegen niederländische und portugiesische Konkurrenten durch. Zwar blieb die imperialistische Vision einer Anglisierung des gesamten afrikanischen Kontinents vom Kap der Guten Hoffnung an der Südspitze bis nach Kairo im Norden (*from Cape to Cairo*) unerfüllt, doch waren am Ende des 19. Jahrhunderts weite Teile Zentral-, Ost- und Südafrikas ebenso wie Ägypten unter britischer Kontrolle.

Als Victoria 1897 den sechzigsten Jahrestag ihrer Thronbesteigung (*Diamond Jubilee*) feierte, erstreckte sich das Britische Weltreich über weite Teile der gesamten Erdoberfläche. Die prunkvollen Feierlichkeiten zeugten nicht allein vom Reichtum des Mutterlandes, sondern auch von dessen politischer Macht. Dem britischen Selbstverständnis nach war es gelungen, den christlichen Glauben, technologischen Fortschritt und Wohlstand in die Welt hinauszutragen und die Völkergemeinschaften des Empire im 'britischen Frieden' (*Pax Britannica*) zu vereinen.

Das 20. Jahrhundert (1901–2000)

Mit Victorias diamantenem Thronjubiläum hatte die internationale Machtposition Großbritanniens ihren Höhepunkt erreicht. Die Geschichte der britischen Kultur im 20. Jahrhundert ist daher vornehmlich geprägt vom schrittweisen Verlust dieses politischen und wirtschaftlichen Einflusses sowie von dem Zwang, eine neue Rolle in der Weltpolitik zu finden.

Innenpolitisch zeichnete sich das Ende der Pax Britannica mit der wachsenden Unzufriedenheit der Industriearbeiter ab, deren Streikbereitschaft auch durch weitere Zugeständnisse und Reformgesetze kaum erlahmte. Das neue Gesellschaftsmodell des Sozialismus, wie es von Karl Marx in *Das Kapital* (1867 in London veröffentlicht) formuliert wurde, beschleunigte die Organisation der Arbeiterschaft, die sich bereits zuvor mit der Gründung von Gewerkschaften (*trade unions*) ihre eigenen Interessenvertretungen geschaffen hatte. Zugleich wurde damit auch die Forderung nach einer Teilhabe an der politischen Macht angekündigt und durch die Gründung einer Arbeiterpartei, nämlich der Labour Party (1906), verwirklicht.

Außenpolitisch zeigten sich Symptome der Krise im Erstarken internationaler Konkurrenten, die Großbritanniens Führungsanspruch anfochten. Hierzu zählten vornehmlich die USA, deren industrialisierter Norden den amerikanischen Bürgerkrieg (1861–65) für sich hatte entscheiden können und nun mit neuen Technologien und Produkten auf den Markt drängte. Ein weiterer Konkurrent Großbritanniens wurde Deutschland, das sich nach der Reichsgründung von 1871 innenpolitisch konsolidierte und sich am Ende des 19. Jahrhunderts an der Gründung eines eigenen Kolonialreichs versuchte.

Bei einer solchen Außenpolitik war der militärische Konflikt mit Großbritannien unvermeidbar, und das deutsche Kaiserreich rüstete sich für den Kriegsfall durch ein umfangreiches Flottenbauprogramm, um die Vorherrschaft der britischen Marine brechen zu können. Dem Ausbruch des Ersten Weltkrieges lag ein komplexes Geflecht internationaler Spannungen zugrunde, wobei jedoch die erhoffte Teilung des britischen Kolonialbesitzes die deutsche Führung erheblich motivierte.

Obwohl der Krieg für Großbritannien siegreich endete, waren die Verluste in mehrfacher Hinsicht katastrophal. Eine ganze Generation junger Männer, darunter auch die Söhne der aristokratischen Eliten, war auf den Schlachtfeldern in Flandern verblutet oder vom Grauen des Grabenkampfes für immer unheilbar gezeichnet. Hinzu kam das kollektive Schockerlebnis, das der 'Große Krieg' (*The Great War*) insgesamt hinterließ. Die Vorstellung, dass sich die zivilisierten Nationen Europas in einem mörderischen Kampf gegenseitig zerfleischen würden, war dem britischen Denken bis 1914 weitgehend fremd gewesen, zumal das britische Königshaus seit 1714 deutschen Adelsfamilien entstammte, Victoria den deutschen Prinzen Albert von Sachsen-Coburg-Gotha geheiratet hatte und Kaiser Wilhelm II. ein Enkel Victorias war. Die Kriegserfahrung hat das britische Deutschlandbild aus verständlichen Gründen höchst negativ beeinflusst und auch das deutsch-britische Verhältnis seither belastet.

Als bestürzend erwies sich weiterhin die Erfahrung, den Krieg nicht aus eigener Kraft gewonnen zu haben. Der Kriegseintritt der USA im Jahre 1917 markierte den entscheidenden Wendepunkt im Kriegsverlauf zugunsten der Alliierten, deutete aber auch bereits auf die künftige Weltmachtstellung der USA hin. In der Ablösung des britischen Pfunds als internationaler Leitwährung durch den amerikanischen Dollar nach 1918 gelangte diese Verschiebung der Gewichte schon zum Ausdruck. Unterstützung hatte Großbritannien aber auch durch Truppen aus dem Empire erhalten, insbesondere aus Indien und Australien, die an verschiedenen Kriegsschauplätzen für die Freiheit des Mutterlandes gekämpft hatten, rückblickend jedoch den Sinn einer solchen Vasallentreue in Frage stellten und nach größerer Unabhängigkeit drängten.

Beide Entwicklungsstränge kennzeichnen die Geschichte Großbritanniens zwischen den Weltkriegen. Während die zwanziger Jahre auf den Britischen Inseln zu einer Phase erheblicher wirtschaftlicher Schwierigkeiten wurden, die sich in hohen Inflationsraten und großen Arbeitslosenzahlen äußerten, lief in Amerika die Industrieproduktion auf Hochtouren. Durch die neue Technik der Fließbandproduktion (*assembly-line production*) konnten Industriegüter noch kostengünstiger, schneller und in vermehrter Stückzahl produziert werden, was aber auch eine Ausdehnung des Absatzmarkts auf Europa erforderlich machte.

Dieser transatlantische Handel führte zu einer Vernetzung internationaler Wirtschaftsaktivitäten, deren Zentrum in den USA lag. Als 1929 der Aktienmarkt an der New Yorker Börse zusammenbrach (*Wall Street Crash*), traf dies nicht allein die amerikanische Wirtschaft, sondern zog alle europäischen Staaten ebenfalls in Mitleidenschaft. In Großbritannien versuchte die konservative Regierung, der finanziellen Krise mit radikalen Maßnahmen entgegenzuwirken, indem sie die öffentlichen Einnahmen durch Steuererhöhungen vergrößerte, die Ausgaben hingegen durch die Kürzung sozialer Verpflichtungen, insbesondere des Arbeitslosengelds, verringerte.

Dies hatte zur Folge, dass sich die sozialen Unruhen der zwanziger Jahre im nachfolgenden Jahrzehnt fortsetzten, das von Streiks und Arbeitskämpfen geprägt war. Volkswirtschaftlich betrachtet, stellte der Kolonialbesitz daher einen beträchtlichen Vorteil dar, da Großbritannien innerhalb seines Weltreichs weiterhin produzieren und handeln konnte und somit die ökonomischen Schwierigkeiten seiner Binnenwirtschaft begrenzte. Dies bedeutete aber auch, dass das Empire um jeden Preis erhalten werden musste und man es nicht einer weiteren Zerreißprobe aussetzen durfte. Diese Strategie erwies sich als grundlegend für die britische Außenpolitik der dreißiger Jahre. Zwar wurde das Erstarken faschistischer Bewegungen auf dem Kontinent mit Besorgnis betrachtet, doch vermied Großbritannien eine offene Konfrontation und bevorzugte eine Politik des Ausgleichs.

Diese Beschwichtigungspolitik (*appeasement policy*), wie sie vom britischen Premierminister Neville Chamberlain vertreten wurde, ist im Nachhinein wegen ihrer allzu großen Nachsicht gegenüber dem nationalsozialistischen Deutschland kritisiert worden, da sie den militärischen Eroberungsabsichten des Hitler-Regimes nicht entschieden genug entgegengetreten sei. In ihrem Kern war diese Politik hingegen vornehmlich auf eine europäische Friedenssicherung ausgerichtet, um den Bestand des Empire zu wahren. Der deutsche Überfall auf Polen im September 1939 erwies die Politik der Beschwichtigung als eine katastrophale Fehleinschätzung und erzwang Großbritanniens Eintritt in den Zweiten Weltkrieg.

Hier wiederholten sich mit erhöhter Vehemenz jene Probleme, die schon im Ersten Weltkrieg ersichtlich geworden waren. Großbritannien geriet in eine defensive Position, aus der es sich erst befreien konnte, nachdem die USA 1941 auf Seiten der Alliierten in den Krieg eingetreten waren und ihn durch einen kolossalen Materialaufwand zu deren Gunsten entscheiden konnten. Erneut gehörte Großbritannien, nun unter der politischen Führung der Koalitionsregierung von Premierminister Winston Churchill, zu den Siegermächten, und erneut musste es Verluste hinnehmen. Der befürchtete Zerfall des Weltreichs wurde nach 1945 rasch zur politischen Wirklichkeit. Indien war schon 1919 größere Autonomie zugestanden worden, die freilich ohne große praktische Konsequenzen blieb, und 1947 löste es sich endgültig aus dem Empire. Ihm folgten Birma und Ceylon in Asien und später Sambia, Nigeria sowie weitere Staaten Afrikas.

Mit dem Verlust des Kolonialbesitzes schwand auch Großbritanniens weltpolitische Vormachtstellung dahin. Als 1956 die ägyptische Regierung den Suezkanal verstaatlichte, versuchte Großbritannien, seine Autorität im Nahen Osten militärisch durchzusetzen, musste seine Truppen jedoch auf Geheiß der Vereinten Nationen (*United Nations*) und damit auf Druck der USA hin wieder abziehen. Die Suez-Krise war ein weithin sichtbares Zeichen, dass die Rolle der globalen Supermacht von Großbritannien an die USA übergegangen war.

Auch wirtschaftlich geriet Großbritannien nach 1945 in stärkere Abhängigkeit von Nordamerika. Die hohen Kriegsausgaben machten finanzielle Anleihen in den USA und in Kanada erforderlich, die den Wiederaufbau des Landes ebenso ermöglichten wie die Zuwendungen aus dem Marshall-Plan (*European Recovery Program*), aus dem Großbritannien ab 1948 erhebliche Mittel erhielt. Da sich der Kapitalfluss aus dem bröckelnden Empire zusehends verdünnte, war eine Konzentration auf innerbritische Ressourcen erforderlich. Um die Volkswirtschaft anzukurbeln, wurden zentrale Bereiche der britischen Industrie verstaatlicht, darunter der Kohle- und Stahlsektor, die Strom- und Gasversorgung sowie die Eisenbahnen. Zudem wurde das Pfund drastisch abgewertet, um den Export britischer

Waren zu erleichtern, während Importwaren mit Schutzzöllen belegt wurden und Steuererhöhungen der Inflationsgefahr Einhalt gebieten sollten.

Die finanzielle Konsolidierung des Staatshaushalts schuf die Voraussetzung für eine neue Sozialpolitik, die auf eine gerechtere Verteilung des nationalen Wohlstands abzielte und insbesondere die Lebensbedingungen der Arbeiterschaft durch angemessenere Löhne, geregelte Arbeitszeiten, Vollbeschäftigung und bessere Bildungschancen zu verbessern suchte. Mit der Gründung des Wohlfahrtsstaates (*Welfare State*) wurde nach 1945 die soziale Wohlfahrt als ein Grundrecht jedes britischen Bürgers eingeführt. Damit kamen aber zugleich hohe Sozialkosten auf den Staat zu, die nur beglichen werden konnten, wenn die Effizienz von Produktion und Handel gesichert war. Zwar steigerten sich die Zuwachsraten der britischen Nachkriegswirtschaft, doch fiel ihr Wachstum im Vergleich zu anderen europäischen Ländern eher gering aus.

In Großbritannien kam es nicht zu einem Wirtschaftswunder, wie es Deutschland seit den fünfziger Jahren erlebte, sondern das Wachstum vollzog sich vergleichsweise langsamer. Der Unmut der Bevölkerung äußerte sich in den wechselnden Ergebnissen der Unterhauswahlen, so dass sich Labour-Regierungen und konservative Regierungen des Öfteren ablösten. Da aber die Errungenschaften des Wohlfahrtsstaates von beiden Parteien unangetastet blieben und zugleich kein schlüssiges Konzept für eine wirtschaftliche Belebung des Landes entwickelt wurde, bildete sich zwischen den beiden großen Parteien ein Konsensus über grundsätzliche Fragen britischer Politik heraus (*consensus politics*).

Einer der Aspekte, über die kein Konsens herrschte, war die Frage nach der internationalen Orientierung Großbritanniens. Mit der Unterzeichnung der Römischen Verträge war 1957 die Europäische Wirtschaftsgemeinschaft (EWG) gegründet worden, aus der sich die heutige Europäische Union (EU) entwickelte. Mit der EWG entstand ein europäischer Binnenmarkt, auf dem sich die Unterzeichnerstaaten im Warenaustausch begünstigten. Auch für Großbritannien barg ein Zugang zu diesem Markt nicht zu übersehende wirtschaftliche Vorteile, schien aber zugleich im Widerspruch zu der globalen Orientierung der britischen Wirtschaft innerhalb des Commonwealth zu stehen. 1973 wurde Großbritannien Mitglied in der Europäischen Gemeinschaft, doch traten bald die Probleme bei der Eingliederung des Landes in eine europäische Verwaltungsstruktur deutlich in Erscheinung. Da Entscheidungsprozesse auf europäischer Ebene nur möglich sind, wenn die Mitgliedsstaaten souveräne Rechte abtreten, erschien vielen Kritikern die britische Mitgliedschaft in der Gemeinschaft als eine politische Entmündigung und daher auch als eine nationale Demütigung, die in konservativen Kreisen durchaus mit der Suez-Krise verglichen wurde.

Die drei wesentlichsten Entwicklungen der britischen Nachkriegspolitik, nämlich der Wohlfahrtsstaat, die Konsensuspolitik und die Annäherung an Europa, wurden 1979 in Frage gestellt, als Margaret Thatcher zur Premierministerin gewählt wurde. Während ihrer Regierungszeit (1979–90) wurde die Politik Großbritanniens grundsätzlich neu formuliert, der zwischenparteiliche Konsens aufgekündigt und an die traditionellen Tugenden der britischen Nation appelliert. An die Stelle der Versorgung durch den Wohlfahrtsstaat setzte die konservative Thatcher-Administration die Privatinitiative als gesellschaftliche Triebkraft. Damit sollten viktorianische Werte wie Unternehmergeist, Risikobereitschaft, Eigenverantwortlichkeit, Pflichterfüllung und Nationalstolz gesamtgesellschaftlich zu neuem Leben erweckt werden.

Die Betonung des zentralen Konzepts individueller Verantwortung wurde rasch in konkrete Maßnahmen überführt, für die sich seither der Begriff 'Thatcherismus' eingebürgert hat. Der erste einschneidende Eingriff bestand in der Umschichtung des öffentlichen Haushalts. Die Haushaltsführung wurde 'verschlankt' (*lean management*), und die Ausgaben wurden drastisch reduziert, so dass gleichzeitig die Steuern gesenkt werden konnten und den privaten Haushalten mehr Geld zur Verfügung stand. Parallel dazu wurde eine groß angelegte Privatisierungsoffensive gestartet, mit der sich die Regierung von den verstaatlichten, vielfach unprofitablen, aber öffentlich subventionierten Industrien trennte.

Die unmittelbaren Folgen dieser radikalen Maßnahmen waren verheerend. Der Abbau des Wohlfahrtsstaates traf vornehmlich die ärmsten Bevölkerungsschichten und rief bürgerkriegsähnliche Zustände hervor, die sich 1981 in den Krawallen von London (Brixton, Toxteth) und anderen Städten entluden. Die einsetzende Rezession wurde durch hohe Kreditzinsen bekämpft, die Investitionen behinderten und zu einer Rekordzahl von Bankrotten und Firmenschließungen führten. Damit stieg zugleich die Zahl der Arbeitslosen, die noch zusätzlich vermehrt wurde durch diejenigen, die im Zuge der Privatisierung ehemaliger Staatsunternehmen ihren Arbeitsplatz verloren hatten. Dies traf insbesondere die Beschäftigten im Kohlebergbau, die sich im Bergarbeiterstreik von 1984–85 letztlich erfolglos gegen die Schließung unrentabel gewordener Minen zur Wehr setzten.

Trotz der mangelnden Popularität ihrer Politik konnte sich Margaret Thatcher an der Macht halten, da sie den Nationalstolz der Bevölkerung geschickt für ihre Ziele zu nutzen verstand. Insbesondere der militärische Konflikt mit Argentinien über die politisch und wirtschaftlich unbedeutenden Falkland-Inseln (1982) und die Behauptung britischer Souveränität im südlichen Atlantik sicherten ihr die Gunst der Wählerschaft und einen eindrucksvollen Wahlsieg im folgenden Jahr (1983).

Das unbeirrte Beharren auf einer strikten Geldpolitik (Monetarismus) zeigte erst mittelfristig Wirkung. Zwar lag Mitte der achtziger Jahre die Arbeitslosenrate noch immer oberhalb von drei Millionen, doch war die Inflation von 22 Prozent auf 5 Prozent gesenkt worden. Das Pfund hatte an Wert zugelegt und der Kapitalfluss zugenommen. Solche Unternehmen, welche die Rosskur der Privatisierung überstanden hatten, gerieten wieder in die Gewinnzone und schufen neue Arbeitsplätze. Trotz dieser wirtschaftlichen Erfolge hat die thatcheristische Politik die britische Nation in beträchtlichem Maß polarisiert, und zwar sowohl regional als auch finanziell. Von der neuen Geldpolitik profitierte vor allem die obere Mittelschicht, die sich innerhalb des monetaristischen Systems zu bewegen verstand, während der Abbau des Sozialstaates die Industriereviere in Mittel- und Nordengland zu Armenhäusern hat verkommen lassen. Diese Situation verschärfte sich noch dadurch, dass Margaret Thatcher an einem strengen Zentralismus festhielt und eine Beteiligung der Regionen an politischen Entscheidungsprozessen verweigerte.

An die Stelle regionaler Interessen trat der politische Wille der britischen Nation, deren Identität und Selbstwertgefühl die Premierministerin insbesondere durch ihre Außenpolitik zu fördern suchte. Durch die enge Kooperation mit der amerikanischen Regierung unter Ronald Reagan entstand zumindest der Eindruck einer erneuten weltpolitischen Dominanz Großbritanniens, dessen Autorität Thatcher auch im Commonwealth Geltung verschaffte.

Die somit wieder stärker globale Orientierung Großbritanniens ging zu Lasten des Verhältnisses zu Europa. Zwar stand ein Austritt aus der EU nie ernsthaft auf der politischen Tagesordnung Margaret Thatchers, doch schuf sie durch ihre Ablehnung einer europäischen Föderalisierung unter britischer Beteiligung die Grundlagen für einen weit verbreiteten Euroskeptizismus.

Nach dem Rücktritt Thatchers (1990) wurde die konservative Politik unter ihrem Nachfolger John Major fortgeführt, der nach den Unterhauswahlen von 1997 das Amt des Premierministers an den Labour-Führer Tony Blair übergeben musste. Vor den Wahlen war New Labour mit weitreichenden Versprechen angetreten, die in den beiden ersten Legislaturperioden bereits zu einem beträchtlichen Teil realisiert wurden. Im Bereich der Innenpolitik sind vorrangig die energischen Bemühungen um eine stärkere Dezentralisierung der politischen Macht zu nennen (*devolution*), die 1999 zur Wiedereinführung des schottischen Parlaments und zur Einrichtung einer Walisischen Versammlung (*assembly*) geführt haben. Als Erfolg der Labour-Regierung muss auch das Good Friday Agreement von 1998 betrachtet werden, mit dem die Voraussetzung für die Einrichtung der Nordirischen Versammlung in Belfast geschaffen wurde und das auch erneute Hoffnung für eine friedliche Lösung des Nordirland-Konflikts weckt. Die Einführung der Dezentralisierungspolitik erforderte die Verabschiedung einer Fülle von verfassungsrechtlichen Parlamentsentscheidungen, welche die Regierung aufgrund ihrer erheblichen Stimmenmehrheit im Unterhaus zügig durchsetzen konnte. Auch die Reform des Oberhauses, die mittlerweile recht weit vorangeschritten ist, zählt zu den verfassungsrelevanten Reformprojekten von New Labour. Innenpolitisch steht die Regierung weiterhin vor großen Herausforderungen im Bereich der Gesundheits- und der Bildungspolitik, aber auch die weitere Modernisierung der britischen Wirtschaft und deren Strukturwandel stellen beträchtliche Aufgaben dar. Kritiker haben der Labour-Regierung den Vorwurf gemacht, bei den gewählten Problemlösungsstrategien auf die rigide Innenpolitik Margaret Thatchers zurückzufallen, und sehen sich durch den für eine Linksregierung ungewohnt scharfen Tonfall gegenüber den Gewerkschaften in ihrer Auffassung bestätigt.

Auch in der Außenpolitik gibt es Anzeichen dafür, dass der Thatcherismus seine Fortsetzung in einem gar nicht so neuartigen Blairismus gefunden hat. Das exzellente Verhältnis zu den USA, das Margaret Thatcher zur Amtszeit Ronald Reagans gepflegt hatte, verbindet auch Tony Blair mit George W. Bush und zeigte sich in besonderer Deutlichkeit im angloamerikanischen Schulterschluss nach dem Attentat auf das New Yorker World Trade Center vom 11. September 2001. Zwar liegt eine der unbestrittenen Stärken Tony Blairs in der Fähigkeit zur Vermittlung politischer Gegensätze, doch hat das Engagement Großbritanniens im zweiten Golfkrieg vom März 2003 an der Seite der amerikanischen Streitkräfte das Verhältnis zu Europa eher belastet und auch im eigenen Land scharfe Kritik aus dem berufenen Mund von Parteifreunden wie Robin Cook hervorgerufen. Trotz des Bekenntnisses von New Labour zu einem neuen Europa hat sich die Regierung bisher nur zögerlich zu einer Reform der britischen Europapolitik bekannt und nach einer Prüfung der wirtschaftlichen Kriterien die Ablösung des britischen Pfunds durch die europäische Gemeinschaftswährung im April 2003 auf unbestimmte Zeit vertagt. Daher darf der Weg einer weiteren Integration des Landes in eine europäische Gesamtordnung mit einer europäischen Verfassung mit Spannung verfolgt werden.

2. *The (Dis-)United Kingdom:* Britische Regionen und regionale Kulturen

Die insulare Lage

Die insulare Lage von Großbritannien am atlantischen Rand Europas, in der kühlgemäßigten Klimaregion der nördlichen Halbkugel, ist bestimmend für wesentliche, und zwar vorteilhafte wie nachteilige Erscheinungen seiner Landesnatur. Da Großbritannien aus einer Hauptinsel, mehreren Inselgruppen und einzelnen Inseln, wie Man und Wight, besteht, ist der Name "Britische Inseln" gebräuchlich; öfter wird auch ganz Irland zu diesen gerechnet.

Die Lage vor den dichtestbesiedelten und hochindustrialisierten Regionen des europäischen Kontinents, verbunden mit den amerikanischen Dichtezentren durch den verkehrsreichen Atlantik, verleiht Großbritannien erhebliche Standortvorteile in Wirtschaft, Verkehr und bis zu einem gewissen Grade auch für politisches Handeln. [...]

Infolge der relativ geringen Breite der in nord-südlicher Richtung hingestreckten Hauptinsel mit England, Wales und Schottland und dank vieler Buchten, durch die das Meer oft weit ins Land dringt, liegen alle Großstädte und die meisten Mittelstädte nicht weiter als eine Autostunde von der Küste ab. Diese Meeresnähe sämtlicher größeren Siedlungen, aller bedeutenden Industriegebiete und die Lage der Britischen Inseln an Hauptrouten des Weltverkehrs begünstigen im Zusammenhang mit der politischen Weltstellung Großbritanniens den internationalen Handel und Personenverkehr. (Jäger 1976: 9–10)

Geographisch ist Großbritannien, *Great Britain*, bekanntlich eine Insel; genauer gesagt: eine Inselgruppe, *The British Isles*. Dass es sich bei den Britischen Inseln um einen komplex strukturierten Kulturraum handelt, deuten schon die unterschiedlichen Begriffsverwendungen im umgangssprachlichen Gebrauch an, die teils verfälschende und teils verkürzende Sichtweisen offenbaren. Insbesondere ist die vielfach anzutreffende Gleichsetzung Großbritanniens mit England irreführend. Schottlandreisende, die in den Highlands die Schönheiten der englischen Landschaft preisen, werden von Einheimischen in der Regel freundlich, aber unmissverständlich darauf hingewiesen, dass das Umland in der Tat schön, aber eben schottisch sei.

Solche Ungereimtheiten sind jedoch nicht allein der deutschen Sprache anzulasten, wie ein Blick auf unsere europäischen Nachbarn zeigt: In Frankreich etwa firmiert das Fach Großbritannienstudien unter dem Begriff *civilisation anglaise*, und im italienischen Ravenna erinnert eine Tafel mit

Abb. 8: Karte der Britischen Inseln.

der Inschrift "grande poeta inglese" an den Aufenthalt des schottischen Dichters Lord Byron. Selbst unter Engländern ist die Verwischung und bisweilen auch die Gleichsetzung der Adjektive 'englisch' und 'britisch' nicht unüblich. Das veranlasste George Mikes, von Geburt Ungar, jedoch den größten Teil seines Lebens in Großbritannien beheimatet und dort 'naturalisiert', also mit der britischen Staatsbürgerschaft ausgestattet, zu dem ironischen Kommentar: "When people say England, they sometimes mean Great Britain, sometimes the United Kingdom, sometimes the British Isles – but never England." (Mikes 1987: 14)

2.1 Ein Staat und vier Nationen

Die Vielzahl der Begriffe lässt sich systematisieren, wenn man sie auf ihre geographische oder politisch-administrative Herkunft zurückführt. Die umfassendste geographische Bezeichnung lautet 'Britische Inseln'; dazu zählen die britische Hauptinsel, die irische Insel sowie eine Reihe kleinerer Inselgruppen wie die Orkneys, Shetlands und Hebriden vor der schottischen Küste, die Kanalinseln vor der französischen sowie die Scilly-Inseln vor der Küste Cornwalls. Der geographische Begriff 'Britannien' (*Britain*) schränkt den Raum auf die britische Hauptinsel ein und umfasst England, Schottland und Wales, schließt aber die irische Insel aus. Als politisch-administrativer Terminus bezeichnet 'Großbritannien' das die Hauptinsel insgesamt erfassende staatliche Territorium, das durch den Zusammenschluss der Parlamente Englands und Schottlands mit dem Unionsgesetz von 1707 (*Act of Union*) entstand. Seit der Auflösung des irischen Parlaments im Jahre 1801 existiert der Begriff 'Vereinigtes Königreich' (*United Kingdom*), der nach der Gründung des Irischen Freistaats 1922 und nach der vollständigen Lösung der Republik Irland (*Éire*) von Großbritannien 1949 auf die Bezeichnung 'Vereinigtes Königreich von Großbritannien und Nordirland' (*United Kingdom of Great Britain and Northern Ireland*, kurz 'UK') eingegrenzt wurde.

Sieht man von der früher existierenden Grenzziehung zwischen England und Schottland sowie von der heutigen Staatsgrenze zwischen dem britischen Nordirland und der Irischen Republik ab, so fallen nationalstaatliche Grenzen mit naturräumlichen Grenzen zusammen. Im Gegensatz zu den Kontinentalstaaten Europas, deren Grenzen sich als Folge territorialer Eroberungen und Verluste in den vergangenen Jahrhunderten wiederholt und zum Teil radikal änderten, sind die territorialen Begrenzungen der Britischen Inseln konstant geblieben.

In den vergangenen Jahrhunderten haben die von Europa ausgegangenen Bedrohungen die Ausformung britischer Identitätsmuster erheblich bestimmt und einem traditionellen Euroskeptizismus Vorschub geleistet. Der von Europa ausgeübte Druck hat die Bewohner der Britischen Inseln zwar verschiedentlich untereinander geeint, jedoch nie darüber hinwegtäuschen können, dass sich vier Nationen, nämlich England, Schottland, Wales und (Nord-)Irland, die Inseln als Lebenswelt teilen. Dass es sich tatsächlich um Nationen handelt, wird Fußballfreunden stets dann bewusst, wenn bei Europa- oder Weltmeisterschaften neben einer englischen auch eine schottische, walisische und nordirische Nationalmannschaft am Wettbewerb teilnehmen. Diese regionalen Kulturen der Britischen Inseln führten während des gesamten Mittelalters eine durchaus eigenständige Existenz, auch wenn sie fortwährender Berührung miteinander ausgesetzt waren. Erst seit der frühen Neuzeit entstand unter englischer Führung ein britisches Staatsgebiet, das unter dem Einfluss nationalstaatlichen Denkens im 19. Jahrhundert die Gleichsetzung von England mit Großbritannien begünstigte, wie sie bis zum Ende des letzten Jahrhunderts weitgehende Gültigkeit besaß. Der Historiker Hugh Kearney berichtet von einer durchaus typischen Episode aus dem englischen Universitätsalltag:

> In 1985, a Cambridge tutor told me that it was the custom of his college to steer his students away from Scottish, Irish or Welsh history should they show unhealthy signs of interest in such peripheral topics. For him, British history was English history. (Kearney 1989: 213)

Diese Anschauung hat sich seit dem Ende des 20. Jahrhunderts grundlegend geändert zugunsten einer stärker differenzierenden Wahrnehmung der vier britischen Nationalkulturen, die in ihrer jeweiligen Organisation wiederum deutliche regionale Unterschiede erkennen lassen. Die seit 1994 existierende deutsche Fachzeitschrift für Großbritannienstudien, *Journal for the Study of British Cultures*, verweist schon im Titel auf die Pluralität dieser Kulturen, die von den Herausgebern im Vorwort zum ersten Heft programmatisch betont wird: "the use of the plural signifies our intention of acknowledging the existing cultural diversity" (Kramer & Lenz 1994: 3).

Für die schleichende Auflösung einer monolithischen Nationalidee, wie sie im Begriff des *(Dis-)United Kingdom* zum Ausdruck kommt, lassen sich mehrere Gründe anführen. Einerseits bröckelt dieses Modell durch die fortschreitende Integration Großbritanniens in die politischen und wirtschaftlichen Strukturen Europas sowie durch die vermehrten Tendenzen zu Internationalisierung und Globalisierung. Andererseits hat sich auch das innerbritische Kräftespiel verändert, denn die vormals marginalisierten Regionen Schottland, Wales und Nordirland sind in ihrem Selbstbewusstsein deutlich erstarkt. Die daraus resultierenden Forderungen nach größerer politischer und wirtschaftlicher Autonomie sind durch die Referenden in Schottland und in Wales 1997 sowie durch das Good Friday Agreement von 1998 eindrucksvoll bestätigt worden.

Während sich somit die britische Peripherie in ihrer regionalen Identität gestärkt sieht, hat das englische Zentrum unübersehbare Probleme bei einer neuen Selbstbestimmung. Wenn die frühere Gleichsetzung von englisch mit britisch nicht mehr zutrifft, so stellt sich mit besonderer Dringlichkeit die Frage, was es heißt, 'englisch' zu sein. Bei einer vergleichenden Befragung zum Selbstverständnis französischer, deutscher und britischer Teenager aus dem Jahr 1972 nannten die jungen Briten als ihre hervorstechendsten Eigenschaften Sportbegeisterung (81 Prozent), Nationalstolz (79 Prozent), Freude am Fernsehen (78 Prozent), Heimatverbundenheit (72 Prozent) und Tierliebe (71 Prozent). Ein Vierteljahrhundert oder eine Generation später hat sich das Eigenbild englischer Teenager signifikant geändert:

> A *Sunday Times* poll in 1997 found that 66 per cent regarded themselves as English rather than British; 72 per cent regarded their English nationality as important; 71 per cent were opposed to regional government in England; and 59 per cent thought that Britain would be divided into separate nations (England, Scotland and Wales) within 20 years. They thought that the following defined their sense of Englishness: the national football team (36 per cent); the national anthem (30); television soap operas such as *Eastenders* and *Coronation Street* (17); the royal family (14); Britpop (2); and the Houses of Parliament (1). National identification among the young is therefore no longer tied to traditional institutional features. (Oakland 1998: 63)

Diese markanten Veränderungen deuten darauf hin, dass die traditionellen Vorstellungen von 'Englishness' einem rapiden Wandel unterworfen sind. Im Zuge einer Rekonstruktion englischer Identität wird vermutlich das frühere Konzept nationaler Überlegenheit ersetzt werden müssen durch die Einsicht in die prinzipielle Gleichberechtigung Englands mit Schottland, Wales und Nordirland. Ein solches Konzept müßte nicht zuletzt auch Raum bieten für die Integration der vielen, in England beheimateten Ethnien. An diesem noch unabgeschlossenen Prozess einer neuen englischen Identitätskonstitution dürften in Zukunft zahlreiche Menschen beteiligt sein: "politicians and religious leaders, painters and poets, novelists and journalists, comedians and filmmakers – but also the man and the woman in the street" (Kamm & Mergenthal 2002: 269).

Die erneute Berücksichtigung regionaler Vielfalt an Stelle nationaler Einheit öffnet den Blick für den kulturellen Reichtum der Britischen Inseln; sie kann allerdings nicht dazu dienen, die geographische und demographische Dominanz Englands zu unterschlagen (vgl. Abb. 9).

Mit einer Bevölkerung von etwa 58 Millionen Menschen ist Großbritannien nach Deutschland (82 Millionen) und Frankreich (59 Millionen) das drittstärkste Land der Europäischen Union. Fast fünfzig Millionen Menschen und somit mehr als achtzig Prozent der Briten leben in England. Von der Fläche des Staatsterritoriums nimmt England weiterhin mehr als die Hälfte ein, etwas mehr als ein Drittel entfällt auf Schottland, während auf

Bevölkerung des Vereinigten Königreichs 2001

	England	Wales	Schottland	Nordirland	Vereinigtes Königreich
Bevölkerung	49181	2903	5064	1689	58837
Fläche (in km²)	130433	20778	78822	13576	243610
Bevölkerungsdichte (Einwohner pro km²)	377	140	64	124	242

Abb. 9: Bevölkerungs- und Flächenverteilung im Vereinigten Königreich; nach Office for National Statistics 2002: 3; Angaben in Tausend.

Wales und Nordirland jeweils weniger als zehn Prozent der Fläche entfallen. Die durchschnittliche Bevölkerungsdichte im Vereinigten Königreich wird in England deutlich überschritten und liegt im europäischen Vergleich relativ hoch. Innerhalb der Europäischen Union sind nur die Niederlande noch dichter besiedelt (383 je qkm), während Belgien (315 je qkm), Deutschland (230 je qkm), Italien (191 je qkm), Frankreich (108 je qkm) und Spanien (78 je qkm) eine weniger hohe Siedlungsdichte als England aufweisen und zum Teil auch unter dem gesamtbritischen Mittelwert liegen. In Wales und in Nordirland erreicht die Siedlungsdichte etwa fünfzig Prozent des britischen Durchschnittswerts, wohingegen die deutliche Unterschreitung in Schottland auf die traditionell dünne Besiedlung des Hochlands zurückzuführen ist.

Die Dominanz Englands im Reich der vier Nationen drückt sich jedoch nicht allein bevölkerungsstatistisch und flächenmäßig aus. Sie findet ihren Niederschlag auch in der stärkeren Wirtschaftskraft und in der Machtfülle von London als dem Zentrum des Vereinigten Königreichs.

2.2 London und die 'Provinz'

Die Erfolgsgeschichte Londons beginnt innerhalb jener Quadratmeile, die in der Antike von den befestigten Mauern der römischen Siedlung 'Londinium' umschlossen war und heute als 'The City' bekannt ist. War in angelsächsischer Zeit Winchester das Zentrum des westsächsischen Reichs, so übernahm nach der Normannischen Eroberung London die Hauptstadtrolle und hat sie seither nicht mehr abgegeben. Die große Bedeutung, die London bereits im Mittelalter besaß, zeigt sich insbesondere an der frühen Verleihung des Stadtrechts und damit städtischer Privilegien: Seit dem

City of London

Self-governing corporate entity within the original confines of London, the 'Square Mile' principally defined by the ancient line of the Roman walls. The lord mayor, elected annually, has been since the 13th century one of the highest-ranking commoners in England, reflecting the financial and strategic value of the capital. Until the 17th century the history of the metropolis has mainly been that of the ancient city, but since then continued expansion has reduced its population (to almost zero) and geographical share. It was and remains the pre-eminent financial centre, housing most of the important banks, the exchanges in stocks and shares and in many commodities, and a wealth of other financial services. The City as it is known today is largely a creation of the late 19th century, with the expansion of the British Empire and overseas finance, together with a more highly capitalized industrial structure at home, while its modern success against other international financial centres has been partly due to the wealth of its expertise and the creation of new markets e.g. futures and Eurobonds. The separate privileges of the City have been confirmed in all modern legislation dealing with the expansion and reorganization of London. (Gardiner & Wenborn 1995: 480)

13. Jahrhundert genoss die Stadt das Vorrecht eigenständiger Steuererhebung, und sie verfügte über eine autonome Verwaltung, die aus Bürgermeister (*Lord Mayor*) und Stadtrat (*Corporation of London*) bestand. Als Mitte des 14. Jahrhunderts die Pest in London wütete, lebten dichtgedrängt innerhalb der City schätzungsweise 100 000 Menschen, von denen die Hälfte der Epidemie zum Opfer fiel. Während die Bevölkerungsrate in den folgenden zwei Jahrhunderten konstant blieb, stieg die Zuwachsquote seit dem 16. Jahrhundert wieder rapide an, so dass um 1600 bereits eine Bevölkerungszahl von 200 000 Menschen erreicht wurde. Innerhalb der mittelalterlichen Stadtmauern war eine solche Menge an Einwohnern nicht mehr unterzubringen, und London begann, sich jenseits der vier Stadttore auszubreiten, an die noch heute die Ortsbezeichnungen Aldgate, Bishopsgate, Newgate und Ludgate erinnern.

Zwei Ereignisse in den sechziger Jahren des 17. Jahrhunderts markierten Wendepunkte in der Geschichte der britischen Hauptstadt: 1665 wurde London ein weiteres Mal von der Pest heimgesucht, der schätzungsweise 100 000 Menschen zum Opfer fielen. Im folgenden Jahr fing eine Backstube in der Pudding Lane Feuer, das rasch außer Kontrolle geriet und sich über die gesamte City verbreitete. In der fünftägigen Feuersbrunst vom September 1666 ging das mittelalterliche, überwiegend aus Fachwerkhäusern errichtete London in den Flammen unter. Der königliche Hofdichter John Dryden bemühte sich redlich, den kollektivpsychologischen Schaden der

Londoner Bevölkerung zu reparieren. In seinem Preisgedicht *Annus Mirabilis* (1667) deutete er den großen Brand (*The Great Fire*) als ein Feuer der Reinigung, aus dem sich die Stadt gleich dem Phönix aus der Asche erheben und in dem noch weit größeren Glanz einer künftigen Weltmetropole erstrahlen werde:

> Me-thinks already, from this Chymick flame,
> I see a City of more precious mold:
> Rich as the Town which gives the *Indies* name,
> With Silver pav'd, and all divine with Gold.
> (Dryden 1956: I,103)

Diese mutige Prophezeiung erwies sich als erstaunlich zutreffend. Die Bevölkerungszahl stieg in den nachfolgenden Dekaden erneut steil an, so dass um 1700 etwa eine halbe Million Menschen in der Hauptstadt lebten, die sich nach dem Brand städtebaulich erheblich veränderte. Der Wiederaufbau Londons war ganz wesentlich das Verdienst des Architekten Christopher Wren, der 1671 mit der Errichtung einer steinernen Säule begann, welche die traumatische Erinnerung an das große Feuer wach halten sollte. Dieses Denkmal (*The Monument*) erstreckt sich in 202 Fuß oder 61,5 Meter Höhe, der exakten Distanz vom Standort zum ursprünglichen Brandherd. Zudem entwickelte Wren ein umfassendes Konzept für die städtische Rekonstruktion. Zwar ließ sich der von ihm vorgelegte Gesamtplan aus Kostengründen nicht vollständig realisieren, doch lösten seine Bauprojekte, allen voran die von ihm wiedererrichtete Kathedrale von St Paul sowie die über fünfzig auf seine Entwürfe zurückgehenden Kirchen ebenso wie die Hospitäler in Chelsea und Greenwich, Drydens Vision neuer Größe eindrucksvoll ein. Die vormalige Enge der städtischen Besiedlung wich einer neuen Weite, die sich in großzügigen Plätzen und verbreiterten Hauptstraßen äußerte. Damit wurde die Gefahr eines erneuten Brandes zwar nicht beseitigt, aber doch deutlich verringert, wozu auch die neue Steinarchitektur beitrug, die den älteren Fachwerkbau verdrängte.

Parallel zum weiteren Ausbau der Metropole wuchs die Einwohnerzahl weiterhin rapide an und überschnitt 1800 die Millionenmarke, womit London mit weitem Abstand zur größten Stadt der westlichen Welt avancierte. Dies hatte Konsequenzen für die Aufteilung der Wohnbezirke. Während das im Osten der Stadt gelegene Hafengebiet durch den Ausbau des Fernhandels zunehmend an wirtschaftlicher Bedeutung gewann, jedoch überwiegend von den ärmeren Bevölkerungsschichten bewohnt wurde, zog das West End verstärkt eine zahlungsfähige Kundschaft an. Galt zunächst die Gegend um die königliche Residenz St James's Palace als schick und elegant, so dehnte sich das West End bald auf die Stadtteile Mayfair und später Belgravia aus. Dies hatte zur Folge, dass die City als Sitz des Handels und Westminster als politisches Zentrum im 18. Jahrhundert miteinander verschmolzen. Der Abriss der alten, funktional nutzlos gewordenen Stadttore in den 1760er und 1770er Jahren trug dieser Entwicklung Rechnung.

Eine weitere Phase intensiver Bautätigkeit schloss sich in der ersten Hälfte des 19. Jahrhunderts an. Unter der Federführung des Prince of Wales, des späteren George IV, der als Prince-Regent seinen geistig umnachteten Vater am Ende von dessen Herrschaft vertrat, führte der Architekt John Nash eine Reihe großzügig angelegter Bauprojekte durch. Als programmatisch für diese Unternehmungen stand die noch heute prachtvolle Regent Street, die neu geschaffene Verbindung zwischen dem St James's Park und dem Regent's Park. Besonderen Ruhm erlangte Nash jedoch durch seinen umfassenden Umbau des früheren Queen's House, das nach fünfjähriger Rekonstruktion 1830 als Buckingham Palace eröffnet wurde und seit der Krönung Victorias der Königlichen Familie als Londoner Residenz dient. Die so genannte Regency-Epoche wurde somit zum Auftakt für die architektonischen Meisterleistungen des viktorianischen Zeitalters, die seither mit dem Londoner Stadtbild in Verbindung gebracht werden. Aus frühviktorianischer Zeit stammt das 1838 von William Wilkins vollendete Gebäude der Nationalgalerie am nördlichen Ende jenes Platzes, der im Andenken an die ruhmreich gewonnene Seeschlacht von 1805 auf den Namen Trafalgar Square getauft und 1843 mit der Statue des britischen Marinehelden Admiral Nelson auf einer vierundvierzig Meter hohen Säule, der Nelson's Column, geschmückt wurde. Im Jahr 1834 fiel das alte Parlamentsgebäude in Westminster einem Brand zum Opfer, und unter der Leitung der Architekten Charles Barry und Augustus Pugin entstanden in mehr als zwanzigjähriger Bauzeit die neuen Houses of Parliament, die 1860 eingeweiht wurden. Im neugotischen Stil errichtet, verbreitet der imposante Baukörper am nördlichen Themseufer einen mittelalterlich anmutenden Glanz, der zugleich die jahrhundertealte Tradition von Krone und Parlament suggerieren soll. Nicht minder eindrucksvoll ist der 1852 von Robert Smirke vollendete Neubau des British Museum mit dem wegen seiner erlauchten Nutzer, darunter Karl Marx und Bernard Shaw, berühmten Lesesaal der British Library.

Ein beträchtlicher Innovationsschub bei der Stadtentwicklung im 19. Jahrhundert ging vom deutschen Prinzgemahl der Königin aus. Prince Albert aus dem Hause Sachsen-Coburg-Gotha hatte seinen Willen zur städtebaulichen und wissenschaftlichen Erneuerung mit der Organisation der Weltausstellung von 1851 bereits angemeldet und mit der Fertigstellung des Crystal Palace, einer radikal neuartigen Konstruktion aus Glas und Stahl aus der Architekturschmiede von Joseph Paxton, unter Beweis gestellt. Auf seine Initiative wurde zudem der Ausbau und die Umgestaltung des Stadtteils Kensington in Angriff genommen, wo das Marlborough House grundlegend umgebaut und die dort bestehende Kunstsammlung durch den umfangreichen Erwerb von Kunstgegenständen aus dem gesamten Britischen Weltreich erweitert wurde. In Würdigung der vom Königspaar erwirkten Verdienste wurde 1899 das South Kensington Museum offiziell in Victoria and Albert Museum (V & A) umbenannt. Im Andenken an ihren bereits 1861 im Alter von nur zweiundvierzig Jahren verstorbenen Ehemann ließ Victoria den Rundbau für eine neue Konzerthalle errichten, die als Royal Albert Hall 1871 eingeweiht wurde. Ihr gegenüber, am südlichen Rand des Kensington Park, steht seit 1876 das Albert Memorial, von dem aus sich der Blick auf jenen Teil Kensingtons öffnet, der seit dem 19. Jahrhundert als Albertina bezeichnet wird und dessen Herzstück die Museumsachse der Exhibition Road bildet, mit dem V & A, dem naturwissenschaftlichen Museum (Science Museum) und dem naturgeschichtlichen Museum (Natural History Museum).

Die Integration Kensingtons in das Zentrum Londons wurde beschleunigt durch die Ansiedlung der ersten großen Warenhäuser. Bereits 1869 wurde in Knightsbridge das renommierte Kaufhaus Harrods eröffnet, dem 1908 die erste Niederlassung von Selfridges in der Oxford Street folgte. Zeitgleich wurden in der City of London die ersten Bürohäuser errichtet, die sich im Verlauf des 19. Jahrhunderts rasch vermehrten. Dies hatte zur Folge, dass sich die City zunehmend in eine reine Arbeits- und Geschäftswelt verwandelte und sich immer weniger als bewohntes und belebtes Stadtviertel darbot – eine Entwicklung, die auch heutigen Stadtplanern nach wie vor Kopfzerbrechen bereitet.

Die konzentrische Ausdehnung Londons in das Umland setzte sich im 20. Jahrhundert kontinuierlich fort und führte zur Entstehung des so genannten Greater London mit zahlreichen Wohnbezirken am Stadtrand (*Suburbia*) sowie einer Reihe von neu gegründeten Städten (*new towns*) in unmittelbarer Umgebung Londons. Um 1950 hatte die Bevölkerungszahl Groß-Londons bereits die Acht-Millionen-Marke überschritten. Die durch die Bombenangriffe während des Zweiten Weltkriegs verursachten Zerstörungen sowie das unverminderte Anwachsen der Einwohnerzahl machten in den sechziger Jahren eine umfassende Stadtsanierung erforderlich, in deren Folge eine Vielzahl neuer Wohnsiedlungen in Hochhausarchitektur entstand. Kaum jemand hat sich über die Entstellung des Londoner Stadtbilds durch die postmoderne Architektur mehr erbost gezeigt als der gegenwärtige Prince of Wales. In seiner Dokumentation *A Vision of Britain* rechnete Prince Charles scharf mit den seelenlosen Betonblöcken in Stepney, Soho, Hackney und anderen Londoner Stadtteilen ab, die einst blühende Wohnbezirke in ein "anonymous concrete wasteland" (HRH 1989: 37) verwandelt hätten, und plädierte für ein umfassendes Programm für Abbruch und Wiederaufbau.

Nicht minder scharf fiel seine Kritik der Docklands-Erschließung im

Londoner Osten aus. Das alte Hafengebiet der Hauptstadt lag seit den sechziger Jahren verlassen dar, weil die zunehmend größer werdenden Containerschiffe die alten Docks nicht mehr erreichen und ihre Ladung Themseabwärts in Canvey Island und den Tilbury Docks löschen mussten. Unter der Initiative von Premierministerin Margaret Thatcher begann in den frühen achtziger Jahren die Konversion des weitläufigen Hafengeländes in ein neues Geschäfts- und Wohnviertel. Um eine zügige Erschließung zu ermöglichen, wurden die Bauvorschriften, ganz nach neo-liberalem Wirtschaftsverständnis, gelockert, was eine zwar rasche, aber nicht unbedingt sorgfältig durchdachte Planung zur Folge hatte. Zum Zentrum der neuen Docklands auf der Isle of Dogs, einem früheren Slumviertel, wurde der neugeschaffene Canada Square, auf dem der Architekt Cesar Pelli mit dem Canary Wharf Tower das bislang höchste Bauwerk der Stadt errichtete und ein Monument des futuristischen London schuf. Prince Charles erschien der Wolkenkratzer zwar als "the tomb of modernist dogma" (HRH 1989: 55), und doch ist Canary Wharf seit den neunziger Jahren zum Wahrzeichen eines neuen, selbstbewussten und in die Zukunft schauenden London an der Wende zum 21. Jahrhundert geworden.

Ein Baukörper von über 260 Metern Höhe spendet freilich in mehrerer Hinsicht viel Licht, wirft aber auch ebenso viel Schatten. Um den Canary Wharf Tower haben sich längst weitere Hochhäuser versammelt, und der Bauboom im Londoner Osten ist bei weitem noch nicht abgeebbt. Die neuen Docklands haben sich daher zum ernsten Konkurrenten für die alte City entwickelt, die sie bislang nur architektonisch überragen. Mit dem 2004 fertig gestellten Swiss Re Building von Norman Forster, von den Londonern schelmisch "Erotic Gherkin" getauft, erhält auch die City, nach St Paul's Cathedral, wieder ein weithin sichtbares Wahrzeichen. Zwar haben zahlreiche Tageszeitungen und Druckereien ihre Redaktionshäuser von der Fleet Street in die Docklands verlegt, doch haben weder die Banken noch die großen Versicherungen die City bisher verlassen. Der wirtschaftliche Erfolg der weiterhin expandierenden Docklands muss sich also erst noch beweisen, und es ist zu wünschen, dass das klägliche Scheitern des Millennium Dome, jener großzügigen Ausstellungshalle für die Welt des 21. Jahrhunderts und in Sichtweise von Canary Wharf gelegen, nicht symptomatisch für den Londoner Osten steht.

Dieser Überblick über die Londoner Stadtentwicklung mag exemplarisch veranschaulichen, in welchem Maß die dynamische Energie britischer Kultur sich aus dem Wechselspiel von Tradition und Innovation speist. Dies zeigt sich sinnfällig an der Architektur der Hauptstadt, die durch die Abwechslung vielfältiger Idiome über einen beträchtlichen Formenreichtum verfügt, der zugleich die Progressivität ihrer urbanen Entwicklung nachzeichnet. Christopher Wrens Neubau der Kathedrale von St Paul's war für das frühe 18. Jahrhundert ebenso mutig und neuartig wie die Designs von Charles Barry und Joseph Paxton aus der viktorianischen Zeit. Die postmoderne Architektur der Docklands steht daher, aller Kritik zum Trotz, in einer Tradition der Innovation britischer Städtebaukunst seit der frühen Neuzeit. Den jüngsten Beweis für diese These hat Norman Forster mit dem 2002 eröffneten Umbau von Robert Smirkes British Museum angetreten. In einer wagemutigen Symbiose von viktorianischer und postmoderner Baukunst wurde der Innenhof um den Lesesaal der British Library in eine lichtdurchflutete Piazza verwandelt und mit einem 600 Tonnen schweren, wiewohl federleicht anmutenden Geflecht aus Stahl und Glas überdacht – eine architektonische Fortschreibung genau jener Konstruktionsweise, die schon Smirke für die Lichtkuppel des Lesesaals verwendet hatte.

Die dynamische Energie der Metropole äußert sich weiterhin im traditionellen Wettstreit der einzelnen Stadtteile um ihre je spezifische Attraktivität. Bildete zunächst die Konkurrenz zwischen der wirtschaftsstarken City und der politischen Schaltzentrale in Westminster eine grundlegende Polarität, so traten mit dem Vergnügungsviertel in Southwark am südlichen Themseufer im 16. Jahrhundert, mit dem vornehmen Wohnviertel von Mayfair und Belgravia im 18. Jahrhundert, mit der Theaterszene des West End und der Museumsmeile von Kensington im 19. Jahrhundert und den neuen Medien- und Wirtschaftsquartieren in den Docklands am Ende des 20. Jahrhunderts weitere Zirkulationszentren sozialer Energie hinzu.

Diese gewaltige Energiefülle der britischen Metropole bestimmt ihre seit vielen Jahrhunderten andauernde Attraktivität, welche die sukzessive räumliche Ausdehnung und die ständig gestiegene Einwohnerzahl erklärt. Heute umfasst Groß-London zweiunddreißig Stadtbezirke (*boroughs*) und erstreckt sich nach Hillingdon an der Grenze zu Buckinghamshire im Westen, nach Enfield an der Grenze zu Hertfordshire im Norden, nach Havering im Osten an der Grenze zu Essex und nach Croydon im Süden an der Grenze zu Surrey. Für die städtische Verwaltung der Metropole wurde 1965 das Greater London Council (GLC) ins Leben gerufen, dessen Politik entschieden vom linken Flügel der Labour Party bestimmt und daher der konservativen Regierung unter Margaret Thatcher ein steter Dorn im Auge war. Die Zentralregierung entschloss sich daher 1986, einen radikalen Schnitt zu vollziehen, indem sie das Greater London Council schlichtweg abschaffte und die Kompetenzen auf die Stadtteile umverteilte. Unter dem Einfluss der thatcheristischen Kommunalpolitik zeichnete der Historiker Roy Porter, selbst gebürtiger Londoner, 1994 ein finsteres Schreckensbild metropolitaner Zukunft:

Capable and aspirant workers continue to quit Greater London for cleaner, safer, greener pastures elsewhere – in new towns or in 'Silicon Valley': a 1991 survey found that 48 per cent of people said they would like to leave London. As a result, London is being left with a disproportionate population of 'problem people' – resource consumers rather than producers: the old, sick and disabled; broken and lone-parent families; the chronic unemployed; children in care; alcoholics; addicts; new immigrants (many illegal); vagrants and derelicts who have drifted to London as a place of escape, refuge or last resort. Such people are making growing demands upon overstretched social services at a time when Tory ministers have hamstrung local authorities through rate-capping and, in the light of unrelenting animosity towards public-sector housing, have forced councils into preposterously wasteful expedients such as housing the homeless in bed-and-breakfast accommodation. Falling aggregate population is used as a pretext for reducing school and hospital services, whereas the need for such services increases, since London has a population ill-educated and sick by national standards. (Porter 2000: 454–455)

Während die Besorgnis um die Gesundheitsversorgung und die Bildungsbedürfnisse der Londoner Bevölkerung auch weiterhin Berechtigung besitzt, hat sich die Verwaltungssituation der Metropole doch seither wieder erheblich verbessert. Im Vorfeld der Unterhauswahlen von 1997 hatte New Labour unter Tony Blair das Versprechen abgegeben, nach einem Sieg der Partei die administrative Eigenständigkeit der Hauptstadt wieder herzustellen. Im November 1999 wurde dieses Versprechen durch ein Parlamentsgesetz eingelöst, das die Einrichtung der Greater London Authority (GLA) unter Vorsitz eines Bürgermeisters vorsah. In einem heiß umkämpften Wahlkampf wurde schließlich im Mai 2000 mit dem von Tony Blair ungeliebten Parteifreund Ken Livingstone der bis 1986 amtierende Bürgermeister erneut in das Amt gewählt. Zuständigkeit besitzt die Greater London Authority in den Bereichen Verkehr, einschließlich der U-Bahn, Polizei, Sicherheit und Brandbekämpfung, Gesundheitswesen, Wirtschaftsentwicklung, Kultur und Umwelt. Als neue Residenz erhielt die Greater London Authority ein gläsernes, eiförmiges Bürogebäude in prominenter Lage: Es steht gegenüber dem Tower of London am südlichen Themseufer, durch die Tower Bridge als funktionaler Achse mit der City verbunden, was erneut die These von Tradition und Innovation sowie vom Wettstreit konkurrierender Zirkulationszentren erhärtet.

Die Greater London Authority trägt die Verantwortung für die Verwaltung des öffentlichen Lebens von gegenwärtig fast 7,4 Millionen Einwohnern. Damit ist London die mit Abstand bevölkerungsreichste Hauptstadt innerhalb der Europäischen Union, gefolgt von Berlin (3,4 Millionen), Madrid (2,9 Millionen), Rom (2,6 Millionen), Paris (2,1 Millionen), Wien (1,6 Millionen) und Kopenhagen (1,1 Million); alle übrigen Hauptstädte der Europäischen Union verzeichnen Einwohnerzahlen von weniger als einer Million Menschen. Im internationalen Vergleich wird London nur übertroffen von Istanbul und Moskau (jeweils 8,3 Millionen) sowie von New York und Tokio (jeweils 8 Millionen). In Hinblick auf eine Gesamtbevölkerung

Ethnische Bevölkerungsgruppen in London

Gesamtbevölkerung	7 370 000
Ethnische Minderheiten insgesamt	28,4%
asiatisch	41,7%
schwarz	38,4%
gemischt	8,7%
übrige	7,9%
chinesisch	3,3%

Abb. 10: Anteil der ethnischen Bevölkerungsgruppen in London; Angaben nach London Chamber Information Centre 2002: 3.

des Vereinigten Königreichs von knapp 60 Millionen Menschen bedeutet dies, handfester formuliert: Jeder achte Brite lebt in London. Für die zuvor reklamierte Dynamik und Energie der Stadt ist ferner bedeutsam, dass die britische Metropole eine junge und ethnisch vielfältige Bevölkerung aufweist (vgl. Abb. 10). Von den ca. 7,4 Millionen Londonern verteilen sich fast die Hälfte auf die Altersgruppe zwischen 16 und 44 Jahren, und fast jeder dritte Einwohner gehört einer ethnischen Bevölkerungsgruppe an.

Die große Attraktivität Londons, auch für Zuwanderer aus den Staaten des Commonwealth, besteht vornehmlich in der seit Jahrhunderten bestehenden Zentralisierung beinahe aller nationalen Aktivitäten. Die Hauptstadt ist in erster Linie Sitz der Zentralregierung in Westminster sowie sämtlicher Ministerien und Verwaltungseinrichtungen. Auch die jüngere Dezentralisierungspolitik von New Labour hat für die traditionelle Fokussierung der politischen Macht auf London bislang keine spürbaren Folgen gehabt. Des weiteren gründet sich die Anziehungskraft der Metropole auf ihre gewaltige Wirtschaftskraft. Zum Bruttosozialprodukt des Vereinigten Königreichs von £ 822 Milliarden im Jahre 2000 steuerte London mit £ 168 Milliarden gut ein Fünftel bei. Damit liegt die Wertschöpfung der Hauptstadt höher als die europäischer Staaten wie Belgien oder Schweden (jeweils £ 156 Milliarden). Gerade die wirtschaftliche Stärke ermutigte einen jüngeren Hauptstadtchronisten wie Stephen Inwood, im Gegensatz zu Roy Porters pessimistischer Einschätzung, zu einer positiven Sichtweise der Zukunft:

In 1998 London's Gross Domestic Product (calculated by place of work, rather than residence) was about $ 225 billion, around 18 per cent of the National GDP. This was higher than the GDP of Turkey or Denmark, on a par with that of Sweden, Austria or Indonesia, and about two-thirds that of Russia, India or Australia. London's annual output was greater, in fact, than the national output of all but the world's twenty richest countries. (Inwood 1998: 937–938)

Der größte Teil des Kapitals wird nach wie vor in der City erwirtschaftet. Innerhalb dieser Quadratmeile findet sich die weltweit dichteste Ansiedlung von Institutionen und Unternehmen, die in der Finanzdienstleistung tätig sind. Hierzu zählen die Bank of England, die Londoner Börse (*stock exchange*), der Goldmarkt (*metal exchange*) und der Rohölmarkt (*petroleum exchange*) sowie die Stammhäuser sämtlicher britischen und internationalen Banken und Versicherungen. Zwar sind die operativen Kosten für die Unternehmen in London, schon wegen der saftigen Immobilienpreise in der City, höher als etwa in Paris oder Frankfurt, doch wird dieser geringfügige Nachteil von den vielen Vorzügen bei weitem wettgemacht. Als Finanzzentrum besitzt die City eine lange Tradition und verfügt über ein weltweites Netz von Handelsverbindungen. Sie genießt zudem einen vorzüglichen Ruf für die Bereitstellung exzellenter Dienstleistungen und hervorragender Telekommunikationseinrichtungen. Eine liberale Gesetzgebung, geringe Intervention der Regierung und akzeptable Besteuerungsraten stellen weitere Anreize dar. Von Vorteil ist schließlich auch, dass die Landessprache zugleich das Medium internationaler Wirtschaftskommunikation ist.

Neben der Finanzwirtschaft ist die Medienindustrie ein zweiter Erwerbsbereich, der zunehmend an Bedeutung gewinnt. Die großen nationalen Tages- und Sonntagszeitungen haben seit ihrer Gründung im 18. und 19. Jahrhundert ihre Redaktionen traditionell in London. Der schon erwähnte Umzug der Pressehäuser von der engen Fleet Street in die großzügigen Quartiere der Docklands in den achtziger Jahren hat daran nichts geändert. Zudem sind, von wenigen Ausnahmen abgesehen, alle renommierten Verlagshäuser Großbritanniens in London ansässig. Das Gleiche gilt für Rundfunk und Fernsehen. Die BBC strahlt ihre Rundfunkprogramme aus dem berühmten BBC House am nördlichen Ende der Regent Street aus und produziert ihre Fernsehprogramme, einschließlich der Nachrichtensendungen, im Television Centre in White City. Auch die privaten Sendeanstalten, darunter Channel 3, 4 und 5 sowie BSkyB, haben ihren Hauptsitz in London. Am Rande der Hauptstadt finden sich zudem eine Reihe bedeutender Filmstudios, in denen international erfolgreiche Filme produziert worden sind, wie zum Beispiel die Three Mills Studios (*Richard II*, 1996), die Pinewood/Shepperton Studios (*The World Is Not Enough*, 1999) und die Ealing Studios (*Notting Hill*, 1999). Es ist von daher nur folgerichtig, dass das British Film Institute (BFI) und das National Film Theatre (NFT) ebenfalls in der Hauptstadt ansässig sind.

Schon vor dem Siegeszug des Films war London eine Theatermetropole, für deren Beginn Shakespeares altes und 1997 wiedereröffnetes Globe

Theatre in Southwark mehr als nur symbolisch steht. Heute verfügt London über mehr als fünfzig feste Theatergebäude und eine noch wesentlich größere Anzahl von Experimentierbühnen. Neben Kino und Theater stellen auch die Galerien und Museen bedeutsame Wirtschaftsfaktoren dar. Die britische Nationalgalerie am Trafalgar Square ebenso wie die Tate Britain an der Millbank und die Tate Modern in Southwark verfügen über einzigartige Kunstsammlungen und bieten zudem regelmäßig Sonderausstellungen, die von einem weltweiten Publikum besucht werden. Ähnliches gilt für die zahlreichen Londoner Museen, darunter das bereits erwähnte British Museum und das ebenfalls schon angesprochene Victoria & Albert Museum, weiterhin das London Transport Museum, das Design Museum sowie eine Vielzahl spezialisierter Sammlungen, darunter – speziell für Tennisfreunde – das Wimbledon Lawn Tennis Museum.

Die Kinos, Theater, Galerien und Museen der Hauptstadt entfalten ihre Wirtschaftskraft weniger durch die Eintrittspreise – die nationalen Einrichtungen sind in aller Regel eintrittsfrei –, sondern durch ihre touristische Anziehungskraft. Im Jahre 2001 lockte London fast 17 Millionen Briten und 11,5 Millionen ausländische Besucher an, die über £ 10 Milliarden für Übernachtungen, Bewirtungen, Eintrittskarten, Fahrtkosten und Einkäufe ausgaben. Der Tourismus ist daher ein nicht zu vernachlässigender Wirtschaftszweig der Metropole. Etwa 8 Prozent des in London erwirtschafteten Bruttosozialprodukts gehen auf den Tourismus zurück, und ein ebenso großer Prozentsatz der Londoner Bevölkerung verdankt den Städtereisenden Arbeit und Brot.

Die Erfahrung einer so großen, vielfältigen und geschäftigen Metropole hat unterschiedliche Reaktionen hervorgerufen, die deutliche kulturgeschichtliche Spuren hinterlassen haben. Schon in den Bürgerkriegen des 17. Jahrhunderts spaltete sich die politische Nation in die landbesitzende Aristokratie, deren Interessen von den Tories vertreten wurden, und in die liberalen Whigs, die ihr Vermögen durch den einträglichen Londoner Handel verdienten. In den bissigen Komödien der Restaurationszeit wurden daher die unerfahrenen Vertreter des als rückständig kritisierten Landadels (*dimwits* oder bestenfalls *halfwits*) unweigerlich zum Opfer einer Schicht von jungen, geistreichen, großstädtischen und daher den Vergnügungen der Metropole zugewandten Intellektuellen (*truewits*). Damit wurde London zum sprühenden Zentrum des kulturellen Lebens sowie einer am Fortschrittsgedanken orientierten Philosophie der Aufklärung. Wer in Sachen Politik, Wirtschaft, Kunst, Musik und Mode mitreden wollte, musste in der Hauptstadt leben. Umgekehrt bedeutete dies, dass alles, was nicht London war, als Provinz zu gelten hatte. In unterhaltsamer Weise gestaltete Oliver Goldsmith in der Komödie *She Stoops to Conquer* (1773) den Stadt-Land-Gegensatz anhand der Konflikte zwischen der in provinzieller Abgeschiedenheit lebenden Familie Hardcastle und den großstädtischen Bonvivants Hastings und Marlowe. In einer Dialogpassage aus dem zweiten Akt erkundigt sich Mrs Hardcastle nach den Neuigkeiten aus London, und Hastings deckt ihre vollkommene Ignoranz der Hauptstadt in einer Schonungslosigkeit auf, die dem Londoner Publikum größtes Entzücken bereitete:

Mrs Hardcastle: Well! I vow, Mr Hastings, you are very entertaining. There's nothing in the world I love to talk of so much as London, and the fashions, though I was never there myself.
Hastings: Never there! You amaze me! From your air and manner, I concluded you had been bred all your life at Ranelagh, St James's [vornehme Stadtviertel], or Tower Wharf [eine Slumgegend am Hafen].
Mrs Hardcastle: Oh! Sir, you're only pleased to say so. We country persons have no manner at all. I'm in love with the town, and that serves to raise me above some of our neighbouring rustics; but who can have a manner, that has never seen the Pantheon [Opernhaus an der vornehmen Oxford Street], the Grotto Gardens [ein Rotlichtviertel], the Borough [eine weitere Slumgegend], and such places where the Nobility chiefly resort? All I can do, is to enjoy London at second-hand. I take care to know every tête-à-tête from the *Scandalous Magazine* ['Tête-à-tête' war der Spitzname für das gesellschaftliche Klatschblatt *The Town and Country Magazine*], and have all the fashions, as they come out, in a letter from the two Miss Rickets of Crooked Lane (Goldsmith 1979: II.i.41–42).

London nie gesehen zu haben und seine Kenntnisse lediglich aus zweiter Hand zu beziehen, galt im 18. Jahrhundert als gesellschaftlich völlig unakzeptabel. Samuel Johnson, der führende Literatur- und Kunstkritiker der Zeit und ein enger Freund von Goldsmith, fasste das London-Bild der Aufklärung in zwei Sätzen treffend zusammen: "Why, Sir, you find no man, at all intellectual, who is willing to leave London. No, Sir, when a man is tired of London, he is tired of life; for there is in London all that life can afford" (Boswell 1987: 858–859).

Gleichwohl wurde das hektische Treiben der Millionenstadt um 1800 für manchen zeitkritischen Beobachter allzu erdrückend. Insbesondere die romantischen Dichter erblickten im Gegensatz zu ihren Vorgängern in der Metropole keinen Raum der Inspiration mehr. William Blake kritisierte London als eine Stadt des Mammons, in der Scharen versklavter Menschen zum Frondienst am Kapital verurteilt worden seien, und für William Wordsworth war London der Ort geistiger Unfreiheit, die erst in der befreienden Naturerfahrung des provinziellen Lake District überwunden werden konnte. Dennoch war es Wordsworth, der mit "Composed upon Westminster Bridge" das vielleicht bekannteste Gedicht über London verfasste. Das Sonett gibt eine Momentaufnahme wieder, bei der die morgendliche, noch nicht aus dem Schlaf erwachte Stadt sich in vollkommener Harmonie mit der Natur vereint. In schwelgender Hingabe blickt der Sprecher von der Westminster Bridge flussabwärts auf die Kathedrale von St Paul's, auf die vor Anker liegenden Schiffe und bestaunt die majestätische Ruhe der Großstadt:

"Composed upon Westminster Bridge, September 3, 1802"

Earth has not anything to show more fair:
Dull would he be of soul who could pass by
A sight so touching in its majesty:
This City now doth, like a garment, wear
The beauty of the morning; silent, bare,
Ships, towers, domes, theatres, and temples lie
Open unto the fields, and to the sky;
All bright and glittering in the smokeless air.
Never did sun more beautifully steep
In his first splendour, valley, rock, or hill;
Ne'er saw I, never felt, a calm so deep!
The river glideth at his own sweet will:
Dear God! the very houses seem asleep;
And all that mighty heart is lying still!
(Wordsworth 1994: 269)

Die unverminderte Popularität von Wordsworths Gedicht liegt zum einen an der Unmittelbarkeit und Spontaneität der hier zum Ausdruck gebrachten Gefühle, zum anderen finden sich im 19. Jahrhundert kaum literarische Werke, in denen London mit vergleichbarem Enthusiasmus verherrlicht wird. Charles Dickens, der London zum Gegenstand der Erzählliteratur erhob und die literarische Form des Großstadtromans schuf, gelangte bei seinen Beobachtungen städtischen Lebens zu wenig positiven Einschätzungen. Ob Kinderarbeit wie in *Oliver Twist*, hemmungsloser Materialismus wie in *Dombey and Son* oder die himmelschreienden Ungerechtigkeiten des englischen Rechtswesens wie in *Bleak House* – stets legte Dickens den Finger in die schmerzenden Wunden des Londoner Alltags. Es überrascht daher nicht, dass für manchen das Leben in der Provinz attraktiver war, eben *Far From the Madding Crowd*, wie der programmatische Titel eines Romans des Spätviktorianers Thomas Hardy lautet.

So entwickelte sich im Laufe des 19. Jahrhunderts eine zwiespältige Sichtweise der Hauptstadt, die von zahlreichen Beobachtern zunehmend als anziehend und zugleich als abstoßend empfunden wurde. Der gebürtige New Yorker und Wahlengländer Henry James hat diese Ambiguität Londons stellvertretend für viele andere Kritiker treffend beschrieben. Seinem Tagebuch vertraute er im November 1881, als London die machtvolle 'Kapitale' eines blühenden Weltreiches war, die folgenden Beobachtungen an:

It is difficult to speak adequately or justly of London. It is not a pleasant place; it is not agreeable, or cheerful, or easy, or exempt from reproach. It is only magnificent.

You can draw up a tremendous list of reasons why it should be insupportable. The fogs, the smoke, the dirt, the darkness, the wet, the distances, the ugliness, the brutal size of the place, the horrible numerosity of society, the manner in which this senseless bigness is fatal to amenity, to convenience, to conversation, to good manners – all this and much more you may expatiate upon. You may call it dreary, heavy, stupid, dull, inhuman, vulgar at heart and tiresome in form. I have felt these things at times so strongly that I have said – 'Ah London, you too then are impossible?' But these are occasional moods; and for one who takes it as I take it, London is on the whole the most possible form of life. I take it as an artist and as a bachelor; as one who has the passion of observation and whose business is the study of human life. It is the biggest aggregation of human life – the most complete compendium of the world. The human race is better represented here than anywhere else, and if you learn to know your London you learn a great many things. (James 1987: 217–218)

Die Ambiguität, die ihre Wirkungsgewalt aus dem Gegensatz zwischen erschreckender Größe und beeindruckender Vielfalt schöpfte, hat sich im 20. Jahrhundert in einem Maße gesteigert, dass von einer Entfremdung zwischen Hauptstadt und Land, zwischen Metropole und Provinz, gesprochen werden kann. Gewiss sind Hauptstädte nie repräsentativ für ihre jeweiligen Länder; Berlin ist ebenso wenig typisch deutsch wie Madrid typisch spanisch oder Rom typisch italienisch ist. London hingegen ist weder typisch englisch noch gar typisch britisch, sondern eine Weltstadt, die sich von ihrem Umland verabschiedet zu haben scheint. Der britische Fernsehjournalist Jeremy Paxman hat auf diese Entfremdung aufmerksam gemacht:

More now even than in the days when it was the centre of a world empire, the place remains an oddity. The British and English capital is, increasingly, a city which belongs to neither country but to the world. London is a centre for international organizations, its most profitable activity, the trade in money, beating to a pulse that knows no national borders. For the rest, it conforms to the English belief that the 'real' country is somewhere else. When they want to praise London the English say it is 'a collection of villages', a description which, while it may explain much of its chaotic charm, would never be uttered by a truly proud urbanite. Londoners were willing to build monuments, like Trafalgar Square, but not to plan a coherent, liveable whole. (Paxman 1999: 162)

Die Dominanz der unbritischen Metropole Großbritanniens fördert eine Reihe von Störquellen im Verhältnis zwischen Stadt und Land zutage. Im Gegensatz zu anderen europäischen Ländern gibt es in Großbritannien keine urbanen Gegengewichte zu London. Die Städte im industriellen Konurbationsgebiet der Midlands, darunter insbesondere Manchester, Liverpool, Leeds und Newcastle, gelangten durch die Kohle- und Stahlindustrie im 19. Jahrhundert zu Wohlstand und Einfluss. Doch der versuchte Wettbewerb mit London scheiterte spätestens in den sechziger Jahren des letzten Jahrhunderts, als die Montanindustrie unproduktiv und unrentabel wurde und der vormalige Glanz dieser Städte in Anbetracht von Massenarbeitslosigkeit und Strukturkrisen verblasste. Zwar gibt es gegenwärtig wieder zaghafte Versuche, die Bedeutung Manchesters zu stärken, zwar hat Liverpool vor Birmingham das Rennen um die Wahl zur britischen Kulturhauptstadt 2008 gewonnen, und auch in Edinburgh und Glasgow sowie im walisischen Cardiff lassen sich als Folge der Dezentralisierungspolitik erste Anzeichen für ein neues urbanes Selbstbewusstsein beobachten, von einem wirklichen Gegengewicht zu London kann aber noch keine Rede sein.

Als noch schwerwiegender erweist sich der Umstand, dass die fehlende *Britishness* der Hauptstadt, wie Paxman es schildert, die Suche nach dem wahren England begünstigt hat. Schon in den frühen siebziger Jahren hatte sich der britische Kulturwissenschaftler Raymond Williams mit diesem Problem befasst und im Verhältnis zwischen Metropole und Provinz eine Vielzahl von ungelösten Spannungen erblickt, die seiner Meinung nach auf eine tiefe Krise der britischen Kultur im 20. Jahrhundert verweisen. Williams schreibt dazu:

> It is significant, for example, that the common image of the country is now an image of the past, and the common image of the city an image of the future. That leaves, if we isolate them, an undefined present. The pull of the idea of the country is towards old ways, human ways, natural ways. The pull of the idea of the city is towards progress, modernisation, development. In what is then a tension, a present experienced as tension, we use the contrast of country and city to ratify an unresolved division and conflict of impulses, which it might be better to face in its own terms. (Williams 1993: 297)

Während metropolitanisches Leben zukunftsorientiert und von Fortschritt und Erneuerung geprägt wird, repräsentiert das Land die Traditionen einer älteren Sozialordnung, die mit Mitmenschlichkeit und Naturverbundenheit assoziiert wird. Zwischen den Polen von Stadt/Zukunft und von Land/Vergangenheit öffnet sich, Williams zufolge, die Kluft einer ungeklärten Gegenwart, an der sich nicht zuletzt politische Spannungen entzünden.

In der Tat muss gefragt werden, wie die nationalen Interessen, die sich aus den Bedürfnissen der Provinzen zusammensetzen sollten, im zentralisierten Westminster-System einer Hauptstadt repräsentiert werden können, die sich als so unbritisch darstellt und die sich seit langem von der Nation entfremdet zu haben scheint. Bedenkenswert ist ferner, dass sich hinter der auffälligen Trennung von Stadt und Land als disparaten Lebenswelten auch eine Spaltung der nationalen Psyche verbirgt. Die individuelle Präsenz in der fortschrittsoptimistischen Hauptstadt ist aufgrund der zahlreichen Stellenangebote und der erheblich besseren Verdienstmöglichkeiten oft zwingend erforderlich, stillt aber nicht die tiefempfundene Sehnsucht nach einem traditionell geprägten Leben auf dem Land, das als das wahre England angesehen wird. Bis ins 19. Jahrhundert blieb die Möglichkeit einer

Verbindung von städtischer und ländlicher Lebenswelt der Aristokratie vorbehalten, doch hat sie sich seither durch den sozialen und finanziellen Aufstieg der Mittelschicht deutlich demokratisiert. In Oscar Wildes berühmter Komödie *The Importance of Being Earnest* (1895) entspringt der Witz aus den wiederholten Landpartien, welche die beiden Gentlemen Jack Worthing und Algy Moncrieff unternehmen, um einerseits den Drangsalierungen seitens der Familie und der Gläubiger in London zu entgehen, andererseits um auf dem Land ihren amourösen Eskapaden nachzugehen. In Wildes Komödie führt am Ende gerade der Wechsel zwischen ländlichen und städtischen Schauplätzen zur Enthüllung von Jacks wahrer Identität: Nicht nur findet er heraus, dass sein Name tatsächlich Ernest lautet; er findet in Algy zudem seinen Bruder und in Gwendolen seine Frau.

Das von Wilde kunstvoll und amüsant inszenierte Bühnenspiel mit doppelten und vertauschten Identitäten verweist recht genau auf jene Spannungen, die Raymond Williams identifiziert. Zugleich deutet Wildes Komödie jedoch durch den glücklichen Ausgang auch an, dass sich die Konflikte zwischen städtischem und ländlichem Leben, zwischen Metropole und Provinz, zwischen Tradition und Erneuerung durchaus lösen lassen, wenn sie harmonisch miteinander verbunden werden. Bewusst oder unbewusst sind im 20. Jahrhundert immer mehr Menschen diesem Modell gefolgt und haben die Suburbia Londons konzentrisch erweitert. Die ideale Lebensform gut verdienender Londoner, von denen es viele gibt, besteht im Besitz einer Stadtwohnung, vorzugsweise in den Docklands oder in Notting Hill, und eines Landhauses für das Wochenende, gerne mit eigenem Wasserlauf und dazugehörigem Fischrecht. Während Grafschaften wie Kent, Sussex und Surrey im Süden schon lange bevorzugte Quartiere der Londoner darstellten, ist das Territorium der Landhäuser, in Maklerkreisen auch *second homes* genannt, in den letzten Jahrzehnten nach Westen ausgedehnt worden und erstreckt sich mittlerweile südwestlich nach Hampshire, Somerset, Dorset, Wiltshire sowie in die Cotswolds nördlich von Bristol und selbst bis nach Cornwall. Dies hat in den ländlichen Regionen zu explosionsartig gestiegenen Hauspreisen geführt mit der Folge, dass sich immer mehr junge Familien in ihren Heimatdörfern nicht mehr ansiedeln können – eine Konstellation, die den Stadt-Land-Gegensatz weiter verschärft.

Bei der weitverbreiteten Sehnsucht nach einer harmonischen Verbindung zwischen dem traditionellen, 'wahren' England und dem progressiven Leben in der hektischen Metropole mag auch das Amt des Premierministers eine Vorbildfunktion übernommen haben, denn der Amtsinhaber verfügt neben der Stadtresidenz, 10 Downing Street, auch über den Landsitz Chequers Court in Buckinghamshire. Über dieses ländliche Anwesen und seine Geschichte hat Norma Major, die Frau des ehemaligen Premierministers John Major, ein liebevolles Buch mit dem Titel *Chequers. The Prime Minister's Country House and its History* (1996) veröffentlicht. Nicht minder liebevoll hat sich die Vorgängerin Majors zu Chequers geäußert. In ihren Memoiren erinnert sich Margaret Thatcher sehnsüchtig an die Tage auf dem Landsitz, der im November 1917 von Lord Lee dem damaligen Premierminister Lloyd George zum Geschenk an die Nation übergeben wurde. Nicht nur preist Margaret Thatcher die wundervollen Räumlichkeiten, sondern sie zögert auch nicht, die Bedeutung des Hauses, allerdings in kolossaler Übersteigerung, mit den großen Reformgesetzen des 19. Jahrhunderts zu vergleichen: "[...] Lord Lee's gift to the nation of his country house for the use and relaxation of the prime ministers marks as much a new era as did the Reform Bills." (Thatcher 1993: 36) Für die hier geführte Argumentation der Wechselbeziehung zwischen Metropole und Provinz sowie zwischen Tradition und Erneuerung fügt die frühere Premierministerin noch einen bedeutungsvollen Satz hinzu: "[...] Downing Street and Chequers were the twin centres of my personal and professional life." (Thatcher 1993: 36) Stadt und Land stehen daher in einem prinzipiell auflösbaren Widerspruch, denn in der ländlichen Umgebung versichert man sich seiner Traditionen und schöpft in der Ruhe die Kraft, die zur Voraussetzung für die innovative Energie der Metropole wird.

2.3 *North of the Border:* Schottland

Scotland

The River Tweed, the Cheviot Hills and the Solway Firth form the border between England and Scotland. The coastline is broken by countless fiords known as firths or sea-lochs and is about 2,300 miles long. At its widest the country is more than 150 miles across and at its narrowest only about 25.

The country may be divided into three geographical regions, the Highlands, the Central Lowlands and the Southern Uplands. The Highlands are a wild, mountainous region and include Ben Nevis (4,406 ft.), the highest mountain in the British Isles. About two-thirds of the total population of Scotland live in the Central Lowlands with their many beautiful lochs, although this part is only about one-tenth of the total area of Scotland. Here the main industries are to be found. The Southern Uplands consist of rolling treeless hills and moors and are important only for sheep-breeding and the woollen textiles produced in the little towns along the Tweed.

Only about 25 per cent of the land is suitable for farming. But apart from the sheep-breeding, fishing is important to Scotland's economy. There are large coal and iron deposits and Scotland's industries, especially textiles and ship-building, are among the most important in Europe. (Walz 1965: 21)

Die Unwirtlichkeit des nordbritischen, sprich: schottischen, Naturraums stand Pate für eine Reihe wiederkehrender Stereotypen, die sich die schottische Bevölkerung teils selbst schuf, die ihr aber teils auch von außen zugeschrieben worden sind. Diese auto- wie heterostereotypen Sichtweisen des Kulturraums sind für das Spannungsgefüge zwischen Tradition und Modernisierung der schottischen Kultur bedeutsam. Das wohl am weitesten verbreitete Klischee schottischer Lebensart kündet von der schon sprichwörtlichen Sparsamkeit des in unzähligen Witzen verewigten knauserigen Schotten. Die kulinarischen Köstlichkeiten der regionalen Küche wie Haggis, eine traditionell im Schafsdarm gekochte Mischung aus Tierinnereien, Hafermehl und Zwiebeln, oder Porridge mit Wasser und Salz haben das Bild der armseligen und daher sparsamen Nation am nördlichen Rand Europas weiter geprägt. Gestützt auf die Armut an Bodenschätzen und den vergleichsweise geringen agrarischen Ertrag, vor allem in den Regionen des Hochlands, entbehrt diese Sichtweise zwar nicht einer kulturgeographischen und kulturhistorischen Grundlage, lässt sich jedoch nicht pauschal auf das gesamte Land und schon gar nicht auf die schottische Gegenwartskultur ausdehnen, wie der beobachtbare Wohlstand in Städten wie Edinburgh, Glasgow, Stirling und Perth belegt.

Eine zweite, wiederkehrende Anschauung, die sowohl schottischen Nationalstolz erfüllt als auch außerschottische Bewunderung hervorruft, ist die ungewöhnliche Gastfreundschaft, die vielen Schottland-Reisenden in bleibender Erinnerung geblieben ist und die ebenfalls durch die Unwirtlichkeit des Naturraums begründet ist: In der kargen, niederschlagsreichen und dünn besiedelten Lebenswelt waren Menschen traditionell auf gegenseitige Hilfe angewiesen, war das Gewähren von Obdach und Nahrung eine zwischenmenschliche Selbstverständlichkeit, die mittlerweile zu einer Signatur schottischer Kultur geworden ist. Bei einer Befragung schottischer Studenten nach typisch schottischen Merkmalen im Jahre 1997 erzielten bezeichnenderweise die Attribute "Friendly/Warm/Kind-hearted" (Lindsay 2000: 56) mit 63 Prozent die mit Abstand höchste Quote an Zustimmung, gefolgt von "Patriotic/Nationalistic/Proud" mit 29 Prozent und "Humorous/Good Fun" mit 17 Prozent. Zudem – und das ist das dritte Klischee – glaubt keine andere britische Region, eine vergleichbar große Dichte an übernatürlichen Phänomenen vorweisen zu können wie Schottland. Zwischen den Hexen in Shakespeares schottischer Tragödie *Macbeth* bis hin zum Monster von Loch Ness spannt sich ein weiter Bogen von Feen, Elfen, blauen Damen (*blue ladies*), Poltergeistern und Banshees, die nicht zuletzt der heutigen Tourismus-Industrie einträgliche Gewinne sichern.

Eine vierte Signatur bildet der schottische Nationalstolz und mit ihm verbunden der kollektive Glaube an eine nationale Unbeugsamkeit, der ebenfalls traditionell geprägt ist und für die schottische Gegenwartskultur in mehrfacher Hinsicht Relevanz besitzt. Die Tradition des Widerstands gegen feindselige Eroberer reicht weit zurück: Den römischen Truppen gelang es nicht, den nördlichsten Teil der Insel unter ihre Kontrolle zu bringen, und auch die Angelsachsen konnten Pikten und Scoten nicht überwinden. Der Auseinandersetzung zwischen dem normannisch geführten England und dem unbeugsamen Schottland im Mittelalter verdankt das Land zwei seiner großen Nationalhelden, nämlich William Wallace ("Braveheart") und Robert the Bruce, die sich mutig, aber letztlich erfolglos der englischen Übermacht erwehrten. Erst im 16. Jahrhundert bemühten sich die Tudor-Könige, insbesondere Henry VII und Henry VIII, um eine Beilegung der weiterhin schwelenden Konflikte. Nach dem Tode von Elizabeth I wurde die Vereinigung der Kronen Englands und Schottlands unter James I verwirklicht, der als erster Stuart-Herrscher beide Länder in Personalunion regierte. Damit verlagerte sich aber zugleich auch das politische Gleichgewicht, da England nun von einem schottischen Monarchen beherrscht wurde, dessen Nachfolger in der Dynastie das Klischee schottischer Unbeugsamkeit auf das Unglücklichste bestätigten und in der Glorreichen Revolution vom englischen Thron verjagt wurden.

Mit der euphemistisch als *Union of Parliaments* betitelten Gesetzgebung von 1707 wurde faktisch das Ende der politischen Unabhängigkeit Schottlands besiegelt. Um den schottischen Widerstand gegen diese unpopuläre Maßnahme aus englischer Sicht zu mildern, wurde die Autonomie Schottlands in religiöser, rechtlicher und bildungspolitischer Hinsicht bestätigt. Entsprechend blieb die presbyterianische Nationalkirche ebenso unangetastet wie das schottische Rechts-, Schul- und Universitätswesen. Zwar war die Preisgabe des eigenen Parlaments ein schmerzlicher Verlust, doch blieben die Vorrechte des schottischen Adels unangetastet, der im nunmehr britischen House of Lords vertreten war. Ebenso war der schottische Mittelstand im House of Commons repräsentiert und lernte rasch, die wirtschaftlichen Vorzüge der Union zu schätzen.

Daher führte die Vereinigung der Parlamente zu einer Spaltung der schottischen Nation. Die Bewohner des Hochlands waren nicht bereit, eine englische Fremdherrschaft anzuerkennen, pochten auf politische Autonomie und sahen in den Nachfahren der Stuart-Dynastie die rechtmäßigen Herrscher Schottlands. Entsprechend fanden die Kronanwärter James Edward Stuart und später sein Sohn Charles Edward Stuart ("Bonnie Prince Charlie") die Unterstützung der Hochlandschotten, was zu den Jakobiteraufständen der Jahre 1715 und 1745 führte. Mit der vernichtenden Niederlage der schottischen Truppen unter der Führung von Charles Edward auf dem Schlachtfeld von Culloden 1746 war die letzte Revolte gegen England gescheitert. Einer weit verbreiteten Auffassung zufolge zielte die englische Schottland-Politik seit Beginn des 19. Jahrhunderts auf die Beseitigung feindlicher Widerstandsnester im Norden. Die Legende um die Säuberungsaktionen im Hochland, die *Highland Clearances*, beruht nur zum Teil auf gesicherten Fakten. Es ist zutreffend, dass die (im Übrigen schottischen) Landbesitzer nach englischem Vorbild eine Restrukturierung der Landwirtschaft vornahmen, indem sie Acker- in Weideland umwandelten, um Profite aus der florierenden Produktion von Schafwolle zu ziehen, und dabei auch gewaltsam Menschen aus ihrer angestammten Lebenswelt vertrieben. Es darf aber nicht übersehen werden, dass zur gleichen Zeit rückläufige Ernte- und Fischereierträge eine Welle von Auswanderungen in Bewegung setzte, die Familien aus dem schottischen Hochland in die USA und nach Kanada spülte. Die Entvölkerung des nördlichen Schottland war somit das Resultat einer Migrationsbewegung auf der einen und einer erzwungenen Vertreibung auf der anderen Seite. Ungeachtet dessen kommt der historischen Erinnerung an die Highland Clearances in der schottischen Gegenwartskultur eine von erheblichen Emotionen geladene Brisanz zu.

Im Gegensatz dazu verstand es der bevölkerungsreichere Süden recht geschickt, sich an die veränderten politischen Rahmenbedingungen einer Union mit England anzupassen. Neuere Analysen gehen gar davon aus, dass das südliche Schottland den Wettbewerb mit England geradezu suchte und motiviert war von dem Verlangen, "to out-English the English" (Asch 1993b: 36). Ein Reflex dieses kompetitiven Selbstbehauptungswillens war die schottische Aufklärung (*Scottish Enlightenment*), zu deren Zentrum Edinburgh wurde. Die noch mittelalterlich geprägte und eng bebaute Altstadt wurde im Verlauf des 18. Jahrhunderts durch die nach klassizistischem Vorbild entworfene *New Town* erweitert, "planned to achieve in architecture and in the use of space the ideals of order, elegance, rationality, progress and proper social relationships represented by the Scottish Enlightenment" (Daiches 1986: 17).

Die Nobilitierung der schottischen Hauptstadt als 'Athen des Nordens' verdankte sich jedoch nicht allein ihrem architektonischen Glanz, sondern war auch als Auszeichnung der herausragenden Wissenschaftsleistungen der Universität gedacht. Während das Studium in Oxford und Cambridge im 18. Jahrhundert noch von sehr konservativen Lehrplänen bestimmt wurde, war die Universität von Edinburgh in Hinblick auf die vermittelten Inhalte und Methoden erheblich liberaler und auch moderner. Auf verschiedensten Wissenschaftsgebieten konnten somit bahnbrechende Entdeckungen gemacht werden, wobei der ungestillte Forscher- und Pioniergeist die engeren Grenzen des 'schottischen Jahrhunderts' überschreitet. In den Geisteswissenschaften bildete die neue, mit naturwissenschaftlicher Exaktheit operierende Moralphilosophie von David Hume den Auftakt für eine rationalistische Revision tradierter Sinngewissheiten, wie sie von Adam Ferguson, William Robertson und Thomas Carlyle weitergeführt wurde. In der Ökonomie legte Adam Smith mit seinem Hauptwerk *Inquiry into the Nature and Causes of the Wealth of Nations* (1776) die Grundlagen einer modernen Volkswirtschaftslehre, während die Brüder Robert und James Adam die neoklassizistische Architektur des 18. Jahrhunderts perfektionierten. In den Naturwissenschaften war die Entdeckung der Dampfkraft durch James Watt die entscheidende Voraussetzung für den Beginn der Industriellen Revolution, und bei der modernen Telekommunikation stand mit Alexander Graham Bell der Erfinder des Telefons Pate. Zudem erwirtschafteten sich die schottischen Universitäten insgesamt seit dem 18. Jahrhundert einen vorzüglichen Ruf für die Ausbildung von Medizinern. Die weitverbreitete Auffassung, wonach die besten Ärzte auf den Britischen Inseln aus Schottland kämen und dass "Harley Street", das Londoner Ärzteviertel, eine schottische Außenstelle sei, besaß auch im 20. Jahrhundert noch Gültigkeit, als Alexander Fleming 1945 für seine Entdeckung des Penicillins mit dem Nobelpreis für Medizin ausgezeichnet wurde. Es überrascht daher nicht, dass auch die Einrichtung des Rundfunk- und Fernsehwesens in Großbritannien auf die Initiative eines Schotten zurückgeht, nämlich auf John Reith, der 1922 die British Broadcasting Company gründete und fünf Jahre später zum ersten Direktor der British Broadcasting Corporation (BBC) ernannt wurde.

Der Beitrag Schottlands nicht allein zur britischen, sondern zur gesamteuropäischen und nordamerikanischen Kultur ist somit außerordentlich eindrucksvoll, doch sorgte die im sprachlichen Gebrauch sich einbürgernde Gleichsetzung von Großbritannien mit England zu einer Unterschlagung genuin schottischer Errungenschaften, die in verkürzender Sichtweise der englischen Kultur zugeschlagen wurden. Dies liegt zum Teil an dem beträchtlichen Engagement Schottlands für eine gemeinbritische Identität in einem mit England vereinigten Königreich, das aber auch außenpolitisch schon sehr bald zentral von London aus regiert wurde. Bereits um 1770 stammte ein Drittel der Offiziere in der East India Company aus Schottland, und im 19. Jahrhundert vermehrte sich der Anteil von Schotten, die sich beim Aufbau des Britischen Weltreichs große Verdienste erwarben. Während sich hierbei, positiv formuliert, der Wille Schottlands zur Konstruktion einer neuen nationalen Identität erkennen lässt, kann andererseits der Gedanke nicht von der Hand gewiesen werden, dass aus englischer Sicht das Empire die willkommene Gelegenheit bot, potenziell aufrührerische Schotten in die entlegensten Gebiete der Welt zu verbannen.

Die Frage nach der nationalen Identität des Landes stand daher auch im Mittelpunkt des Schaffens der beiden großen schottischen Nationaldichter, Robert Burns (1759–96) und Walter Scott (1771–1832). Der in der ländlichen Grafschaft Ayrshire geborene Burns entsprach in seiner Person wie auch in seinen Gedichten allen idealtypischen Vorstellungen der Romantik.

Obwohl er aus ärmlichen Verhältnissen stammte, erhielt er eine solide Schulausbildung, in der er mit der klassischen, französischen und englischen Dichtung vertraut wurde. Dennoch galt er schon zu Lebzeiten in den Worten seines Zeitgenossen Henry Mackenzie als 'Heaven-taught ploughman', der seine lyrischen Fähigkeiten nicht durch ein literarisches Studium erworben, sondern als Geschenk der Natur erhalten hatte. In der Wahl der Themen wie auch in der poetischen Diktion berührte Burns die wunden Punkte seiner schottischen Landsleute. Schon in seiner ersten Gedichtsammlung, *Poems, chiefly in the Scottish Dialect* (1786), verwendete er die Sprache seiner südschottischen Heimat, die zum Markenzeichen seiner Dichtung und zum Ausdruck seiner patriotischen Gefühle wurde. In vielen Gedichten blickte er wehmütig in die Vergangenheit seines Landes zurück und beweinte, wie zum Beispiel in "The Chevalier's Lament" (1788), den Tod der heldenmütig an der Seite von Bonnie Prince Charlie gefallenen Landsleute. Vergangenheit, Trauer und Abschiedsschmerz beherrschen auch sein vielleicht bekanntestes Gedicht, "Auld Lang Syne" (1796), in dem zwei alte Freunde den Kummer über ihre bevorstehende Trennung mit einem gemeinsamen Umtrunk ("a cup of kindness") lindern:

> Should auld acquaintance be forgot
> And never brought to mind?
> Should auld acquaintance be forgot,
> And auld lang syne!
> Chorus
> *For auld lang syne, my jo,*
> *For auld lang syne,*
> *We'll tak a cup o kindness yet,*
> *For auld lang syne.*
> (Burns 1986: 341)

In seinen Gedichten schuf Burns somit ein nostalgisches, oft schmerzerfülltes und der patriotischen Vergangenheit zugewandtes Schottlandbild, mit dem er die kollektive Sehnsucht seiner Zeitgenossen "north of the border" stillte und es noch immer tut. Längst gilt Robert Burns als der schottische Nationaldichter, längst ist das winzige Cottage in Alloway, in dem er geboren wurde, zum Mekka seiner Anhänger geworden, die seinen Geburtstag, den 25. Januar, in jedem Jahr mit der rauschenden 'Burns Night' feiern.

Nicht weniger prominent waren die Bemühungen Walter Scotts um die schottische Identität, wenngleich er nie dieselbe Popularität wie der volksnahe Burns genoss. Mit ihm teilte er das Interesse an der Vergangenheit seines Landes, entwickelte jedoch einen historischen Zugang zu seinem Material, der in ganz Europa wegweisend werden sollte. Mit der dreibändigen Balladensammlung *Minstrelsy of the Scottish Border* (1802–03) sicherte er zunächst die mündliche Erzähltradition seiner Heimat, die durch die fortschreitende Anglisierung im Untergang begriffen war. Die für die Edierung der Texte erforderlichen Recherchen zur schottischen Geschichte lieferten die Grundlage für die von Scott neu geschaffene Form des historischen Romans. Den Auftakt einer langen Reihe von geschichtlichen Erzählwerken bildete *Waverley; or, Tis Sixty Years Since*, ein Roman, der schon um 1805 abgeschlossen, aber erst 1814 veröffentlicht wurde. Anhand der Figur des jungen Offiziers Edward Waverley führt Scott den Leser zurück in das Schottland des Jahres 1745 und dokumentiert an der militärischen Auseinandersetzung zwischen der schottischen und englischen Armee die tiefgreifenden Loyalitätskonflikte, denen sich Schotten wie Waverley drei Generationen zuvor ausgesetzt sahen. Die Aufarbeitung schottischer Zeitgeschichte in erzählender Form – die Zeitspanne von sechzig Jahren ist seither klassisch für den historischen Roman geworden – zielte auf zwei Adressatenkreise. Während auf Seiten der englischen Leserschaft um Verständnis für die prekäre Lage Schottlands und die verunsicherte Identität seiner Bevölkerung geworben werden sollte, wurden die Schotten selbst aufgerufen, die internen Streitigkeiten zwischen Highland und Lowland, zwischen presbyterianischen, anglikanischen und katholischen Glaubensrichtungen sowie zwischen königstreuen Jakobitern und liberalen Whigs beizulegen. Anders als Burns blickte Scott in die schottische Vergangenheit, um die Störquellen des nationalen Selbstempfindens zu identifizieren und nach Möglichkeit zu beseitigen, da er die Zukunft eines blühenden und prosperierenden Schottland nur in der Union mit England sah.

Burns und Scott formulierten somit zwei Sichtweisen schottischer Identität, so dass einerseits nostalgisch und bisweilen schwermütig auf den verblassten Glanz nationaler Größe mit patriotischem Stolz zurückgeschaut wurde, während andererseits die Lösung vergangener Konflikte Perspektiven für die Zukunft eröffnen sollte. Beide Anschauungen haben sich bis in die Gegenwart gehalten und bestimmen das genuin schottische Spannungsgefüge zwischen Vergangenheit und Zukunft. Wie der weiter oben skizzierte Überblick über die schottischen Kulturleistungen schon andeutete, wurde das von Scott entworfene Fortschrittsmodell für die Entwicklung Schottlands im 19. und 20. Jahrhundert bestimmend. Im Zuge der Industriellen Revolution erlebte auch das Land nördlich der Grenze einen gewaltigen Aufschwung, der insbesondere die Bedeutung Glasgows als Zentrum der Stahlverhüttung und des Schiffbaus stärkte. Da das Land nachweisbar von der Union mit England zu profitieren begann, wurden zugleich die Stimmen derjenigen leiser, die zuvor die Autonomie des Landes noch eingeklagt hatten. Zudem erwies sich im Verlauf des 19. Jahrhunderts Irland immer mehr als unsicherer Unionspartner, dessen Unabhängigkeitsstreben größere Aufmerksamkeit erforderte. Zwar wurden auch politische Kreise in Schottland von der irischen Home-Rule-Bewegung beeinflusst, doch stand das Land in beiden Weltkriegen geschlossen hinter der Union und hinter dem Britischen Weltreich.

Erst mit der Entdeckung und Ausbeutung reichhaltiger Ölvorkommen vor der schottischen Küste in den siebziger Jahren regte sich Unmut nördlich der Grenze, da die Erträge überwiegend nach London flossen, während Schottland selbst nur in geringem Maße von der Förderung profitierte. Der Aufstieg der bis dahin beinahe bedeutungslosen Scottish National Party (SNP) wurde weiter begünstigt durch den rigorosen Zentralismus, wie er von den Thatcher-Regierungen während der achtziger Jahren praktiziert wurde und der ein Mitspracherecht der Regionen kategorisch ausschloss. Die Zurückweisung schottischer Interessen stärkte nicht allein die SNP und ihre lauter werdenden Forderungen nach Autonomie, sondern motivierte auch junge Künstler und Intellektuelle dazu, sich der Sache Schottlands anzunehmen. Insbesondere erlebte das Roman- und Filmschaffen seit den frühen achtziger Jahren als Reaktion gegen den Thatcherismus einen ungeheuren Aufschwung, für den Autoren wie Alasdair Gray, Iain Banks, James Kelman, Alan Warner und Irvine Welsh stehen. Mit *Trainspotting* legte Welsh 1993 einen Roman vor, in dem er die Drogenszene seiner Geburtsstadt Edinburgh schonungslos beschreibt, einschließlich der Desillusionierung und Gewaltbereitschaft, aber auch der Sehnsüchte junger Schotten nach einer erlösenden Zukunftsperspektive. Galt der Roman schon als Kultbuch, so verhalf die Verfilmung des Stoffes 1996 in der Regie von Danny Boyle dem Autor, der Stadt und dem Land vollends zum Durchbruch. *Trainspotting* steht, so kann behauptet werden, in der Scott'schen Tradition schottischer Identitätsfindung, da die aus Vergangenheit und Gegenwart resultierenden Konflikte nach einer Lösung in der Zukunft verlangen.

Parallel dazu erlebte aber Mitte der neunziger Jahre auch Burns' Modell der nostalgischen Retrospektive eine Renaissance. Scotts Roman *Rob Roy* (1817), eine narrative Rekonstruktion des ersten Jakobiteraufstands von 1715, wurde unter der Regie von Michael Caton-Jones 1995 neu verfilmt und erzielte beträchtliche Einspielergebnisse, nicht zuletzt auch dank eines Staraufgebots, darunter Liam Neeson und Jessica Lange. Kommerziell noch erfolgreicher war im gleichen Jahr Mel Gibsons Filmproduktion von *Braveheart*, in dessen Mittelpunkt der patriotische Freiheitskampf und der schließliche Opfertod des schottischen Nationalhelden William Wallace aus dem 13. Jahrhundert stehen. Dass es sich bei beiden Filmen um amerikanische Produktionen handelte, störte schottische Kinogänger ebenso wenig wie die Tatsache, dass Mel Gibson ein gebürtiger Australier ist. Der Braveheart-Effekt hatte einen gewaltigen Motivationsschub für das Selbstbewusstsein der schottischen Öffentlichkeit zur Folge. Insbesondere das in den Landesfarben Blau und Weiß geschminkte Gesicht der zum Kampf entschlossenen Braveheart-Gestalt fand im Nachgang zum Film zahlreiche Nachahmer. Das im Andenken an die siegreiche Schlacht von Stirling Bridge errichtete Wallace-Denkmal aus dem Jahr 1869 war schon zuvor eine beliebte Pilgerstätte schottischer Nationalisten, doch stieg deren Zahl von etwa 50 000 im Jahr 1994 zwei Jahre später auf fast 200 000 Besucher an. Dennoch blieb eine von vielen gefürchtete Aggressionsbereitschaft verblüffenderweise aus. Während bei der Fußball-Weltmeisterschaft 1998 in Frankreich englische und deutsche Hooligans schlimmste Gewalttaten verübten, waren die schottischen Fans, die in der Vergangenheit gefürchtete Tartan Army, erstaunlich handzahm. Die blau-weiß geschminkten Gesichter der schottischen Fußballfreunde blickten ungewohnt freundlich drein, und selbst nach Niederlagen der eigenen Mannschaft konnten die Fans erstaunlich friedlich feiern. Beobachter sahen darin eine Bestätigung für die These, dass die Schotten als Nation eine neue Identität gefunden hatten.

Tatsächlich lässt sich behaupten, dass sich die Zirkulationsgewalt sozialer Energien in Schottland um die Mitte der neunziger Jahre produktiv entlud. Die Verfilmungen schottischer Geschichte, darunter *Rob Roy*, *Braveheart* und auch die britische Verfilmung der Lebensgeschichte von Robert Bruce unter dem Titel *The Bruce* (1996), kamen genau zu dem Zeitpunkt in die Kinos, als die Frage nach der schottischen Eigenständigkeit hitzig debattiert wurde. Tony Blair hatte vor seinem ersten Wahlsieg Schottland größere Autonomie zugesichert, und dieses Versprechen wurde von New Labour seither auch eingelöst. Am 11. 9. 1997, dem siebenhundertsten Jahrestag der Schlacht von Stirling Bridge, stimmte die schottische Bevölkerung in einem Referendum mit überwiegender Mehrheit der Dezentralisierungspolitik Blairs zu. Mit der Verabschiedung des Scotland Act von 1998 wurden dann die rechtlichen Grundlagen für die Wiedereinrichtung des schottischen Parlaments in Edinburgh geschaffen (vgl. Abb. 11), das am 1. 7. 1999 in Anwesenheit der Königin zum ersten Mal seit 1707 wieder zusammentrat.

Stimuliert durch die in den Filmen rekonstruierte historische Erfahrung nationaler Vergangenheit geriet zudem ein bis dahin weitgehend vergessenes Dokument wieder in Erinnerung, nämlich die Declaration of Arbroath aus dem Jahr 1320. In der vermutlich von Robert Bruce formulierten und in Lateinisch abgefassten Erklärung bitten die schottischen Heerführer den Papst um Verständnis für die Situation Schottlands, das sich einer englischen Usurpation nie fügen werde. Die in selbstbewusster Diktion niedergelegte Petition, die vom Papst schließlich auch akzeptiert wurde und das schottische Königtum begründete, gilt als schottische Unabhängigkeitserklärung und hat in jüngerer Zeit große Zustimmung gewonnen. Insbesondere die abschließende Begründung der Widerstandsbereitschaft unterstreicht den traditionellen Freiheitsdrang nördlich der Grenze:

Abb. 11: Der Palace of Holyroodhouse in Edinburgh war einst Residenz der schottischen Könige und dient jetzt als schottischer Amtssitz von Queen Elizabeth. Gegenüber dem Schloss ist das neue schottische Parlamentsgebäude errichtet worden.

For, as long as but a hundred men are left, will we never submit in the slightest to the dominion of the English. It is not for glory, riches or honours we fight, but only for liberty, which no good man loses but with his life. (Douglas 1996: III, 542)

Besondere Popularität erhielt die schottische Unabhängigkeitserklärung durch Sean Connery, der sich seit geraumer Zeit zum prominenten Fürsprecher schottischer Autonomie entwickelt hat und auf seiner Homepage eifrig Spenden für schottische Institutionen sammelt.

Umgekehrt ist aber die Befürchtung geäußert worden, dass das Braveheart-Syndrom erneut eine einseitige Ausrichtung auf die nationale Vergangenheit begünstigen könnte, die sich in "notions of macho and sentimental Scottishness furthered by older brands of whisky-and-fags Burns-suppering" (Crawford 1997: 93) niederschlägt. Eine solche Betonung abgedroschener Klischees vom Schottentum wie Whisky, Kilts und Dudelsack sei daher für die Vision einer Zukunft Schottlands in einem dezentralisierten Großbritannien und (mehr noch) in einem künftigen Europa der Regionen schädlich. Diese Befürchtung sollte nicht überbewertet werden. Wer bei einer Examensfeier einer schottischen Universität beobachten konnte, wie immer mehr junge Schotten ihre Diplome in zukunftsweisenden Studiengängen wie Medien- und Kommunikationswissenschaften im Kilt entgegennehmen, wird verstehen können, dass Vergangenheit und Gegenwart,

Braveheart und Hightech, Tradition und Innovation sich nicht gegenseitig ausschließen müssen, sondern längst zu Bestandteilen einer neuen schottischen Identität geworden sind.

2.4 Die grüne Insel: Irland

Physical Features

The island of Ireland is situated in the extreme north-west of the continent of Europe between 51½° and 55½° north latitude and 5½° and 10½° west longitude.

The Irish Sea to the east, which separates Ireland from Britain is from 11 to 120 miles wide and less than 200 metres deep. In other areas the shallow waters of the Continental Shelf are rather narrow and depths increase rapidly into the Atlantic Ocean. [...] The island comprises a large central lowland of limestone with a relief of hills girded by a discontinuous border of coastal mountains which vary greatly in geological structure.

Ireland lies in an area of mild southwesterly winds and comes under the influence of the warm drifting waters of the Gulf Stream. This has assured it an equable climate and, as the island is comparatively small with no part more than seventy miles from the sea, temperature is almost uniform over the country.

Average air temperatures in January and February, the coldest months, are mainly between 4° C and 7° C. July and August, the two warmest months, are mainly between 14° C and 16° C, but occasionally reaching 25° C.

Rainfall is well distributed with the west, because of the prevailing winds from the Atlantic, having a higher annual rainfall than the east, where it is as low as 30 inches (75 centimetres) a year. Snow is relatively infrequent except in the mountains. When it does occur, it is rarely prolonged or severe. (Department of Foreign Affairs, Dublin 1978: 10–12)

Dem gemäßigten Klima und den regelmäßigen Niederschlägen verdankt Irland seinen Beinamen 'die grüne Insel'. Wenn aber auch von 'the island behind the island' gesprochen wird, so deutet dies darauf hin, dass Irland über viele Jahrhunderte im Schatten der größeren Insel lag und von dieser beherrscht wurde. Irland geriet schon im 12. Jahrhundert unter anglonormannischen Einfluss, nachdem zerstrittene irische Stammesfürsten Henry II um militärische Unterstützung gebeten hatten. Nach der normannischen Invasion Irlands (1169) blieben die Truppen im Land und hielten eine Reihe strategischer Positionen besetzt. Zwar gelang es ihnen nicht, die gesamte irische Insel unter Kontrolle zu bringen, doch gilt Irland als die erste englische Kolonie und hat am längsten unter der Übermacht Englands gelitten.

Wie in Wales und in Schottland versuchte Henry VIII den englischen Herrschaftsanspruch auch auf Irland auszuweiten, erklärte sich 1541 zum irischen König und begann eine Ansiedlungspolitik englischer Untertanen in Irland. Da keine Anstrengungen unternommen wurden, die englische Reformation in Irland durchzusetzen und auch das Gälische nicht als Medium der Verständigung genutzt wurde, bildete sich ein folgenschweres Spannungsverhältnis zwischen englisch-protestantischen Herrschern und irisch-katholischen Beherrschten heraus, das bis in die unmittelbare Gegenwart hinein einen hoch brisanten Konfliktherd darstellt.

Die Spannungen verschärften sich im 17. Jahrhundert. Nach der Union mit Schottland wurden schottische Siedler offiziell ermutigt, sich in Ulster, der nördlichen Provinz Irlands, als Landnehmer niederzulassen und sog. *plantations* einzurichten. War damit der Norden unter britische Kontrolle gebracht, so wurde im weiteren Verlauf des Jahrhunderts der verbliebene Großteil der Insel durch die radikale Irland-Politik Oliver Cromwells unterworfen. Im Kern handelte es sich hierbei um eine Enteignungspolitik, bei der die Besitzverhältnisse so durchgreifend verändert wurden, dass die Herrschaft über Irland durch eine kleine Schicht britischer Großgrundbesitzer ausgeübt wurde. Dadurch verschärften sich die sozialen Gegensätze zwischen der englisch-protestantischen Herrschaftsschicht (*Protestant ascendancy*) und der Mehrheit der katholisch-gälischen Bevölkerung, die aufgrund ihrer Konfession, ihrer Sprache und ihrer Besitzlosigkeit unterdrückt wurde.

Als verheerend erwies sich zudem die unverminderte Orientierung der angloirischen Herrschaftsschicht nach England. Es kam nämlich überwiegend nicht zu einer Identifikation der Großgrundbesitzer mit dem neu erworbenen Land und zu einem Verschmelzen der englischen und irischen Bevölkerungsteile. Stattdessen übergaben die Großgrundbesitzer die Aufsicht über ihre Ländereien einzelnen Landverwaltern (*stewards*), die möglichst große Profite aus dem Grundbesitz zu schlagen hatten, während sich die Eigentümer vornehmlich in England aufhielten (*absenteeism*) und sich nur gelegentlich um die Verwaltung ihres Landes kümmerten. Daraus ergaben sich drei Konsequenzen: Erstens wurden die Pflege des Landes und der Kontakt zur irischen Bevölkerung stark vernachlässigt, wodurch sich die internen Spannungen weiter verschärften. Zweitens erwies es sich als katastrophal, dass die in Irland erwirtschafteten Erträge nicht wieder ins Land investiert wurden, so dass Irland ein Agrarstaat bleiben musste und keinen industriellen Aufschwung erfuhr. Drittens führte die Ausfuhr der Erträge zu einer kontinuierlichen Verarmung des Landes, das Nahrungsmittel nach England exportierte, die im Land selbst benötigt wurden, ohne dass es durch einen wechselseitigen Handel profitierte.

Es darf daher nicht überraschen, wenn sich die irische Bevölkerung aus englischer Sicht ganz überwiegend aus einer unzivilisierten, eine rätselhaft unverständliche Sprache plappernden und dem hausgebrannten Whiskey (*poteen*) zuneigenden Klasse von tölpelhaften Landarbeitern bestand. Fatalerweise bestätigten die vielen irischen Dramatiker, die im 18. Jahrhundert ihr Glück auf der Londoner Bühne versuchten, beinahe jedes englische Klischee des Irentums, indem sie die Figur des Bühneniren (*stage Irishman*) schufen: "ein bramarbasierender, ewig betrunkener, mit dickem irischen 'brogue' sprechender Maulheld, so recht nach dem Geschmack des urbanen englischen Theaterpublikums" (Breuer 2003: 112).

Erst unter dem Eindruck der amerikanischen Unabhängigkeitserklärung (1776) und der Französischen Revolution (1789) organisierte sich in Irland eine Widerstandsbewegung gegen die rücksichtslose britische Kolonialpolitik. In Belfast wurde 1791 unter der Führung von Wolf Tone, einem der heutigen Nationalhelden Irlands, der Geheimbund der United Irishmen gegründet. Diese verfolgten das Ziel, eine unabhängige irische Republik auszurufen, und lancierten 1798 die Irische Rebellion. Britische Truppen schlugen den Aufstand rasch nieder, und als politische Konsequenz wurde die britisch-irische Union (1801) oktroyiert und das irische Parlament in Dublin aufgelöst.

Damit war Irland zwar vollständig in den britischen Staatsverband integriert, doch war das irische Problem keineswegs beseitigt, da auch weiterhin keine Anstrengungen unternommen wurden, das Land wirtschaftlich am Reichtum Großbritanniens teilhaben zu lassen und es auch kulturell in das Vereinigte Königreich einzugliedern. Zwar wurde durch die politische Gleichstellung der Katholiken (*Catholic Emancipation Bill* von 1829) ein Zugeständnis an die irische Bevölkerung gemacht, doch blieben der Katholizismus und auch das gälische Kulturerbe unvermindert starke Identitätsfaktoren. Der ungebrochene Wille zu erneuter politischer Selbstbestimmung fand Ausdruck in der Gründung der Home Rule League (1873), die nicht mehr die Errichtung einer unabhängigen irischen Republik verfolgte, wohl aber die Wiedereinrichtung des irischen Parlaments forderte.

Begleitet wurden die politischen Anstrengungen am Ende des 19. Jahrhunderts durch die Rückbesinnung zahlreicher Künstler auf die gälische Sprache sowie auf die irische Literatur und Kultur. Diese Bewegung ist unter dem Namen 'Irische Renaissance' in die Kulturgeschichte eingegangen. Ihr Ziel bestand darin, die genuin irische, also keltisch-gälische Kulturtradition ganz im Sinne des Renaissance-Begriffs einer Wiedergeburt zuzuführen oder, um das Bild zu wechseln, sie dem Dunkel der Vergessenheit zu entreißen, um sie nach einer anfänglichen Phase des keltischen Zwielichts in neuem Glanz erstrahlen zu lassen. Diesem Ziel näherte man sich von verschiedenen Richtungen, und die Irische Renaissance lässt sich im Wesentlichen in drei miteinander verbundene Bewegungen untergliedern.

Irish Renaissance

The Irish Renaissance may be looked upon as a relatively homogeneous litero-cultural period. We date it generally from 1890 to 1920/21, in the certain knowledge that all period dating is a matter of convenience more than anything else. Its beginning coincides with certain cultural substitution processes which resulted from the political disillusionment after the fall of Parnell (1890) as well as from the foundering of all endeavours to attain Home Rule and the political unification of Ireland. The failure of the political efforts generated a sense of embitterment, and this in turn led to an intensification of attempts to achieve an Irish cultural identity. The end of the Irish Renaissance was again determined by political events. It was the end of the Irish Civil War, which together with the Free State Treaty (1920/21) thoroughly changed the cultural situation in Ireland. (Imhof 2002: 61)

Im Jahr 1893 wurde unter der Führung von Douglas Hyde die Gaelic League gegründet. Ihr Anliegen bestand zunächst in der Wiederbelebung der gälischen Sprache, die zu verschwinden drohte, zum einen weil sich immer mehr Iren im 19. Jahrhundert des Englischen bedienten, zum anderen weil die 'Große Hungersnot' (*Great Famine*) in den Jahren 1845 bis 1848 die gälische Sprechergemeinschaft bedrohlich ausgedünnt hatte und das Gälische nur mehr in den westlichen Landesteilen, der so genannten "Gaeltacht", gesprochen wurde. Ohne die gälische Sprache war der Zugang zur keltischen Überlieferung versperrt und eine irische Identität undenkbar. Die zweite Bewegung war das so genannte Irish Literary Movement, das nicht vorrangig das Ziel verfolgte, die Dichtung in gälischer Sprache zu erneuern, sondern vielmehr den Bestand der gälischen Dichtung selbst zu sichern und für ein neues irisches Idiom der Dichtung in englischer Sprache zu verwenden. Die dritte Bewegung schließlich war das Irish Dramatic Movement, das es sich zum Ziel setzte, die kulturelle Identität Irlands durch eine neue Dramatik zu inszenieren, die sich auf irische Stoffe, Themen, Figuren und Schauplätze konzentrieren sollte. Mit dem Erwerb des Abbey Theatre in Dublin, dem heutigen Irischen Nationaltheater, wurde 1897 die Grundlage für das Irish Literary Theatre geschaffen.

Sowohl das Irish Literary Movement als auch das Irish Dramatic Movement sind untrennbar mit dem Werk von William Butler Yeats verbunden, der wahrlich als Licht- und Schlüsselgestalt der Irischen Renaissance betrachtet werden muss. Yeats und seine Mitstreiter, darunter Lady Augusta Gregory, George Russell, John Millington Synge, Padraic Colum, James Stephens und Sean O'Casey, bemühten sich um eine Rekonstruktion der kulturellen Identität Irlands, die von ihnen als Voraussetzung für die politische Unabhängigkeit des Landes betrachtet wurde.

Bis zum Ausbruch des Ersten Weltkrieges wurden verschiedene Gesetzesvorlagen zur Durchsetzung irischer Home Rule eingebracht, die allesamt am Widerstand des Oberhauses in London scheiterten. Als während des Krieges große britische Truppenteile auf dem europäischen Festland gebunden waren, versuchten radikal-nationale Kräfte die Gunst der Stunde zu nutzen und die Unabhängigkeit Irlands während des Osteraufstands 1916 zu erkämpfen. Auch diese Revolte wurde von britischen Truppen niedergeschlagen. Unter dem Schock der militärischen Katastrophe und mehr noch aus Trauer um den Verlust enger Freunde, die beim Aufstand gefallen oder unmittelbar danach als Verräter standrechtlich erschossen worden waren, schrieb Yeats mit "Easter 1916" das Schlüsselgedicht zum irisch-englischen Konflikt und lieferte mit dem wiederkehrenden Vers "A terrible beauty is born" auch ein wortgewaltiges Bild irischer Widerstandsbereitschaft, das bis heute nur wenig von seiner Wirkungskraft verloren hat. In den Schlussversen des Gedichts wird den toten Aufständischen ein literarisches Ehrenmal errichtet:

> We know their dream; enough
> To know they dreamed and are dead;
> And what if excess of love
> Bewildered them till they died?
> I write it out in verse –
> MacDonagh and MacBride
> And Connolly and Pearse
> Now and in time to be,
> Wherever green is worn,
> Are changed, changed utterly:
> A terrible beauty is born.
> (Yeats 1991: 182)

Erst nach dem Krieg konnte die irische Unabhängigkeit durchgesetzt werden. Die Mitglieder der irischen Nationalpartei *Sinn Féin* (d.h. "Wir für uns") verließen 1919 demonstrativ das Londoner Unterhaus und gründeten aus Protest ein irisches Parlament in Dublin. Dieser Bruch des Unionsgesetzes war der Anlass für den irischen Unabhängigkeitskrieg, der 1921 mit der Teilung des Landes in das bis heute britische Nordirland und den Irischen Freistaat (*Irish Free State*) endete. Dieser Kompromiss mit Großbritannien entzweite die Republik, so dass sich Befürworter und Gegner der kleinirischen Lösung in den Jahren 1922 und 1923 bürgerkriegsähnliche Kämpfe lieferten, die mit dem Sieg der Anhänger des Freistaats, der den Status eines Dominion erhielt, endeten. 1937 nahm der Freistaat den Namen Éire, die gälische Bezeichnung für Irland, an und löste sich 1949 politisch vollständig von Großbritannien durch den Austritt aus dem Commonwealth. Seither trägt das Staatswesen die offizielle Bezeichnung Republic of Ireland.

Mit der Lösung aus der Umklammerung Großbritanniens ging die Öffnung der Irischen Republik nach Europa einher. 1972 trat Irland der EWG bei, und seither hat die Irische Republik von ihrer Mitgliedschaft in der EU wirtschaftlich erheblich profitiert, so dass die Rückständigkeit der ehemals britischen Kolonie in vielen Bereichen wettgemacht werden konnte. Seit den frühen neunziger Jahren hat sich Irland, begünstigt durch eine für viele Wirtschaftsunternehmen ansiedlungsfreundliche Steuerpolitik, gar zu einem Tigerstaat mit überdurchschnittlichen Wachstumsraten und einer verschwindend geringen Arbeitslosenquote entwickelt. Das irische Staats- und Gesellschaftswesen hat sich daher in den letzten Jahrzehnten in seiner Eigenständigkeit international konsolidiert, den in der Verfassung erhobenen Anspruch auf die gesamte irische Insel als staatliches Territorium jedoch nie aufgegeben.

Hier liegt eine der Ursachen für die Konflikte um Nordirland, das aufgrund der Siedlungspolitik seit dem 17. Jahrhundert über eine englisch-protestantische Mehrheit verfügt, die auf einem Verbleib im britischen Staatsverband beharrt. Die Anwendung des britischen Verhältniswahlrechts sorgte zudem dafür, dass die Interessen der irisch-katholischen Bevölkerungsminderheit nie angemessen vertreten wurden, deren Mitglieder sich aber nicht allein politisch, sondern auch gesellschaftlich und kulturell diskriminiert fühlen.

Die gewaltsamen Konflikte zwischen britischen Unionisten und irischen Nationalisten flackerten 1969 wieder auf, als starke britische Truppenverbände nach Nordirland verlegt wurden, um den Schutz der katholischen Minderheit zu sichern; und sie eskalierten am Bloody Sunday (30. Januar 1972), woraufhin die nordirischen Provinzen wieder der Londoner Zentralregierung unterstellt wurden (*direct rule*). Das häufig rücksichtslose Vorgehen der Armee in katholischen Wohnvierteln bewies jedoch eher den britischen Behauptungswillen und verstärkte das Empfinden der irischen Minderheit, von der Londoner Zentralregierung ungerecht behandelt zu werden.

Im Gegenzug organisierten sich die Bewohner katholischer Stadtviertel durch die Erneuerung der Irish Republican Army (IRA), deren militanter Flügel, die Provisional IRA, mit Waffengewalt für die Rechte der Nationalisten in Nordirland zu kämpfen begann (vgl. Abb. 12). Dies provozierte die Organisation paramilitärischer Einheiten auf unionistischer Seite, die den Führungsanspruch der protestantischen Mehrheit verteidigen wollten.

Trotz vielfältiger Versuche einer Befriedung Nordirlands konnten die Konflikte erst 1998 beigelegt werden. Die zutiefst sich widerstrebenden Forderungen nach einem unionistischen Verbleib im britischen Staatsverband einerseits und einer nationalen Eingliederung Ulsters in die Irische Republik machten bis Anfang der neunziger Jahre jede Aussicht auf eine

Abb. 12: Stanleys Walk in Belfast, das Hauptquartier der IRA in den siebziger Jahren. Das Graffito zieht eine Parallele zwischen dem Osteraufstand von 1916 und dem Bloody Sunday von 1972.

grundsätzliche Friedenslösung zunichte. Nach zähen Verhandlungen, die oftmals zu scheitern drohten, einigten sich die Konfliktparteien am Karfreitag, dem 10. April 1998, auf eine Friedenslösung, das Good Friday Agreement, das nach einem Referendum im Mai 1998 in Kraft trat. Das neue Modell, das selbst die 1922 im ersten Agreement erhoffte Wiedervereinigung Irlands und Nordirlands nicht ausschließt, scheint in die von New Labour getragene Konzeption eines dezentralisierten Großbritannien zu passen. Es ist dem wahrhaft historischen Ereignis angemessen, dass den beiden Rivalen und Verhandlungsführern, John Hume von der nordirischen Social Democratic and Labour Party sowie David Trimble von der Ulster Unionist Party, gemeinsam der Friedensnobelpreis für 1998 verliehen wurde. Ob der ausgehandelte Friedensschluss von Dauer sein würde, musste nach dem blutigen Bombenattentat auf die Zivilbevölkerung der nordirischen Kleinstadt Omagh im August 1998 zunächst zweifelhaft bleiben, doch haben die intensiven Bemühungen um eine verstärkte angloirische Kooperation die Hoffnung auf eine dauerhafte Befriedung des Landes seither erhöht.

2.5 Im Reich des roten Drachen: Wales

Wales

Wales (population 2,937,000) is a highland country, with moorland plateau, hills and mountains, which are often broken by deep river valleys. This upland mass contains the Cambrian mountains and descends eastwards into England. The highest mountains are in Snowdonia in the north-west, where the dominant peak is that of Snowdon (3,560 feet, 1,085 m).

The lowland zones are restricted to the narrow coastal belts and to the lower parts of the river valleys in south Wales, where two-thirds of the Welsh population live. The chief urban concentrations of people and industry are around the bigger southern cities, such as the capital Cardiff, Swansea and Newport. In the past, the highland nature of Wales hindered conquest, agriculture and the settlement of people. (Oakland 2002: 16)

Das im Westen der britischen Hauptinsel liegende Wales (Cymru) stellte über viele Jahrhunderte für die englischen Herrscher ein erhebliches Sicherheitsrisiko dar. Zwar war und ist das Land im Hinblick auf seine Fläche und Bevölkerungsdichte wesentlich kleiner als England, doch blieb es wegen seiner unwegsamen Berglandschaft ein äußerst schwer zu kontrollierendes Territorium. Die normannischen Könige versuchten verschiedentlich, aber fast immer erfolglos, ihren Einfluss in Wales geltend zu machen und das Land zu befrieden.

Erst unter der Herrschaft von Henry VIII, der selbst aus Wales stammte und dort erzogen worden war, wurde im 16. Jahrhundert die Integration des Landes in die englische Staatsverwaltung eingeleitet. Der König erwirkte eine Verständigung mit dem walisischen Adel, den er am Londoner Hof förderte und der zum Ausgleich die Rechtssicherheit in Wales in die eigenen Hände nahm. Um die weitere Befriedung und administrative Organisation voranzutreiben, wurde mit dem *Act of Union* (1536) der Status von Wales als Fürstentum abgeschafft und das Land verwaltungstechnisch mit England gleichgestellt. Dazu wurde Wales nach englischem Vorbild in Grafschaften gegliedert, deren Vertreter seither über Sitz und Stimme im Londoner Unterhaus verfügen. Auf diese Weise war die politische und verwaltungstechnische Eingliederung von Wales in das englische Staatswesen abgeschlossen und hat sich bis in die Gegenwart erhalten. Wales ist somit jene Region der Britischen Inseln, die am längsten dem britischen Staatsverband angehört und die als erste ihre politische Unabhängigkeit aufgegeben hatte.

Die seit dem 19. Jahrhundert verschiedentlich erhobenen Forderungen nach einer erneuten Autonomie der Region waren schon deshalb zaghafter als anderswo auf den Britischen Inseln, weil seit dem 16. Jahrhundert die Tradition walisischer Staatlichkeit abgebrochen war und auch in der Nachfolgezeit nicht wieder erneuert wurde. Zudem verfügte Wales nie über ein geeintes Herrschaftshaus, so dass auch kein dynastischer Herrschaftsanspruch geltend gemacht werden konnte. Vielmehr wurde das Land schon im Mittelalter als Fürstentum (*principality*) verwaltet, und seit dem frühen 14. Jahrhundert erhält der älteste Sohn des englischen Monarchen traditionell den Titel Prince of Wales. Wie seine Vorgänger so wurde auch der gegenwärtige Prince of Wales in Caernarfon Castle in sein Amt eingeführt, mit dem Unterschied jedoch, dass 1969 die Zeremonie erstmals als Medienereignis gefeiert wurde, an dem über 500 Millionen Fernsehzuschauer weltweit teilnahmen. In der historisch gewachsenen Verbindung mit England liegt der wohl entscheidende Grund, warum die Autonomiebestrebungen in Wales nicht so radikal vertreten worden sind wie in anderen Regionen, zumal Wales seit der Industriellen Revolution wirtschaftlich erstarkte und von seiner Mitgliedschaft im Vereinigten Königreich profitierte. Dennoch gelang es dem Land, durch das erfolgreiche Referendum von 1997 und die Einrichtung der National Assembly zwei Jahre darauf seine Unabhängigkeit auszudehnen.

Bei der gegenwärtigen Selbstbestimmung walisischer Identität spielen folglich vorwiegend kulturelle Aspekte eine Rolle, die sich ähnlich wie in Schottland und in Irland auf die gälische Tradition gründen. Einen Ausgangspunkt für die Bestimmung der gegenwärtig diskutierten Identitätsfaktoren bietet die walisische Nationalhymne, "Hen Wlad fy Nhadau" oder auf Englisch "Land of my Fathers". Text und Musik stammen vermutlich aus der Feder von Evan James und seinem Sohn James, zwei Webern aus Pontypridd. Das Lied erlangte 1874 auf dem Sängerfestival in Bangor große Popularität und gilt bis heute als unmittelbarster Ausdruck walisischer Identität, so dass es zur inoffiziellen Nationalhymne erkoren wurde:

Land of My Fathers

The land of my fathers is dear to me,
A land of poets and minstrels, famed men.
Her brave warriors, patriots much blessed,
It was for freedom that they lost their blood.
Homeland! I am devoted to my country;

> So long as the sea is a wall
> To this fair beautiful land,
> May the ancient language remain.
> (http://www.wales-calling.com/culture/anthem.htm)

Betont wird die enge Bindung der Waliser an das Land, die heroische Vergangenheit, die Wertschätzung von Dichtung und Gesang sowie, recht ungewöhnlich für eine Nationalhymne, die Bedeutung der walisischen Sprache ("the ancient language").

Die Rückbesinnung auf das keltische Kulturerbe stellt die Grundlage für das kollektive Selbstverständnis auch im heutigen Wales dar. Der Hinweis in der Nationalhymne auf "poets and minstrels, famed men" liefert einen Bezug auf die druidische Kultur aus vorchristlicher Zeit, aus der auch der rote Drache als nationales Emblem stammt. Der Stoff ist legendarisch übermittelt und führt zurück in das fünfte Jahrhundert, als der Keltenkönig Vortigern sich der anstürmenden Angelsachsen durch die Errichtung einer großen Burganlage erwehren wollte. Jedoch ging der Bau nicht voran, weil die tagsüber aufgeschichteten Steine in der Nacht wieder vom Boden verschlungen wurden. Vortigern holte daher den Rat des weisen Druiden Merlin ein, der feststellte, dass sich unterhalb des Fundaments ein roter und ein weißer Drache befänden, die für das mysteriöse Verschwinden der Steine verantwortlich seien. Die Ungeheuer wurden daher befreit, und im Kampf gegeneinander blieb der rote Drache als Sieger zurück. Zwar deutete Merlin dies irrtümlich als Zeichen für den Triumph der Kelten über die Angelsachsen, doch hat die Fehleinschätzung den Siegeszug des roten Drachen als walisisches Wappentier nicht behindern können.

Aus eben dieser vorchristlichen Zeit stammt auch das Kymrische, die klangvolle und melodiöse, walisische Variante des Gälischen, von der die Hymne als "the ancient language" kündet. Da Sprache und kollektive Identität eng miteinander verbunden sind, war die bereits im Unionsgesetz von 1536 beschlossene Dekretierung des Englischen als Amtssprache ein herber Schlag gegen das walisische Nationaldenken. In den nachfolgenden Jahrhunderten griff die Anglisierung des Landes weiter um sich, und es verringerte sich die Zahl der ausschließlich walisisch sprechenden Bewohner dramatisch. Der Gipfelpunkt wurde in dem 1847 veröffentlichten *Report of the State of Education in Wales* erreicht, in dem der ungehobelten Landessprache die Hauptschuld für den fehlenden Zivilisationsfortschritt angelastet wurde:

> The Welsh language is a vast drawback to Wales, and a manifold barrier to the moral progress and commercial prosperity of the people. […] It dissevers the people from intercourse which would greatly advance their civilization, and bars the access of improving knowledge to their minds. (Zitiert in Bukowski 1987: 31)

Als Gegenreaktion zu solch englischer Überheblichkeit bildeten sich zahlreiche Vereine zur Rettung des Kymrischen, unter denen die Welsh Language Society besonders erfolgreich wurde. Ihrem Engagement war der Welsh Language Act von 1967 zu verdanken, der die Gleichstellung des Walisischen mit dem Englischen als gemeinsamen Amtssprachen regelte. Ein weiterer wichtiger Schritt auf dem Weg zur Emanzipation der Landessprache war der Education Act von 1988, mit dem das Walisische als Alternative zum Englischen im nationalen Curriculum gesetzlich anerkannt wurde. In der öffentlichen Beschilderung werden Ortsnamen mittlerweile zweisprachig ausgewiesen (z.B. Cardiff/Caerdydd), und das weitere Überleben des Walisischen darf als sicher gelten.

Ähnlich wie in Irland so war auch in Wales im 19. Jahrhundert der Wille zur Rettung der Sprache verbunden mit der Wiederentdeckung der eigenen literarischen Traditionen. Zwar kam es nicht zu einer walisischen Renaissance nach irischem Vorbild, doch wurde die keltische Tradition des *eisteddfod* mit drei großen Sängertreffen 1819 wiederbelebt. Bei diesem mittlerweile jährlich stattfindenden Wettstreit der Barden werden Gedichte vorgetragen, Lieder gesungen und musiziert, wobei die besten Darbietungen prämiert werden. Im Verlauf des 19. Jahrhunderts wurde die Dramaturgie dieser Treffen durch eine Reihe historisierender Rituale erweitert wie die *Gorsedd*-Zeremonie, die Verleihung des *Order of the Bards of the Island of Great Britain*, die durch keine historische Quelle belegt ist. Das *eisteddfod* erfreute sich aber gerade wegen dieser historisierenden Zugaben wachsender Beliebtheit, da es eine komplexe Kulturtradition suggerierte, auf welche die Waliser mit Stolz zurückblicken konnten und die dem Gefühl kultureller Minderwertigkeit gegenüber England entgegenwirkte.

Der in der Nationalhymne erhobene Anspruch, ein "land of poets and minstrels" zu sein, stützt sich auf diese Tradition des *eisteddfod*, verweist aber zugleich auch auf die Leistungen der walisischen Literatur. Unter den Dichtern des Landes ragt besonders der in Swansea geborene Dylan Thomas hervor, der in seinem Hörspiel *Under Milk Wood* (1954) das alltägliche Leben in einem kleinen walisischen Küstenort in einer lyrischen Prosa schildert, in die immer wieder auch Lieder und Balladen eingefügt sind.

Diese Wertschätzung von Musik und Gesang ist ein weiteres Merkmal walisischer Identität. Besondere Berühmtheit hat dabei die Chormusik erlangt, und walisische Chöre zählen seit langem zu den besten (und größten) der Welt. Diese Pflege des Gesangserbes steht im Zusammenhang mit dem religiösen Nonkonformismus. Der Begriff verweist zurück auf das 16. Jahrhundert und bezeichnet jene Religionsgemeinschaften, die sich nicht der anglikanischen Staatskirche anschlossen. Die Chapels, die Kirchen der nonkonformistischen Gemeinden, waren daher immer Orte des Widerstands gegen England, und sie waren zugleich die Stätten, in denen Waliser sich in

Gesang und Gebet ihrer kollektiven Identität versicherten. Gegenwärtig gibt es etwa 5000 solcher Chapels in Wales und eine entsprechend große Zahl an Chören, die lautstark vom neuen Selbstbewusstsein des Landes künden. Auch Cardiff als altes Industriezentrum, als jüngste Hauptstadt Europas (seit 1955) und neuerdings als Sitz der National Assembly ist erfüllt von einem unübersehbaren Willen zur Modernisierung. In einem der umfassendsten europäischen Sanierungsprojekte sind die alten Hafenanlagen mit großem Aufwand zu einem modernen Einkaufs-, Freizeit- und Kulturzentrum umgebaut worden, das der Stadtentwicklung wichtige Impulse verleiht. Zwar sind die Aussichten von Wales auf nationale Eigenständigkeit vermutlich geringer als in Schottland und in Nordirland, doch dürften die Zeiten der Marginalisierung von Wales im Reich der vier Nationen der Vergangenheit angehören.

3. *De-Centred Britain:* Großbritannien, Europa und die Neue Welt

3.1 Die Insel und der Kontinent

Im Hinblick auf das Verständnis Großbritanniens und seiner Bewohner kann nicht entschieden genug auf die insulare Lage des Landes hingewiesen werden.

> Großbritannien ist eine Insel – und das ist das Wesen Großbritanniens. Andere Länder sind gestaltlose, unscharfe Gebiete, deren Grenzen durch historische Launen oder bürokratische Bequemlichkeit entstanden sind: Frankreich zerfließt im Elsaß träge ins Deutsche; Deutschland verschmilzt fast unmerklich mit den Niederlanden oder – noch schlimmer – bei Aachen mit Belgien. Großbritannien hingegen endet abrupt an den Küsten, und jenseits dieser Küsten leben die Ausländer. (Lawson 1994: 34)

Diese insulare Lage, die Großbritannien mit dem Ärmelkanal einen Schutzraum gegenüber dem europäischen Festland gewährt, hat die Mentalitäten der Briten, ihr Denken, Handeln und Empfinden, in vielfältiger Hinsicht geprägt. Da kein geographischer Punkt auf den Britischen Inseln weiter als 120 Kilometer, also etwa 75 Meilen, von der Küste entfernt liegt, stellt die Nähe zum Meer einen bedeutsamen Faktor der Lebenswelt dar. Mit der geographischen Lage am nordwestlichen Rand Europas waren technologische, wirtschaftliche und politische Konsequenzen verbunden, die zum Teil bis in die Gegenwart hinein spürbar sind. Der ungehinderte Zugang zu natürlichen und durch den Golfstrom überwiegend eisfreien Häfen hat seit dem 16. Jahrhundert eine intensive Schiffbautätigkeit angeregt, die durch Großbritanniens Lage an den europäischen, insbesondere transatlantischen Schifffahrtsrouten den Überseehandel und den Aufbau des Britischen Weltreichs ermöglichte, dem Großbritannien bis ins 20. Jahrhundert seinen Wohlstand verdankte.

Seit dem Beginn der Neuzeit im 16. Jahrhundert ist die insulare Lage Großbritanniens von seinen Bewohnern weniger als bedrohliche Isolation denn überwiegend als befreiende Distanz von Europa empfunden worden. Die erfolglosen Invasionspläne der Spanischen Armada, der napoleonischen Revolutionstruppen und der deutschen Wehrmacht haben die Briten in ihrer Überzeugung bestärkt, eine privilegierte, da eifersüchtig begehrte, tatsächlich aber uneinnehmbare und daher sichere Lebenswelt zu haben.

Vielleicht kommt es deshalb nicht von ungefähr, dass es ein Engländer war, nämlich Daniel Defoe, der mit seinem Roman *Robinson Crusoe* (1719) als Vater der Robinsonade gilt, jener literarischen Gattung, die die Insel als Handlungs- und Erfahrungsraum des Individuums in den Mittelpunkt des Geschehens rückt. Allerdings war es erst Sir Winston Churchill, der in seiner *History of the English-Speaking Peoples* (1956–58) den Begriff *island race* zur Charakterisierung der britischen Völker verwandte. Doch was er damit zum Ausdruck bringen wollte, dass sich nämlich die Inselhaftigkeit auch in einem entsprechenden Nationalcharakter niedergeschlagen hat, ist keine Erfindung Winston Churchills und auch nicht des 20. Jahrhunderts. Die Normannische Invasion (1066), jenes traumatische Ereignis, das Großbritannien eine lang andauernde Fremdherrschaft bescherte, hat offensichtlich markante Spuren im kollektiven Gedächtnis der Briten hinterlassen.

Eine der berühmtesten Passagen, in denen Englands insulare Sonderstellung zelebriert wird, findet sich in Shakespeares Historie *Richard II.* Auf seinem Totenbett kontrastiert John of Gaunt, der altehrwürdige, die glorreiche Vergangenheit Englands verkörpernde Herzog von Lancaster, die paradiesische Insel, die allen gegnerischen Angriffen trotzt und sich eigentlich nur selbst besiegen kann, mit dem von König Richard heruntergewirtschafteten Land.

Die See, ursprünglich ein verbindendes Element zwischen Insel und Festland, wird bei Shakespeare als etwas Trennendes und Schützendes dargestellt. Der Ärmelkanal dient als Burggraben, der England vor den schädlichen Einflüssen des Kontinents, vor Neid, Aufruhr und Krieg, abschirmt – ein Bollwerk der Natur gegen weniger glückliche Länder. Die Insel gleicht einem nur schwer zu verletzenden Schutzraum, und deshalb wird der Topos von der Schutzfunktion der *silver sea*, von der Unverletzlichkeit des *wonderful island* auch nach Shakespeare voller Stolz immer wieder zitiert, beispielsweise in Krisensituationen wie dem Ersten oder Zweiten Weltkrieg. Am 5. Juni 1915 beschwor Winston Churchill als First Lord of the Admiralty das britische Volk mit Worten, die schon an seine Reden im Zweiten Weltkrieg denken lassen:

> Why, that is one of the most wonderful and inspiring facts in the whole history of this wonderful island, and in afterdays depend upon it, it will be taken as a splendid signal of the manhood of our race and of the soundness of our institutions [*cheers*]. (Churchill 1990: 68–69)

Im Zweiten Weltkrieg appellierte dann Churchill nach dem Rückzug der britischen Truppen aus Frankreich an die Menschen:

> I have myself full confidence that if all do their duty, if nothing is neglected, and if the best arrangements are made, as they are being made, we shall prove ourselves

Das gekrönte Eiland

This royal throne of kings, this scept'red isle,
This earth of majesty, this seat of Mars,
This other Eden, demi-paradise,
This fortress built by nature for herself
Against infection and the hand of war,
This happy breed of men, this little world,
This precious stone set in the silver sea,
Which serves it in the office of a wall,
Or as a moat defensive to a house
Against the envy of less happier lands;
This blessed plot, this earth, this realm, this England,
This nurse, this teeming womb of royal kings,
[...]
This land of such dear souls, this dear dear land,
Dear for her reputation through the world,
Is now leased out – I die pronouncing it –
Like to a tenement or pelting farm,
England, bound in with the triumphant sea,
Whose rocky shore beats back the envious siege
Of wat'ry Neptune, is now bound with shame,
With inky blots and rotten parchment bonds.
That England that was wont to conquer others
Hath made a shameful conquest for itself.
(Shakespeare, *Richard II*, II.i.40–66)

once again able to defend our island home, to ride out the storm of war, and to outlive the menace of tyranny, if necessary for years, if necessary alone. (Churchill 1990: 164–165)

Die Furcht der Briten vor einer Invasion ist inzwischen jedoch der Erkenntnis gewichen, dass es seit dem 11. Jahrhundert keinem Gegner mehr gelungen ist, in den Schutzraum der Insel einzudringen. Seit dieser Zeit sind die Briten "an island people 'unconquered' for centuries" (Storry & Childs 1997: 10). Wie einige Kritiker freilich nostalgisch anmerken, ist der Inselzustand seit 1994 in Frage gestellt, weil der Channel Tunnel eine künstliche Verbindung zwischen der Insel und dem Festland geschaffen hat: "Ab Mai ist England keine Insel mehr. Der unterirdische Anschluss an den Kontinent berührt die Grundtiefen der britischen Seele" (Freud 1994: 17).

Die insulare Andersartigkeit spielt allerdings nicht nur als Teil der nationalen Identität, als Facette im Selbstbild der Briten, eine große Rolle, sondern auch im (stereotypischen) Fremdbild. Das führt bisweilen zu amüsanten Kommentaren. So macht sich George Mikes in einem aus einem einzigen Satz bestehenden Kapitel über das Sexualleben der Briten lustig: "Continental people have sex life; the English have hot-water bottles" (Mikes 1987: 29). Ernsthafter thematisiert hingegen Wolf von Lojewski die Eigenheiten der Briten in seinem Buch *Die Briten sind anders*: "möglicherweise weniger tüchtig, aber mit mehr Humor, mehr Lebensfreude; zuweilen ein bißchen exzentrisch, einige sogar unseriös. Nur langweilig eigentlich nie. Auf irgendeine Art eben sehr britisch. Was immer das ist ..." (Lojewski 1988: Klappentext).

Insulares Denken äußert sich auch in der sprachlichen Unterscheidung zwischen England/Großbritannien einerseits und dem Kontinent andererseits. Storry und Childs illustrieren dies u.a. an einer Nachrichtenmeldung: "There has been a persistent fog at London airport during the weekend, and the Continent has been cut off for twenty-four hours" (Storry & Childs 1997: 15). Diese verzerrte Perspektive, eine Art Kirchturmdenken, ist – so Storry und Childs' kritischer Kommentar – im UK noch recht verbreitet. Und in Rudolf Walter Leonhardts Bestseller *77mal England* heißt es zur – häufig negativen – Verwendung des Begriffs 'Kontinent':

> 'Kontinentaler Sonntag' bedeutet in England unheiligen Rummel. In einer 'kontinentalen' Buchhandlung erwartet man nicht etwa fremdsprachliche, sondern pornographische Werke. Nur 'kontinentale Küche' und 'kontinentale Ferien' haben seit einiger Zeit Liebhaber gefunden. (Leonhardt 1983: 400)

Großbritannien, so darf man aus der Sicht des sich um Verständnis bemühenden Ausländers resümieren, ist ein Inselstaat, ausgerichtet auf die See. Zwar sind die Britischen Inseln geographisch dem europäischen Festland so nahe, dass dominante kulturelle Entwicklungen stets absorbiert werden konnten, doch hat die skeptisch-distanzierte Haltung zur Folge gehabt, dass innereuropäische Kulturströmungen in Großbritannien häufig nur mittelbar oder gar nicht wirksam geworden sind. In politischer, religiöser, sozialer und wirtschaftlicher Hinsicht ist die Entwicklung der britischen Kulturen daher durch zahlreiche Sonderwege gekennzeichnet, die es zu verstehen gilt.

Die Briten besitzen deshalb Gewohnheiten und Traditionen, die oft sehr eigen sind und sie weitgehend von den kontinentalen Staaten Europas unterscheiden. Dafür ließen sich etliche weitere Beispiele anführen, die Großbritanniens insulare Sonderstellung erhärten: die *splendid isolation* im historisch-politischen Bereich; der Linksverkehr; exzentrische Sportarten wie Cricket und Darts oder das *grouse shooting*, also die am 12. August beginnende Jagd auf Moorhühner. Wichtiger ist jedoch, dass sich insulares Denken häufig mit einer eher konservativen Grundeinstellung paart, mit einer Neigung zur Evolution statt zur Revolution. Während das kontinentale Europa schon lange dezimal dachte, hielt Großbritannien noch bis

Splendid Isolation

Ursprünglich bezeichnet *splendid isolation* die außenpolitische Grundrichtung der konservativen Regierungen Lord Salisburys (1886–1892 und 1895–1902), dessen Politik der Bündnislosigkeit Großbritannien vor ungewollten Verwicklungen in kriegerische Aktivitäten bewahren sollte. Der Begriff ist jedoch insofern irreführend, als Salisbury keineswegs vor Abkommen mit anderen Ländern zurückschreckte (z.B. mit Deutschland, Italien und Portugal), wenn daraus keine militärischen Verpflichtungen entstanden. In den letzten Jahrzehnten hat *splendid isolation* allerdings einen Bedeutungswandel erfahren und wird nun gerne als Synonym für Großbritanniens insulare Mentalität verwendet.

1971 an *shillings* und *pence* fest; ja, es dauerte gar bis 1995, ehe es sich mit dem metrischen System anfreunden konnte. *Gallons* und *pints*, *miles*, *yards*, *feet* und *inches* sind vielen Europäern ein Rätsel, für die Briten aber – wortwörtlich – das Maß aller Dinge. In der Neuausgabe von John Oaklands *British Civilization* heißt es deshalb zu Recht: "These characteristics have often been attributed to the allegedly insular and conservative mentalities of island peoples, with their supposed preference for traditional habits and institutions" (Oakland 2002: 2). Die These von der insularen Mentalität der Briten ist daher ein interkulturelles Diktum.

Großbritanniens insulare Sonderstellung zeigt sich insbesondere an seinem Verhältnis zu Frankreich:

> Rivals and allies – and the two definitions were not exclusive because they were often simultaneous – these were neighbours who shared many experiences and whose political and cultural values had much in common, not least because shaped in part by historic enmity. [...] Their relationship was seldom smooth, often discordant and sometimes tempestuous, [...]. (Sharp & Stone 2000: 1)

Historische Rivalität statt Partnerschaft: Jahrhundertelang avancierte Frankreich zum Erb- und Erzfeind und wurde mit entsprechenden Attributen abgewertet. Das Wort 'französisch' wurde zum Inbegriff alles Negativen.

Das seit der Normannischen Eroberung angespannte Verhältnis zwischen Großbritannien und Frankreich gipfelte in der allgegenwärtigen Angst vor einer erneuten französischen Invasion.

In Humphreys Karikatur (vgl. Abb. 13) bombardiert der visuell geschickt Großbritanniens Topographie repräsentierende John Bull, eine der nationalen Leitfiguren der Briten, sehr eindrucksvoll, wenngleich recht obszön, die französischen Proviantboote im Ärmelkanal. Dieses eher feindliche Verhältnis zwischen beiden Nationen entspannte sich erst im Laufe des 20. Jahrhunderts, zunächst mit der Entente cordiale (1904), dann durch die

Briten und Franzosen

This is how they [the British people] have thought of their nearest continental neighbours. Obscene drawings were 'French postcards' or 'French prints'. Prostitutes were the 'French Consular Guard' (allegedly from the streetwalkers outside the French consulate in Buenos Aires). They could well be wearing wide-legged underwear – French knickers. If a man used their services, he would 'take French lessons'. If he caught syphilis as a result, he contracted 'the French disease', 'French gout', 'French pox', 'French marbles', 'French aches', or was said to have been paid a 'French compliment'. He might acquire 'a French crown', the symptomatic swellings of which would be 'French pigs'. If particularly badly 'Frenchified', he might lose his nose through the disease, in which case he ended up breathing through 'a French faggot-stick'. The way for a man to protect himself from these scourges was to wear a 'French letter' or 'French safe', or just a French (unless you *were* French, in which case, you used a *capote anglaise*). And it didn't stop with sex. There was a general tendency to ascribe almost *any* irregular or bad behaviour to the French. (Paxman 1999: 24–25)

gemeinsame Frontstellung gegen Deutschland in den beiden Weltkriegen und schließlich in der geographischen Vereinigung von Insel und Festland durch den Channel Tunnel.

An der Geschichte dieses Tunnels, die gespickt ist mit Vorurteilen und Widersprüchen, lässt sich die insulare Mentalität der Briten besonders gut verdeutlichen. Pläne für den Bau eines Tunnels existierten schon im frühen 19. Jahrhundert. So schlug der französische Bergbauingenieur Albert Mathieu im Jahre 1802 Napoleon einen Tunnel für den Transport mit Pferdewagen vor; und im weiteren Verlauf des 19. Jahrhunderts wurden ausführlich die Argumente für oder gegen einen Tunnelbau erörtert, ja es kam sogar schon im Jahre 1872 zur Gründung einer Channel Tunnel Company. Auf englischer Seite überwogen jedoch stets die zahlreichen Sicherheitsbedenken, die in der Begründung gipfelten, ein Tunnel unterhöhle die Schutzfunktion der Insel und raube den Briten ihr Gefühl der Überlegenheit und Einzigartigkeit.

Sir Garnet Wolseley, einer der heftigsten Kritiker des Tunnelprojekts, warnte 1881 in einem Memorandum für das House of Commons eindringlich vor den Folgen des Tunnels:

[The Tunnel is] a measure to annihilate all the advantages we have hitherto enjoyed from the existence of the Silver Streak. [...] Surely, John Bull would not endanger his birthright, his liberty, his property, in fact all that man holds most dear, whether he be a patriot or selfish cosmopolitan [...] simply in order that men and women may cross to and fro between England and France without running the risk of sea-sickness. (Zitiert nach Gibb 1994: 9)

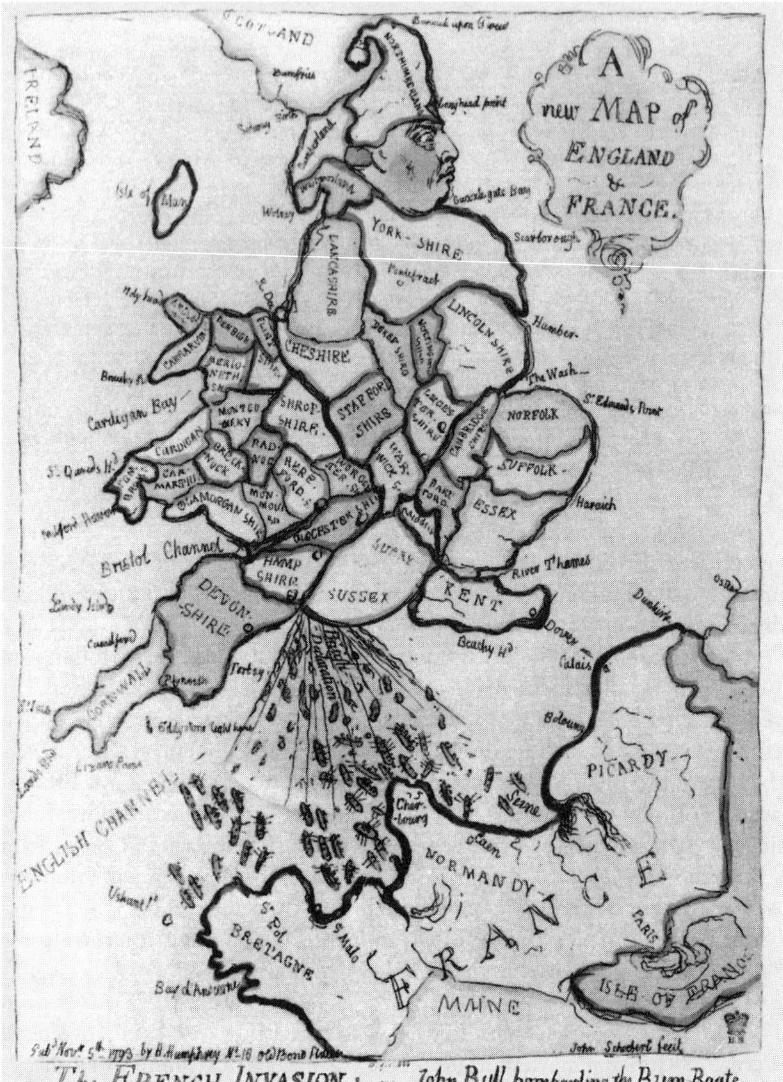

Abb. 13: H. Humphrey,
"The French Invasion: or, John Bull, bombarding the Bum-Boats" (1793).

Abb. 14: "The English Tunnel Bugaboo",
eine amerikanische Karikatur aus dem Jahre 1882.

Sir Wolseleys Phobie, die irrationale Angst der Briten vor einer französischen Invasion durch einen unterirdischen Tunnel, wird in einer Karikatur aus dem Jahre 1882 anschaulich demonstriert (vgl. Abb. 14): Der mächtige, England symbolisierende Löwe flüchtet mit Wolseley auf dem Rücken vor dem plötzlich aus dem Tunnel auftauchenden gallischen Hahn – ein Schreckgespenst, das mit menschlicher Vernunft nicht mehr zu erklären ist.

Der Widerstand gegen jedweden Tunnel basiert nicht zuletzt auf der insularen Mentalität der Engländer. Ein Tunnel würde nämlich den Briten ihr insulares Bewusstsein rauben und der göttlichen Vorsehung ins Handwerk pfuschen. Dies wird in einer Karikatur im *Punch* (2. Januar 1907) deutlich, wenn Neptun aus den Wellen auftaucht und Britannia fragt: "Look here Madam. I've been your protector all these years, and now I hear you think of undermining my power."

Doch selbst das Entkräften der Sicherheitsbedenken ließ die tief verwurzelte Aversion gegen den Tunnelbau nicht völlig verschwinden; ja, selbst in unserer vermeintlich aufgeklärten Zeit flackerten im Vorfeld des Channel Tunnel einige der alten, oft irrationalen Argumente wieder auf, noch verstärkt durch neue Einwände. So gesellen sich zu der sprichwörtlichen Angst der Briten vor der Tollwut (*rabies*) nun auch moderne Varianten wie die Kinderpornographie, die sich im Internet-Zeitalter durch den Tunnel einschleicht!

Insulare Mentalität und Tunnelbau

The population of these islands has now for many centuries remained distinct, and with its own special, marked, and valuable characteristics. [...] By breaking down the barrier of the silver streak we shall in course of time alter the character of our people and begin to internationalise them. (Lord Dunsany, 1882)

I have an insular prejudice against it [the tunnel], not on military grounds for it is easy to exaggerate the danger – but on sentimental grounds. [...] its completion will Europeanise us. I hate Cosmopolitanism. I stick to my insularity. [...] I really do believe that the construction of the tunnel would destroy some of the splendid characteristics of our race and hasten our gradual deterioration by a still larger influx of undesirable aliens. (Major-General Ewart, 1907)

Great Britain has always been an island. To its insularity it probably owes its peculiar institutions. It has always been able to adopt so much of Continental civilisation as it thought wise and desirable. In fact, however, it has adapted rather than adopted. The result is something quite unique. [...] This historical sense of insularity, this pride in distinctive features of British civilisation, this belief in influence of the sea upon British character, is a factor which ought not to be overlooked in any examination of the problem of the Channel Tunnel. (Sir Maurice Hankey, 1930)

Viele der uns vertrauten Stereotypen wurden in einer im Internet verbreiteten Ode satirisiert, die im Hauptquartier des Europäischen Parlaments in Straßburg kursierte und die typisch britischen Ängste vor einer kulturellen Invasion vom Kontinent glossiert:

Ode to the Chunnel
Or
Why the English do not want a Channel Tunnel

There'll be carloads of Louises
From Parisian stripteases
Importing foul diseases
Into Kent.
There'll be modern French Wells Fargoes
Sending juggernauts with cargoes
Of frogslegs and escargots
And men's scent.
[...]
There'll be Danes on every corner
Faces pink after a sauna,
Trying hard to sell us porno
Graphic books,
[...]

There'll be wealthy German campers
With enormous picnic hampers
Full of sauerkraut and champers
And pork pies.
[...]
So, dear immigration panel
Boys in sports jackets and flannel,
Please protect our English Channel,
Throw them out!
(http://idiot-dog.com/humor/chunnel.html)

Obwohl der Channel Tunnel die wirtschaftlichen, politischen und kulturellen Bindungen stärken sollte, überschattete Großbritanniens insulare Mentalität des Öfteren den wohlgemeinten Versuch eines Abbaus der Distanz zwischen Insel und Festland (vgl. Abb. 15).

Simonds' Karikatur im *Guardian* spielt mit den bekannten Bildern und Stereotypen: Shakespeares *silver streak,* der Ärmelkanal als Burggraben und Großbritannien als Inselfestung. Diese Bilder werden jedoch dadurch aktualisiert, dass Margaret Thatcher auf dem Festungswall erscheint und damit ihre Politik der Isolation kritisiert wird: "Ours", Großbritannien, und "Yours", Europa, bleiben weiter auf Distanz.

Natürlich haben sich auch britische Kritiker über das sentimentale Inselargument lustig gemacht: "I'm sure other nations have these problems as well, but the depth of insularity, ostrich-head-in-the-sand pride and agoraphobia preventing us from looking over the protective moat made me wonder why the whole race, lemming-like, did not seal its fate and exit over Shakespeare Cliff" (Jones 1987b: x). Die Mehrheit der Briten konnte sich dennoch sentimentaler Gefühle nicht erwehren und sah – wie u.a. auch Seine Königliche Hoheit Prince Charles – im Tunnelbau das Ende des Inseldaseins. Großbritannien lasse sich nun nicht mehr als Festung begreifen, die durch einen tiefen Burggraben, die von Shakespeare beschworene *silver sea*, vor dem Kontinent geschützt werde.

Es sind allerdings Zweifel angebracht, ob die künstliche Zerstörung des Inselraums wirklich das Ende der Inselkultur und der insularen Mentalität bedeutet oder ob nicht im Bewusstsein der Briten ihre Insel trotz des Tunnelbaus auch weiterhin eine Insel bleibt. In einem (selbst-)ironischen Artikel zu den Folgen des Channel Tunnel meinte Sir Clement Freud, ein Nachfahre Sigmund Freuds:

> Es fällt uns schwer, an den Kanaltunnel zu denken ohne ein Fünkchen Sorge, daß es bald keine geographische Barriere mehr geben wird zwischen zwei so unterschiedlichen Kulturen. Alles, was uns bleibt, ist eine Stunde Zeitunterschied und der Umstand, daß wir auf der linken Seite fahren – die für uns natürlich die rechte ist. (Freud 1994: 19)

Abb. 15: "Yours – Ours", Karikatur von David Simonds (1994).

Eine ironische Bestätigung dieses Selbstbilds findet sich auch in Timothy Garton Ashs Artikel mit dem bezeichnenden Titel: "Europa? Sorry, wir sind Briten. Auf dem Kontinent leben die anderen. Sie haben keine Ahnung von Cricket" (Ash 2001: 15). Und selbst Tony Blair, im Gegensatz zu Margaret Thatcher, seiner Vorgängerin im Amt des Premierministers, eher europafreundlich eingestellt, bezeichnet in seiner Europa-Rede in Warschau im Oktober 2000 "mitten in einer hellsichtigen Passage über Britannien und Europa [...] Britannien als 'eine stolze und unabhängige Inselrasse (wenngleich sehr viel europäisches Blut in unseren Adern fließt)'" (zitiert nach Ash 2001: 15). Erst die Zukunft wird zeigen, inwieweit Großbritannien seine insulare Mentalität zugunsten eines mehr inter- und transnationalen Denkens verändern kann.

3.2 Empire, Commonwealth und Multikulturalismus

Die britische Mentalität lebt nicht allein von ihrer Insularität, sondern auch vom Empire-Gedanken, der selbst heute noch, beispielsweise im Kontext des europäischen Einigungsprozesses, eine wesentliche Rolle spielt. Tony Blair betonte in einer Rede am 30. November 1995, also schon vor seinem

Regierungsantritt als Premierminister im Jahre 1997, dass Insularität und Globalität zugleich das britische Selbstverständnis und die Haltung der Briten zu Europa bestimmen:

> Britain's historical role has lain – at least since the eighteenth century – in its unique capacity to be a major global player. Although an island, it has rejected an insular approach. Once we could project our global role through our empire. Now we should exercise it through Europe – not exclusively, of course, but as a powerful part of our destiny. (Blair 1996: 263)

Historisch gesehen, hat das Empire-Denken Großbritanniens Entwicklung bis zum Ende des 20. Jahrhunderts entscheidend beeinflusst, es zur führenden Seemacht in der Welt aufsteigen lassen und ihm lange Zeit weltweite Bedeutung verschafft. Winston Churchill, ein glühender Verfechter des Empire, meinte 1931 in einer seiner berühmt-berüchtigten Indien-Reden: "If we cannot do our duty in India, be sure we shall have shown ourselves unworthy to preserve the vast Empire which still centres upon this small island" (Churchill 1990: 105).

Das Britische Empire

Das Britische Empire – so der offizielle Name für Großbritanniens frühere überseeische Besitzungen – entstand im 16. und 17. Jahrhundert als Folge des Wettbewerbs zwischen England und seinen europäischen Rivalen. Das erste Empire, dessen Teile durch eine Schutzzollpolitik wirtschaftlich eng miteinander verbunden waren, endete mit dem Verlust der Kolonien in Nordamerika (1783). Aus den Restbeständen in Amerika, Afrika und Asien sowie Zugewinnen nach den Napoleonischen Kriegen und im Zeitalter des Imperialismus entwickelte sich im 19. Jahrhundert ein zweites Empire mit Indien als Herzstück, das seinen Höhepunkt im frühen 20. Jahrhundert erreichte. Damals umfasste das Empire etwa ein Viertel der Weltbevölkerung und der Erdfläche, so dass das geflügelte Wort entstand: 'The sun never sets on the British Empire.' Die Auflösung des Empire fand mit der Unabhängigkeit Indiens (1947) seinen eigentlichen Abschluss, selbst wenn einige Reste des Empire noch eine Zeit lang existierten.

Großbritanniens Insellage und seine insulare Mentalität haben es also keineswegs daran gehindert, ein riesiges Weltreich aufzubauen und seine Inselkultur in alle Welt zu exportieren. Die Insel wurde zum Ausgangspunkt für Entdeckungs- und Eroberungsreisen; sie war Zentrum der Welt, egozentrisch und geozentrisch zugleich. Von hier aus konzentrierte sich Großbritannien vor allem auf seine Stellung als Seemacht, denn es unterschied sich von anderen Nationen, die sich gleichfalls als Kolonialmächte etablierten (z.B. Frankreich, die Niederlande, Spanien und Deutschland), durch seine maritime Ausrichtung. Großbritanniens Geschichte ist folglich in weiten Teilen eine Geschichte des Empire.

Als Victoria 1876 den Titel Empress of India erhielt, symbolisierte dies Großbritanniens neu gewonnenes Weltmachtdenken. Es gab allerdings auch in der viktorianischen Zeit Gegner und Kritiker des Imperialismus und einer überseeischen Expansion, die so genannten *Little Englanders*, die die eigentliche Stärke Großbritanniens in seinem insularen Zentrum sahen. In seiner Rede "The Responsibilities of Empire" vom 25. November 1879 propagierte William Gladstone, der führende liberale Politiker seiner Zeit, die Rückbesinnung auf Großbritanniens insulare Qualitäten als Gegenprogramm zum Imperialismus der Konservativen:

There is no precedent in human history for a formation like the British Empire. A small island at one extremity of the globe peoples the whole earth with its colonies. Not satisfied with that, it goes among the ancient races of Asia and subjects two hundred and forty millions of men to its rule. Along with all this it disseminates over the world a commerce such as no imagination ever conceived in former times, and such as no poet ever painted. And all this it has to do with the strength that lies within the narrow limits of these shores. Not a strength that I disparage; on the contrary, I wish to dissipate, if I can, the idle dreams of those who are always telling you that the strength of England depends, sometimes they say upon its prestige, sometimes they say upon its extending its Empire, or upon what it possesses beyond these shores. Rely upon it, the strength of Great Britain and Ireland is within the United Kingdom. (Hayward 1937: 285)

Die Beziehung zwischen der britischen und der fremden Kultur erfolgte jedoch nicht auf der Basis gegenseitiger Anerkennung, also emanzipatorisch und als kultureller Austausch, sondern mit der von der Mehrheit der Briten befürworteten Expansion des Empire verband sich eine kulturstiftende, erzieherische Mission. Ausgehend von der Überzeugung, Großbritannien sei den Kolonien überlegen und habe deshalb einen zivilisatorischen Sendungsauftrag zu erfüllen, brachten die Briten (okzidentales) Licht in (orientale) Finsternis. Belege für dieses imperiale Selbstverständnis existieren zuhauf, z.B. Rudyard Kiplings Gedicht "The White Man's Burden" (1899), ein typisches Beispiel für den spätviktorianischen Kulturimperialismus, aus dem exemplarisch die erste Strophe zitiert sei:

Take up the White Man's burden –
   Send forth the best ye breed –
Go bind your sons to exile
   To serve your captives' need;
To wait in heavy harness
   On fluttered folk and wild –
Your new-caught, sullen peoples,
   Half devil and half child.
(Kipling 1977: 323)

Das in jeder Strophe wiederkehrende, appellative Leitmotiv "Take up the White Man's burden" verdeutlicht die das gesamte Gedicht durchziehende ideologische Sicht. Die Briten bringen den primitiven, zur Selbstregierung unfähigen Völkern die Zivilisation und das Christentum, eine Mühe, die ihnen von den Kolonisierten nicht einmal gedankt wird. So entsteht ein durchgehend positiv gezeichnetes Selbstbild der Briten, das ihre imperialistischen Ambitionen verherrlicht und legitimiert, weil sie sich für die aufsässigen und ungebärdigen Wilden aufopfern.

Englands imperiale Größe hat sich nicht nur in literarischen Texten und politischen Reden niedergeschlagen, sondern auch in der Architektur, in Welt- bzw. Kolonialausstellungen, in Museen und Karten, z.B. in der "Imperial Federation Map" aus dem Jahre 1886, die Größe und Bedeutung des Empire in anschaulicher Weise dokumentieren. "Freedom" und "fraternity", Zivilisation und Fortschritt sollen Mutterland und Kolonien wie in einer großen Familie – mit Britannia als Mutter – politisch vereinen.

Höhepunkt des Empire und erste Verfallserscheinungen fallen fast zeitlich zusammen und markieren jenen Prozess, in dessen Verlauf das Zentrum seine beherrschende Stellung verliert – wie das Motiv des *de-centred Britain* andeutet. Regelmäßig stattfindende Imperial Conferences suggerierten zwar eine Einheit des Empire, doch in Wirklichkeit konnten die Risse in der imperialen Fassade nach dem Ersten Weltkrieg nur mühsam übertüncht werden. Die Dominions hatten sich inzwischen verselbständigt und wurden im Commonwealth of Nations zu weitgehend autonomen Staaten, die nur noch durch die gemeinsame Treuepflicht gegenüber der Krone zusammengehalten wurden.

Commonwealth of Nations

Der im Statute of Westminster (1931) verfassungsrechtlich zementierte Commonwealth of Nations war ursprünglich ein Bund aller weißen Dominions, denen die britische Krone weitgehende staatliche Souveränität verlieh. Die schon 1926 in der Balfour Declaration entwickelte verfassungsrechtliche Formel lautete: "They [Great Britain and the Dominions] are autonomous Communities within the British Empire, equal in status, in no way subordinate one to another in any aspect of their domestic or external affairs, though united by a common allegiance to the Crown, and freely associated as members of the British Commonwealth of Nations."

Heute ist das Commonwealth ein freiwilliger Zusammenschluss unabhängiger Staaten, die zwar politisch und wirtschaftlich kooperieren, jedoch an politischer Bedeutung verloren haben, nicht zuletzt durch Großbritanniens Mitgliedschaft in der Europäischen Union. Im Jahre 2002 hatte das Commonwealth, das vom Commonwealth Secretariat in London verwaltet wird, einschließlich des UK 54 Mitglieder. Die Königin ist nach wie vor das Oberhaupt des Commonwealth, dessen Entwicklung durch die alle zwei Jahre stattfindende Commonwealth Conference bestimmt wird.

Nach dem Niedergang des Empire gelang es Großbritannien nicht, durch das Commonwealth, den noch heute bestehenden Nachfolger des Empire, das frühere Weltreich gleichwertig zu ersetzen. Dadurch ergab sich eine völlig neue Situation, denn Großbritannien hatte jahrhundertelang als politische Großmacht von seiner Insel aus globale Politik betrieben. Nun jedoch schlugen alle Versuche, an die alte Weltmachtstellung anzuknüpfen, fehl, und der Abschied vom Empire ging Hand in Hand mit Großbritanniens Abschied als Weltmacht.

Insulare Mentalität ohne Insel? Empire-Mentalität ohne Empire? Für den außen stehenden Betrachter ist in diesem Zusammenhang die Frage von besonderem Interesse, wie sich solche Wandlungen mentalitätsgeschichtlich auswirken. Natürlich schreibt heute niemand mehr Gedichte wie Kiplings "The White Man's Burden", doch der Unterschied zwischen Produktion und Reproduktion ist oft nur graduell. Zur Verdeutlichung mag die Last Night of the Proms dienen, jene alljährlich in der Royal Albert Hall inszenierte musikalische 'Institution' der Briten. Der Abschlussabend der seit 1895 stattfindenden, äußerst populären *Proms* (der Abkürzung für *promenade concerts*) ist traditionell der Zelebrierung der *Britishness* gewidmet und folgt im zweiten Teil einem ritualisierten Programm, das immer wieder Erinnerungen an Großbritanniens imperiale Vergangenheit weckt.

Last Night of the Proms
The 100th Season, Royal Albert Hall, Saturday 10 September 1994

Johann Sebastian Bach (1685–1750), orch. Sir Henry Wood (1869–1944)
Toccata and Fugue in D minor, BWV 565

Sir William Walton (1902–1983)
Belshazzar's Feast

Minoru Miki (1930–)
Marimba Spiritual

Jules Massenet (1842–1912)
Méditation from Tha¨s

Sir Edward Elgar (1857–1934)
Pomp and Circumstance March No. 1

Sir Henry Wood (1869–1944)
Fantasia on British Sea Songs

Thomas Arne (1710–1778), arr. Sir Malcolm Sargent (1895–1967)
Rule, Britannia!

Sir Hubert Parry (1848–1918), orch. Sir Edward Elgar (1857–1934)
Jerusalem

Auld Lang Syne (audience)

Tausende von Zuschauern schwenken Fahnen mit dem Union Jack, der nationalen Flagge des Vereinigten Königreichs, bemalen ihre Gesichter mit diesem Symbol, schwenken bunte Luftballons und singen voller Inbrunst die von A. C. Benson (1862–1925) verfasste Hymne "Land of Hope and Glory", die Edward Elgar in seinen *Pomp and Circumstance March No. 1* eingebaut hat:

Land of Hope and Glory, Mother of the Free,
How shall we extol thee, who are born of thee?
Wider still and wider shall thy bounds be set;
God who made thee mighty, make thee mightier yet.

Bei aller gebotenen Vorsicht des Vergleichs: "Deutschland, Deutschland über alles" klingt da verdächtig ähnlich.

Diese affektive, aus Text und Musik resultierende Empire-Mentalität ist auch bei einem zweiten an diesem Abend gesungenen Lied deutlich spürbar. In der letzten Strophe der von James Thomson 1740 gedichteten und dann von Thomas Arne vertonten Hymne "Rule, Britannia!" verbinden sich sogar in signifikanter Weise der Insel-Topos mit Großbritanniens einstiger Bedeutung als führender Seemacht, noch dazu ergänzt durch den britischen Anspruch, Mutter der Freiheit zu sein:

The muses, still with freedom bound,
Shall to thy happy coast repair:
Blest isle! with matchless beauty crown'd,
And manly hearts to guard the fair.
"Rule, Britannia, rule the waves;
Britons never will be slaves."
(Thomson 1965: 422)

Die Empire-Mentalität ist anscheinend auch heute noch nicht ausgestorben. Deshalb ist in diesem Zusammenhang kritisch zu fragen, ob es sich bei der Last Night of the Proms wirklich nur, wie man entschuldigend meinen könnte, um eine harmlose Form von Patriotismus handelt oder ob die verklärende Erinnerung an Großbritanniens imperiale Vergangenheit den Abschied als Weltmacht nostalgisch kompensiert. Sollte das Letztere zutreffen, würde freilich auch der Falkland-Krieg von 1982, in dem dieselben Texte und Symbole reaktiviert wurden, in einem imperialen Licht erscheinen und Anlass zur kritischen Reflexion sein müssen. Denn der Gedanke, dass England nur sich selbst treu bleiben müsse, um unbesiegbar zu sein, scheint zum Bestandteil der nationalen Identität geworden zu sein, und deshalb verwundert es auch nicht, wenn Margaret Thatcher diese Vorstellung im Falkland-Krieg wieder aufgriff und an die Nation appellierte:

Let us then draw together in the name, not of jingoism but of justice. And let our nation, as it has so often in the past, remind itself, and the world:

Nought shall make us rue,
If England to herself do rest but true.
(Thatcher 1986: 76)

Bezeichnenderweise bedient sich auch Margaret Thatcher wieder Shakespeares als Gewährsmann, um die nationale Solidarität zu beschwören; die kursivierten Zeilen stammen nämlich aus dem Mund des Bastards, der am Ende des Dramas *King John* patriotische Gefühle zu wecken versucht. Storry und Childs kommen deshalb zu dem Schluss: " [...] Thatcherism has become synonymous with a revived kind of proud but narrow British 'island race' nationalism centred on the individual [...]" (Storry & Childs 1997: 30).

Die Empire-Tradition spielt auch eine wichtige Rolle in der multikulturellen Debatte, obwohl das Problem der Immigration nicht allein eine Folge des Empire ist. Im Laufe der Jahrhunderte sind Millionen von Menschen aus anderen Ländern, Kontinenten und Kulturen nach Großbritannien, das man keineswegs als klassisches Einwanderungsland bezeichnen kann, immigriert. Streng genommen, setzt sich die heutige *Britishness* aus ganz unterschiedlichen Traditionen und Kulturen zusammen. Schon seit der Normannischen Eroberung kamen Juden nach England, wurden jedoch von Edward I verbannt (1290) und erst im 17. Jahrhundert von Oliver Cromwell wieder ins Land gelassen; im 14. und 16. Jahrhundert folgten dann die als Handwerker geschätzten Flamen; im 16. und 17. Jahrhundert, vor allem nach der Bartholomäusnacht (1572) und der Aufhebung des Edikts von Nantes (1685), die Hugenotten sowie im Verlauf der Industriellen Revolution, besonders nach den großen Hungersnöten in den 1840er Jahren, die Iren; als Folge des Rückflusses aus dem Empire und Commonwealth gesellten sich schließlich noch Inder und Schwarze hinzu.

Großbritannien war also von Anfang an eine multikulturelle Gesellschaft, und Spannungen zwischen den Kulturen sind ebenso wenig ein Charakteristikum unserer Zeit wie die Angst vor einer Überfremdung. Schon Elizabeth I warnte davor, dass "seit einiger Zeit etliche Mohren in dieses Reich gebracht werden, von deren Art es hier bereits zu viele gibt, wenn man bedenkt, dass Gott dieses Land mit einem starken Zuwachs an Menschen gesegnet und empfohlen hat, 'diese Art von Menschen des Landes zu verweisen'" (zitiert nach Sondhi 1993: 84). Heute würde man dies als Nativismus bezeichnen, als besonders scharfe Form der Ausgrenzung, der zufolge man die Einwanderer am besten wieder in ihr Heimatland zurückschicken sollte.

Will man den Konflikt zwischen verschiedenen Kulturen in ein und demselben Land beschreiben, sind theoretisch mehrere Positionen denkbar, die vom Ethnozentrismus bis zum kulturellen Pluralismus reichen; d.h. von der Ausgrenzung des 'Anderen' bis hin zu dem Versuch, das 'Fremde' zu verstehen oder gar als Teil des Eigenen zu akzeptieren. Die Grundfrage ist in allen Fällen gleich: Wie viel ethnische Autonomie ist zulässig bzw. wie viel Toleranz ist notwendig? Anders gefragt: Wo stößt man an Grenzen der Toleranz, weil die eigene kulturelle Identität gefährdet scheint? Das Problem besteht ähnlich wie bei der Integration der Regionen und der Einheit Großbritanniens darin, eine Synthese zwischen zentralistischer Einheit und partikularer Vielfalt zu finden.

Im Gegensatz zu den USA hat sich Großbritannien nie als Schmelztiegel verschiedener Traditionen und Kulturen verstanden. Auch dem Multikulturalismus hat es eher ablehnend gegenübergestanden, und viele Briten gehen immer noch davon aus, dass sich die Einwanderer der britischen Kultur unterordnen:

> Where as in the United States society is constituted by ethnic and cultural diversity, in the United Kingdom, many argue, there continues to be a desire for 'monoculturalism': an attempt to ignore difference in favour of a dominant idea of 'Britishness'. (Storry & Childs 1997: 34–35)

Spannungen oder offene Auseinandersetzungen lassen sich weitgehend vermeiden, wenn sich die Immigranten der herrschenden Gesellschaft anpassen. Dies ist bei den verschiedenen ethnischen Gruppen in unterschiedlichem Maße geschehen. Geschäftstüchtige Asiaten trieben aus verständlichen Gründen ihre wirtschaftliche Integration voran, hielten sich jedoch privat eher zurück. Westinder hingegen propagierten viel stärker ihre eigenen Werte und teilten auch nicht die britische Geschäftsmentalität, doch öffneten sie sich im privaten Bereich mehr als viele Asiaten. Im Übrigen waren die Immigranten als billige Arbeitskräfte, die zur wirtschaftlichen Blüte Großbritanniens beitrugen, gern gesehen. Die Schwierigkeiten nahmen freilich erheblich zu, als der Einwandererstrom aus dem Empire immer stärker anschwoll und die Einwanderer in Zeiten der Rezession als wirtschaftliche Konkurrenten empfunden wurden.

Diese fremdenfeindliche Stimmung machten sich ultrakonservative Politiker – wie Enoch Powell in seiner berüchtigten Rede aus dem Jahre 1968 "The River Tiber with Much Blood" –, besonders aber rechtsextreme Parteien und Gruppierungen wie die 1966 gegründete National Front oder das British Movement zunutze. Sie waren zwar nicht im Unterhaus vertreten, protestierten jedoch in der Öffentlichkeit lautstark gegen alle Einwanderer, forderten die Ausweisung der Farbigen und eine rigorose Beschränkung der Immigration. Rassistische Parolen wie 'Großbritannien den Briten' kennen wir leider auch in Deutschland zur Genüge; allerdings halten viele Briten solch xenophobe Töne für ein weniger gravierendes Übel. Glücklicherweise waren Rechtsextremisten in Großbritannien nie so stark vertreten wie in Deutschland und verloren seit den achtziger Jahren immer mehr an Bedeutung.

Fremdenfeindlichkeit und Diskriminierung richten sich in Großbritannien in starkem Maße nach Hautfarbe und Kultur. Die abwertende Bezeichnung 'Schwarze', die inzwischen von den Betroffenen wie zum Trotz als Selbstcharakterisierung verwendet wird, umfasst jedoch nicht alle Grade der nicht-weißen Bevölkerung. Um der Vielfalt der in Großbritannien existierenden Kulturen gerecht zu werden, hat es sich deshalb eingebürgert, von 'schwarzen und ethnischen Minderheiten' oder auch von 'Schwarzen und Asiaten' zu sprechen, weil viele Immigranten vom indischen Subkontinent stammen.

Großbritannien hat das Problem der Immigration und Multikulturalität auf zwei Ebenen zu lösen versucht, und zwar zum einen durch die Regulierung der Einwanderung (*immigration acts*), zum anderen durch den Abbau der Rassenschranken im Land selbst (*race relations acts*). Die erste Einschränkung der Immigration erfolgte schon durch den Aliens Act von 1905, der die Anzahl der nach Großbritannien flüchtenden Juden kontrollieren sollte. Davon abgesehen, handhabte Großbritannien die Regelung der Einwanderung bis Anfang der sechziger Jahre sehr großzügig. Der British Nationality Act von 1948 machte keinen Unterschied zwischen einem *British citizen* und einem *Commonwealth citizen*; Neuankömmlinge aus dem Commonwealth genossen dieselben Rechte wie die einheimischen Briten. Erst als sich die Arbeitslage verschlechterte, wurde durch den Commonwealth Immigrants Act von 1962 eine Arbeitserlaubnis als Voraussetzung für die Einwanderung gefordert; außerdem durften Familienangehörige den schon in Großbritannien wohnenden Einwanderern folgen.

Der entscheidende Einschnitt kam mit dem Immigration Act von 1971, der durch die Einführung des *patrial*-Status eine völlig neue Grundlage schuf. Von nun an kennzeichnete der Begriff '*patrial*' all jene Personen, die das Recht auf Einreise und festen Aufenthalt im UK besaßen, weil ein Eltern- oder Großelternteil dort geboren war. Die Regierung Thatcher verschärfte allerdings diese Regelung noch einmal durch einen weiteren British Nationality Act (1981), der die bis dahin vage Staatsbürgerschaft präzisierte. Diese Definition, die drei Formen unterscheidet, gilt im Übrigen heute noch:

- British citizenship for people closely connected with the UK, the Channel Islands or the Isle of Man;
- British Dependent Territories citizenship, for people connected with the dependent territories (now commonly referred to as 'Overseas Territories'); and
- British Overseas citizenship for those citizens of the UK and Colonies without connections with either the UK or dependent territories. (Office for National Statistics 2002: 92)

Nur die erste dieser drei Formen beinhaltet die volle Staatsbürgerschaft; die beiden anderen hingegen, vor allem die dritte, sind starken Einschränkungen unterworfen. Ein besonderes Problem stellt das Asylrecht dar, denn die Zahl der Asylsuchenden erreichte nach einer Rekordhöhe im Jahre 2000 und einem Rückgang um 11 Prozent im folgenden Jahr einen neuen Höchststand im Jahre 2002. Im April 2002 brachte deshalb die Regierung eine Nationality, Immigration and Asylum Bill ein, um das Asylsystem zu reformieren.

Zu Beginn des 21. Jahrhunderts lässt die Bilanz der gesetzlichen Maßnahmen zur Regelung der Immigration eine eindeutige Tendenz erkennen. Die zunächst sehr freizügige Einwanderungspolitik wich in Großbritannien einer restriktiven Strategie, die seit 1971 die Grenzen immer enger zog und die Kontrollen verschärfte. Diese Entwicklung deckt sich weitgehend mit der in anderen europäischen Ländern, die die Immigration inzwischen gleichfalls wesentlich rigoroser handhaben.

Die Gesetzgebung im zweiten Bereich, den *race relations*, setzte Mitte der sechziger Jahre ein, als zunächst ein Race Relations Board eingerichtet wurde (1965), der Beschwerden wegen Diskriminierung aus rassistischen Gründen schlichten sollte. Schilder wie 'Iren, Farbige und Hunde unerwünscht' waren fortan sogar rechtswidrig. Der Race Relations Act von 1968 räumte dem Race Relations Board noch weiter gehende Kompetenzen ein – er erhielt z.B. das Recht, bei Beschwerden Untersuchungen einzuleiten – und schuf zusätzlich eine Community Relations Commission, die für harmonische Beziehungen zwischen den ethnischen Gruppen sorgen sollte.

Da sich diese Einrichtungen in der Praxis als nicht effektiv genug erwiesen, sollte ein weiterer Race Relations Act (1976) die Rassendiskriminierung noch wirksamer bekämpfen. Race Relations Board und Community Relations Commission wurden zur Commission for Racial Equality verschmolzen, die auch von sich aus, also ohne dass entsprechende Klagen eingegangen waren, tätig werden konnte; außerdem wurden alle Formen der indirekten Diskriminierung – nach Ansicht vieler Kritiker die schwerwiegendere Form – verboten und Klägern die Möglichkeit eingeräumt, den Gerichtsweg zu beschreiten. Beispielsweise benachteiligt die Vorschrift, wie groß Polizisten bei der Einstellung sein müssen, die von Natur aus meist kleineren Asiaten und ist demnach eine indirekte Diskriminierung.

Allerdings ist die Arbeit dieser Kommission nach Ansicht einiger Kritiker immer noch nicht effektiv genug. Viele der Diskriminierten reichen keine offizielle Beschwerde ein, weil sie trotz des gesetzlichen Schutzes Angst vor Repressionen haben, und die Gerichte erledigen diese Verfahren nicht gerade zügig. Der Race Relations (Amendment) Act aus dem Jahre 2000 erweitert deshalb den Umfang des Gesetzes von 1976 noch, indem öffentliche Einrichtungen mit der Aufgabe betraut werden, die ungesetzliche Diskriminierung endgültig zu beseitigen, für Chancengleichheit zu sorgen und die Beziehungen zwischen den verschiedenen Kulturen zu verbessern.

Die Regierung ist also bemüht, die Rassendiskriminierung immer schärfer zu ahnden, um eine harmonische Existenz von einheimischer Kultur und ethnischen Minderheiten zu sichern. Die offiziellen Zahlen nehmen sich freilich eher bescheiden aus, denn im Jahre 2001 kontaktierten etwa 10 000 Hilfesuchende die Commission for Racial Equality, und 1200 suchten offiziell um Beistand nach. So lobenswert deshalb solche gesetzlichen Regelungen auch sind, das Problem der Multikulturalität lässt sich nicht allein auf dem Gesetzesweg regeln, sondern muss letztlich durch eine Veränderung des kollektiven Bewusstseins gelöst werden.

Der durch die Einwanderer bedingte Kulturkonflikt hat in den letzten Jahrzehnten in mehreren Fällen zu blutigen Ausschreitungen geführt. Als 1958 die westindische Gemeinschaft in Notting Hill ein Festival veranstaltete, aus dem sich wenige Jahre später der Notting Hill Carnival entwickeln sollte, kam es zu Gewalttätigkeiten durch weiße Banden, denen das eigentlich friedliche Fest ein Dorn im Auge war. Seit 1966 findet nun am letzten August-Wochenende der Straßenkarneval der westindischen Bevölkerung im Londoner Stadtteil Kensington statt, wo sich diese mit Umzügen, Maskeraden und Gesang an ihrer Kultur erfreuen. Dieser ursprünglich gewaltlose Karneval hatte wegen der zunehmenden Rassenproblematik in den achtziger Jahren gewaltsame Auseinandersetzungen zur Folge, die die Entwicklung dieses Festivals zu einem interkulturellen Ereignis erheblich erschwerten.

Fehlende Integrationsbereitschaft lässt sich jedoch auch bei bestimmten Einwanderergruppen feststellen, die ganz bewusst ihre kulturelle Andersartigkeit betonen. So unterstreichen die Rastafarians, junge rassenbewusste Jamaikaner, aus Protest gegen die Vorherrschaft der Weißen und aus Sehnsucht nach ihrer afrikanischen Urheimat durch ihr äußeres Erscheinungsbild (Kleidung und Frisur) und ihre kulturellen Gewohnheiten (Reggae-Musik) ihren Sonderstatus innerhalb Großbritanniens.

1981 kam es im Londoner Stadtteil Brixton, der vorwiegend von Farbigen bewohnt wird, zu blutigen Rassenkrawallen, die gleichfalls als Ausdruck einer unbewältigten kolonialen Vergangenheit gedeutet werden können. Etliche Briten tragen anscheinend ein Gefühl rassischer Überlegenheit in sich, das sich wohl auf das Empire-Erbe gründet. Die Ausschreitungen in Brixton waren der Auftakt zu einer Reihe weiterer Unruhen, die mehrere Großstädte – u. a. noch Manchester, Nottingham, Birmingham und Liverpool – heimsuchten. Von 1981 bis Mitte der neunziger Jahre tobten mehrmals regelrechte Straßenschlachten, die sich freilich nicht nur generell mit der Einwanderungsproblematik erklären lassen. Die Wirtschaftskrise mit ihren verheerenden sozialen Folgen, der Zerfall der Innenstädte, rassistische

Vorurteile und ein Abgleiten in die Kriminalität werden häufig als Gründe dafür angeführt, warum die Integration der Minderheiten so schleppend verläuft. Bei diesen Gründen setzen deshalb die Lösungsversuche an, z. B. durch die Sanierung der Innenstädte oder durch die Sensibilisierung der Bevölkerung für Probleme und Chancen des Multikulturalismus.

Immigration und Multikulturalität werfen jedoch nicht nur politische und wirtschaftliche, sondern auch religiöse Probleme auf, denn die Einwanderer sind häufig keine Christen und geraten deshalb in Konflikt mit der Anglikanischen Staatskirche. Religiöse Minderheiten tragen ihre Andersartigkeit nicht nur durch äußerliche Symbole zur Schau (Kleidung, Moscheen, Tempel, Synagogen), sondern sie stellen bisweilen auch aus ihrer Religion resultierende Forderungen, die mit der britischen Gesellschaft nur schwer in Einklang zu bringen sind. Die Reaktion auf Salman Rushdies Roman *The Satanic Verses* (1988), den viele Muslime als Gotteslästerung ansahen, führte zu einem tiefen Riss. Die traditionalistischen Muslime gewannen an Einfluss und beklagten sich, dass nach britischem Recht eine Verfolgung Rushdies wegen Blasphemie nicht möglich sei. Liberale Weiße hingegen, die ursprünglich den Muslimen freundlich gesinnt waren, belehrten diese herablassend über die Werte einer demokratischen Gesellschaft und verletzten dadurch die Muslime in ihrer kulturellen Identität und in ihren religiösen Gefühlen. So wurde die religiöse Problematik einer ethnischen Minderheit zu einer politischen Affäre mit rassistischen Konsequenzen. Weiße Rassisten zerstörten Moscheen, und das vorher gebräuchliche rassistische Schimpfwort 'Pakis' (für Pakistani) wurde durch 'Muslims' ersetzt.

Der gegenwärtige Stand der Einwanderung ergibt, aufgeschlüsselt nach Kontinenten, folgendes Bild (vgl. Abb. 16): Die Einwanderung hat sich innerhalb der letzten fünf Jahre verdoppelt, ist aber nach dem Höchststand im Jahre 2000 jetzt wieder etwas gesunken. Grund für die starke Zunahme war die Immigration aus Asien und vor allem aus den afrikanischen Ländern, wo sich die Quote zwischenzeitlich mehr als verdreifacht hatte, im letzten Jahr aber stark rückläufig war. Europa, Amerika und Ozeanien spielen mit weniger als einem Drittel bei der Einwanderung nur eine untergeordnete Rolle.

Unter den Mitgliedsländern der Europäischen Union hat Großbritannien einen der größten Anteile an ethnischen Minderheiten, nämlich knapp 8 Prozent (vgl. Abb. 17). Der Anteil ethnischer Minderheiten hat im Vergleich zur 'weißen' Bevölkerung ein jüngeres Altersprofil und konzentriert sich zu 97 Prozent auf England, wobei wiederum der größte Teil in Greater London lebt (ca. 38 Prozent).

Bei den ethnischen Minderheiten stellen von den fast 4,5 Millionen Menschen die Inder immer noch die größte Gruppe dar. Der Großteil der ethni-

Einwanderung nach Kontinenten

	1997	1998	1999	2000	2001
Asien	25,6	30,1	40,1	47,5	43,3
Afrika	13,2	16,1	27,0	44,5	31,4
Europa	7,7	7,6	16,0	15,1	13,8
Amerika	7,8	10,8	8,5	11,5	11,9
Ozeanien	3,1	3,7	4,1	4,9	5,5
Andere Nationen	1,3	1,5	1,4	1,6	0,9
Gesamt	58,7	69,8	97,1	125,1	106,8

Abb. 16: Einwanderung; nach Office for National Statistics 2002: 90; Zahlen in Tausenden.

Anteil ethnischer Minderheiten

	Anzahl in Millionen	Prozent
Weiße	**53,0**	**92,2**
Andere Gruppen	**4,5**	**7,8**
Schwarze	(1,2)	(2,1)
Inder	(1,0)	(1,7)
Pakistani	(0,7)	(1,2)
Bangladeschi	(0,3)	(0,5)
Chinesen	(0,2)	(0,3)
Andere	(1,1)	(2,0)
Gesamt	**57,5**	**100,0**

Abb. 17: Ethnische Minderheiten; nach Office for National Statistics 2002: 94.

schen Minderheiten lebt in städtischen Ballungsgebieten, z.B. in London oder in den Industriestädten im Westen Mittelenglands: Birmingham ist die größte 'schwarze Stadt' Großbritanniens. Den höchsten Anteil an Farbigen verzeichnet der Londoner Bezirk Brent mit 45 Prozent.

Die rassisch motivierte Militanz hat zwar seit den achtziger Jahren deutlich abgenommen, doch sind die Farbigen gesellschaftlich immer noch benachteiligt. Als Indikatoren für die im Allgemeinen schlechteren Lebensumstände werden häufig folgende Anzeichen genannt: der erhebliche Prozentsatz krimineller Farbiger; die höhere Arbeitslosigkeit; größere Armut; schlechtere Bildung; das Leben in Slums und Ghettos; und schließlich die Tatsache, dass ethnische Minderheiten in wichtigen Bereichen unterrepräsentiert sind.

Diesen negativen Merkmalen stehen jedoch auch einige hoffnungsvolle Anzeichen gegenüber. So sind Schwarze und Asiaten im Civil Service durchaus ihrem Bevölkerungsanteil entsprechend repräsentiert, und inzwischen fungieren Angehörige ethnischer Minderheiten nicht nur als Aushängeschilder im Sport und in der Unterhaltungsbranche, sondern arbeiten als Professoren, Ärzte, Geschäftsleute und selbst als Polizisten. Im Jahre 1986 wurde in Bradford sogar der in Pakistan geborene Mohammed Ajeeb zum Bürgermeister gewählt; zwölf Abgeordnete des Unterhauses stammten im Juli 2001 aus ethnischen Minderheiten, und im Mai 2002 wurde zum ersten Mal ein Schwarzer zum Minister ernannt. Zuversichtlich stimmt auch das Engagement, das weiße Lehrer in den Schulen von Birmingham, Bristol, Bradford oder Brixton an den Tag legen. Sie arbeiten dort mit englischen Kindern und Kindern ethnischer Minderheiten in gegenseitiger Achtung und Bewunderung, also wahrhaft interkulturell, zusammen. Wenn solche Beispiele Schule machen, wird es Figuren wie Karim Amir, den Protagonisten von Hanif Kureishis Roman *The Buddha of Suburbia*, in Zukunft vielleicht nicht mehr geben. Karim charakterisiert sich zu Beginn dieses Romans nämlich folgendermaßen:

> My name is Karim Amir, and I am an Englishman born and bred, almost. I am often considered to be a funny kind of Englishman, a new breed as it were, having emerged from two old histories. But I don't care – Englishman I am (though not proud of it), from the South London suburbs and going somewhere. Perhaps it is the odd mixture of continents and blood, of here and there, of belonging and not, that makes me restless and easily bored. (Kureishi 1991: 3)

Die Auseinandersetzung mit der anderen Kultur bietet nämlich auch die Chance, durch kulturellen Austausch die eigene Kultur zu bereichern oder eine neue Interkultur zu schaffen. Das setzt allerdings voraus, dass die xenophobe Grundhaltung, die vielen Briten eigen zu sein scheint, zugunsten einer ausländerfreundlicheren Einstellung aufgegeben wird. Das wiederum bezweifelte noch vor zehn Jahren der aus Indien stammende, jedoch seit 1966 in Großbritannien lebende Ranjit Sondhi, Anfang der neunziger Jahre einer der beiden stellvertretenden Vorsitzenden der Commission for Racial Equality: "Die Mythen über schwarze und ethnische Minderheiten bestehen fort, da sie beruhigender sind als die komplexe Realität eines multikulturellen Großbritanniens" (Sondhi 1993: 102–103).

Zweifellos stellt sich die Frage nach der *Britishness* heute anders als vor einhundert Jahren, und dementsprechend fallen auch die Antworten ganz anders aus. Da ist von *Black Britishness* oder von *new ethnicities* die Rede, die das Schwarze mit der britischen Identität vereinen. Vielleicht liegt die zukünftige Antwort aber gar nicht im Bereich separater Ethnien und harmonischer Multikulturalität, sondern möglicherweise definiert sich dann die britische Identität eher als *crosscultural* denn als *multicultural*.

3.3 *The Special Relationship:* Großbritannien und die USA

Ein dritter Aspekt, der die britische Mentalität entscheidend geformt hat, ist das besondere Verhältnis Großbritanniens zu seinen ehemaligen Kolonien in Nordamerika. In den Vereinigten Staaten gehört der Begriff *special relationship* allerdings weniger zum politischen Sprachgebrauch als im Mutterland. Einige Kritiker diesseits und jenseits des Atlantiks bezweifeln gar, dass der *special relationship* ein besonderer Wert zuzumessen ist, und verweisen deshalb diese Sonderbeziehung ins Reich des Mythos. Andere Kritiker hingegen betonen die besondere Bedeutung der *special relationship* sowohl hinsichtlich ihrer historischen als auch aktuellen Entwicklung. So fand Mitte der neunziger Jahre an der Universität Hull eine Tagung zum Stand der *special relationship* statt, die zu einem sehr euphorischen Ergebnis kam:

> Far from being a thing of the past, we found the special relationship to be deeply rooted, generally and genuinely effective, very necessary and, much to our collective relief, likely to continue well into the next century. Above all, we concluded that the special relationship is much more than the media would have us believe. [...] The special relationship is a series of deep and complex linkages at many levels of government and, indeed, in the financial, linguistic and cultural realms of both countries. (Jakub 1995: 318)

Zwar wird die *special relationship* oft primär politisch aufgefasst und vor allem auf die Zeit vom Zweiten Weltkrieg bis heute eingegrenzt, doch kann man sie auch als Inbegriff der angloamerikanischen Beziehungen generell ansehen, die immerhin einschließlich der Kolonialzeit 400 Jahre umfassen. Blutsbande, gemeinsame politische und kulturelle Werte oder "linkages [...] in the financial, linguistic and cultural realms" lassen sich zweifellos nicht leugnen, doch bedeutet 'special' keineswegs immer 'besonders gut'; der englische Dichter Stephen Spender nannte deshalb sein Buch über die angloamerikanischen Beziehungen sogar *Love-Hate Relations* (Spender 1974).

Die Beziehungen zwischen Großbritannien und den USA haben ihren Ursprung bekanntlich in der Kolonialzeit, als die britischen Kolonien in Nordamerika ein wichtiger Bestandteil des ersten Empire waren. Nach der Restauration der Stuarts im Jahre 1660 erkannte auch die Monarchie die wachsende Bedeutung der Kolonien in wirtschaftlicher und militärischer Hinsicht. So trugen die Kolonien zur Festigung des merkantilistischen Wirtschaftssystems bei, versorgten das Mutterland mit Rohstoffen und wurden als Markt für die in England gefertigten Produkte unentbehrlich. Militärisch zeigte sich der Wert der Kolonien besonders im 18. Jahrhundert, als koloniale Milizen die britischen Truppen im Spanischen Erbfolgekrieg (1701–13) und im Österreichischen Erbfolgekrieg (1740–48) tatkräftig unterstützten. Erst im Siebenjährigen Krieg (1756–63) wandelte sich das Bild, denn nun zeigten sich erste Risse im Verhältnis von kolonialen Milizen und britischen Offizieren, weil das dank der Kriegserfolge gestiegene Selbstbewusstsein der Siedler den britischen Offizieren, die die Siedler oft mit hierarchisch-herablassender Distanz behandelten, ein Dorn im Auge war.

Ein entscheidender Faktor für die Verschlechterung der Beziehungen war langfristig gesehen auch der Versuch einer stärkeren Zentralisierung und Kontrolle der Kolonien. Bereits 1688 entstand das Dominion of New England, ein Zusammenschluss aller Kolonien von Massachusetts bis New Jersey, der freilich schon kurze Zeit später scheiterte. "Nach der Revolution von 1688/89 bildete sich über mehrere Jahrzehnte ein lockeres Beziehungsmuster zwischen Mutterland und Kolonien heraus, das der englische Staatsmann und Philosoph Edmund Burke gegen Ende des 18. Jahrhunderts treffend als 'heilsame Vernachlässigung' (*salutary neglect*) charakterisierte" (Heideking 1999: 21). Diese heilsame Vernachlässigung bedeutete jedoch nicht den völligen Verzicht auf weitere Versuche der Zentralisierung. Vielmehr ging die britische Krone dazu über, *charter colonies* und *proprietory colonies*, die den Handelsgesellschaften oder Adligen trotz der königlichen Oberherrschaft eine recht großzügige Selbstverwaltung gestatteten, durch von London aus kontrollierte *royal colonies* zu ersetzen. Zum Zeitpunkt der Amerikanischen Revolution genossen daher nur noch vier Kolonien (Pennsylvania, Maryland, Rhode Island und Connecticut) die größere Freiheit von *charter* oder *proprietory colonies*. Des weiteren schlug sich die imperiale Kontrolle in einer Reihe von Gesetzen nieder, die die Kolonien stärker dem politischen System Großbritanniens anpassen sollten, von den Kolonien jedoch als *intolerable acts* boykottiert wurden.

Diese erste Phase der angloamerikanischen Beziehungen gipfelte im bewaffneten Konflikt und in der Declaration of Independence (4. Juli 1776), mit der sich die Kolonien 14½ Monate nach Ausbruch des Revolutionskrieges (1775–83) offiziell von Großbritannien lossagten. Die Unabhängigkeitserklärung, die sich heute im Nationalarchiv in Washington in einem hermetisch abgeschlossenen, mit Helium gefüllten Glaskasten befindet, greift auf Vorstellungen des englischen Naturrechtsphilosophen John Locke und der europäischen Aufklärung zurück. Gleichheit der Menschen, Volkssouveränität und die Idee des freiwilligen Staatsvertrags dienen als Grundlage dafür, George III der Tyrannei zu bezichtigen und die Loslösung vom Mutterland vor aller Welt zu rechtfertigen:

In every stage of these oppressions we have petitioned for redress in the most humble terms; our repeated petitions have been answered only by repeated injury. A prince, whose character is thus marked by every act which may define a tyrant, is unfit to be the ruler of a free people. [...] We, therefore, the representatives of the United States of America, in General Congress assembled, appealing to the Supreme Judge of the world for rectitude of our intentions, do, in the name and by the authority of the good people of these colonies, solemnly publish and declare, that these United Colonies are, and of right ought to be, FREE AND INDEPENDENT STATES; that they are absolved from all allegiance to the British crown, and that all political connection between them and the state of Great Britain is, and ought to be, totally dissolved; [...]. (Sautter 2000: 147–148)

Die zweite Phase der angloamerikanischen Beziehungen beginnt nach dem Inkrafttreten der amerikanischen Verfassung (1789/91), und auch diese Phase lässt sich kaum als *special relationship* im Sinne von 'besonders gut' interpretieren. 1812–14 folgte der so genannte zweite Unabhängigkeitskrieg mit Großbritannien, der im Kompromissfrieden von Gent mit der Wiederherstellung des Status quo endete. Im weiteren Verlauf des 19. Jahrhunderts sind die USA jedoch bemüht, ihr Verhältnis zu Großbritannien durch Grenzabsprachen und Verträge zu normalisieren (Konvention von 1818, Vertrag von Washington 1871) und das in der Monroe-Doktrin verkündete Programm einer Isolation oder gegenseitigen Nichteinmischung praktisch umzusetzen.

Das 19. Jahrhundert steht deshalb im Zeichen des Wandels der angloamerikanischen Beziehungen, einer Abwendung der USA vom ehemaligen Mutterland bzw. einer eher neutralen Haltung Großbritanniens gegenüber den früheren Kolonien. Die USA erleben eine Phase nationaler Konsolidierung und Expansion nach Westen, für die stellvertretend der Sezessionskrieg (1861–65) und die Idee des *manifest destiny*, der von Gott gewollten Ausdehnung des auserwählten amerikanischen Volkes, genannt werden können. Amerikas Selbstverständnis ist dabei geprägt vom Bild des *melting pot*, aus dessen Verschmelzungsprozess ein neues Geschöpf, der wahre Amerikaner, entsteht, und vom Streben nach kultureller Selbstständigkeit, wie es sich beispielsweise in der kulturellen Blüte der *American Renaissance* manifestiert.

Parallel zur Entwicklung von Großbritanniens zweitem Empire vollziehen somit die USA den ersten Schritt zum internationalen Aufstieg, der sich für weitsichtige Kritiker schon Mitte des 19. Jahrhunderts abzeichnet und Konkurrenz zwischen Großbritannien und USA verheißt. Schon anlässlich der Great Exhibition, der ersten Weltausstellung im Londoner Crystal Palace (1851), prophezeite der *Economist*: "The superiority of the United States to England is ultimately as certain as the next eclipse" (Allen 1969: 82).

Am Ende des 19. Jahrhunderts markieren zwei Pole das angloamerikanische Erbe der USA. Auf der einen Seite lässt sich nicht leugnen, dass die

USA trotz ihrer vermeintlichen Schmelztiegelfunktion von britischen Ursprüngen bestimmt sind, z.B. von der Ideologie der WASPs (*White Anglo-Saxon Protestants*), "die in Politik, Wirtschaft und Kultur der USA bis ins 20. Jh. eine vorherrschende Stellung innehatten" (Wersich 1995: 752). Auf der anderen Seite nabeln sich die USA von Großbritannien immer weiter ab. Bezeichnend dafür ist Frederick Jackson Turners revolutionäre These, die er zum ersten Mal 1893 in seinem Artikel "The Significance of the Frontier in American History" formulierte: Der amerikanische Charakter – so Turner – habe sich erst mit dem Vorrücken der Grenze von Ost nach West herausgebildet. Diese These ist eine Absage an die einseitig europäische – damit vor allem auch britische – Sicht der amerikanischen Geschichte. Die USA sind nicht allein als Ableger Großbritanniens zu verstehen, sondern haben im 19. Jahrhundert aufgrund des *westward movement* eine Eigenentwicklung genommen, die das wahrhaft Amerikanische im Charakter der Menschen geprägt habe:

> The result is that to the frontier the American intellect owes its striking characteristics. That coarseness and strength combined with acuteness and inquisitiveness; that practical, inventive turn of mind, quick to find expedients; that masterful grasp of material things, lacking in the artistic but powerful to effect great ends; that restless, nervous energy; that dominant individualism, working for good and evil, and withal that buoyancy and exuberance which comes with freedom – these are the traits of the frontier, or traits called out elsewhere because of the existence of the frontier. (Turner 1920: 37)

Erst die dritte Phase der angloamerikanischen Beziehungen lässt sich in stärkerem Maße als *special relationship* im positiven Sinne interpretieren. Die USA entschieden den Ersten Weltkrieg durch ihr Eingreifen, doch Großbritannien musste trotzdem – oder gerade deswegen – eine leidvolle Erfahrung machen: "For the British government it was unprecedented and deeply humiliating to be 'down on our knees to the Americans', in the words of press baron Lord Northcliffe" (Reynolds 1991: 98). Die Welthierarchie war ins Wanken geraten, denn Großbritannien konnte den Krieg nur dank der Hilfe seiner ehemaligen Kolonien siegreich beenden. Was freilich im Ersten Weltkrieg für die Briten noch demütigend war, erwies sich im und nach dem Zweiten Weltkrieg als Basis für ein neues, vertieftes Verständnis zwischen beiden Nationen, nicht zuletzt dank des guten Einvernehmens zwischen Churchill und Roosevelt. So würdigte Churchill Roosevelts Tod mit den Worten: "For us, it remains only to say that in Franklin Roosevelt there died the greatest champion of freedom who has ever brought help and comfort from the new world to the old" (Churchill 1990: 256).

Nach dem Zweiten Weltkrieg erlebte die *special relationship* viele Höhen, aber auch einige Tiefen. Die USA retteten Großbritannien durch Finanzhilfen vor einem wirtschaftlichen Desaster, aber sie zeigten dem einstigen

Abb. 18: "British Declaration of Independence";
Garlands Karikatur aus dem *New Statesman* (1973).

Mutterland auch deutlich seine Grenzen, beispielsweise in der Suez-Krise, dem vorläufigen Nadir der *special relationship*. Zwar versuchte der amerikanische Außenminister John Foster Dulles, diese Krise als Familienstreit abzutun, doch der britische Alleingang erschütterte die angloamerikanischen Beziehungen, wenngleich nicht auf Dauer: "Relations with America were soon restored, Britain remained an important power" (Reynolds 1991: 205). Trotzdem musste die 'Mutter' Großbritannien mit ansehen, wie ihr das einstige 'Kind', die USA, politisch immer mehr über den Kopf wuchs.

Obwohl sich die Briten 1945 noch als Siegermacht fühlen durften, fielen sie in der Folgezeit politisch ins zweite Glied zurück und büßten selbst in Europa ihren Führungsanspruch ein. Die "British Declaration of Independence" (vgl. Abb. 18) ist genau das Gegenteil ihres amerikanischen Vorbilds: eine satirische Verfremdung der amerikanischen Unabhängigkeitserklärung, ein Zeichen der Schwäche und Marginalisierung Englands im Konzert der Weltmächte, während das amerikanische Dokument gerade ein Beweis der Stärke war und das aufkeimende Selbstwertgefühl der neuen amerikanischen Union demonstrieren sollte. Die Karikatur verweist also auf den Verlust der einstigen britischen Größe, *British grandeur*, die in Nachkriegszeiten von den Briten oft beklagt bzw. nostalgisch verklärt und kompensiert wird.

Für die – auch öffentlich erkennbare – Bedeutung der *special relationship* spielen politische Krisensituationen und persönliche Beziehungen der jeweiligen Staatsführer eine wichtige Rolle. Der Zweite Weltkrieg mit der engen Zusammenarbeit der Alliierten, freilich unter der Führung der USA, war ein solches Ereignis, das der *special relationship* neues Leben einhauchte – laut Lord Callaghan war dieser Krieg sogar der Höhepunkt der angloamerikanischen Sonderbeziehung. Und weitere Beispiele bestätigen das Funktionieren der *special relationship* auch nach dem Zweiten Weltkrieg: der gemeinsame Kampf gegen den Kommunismus im Kalten Krieg; die amerikanische Hilfe bei der Nachrichtenbeschaffung und Logistik im Falkland-Krieg von 1982; Margaret Thatchers Bereitschaft, den USA 1986 die Nutzung britischer Basen zu gestatten, um einen Vergeltungsschlag gegen Libyen und Oberst Gaddafi zu unternehmen; der Golfkrieg; und schließlich der weltweite Kampf gegen den Terrorismus.

Im Verhältnis der jeweiligen Staatsoberhäupter ist die *special relationship* außer bei den schon erwähnten Franklin D. Roosevelt und Winston Churchill, den Führern der Alliierten im Zweiten Weltkrieg, auch bei den menschlich sehr verschiedenen John F. Kennedy and Harold Macmillan besonders positiv gewesen. So war Macmillan sehr um eine Intensivierung der Beziehung bemüht, ja, es gelang ihm sogar, Kennedy zum Verkauf der für Großbritannien wichtigen Polaris-Raketen zu überreden. Als Musterbeispiel dient jedoch allen Kritikern die besondere Beziehung zwischen Margaret Thatcher und Ronald Reagan, deren gemeinsame politische Grundanschauung und tiefe Freundschaft der angloamerikanischen Sonderbeziehung noch zu einer Steigerung, der *very special relationship*, verhalfen. In der *Financial Times* vom 23. März 1985 bezeichnete Margaret Thatcher die Beziehung zu den Vereinigten Staaten als "very, very special", und in ihrer Autobiographie *The Path to Power* bekräftigte sie nachträglich diese Sicht noch einmal: "The very special relationship between us and our transatlantic cousins has foundations too solid to corrode" (Thatcher 1995: 354). Wann immer die britische Premierministerin von ihren "staunch friends" oder "staunch allies" redete, war damit vor allem der amerikanische Präsident gemeint, der seine europäische Partnerin im Falkland-Krieg tatkräftig unterstützte. Manche Kritiker interpretieren deshalb die politisch-persönliche Partnerschaft zwischen Thatcher und Reagan als eine Art *love affair* zweier kongenialer Politiker; und Geoffrey Howe, zunächst loyaler Anhänger, dann aber erbitterter Gegner Margaret Thatchers, kommentiert rückblickend die Beziehung der beiden Regierungschefs mit ähnlichen Worten:

> There was a spontaneity about his [Reagan's] mutually supportive attitude towards Margaret Thatcher. She likewise blossomed with admiring, almost affectionate, directness towards him. It was for both of them a personally satisfying and politically supportive relationship. (Howe 1994: 294)

Wenn das Verhältnis der Staatsführer eher negativ oder indifferent war, stand die *special relationship* weniger im Vordergrund, lebte aber unter der politischen Oberfläche durchaus weiter. Lyndon B. Johnson und Harold Wilson pflegten einen eher korrekten als freundschaftlichen Umgang; unter Richard Nixon und dem mehr nach Europa orientierten Edward Heath schien die *special relationship* zeitweilig sogar in Gefahr, denn Heath weigerte sich 1973 im Yom-Kippur-Krieg, den Amerikanern britische Luftstützpunkte auf Zypern zur Verfügung zu stellen; George Bush sen. tendierte mehr zur Partnerschaft mit Deutschland, was in Großbritannien verständlicherweise mit Befremden aufgenommen wurde; Bill Clinton und John Major, zwei, die sich nie füreinander erwärmen konnten, waren eher durch eine tiefe Kluft getrennt als durch eine besondere Beziehung verbunden.

Als Störfaktor der *special relationship* kommt immer wieder Europa ins Spiel, mit Frankreich und Deutschland an der Spitze – man denke nur an Thatchers Europapolitik, die deutsche Wiedervereinigung oder den zweiten Golfkrieg. Großbritannien sieht sich vor die schwierige Aufgabe gestellt, in einem Dreiecksverhältnis zwei gelegentlich konkurrierende Partner versöhnlich zu stimmen. Und selbst wenn die angloamerikanische Allianz bisweilen in eine transatlantische Malaise ausartete, fühlen sich viele Briten immer noch stärker zu den USA hingezogen als zum ungeliebten Festlandeuropa. Vor diesem Hintergrund wird der extreme Euroskeptizismus, wie ihn insbesondere Margaret Thatcher praktizierte, etwas verständlicher. Der mühsame Weg von der insularen Isolation zur europäischen Integration, den Großbritannien seit den siebziger Jahren mit zahlreichen Rückschlägen verfolgt, ist für viele Briten noch immer die schlechtere Alternative zur *special relationship*, und die Tradition des Weltreichs scheint manchmal mächtiger als die europäische Realität. Auch offizielle Regierungsverlautbarungen lassen erkennen, dass besonders in wirtschaftlicher und verteidigungspolitischer Hinsicht eine intensive Verbindung zwischen Großbritannien und den USA besteht. Der Begriff *special relationship* wird dabei allerdings nicht verwendet:

> The UK Government considers that the close transatlantic links between the UK, the United States and Canada remain essential to guarantee the security and prosperity of Europe and North America. The UK and the US co-operate very closely on nuclear, defence and intelligence matters. As founding members of NATO, the UK and US are deeply involved in Western defence arrangements and, as permanent members of the UN Security council, work closely together on major international issues. In addition, there are important economic links. The UK and US are each other's biggest source of inward investment, and the US is the UK's largest single trading partner. (Office for National Statistics 2002: 65)

Die Vorgänge nach dem 11. September 2001 und der Krieg im Irak bestätigen das Funktionieren der *special relationship*, gerade in Krisenzeiten und ungeachtet aller anderen Bindungen der USA und Großbritanniens. So heißt es beispielsweise in der *Times* vom 6. September 2002: "Tony Blair said that Britain was willing to play a 'blood price' in its special relationship with the US and be there 'when the shooting starts'." Die Ereignisse der letzten Jahre haben deshalb den Chor der kritischen Stimmen gegenüber der *special relationship* zwar nicht verstummen lassen, aber zumindest gedämpft. Im engen Schulterschluss mit den USA verdient sich Blair das Kompliment des engsten Verbündeten im Kampf gegen 'die Achse des Bösen' – selbst auf die Gefahr hin, sich des Vorwurfs erwehren zu müssen, eine Marionette der USA zu sein.

Nicht wenige Historiker sahen mit dem Ende des Kalten Krieges auch das Ende der *special relationship* gekommen. Doch all die Kritiker, die glaubten, die *special relationship* habe in den siebziger Jahren ihre Bedeutung verloren, wurden inzwischen eines Besseren belehrt; und auch jene Unverbesserlichen, die die Thatcher-Reagan-Ära nur als vorübergehendes Aufflackern der *special relationship* interpretieren wollten, konnten sich der Erkenntnis nicht verschließen, dass gute persönliche Beziehungen der führenden Politiker oder Krisensituationen wie die Bedrohung durch den Terrorismus zu einer Wiederbelebung der *special relationship* und zu einer Rückbesinnung auf die gemeinsamen politischen Werte, die gemeinsame historische Vergangenheit, das kulturelle und rechtliche Erbe der beiden Länder führten. Trotz aller Differenzen und Kompromisse wird deshalb möglicherweise unterschätzt, in welchem Maße die *special relationship* – auch aufgrund der enormen Investitionen Großbritanniens in den USA – die angloamerikanischen Beziehungen noch heute bestimmt. Ob dies freilich in Zukunft anhält, ist schwer zu entscheiden:

> Für viele Briten ist, wie schon lange für die Amerikaner, ihre gemeinsame Beziehung nicht länger eine Sonderbeziehung, sondern eine von vielen engen bilateralen Partnerschaften. Bis Mitte der neunziger Jahre sind Großbritannien und die USA Krisen wie den Kalten Krieg, den Falkland-Krieg, Terrorismus und den Golf-Krieg in ähnlicher Weise angegangen – in einer Partnerschaft, die häufig zur Sonderbeziehung geadelt wurde. Es ist noch zu früh zu sagen, ob dieser Begriff mittlerweile völlig überflüssig geworden ist. Viel hängt davon ab, welche Prioritäten Großbritannien in der Verteidigungspolitik setzt, wie sich die Beziehungen zwischen den USA und der EU entwickeln und auch, in welchem Maße gemeinsame Sprache und Kultur, Gesetze, politische Prinzipien und die Erinnerung daran, was diese Beziehung in der Vergangenheit alles erreicht hat, die Regierenden auf beiden Seiten des Atlantiks beeinflussen. (Dobson 1998: 434–435)

4. *Pomp and Circumstance:* Der Glanz des historischen Museums

4.1 Traditions- und Geschichtsbewusstsein

Pomp and circumstance – dieser Ausdruck weckt bei jedem Großbritannien-Kenner sogleich Assoziationen: beispielsweise an Edward Elgars berühmte Märsche, von denen der erste fester Bestandteil der Last Night of the Proms geworden ist, oder an Glanz und Pracht des Königshauses. Nur allzu leicht gerät dabei in Vergessenheit, dass dieser Ausdruck – wie viele andere auch – von Shakespeare stammt. In einer seiner großen Tragödien, *Othello*, gelingt es dem Intriganten Jago, seinen Feldherrn Othello mit dem Virus der Eifersucht zu infizieren, woraufhin Othello 'Stolz, Glanz und Pracht des glorreichen Kriegs' Lebewohl sagt:

Pomp and Circumstance

Othello.
I had been happy if the general camp,
Pioneers, and all, had tasted her sweet body,
So I had nothing known: O now for ever
Farewell the tranquil mind, farewell content:
Farewell the plumed troop, and the big wars,
That makes ambition virtue: O farewell,
Farewell the neighing steed, and the shrill trump,
The spirit-stirring drum, the ear-piercing fife;
The royal banner, and all quality,
Pride, pomp, and circumstance of glorious war!
And, O ye mortal engines, whose wide throats
The immortal Jove's great clamour counterfeit;
Farewell, Othello's occupation's gone!
(Shakespeare, *Othello*, III.iii.351–363)

Pomp and circumstance können aber auch generell als Metapher für Großbritanniens glorreiche Vergangenheit stehen, für Empire und Institutionen, für den Glanz des historischen Museums, für Traditions- und Geschichtsbewusstsein, das sich freilich einer einseitig vergangenheitsorientierten Mentalität verschließt. Die Briten gelten zwar als eher konservatives Volk, das sich gerne an verkrustete Traditionen klammert; in Wirklichkeit zeichnet sich Großbritannien jedoch durch eine subtile Balance zwischen altbewährter Tradition und zukunftsorientierter Innovation aus. Konservatismus und Fortschritt verbinden sich zu einer typisch britischen Synthese, die friedliche Evolutionen radikalen Revolutionen vorzieht. Das revolutionäre Zwischenspiel der Puritaner nahm mit der Restauration der Stuart-Monarchie eine konservative Wende; die Glorious Revolution endete nicht – wie die Französische Revolution ein Jahrhundert später – mit Blutvergießen und mit der Abschaffung der Monarchie, sondern 'nur' mit der Abschaffung des Gottesgnadentums durch die konstitutionelle Monarchie; und die vielfältigen Probleme der Industriellen Revolution entluden sich keineswegs in einer politischen oder sozialen Revolution, sondern hatten neue Fabrikgesetze und eine stufenweise Reform des Wahlrechts zur Folge. "Such evolutionary developments have formed British society generally and change has mainly occurred through compromise within the law, rather than by radical upheaval" (Oakland 1998: 2).

Obwohl Geschichte mehr ist als nur die Abfolge wichtiger Herrscher und Ereignisse, verbindet sich britisches Geschichtsbewusstsein häufig mit der Erinnerung an berühmte Königinnen und Könige. Der Name 'John' (1199–1216) ist auf ewig verknüpft mit dem Krieg gegen die Barone und dem Erlass der Magna Carta. Henry VIII (1509–47), berühmt-berüchtigt wegen seiner sechs Frauen, ist als Begründer des Nationalstaates und der Anglikanischen Staatskirche in die Annalen eingegangen. Und in dieser historischen Reihe nehmen auch Königinnen einen prominenten Platz ein: weniger die nur kurzen, obschon bemerkenswerten Regierungszeiten von Mary I (1553–58) und Mary II (1689–95) als etwa Elizabeth I (1558–1603) und Victoria (1837–1901), deren jeweiliges Zeitalter nach ihnen benannt und untrennbar mit epochemachenden Ereignissen verbunden ist – dem Sieg über die Spanische Armada (1588) und Englands Aufstieg zur führenden Seemacht, der kulturellen Blütezeit unter Elizabeth I oder den viktorianischen Reformen und der Konsolidierung des zweiten Empire unter Victoria. Noch nicht abschließend zu beurteilen sind Elizabeth II (ab 1952) und das 'zweite elisabethanische Zeitalter' mit all seinen Höhen und Tiefen.

Geschichtsbewusstsein durch die Erinnerung an große Persönlichkeiten – dazu zählen freilich nicht nur Könige und Königinnen, sondern im weitesten Sinne alle historischen Figuren, die Großbritanniens Entwicklung entscheidend beeinflusst haben: William Shakespeare, das geheimnisumwobene dramatische Genie; der puritanische Lord Protector Oliver Cromwell; Thomas Paine und Edmund Burke, das radikal-konservative Philosophenpaar; der Evolutionstheoretiker Charles Darwin und der Sozialreformer Robert Owen, beide zentrale Denker des 19. Jahrhunderts; oder aber die epochalen Premierminister, ob nun konservativ, liberal oder Labour, für die stellvertretend die beiden Giganten des 19. Jahrhunderts, der konservative Benjamin Disraeli und der liberale William Gladstone, genannt seien.

Geschichts- und traditionsbildend wirken sich natürlich auch markante Ereignisse aus, die zu Eck- und Wendepunkten der britischen Geschichte geworden sind: die Normannische Eroberung, die Rosenkriege mit der anschließenden Vereinigung der Häuser York und Lancaster, die Puritanische und die Glorreiche Revolution oder aber die Great Exhibition und die silbernen, goldenen und diamantenen Thronjubiläen der Herrscher, um nur einige Beispiele zu nennen.

Am Guy Fawkes Day, jenem ominösen 5. November des Jahres 1605, lassen sich Tradition und Mentalitätswandel kurz erläutern. An diesem Tag wollten Guy Fawkes und seine Komplizen, allesamt Katholiken, den protestantischen Stuart-König James I in die Luft jagen. Das Komplott wurde rechtzeitig entdeckt, die Verschwörer erlitten die Todesstrafe. Doch über den aktuellen Anlass hinaus hat der Guy Fawkes Day eine traditions- und mentalitätsbildende Funktion übernommen. Bis heute wird dieses Ereignis alljährlich mit Feuerwerk und Freudenfeuern, bei denen Guy Fawkes als Puppe verbrannt wird, in Erinnerung gehalten und mit den Versen gefeiert:

> Remember, remember the fifth of November
> Gunpowder, treason and plot.
> I see no reason why gunpowder treason
> Should ever be forgot.

Heute wird dabei allerdings weniger des politischen und religiösen Hintergrundes gedacht als der Widerstandskraft und Langlebigkeit der Monarchie, die es allen Unkenrufen zum Trotz immer wieder geschafft hat, sich aus Krisen zu befreien und zu regenerieren.

Für das britische Geschichtsbewusstsein sind auch die zentralen Verfassungsdokumente sinnstiftend, wie an der Magna Carta (1215) und der Bill of Rights (1689) exemplarisch verdeutlicht werden kann. Am Ende der Auseinandersetzungen zwischen dem König und seinen Baronen sah sich John zu Zugeständnissen gezwungen, die in der Magna Carta Libertatum, dem großen Freiheitsbrief, verankert wurden. Hier liegt der Ursprung für den Topos vom *freeborn Englishman*: die Magna Carta als Quelle all jener Freiheiten, die gemeinhin in den Begriffen *liberty* und *freedom* vereinigt sind. Diese Sicht entspricht freilich nicht ganz den Tatsachen, denn ursprünglich war die Magna Carta ein Dokument feudalen Widerstands, des Aufbegehrens der Barone gegen die Allmacht des Königs. Die Freiheiten, die der König gewährte, betrafen deshalb keineswegs den *common man*, sondern allein die Barone, die sich Privilegien sichern wollten.

Die moderne Deutung, die der Magna Carta unterlegt wird, stammt erst aus dem 17. Jahrhundert, als das Dokument als Waffe im Verfassungskonflikt zwischen Stuarts und Parlament eingesetzt wurde. Das mittelalterliche Dokument wurde nun zur Deklaration verfassungsmäßiger Rechte und zum Bollwerk demokratischer Freiheit umgedeutet, um die königliche Macht einzugrenzen. So konnte Sir Edward Coke, der Chief Justice, der den Prozess der Neuinterpretation der Magna Carta im 17. Jahrhundert maßgeblich beeinflusste, den berühmten Satz prägen: "Magna Charta is such a fellow that he will have no sovereign" (Williams 1965: 40).

Dieser Mythos der Magna Carta, der sich in der Folgezeit weiter verfestigen konnte, hat sich bis in unsere Zeit beharrlich gehalten. In ihrer umstrittenen Rede vor dem College of Europe am 20. September 1988 in Brügge glorifizierte auch Margaret Thatcher diesen Mythos, aufgrund dessen sich Großbritannien als Bastion der Freiheit und als Mutter der Demokratie vom übrigen Europa abzugrenzen versuchte:

> We in Britain are rightly proud of the way in which, since Magna Charta in 1215, we have pioneered and developed representative institutions to stand as bastions of freedom. And proud too of the way in which for centuries Britain was a home for people from the rest of Europe who sought sanctuary from tyranny. (Thatcher 1989: 257)

In ähnlicher Weise bestimmen Überlieferung, Umdeutung und Aktualisierung der Geschichte auch die Bill of Rights. Sie war zunächst kein radikal revolutionäres, sondern eher konservatives Dokument, das der Monarchie ihre Grenzen aufzeigen und Missbräuchen, wie sie in der Vergangenheit vorgekommen waren, vorbeugen sollte. Da war noch keine Rede von individuellen Rechten, wie sie etwa die ersten zehn Zusätze zur amerikanischen Verfassung hundert Jahre später festlegen sollten, und die Bill of Rights war auch kein demokratisches Manifest.

Heute, mehr als dreihundert Jahre später, gilt jedoch auch dieses Dokument als Meilenstein der Verfassungsgeschichte, das den Punkt markiert, an dem sich die Waagschale der Macht endgültig von der Monarchie zum Parlament hin neigt. Wiederum wird ein zunächst konservatives Dokument zum Bestandteil eines progressiven Geschichtsbewusstseins umgedeutet. So nimmt es denn nicht wunder, dass sich die Verfechter der Charter 88, einer Bewegung, welche die Macht der Exekutive zügeln und die Bürgerrechte stärken will, auf die demokratiestiftende Tradition der Magna Carta und der Bill of Rights berufen. Nicht von ungefähr nahm die Bewegung den dreihundertsten Jahrestag der Glorreichen Revolution zum Anlass ihrer Gründung im Jahr 1988.

Großbritannien hat offensichtlich seit Jahrhunderten ein so inniges Verhältnis zur Tradition entwickelt, dass selbst sehr alte Institutionen und Gewohnheiten aller Kritik zum Trotz ihren Platz in der modernen Gesellschaft behaupten können. Dieser Sachverhalt soll nun exemplarisch an drei

Beispielen weiter verdeutlicht werden: der Monarchie, dem National Trust und dem Shakespeare-Kult.

4.2 Blaues Blut: Die Monarchie

Großbritannien ohne Krone?, so lautet der Titel einer Anfang der neunziger Jahre erschienenen Studie von Ziegesar über die Monarchie in Großbritannien. Undenkbar, wenn man den neuesten Meinungsumfragen Glauben schenkt, die der Monarchie eine satte Mehrheit attestieren und ihren Kritikern nicht den Hauch einer Chance auf Abschaffung einräumen. Die älteste britische Institution, die sich auf Ursprünge unter König Egbert von Wessex berufen kann, der während seiner Herrschaft (802–839) ganz England einte, bestätigt damit einmal mehr ihre Unverwüstlichkeit. Mit Ausnahme der kurzen, aber prägnanten Unterbrechung zu Zeiten Oliver Cromwells, der nach der Hinrichtung von Charles I England vorübergehend in eine Republik mit einer geschriebenen Verfassung verwandelte, hat die britische Monarchie seit fast 1200 Jahren Bestand. Das jetzige Königshaus (vgl. Abb. 19), das sich 1917 nach seiner Sommerresidenz an der Themse in Windsor umbenannte, um sich von seinem deutschen Namen Sachsen-Coburg-Gotha zu distanzieren, überlebte im 20. Jahrhundert alle Abdankungs- und Scheidungskrisen unbeschadet. Elizabeth II konnte im Jahre 2002 ihr 50-jähriges Thronjubiläum mit *pomp and circumstance* feiern, und auch die zukünftige Thronfolge ist bis ins letzte Detail geregelt.

Die Bedeutung der britischen Monarchie lässt sich generell an ihrer politischen und symbolischen Funktion ermessen. Der offizielle Titel der Königin nimmt sich immer noch pompös aus und ist in seinem Wortlaut seit Jahrhunderten im Wesentlichen unverändert: "Elizabeth the Second, by the Grace of God of the United Kingdom of Great Britain and Northern Ireland and of Her other Realms and Territories Queen, Head of the Commonwealth, Defender of the Faith" (Office for National Statistics 2002: 41). Die politische Macht der Krone hat jedoch inzwischen drastisch abgenommen und beschränkt sich nur noch auf wenige Fälle, die in der königlichen Prärogative erfasst sind (vgl. dazu Kap. 5).

> Heute ist die Monarchie die äußere Hülle, die den Staat zusammenhält und repräsentiert. Sie symbolisiert die Einheit und die traditionellen Werte der Nation. Der Monarch übt bestimmte politische Funktionen aus, die politische Macht hingegen ist auf die demokratisch legitimierten Institutionen übergegangen. (Becker 2002: 106)

Die Eröffnung des Parlaments durch die Königin zu Beginn einer neuen Sitzungsperiode bzw. nach Neuwahlen (*state opening of Parliament*) ist ein Musterbeispiel für die Verschränkung von politischer und symbolischer

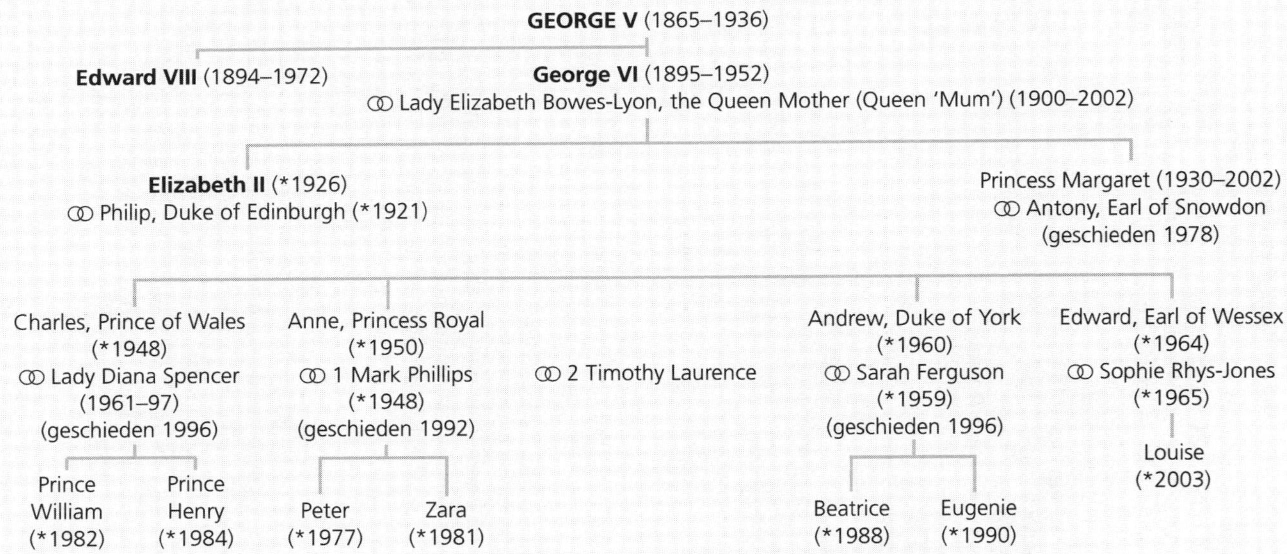

Abb. 19: Haus Windsor.

Die britische Thronfolge

Großbritannien hat eine Erbmonarchie, die männlichen Nachkommen Vorrang vor weiblichen einräumt. Der älteste Sohn und Thronerbe trägt den Titel Prince of Wales, der Charles bei der Investitur in Caernafon Castle in Wales verliehen wurde. Aufgrund des Act of Settlement von 1701 kommen nur Protestanten für die Thronfolge in Frage. Gegenwärtig heißen die ersten elf Thronanwärter:

1. The Prince of Wales (*1948)
2. Prince William of Wales (*1982)
3. Prince Henry of Wales (*1984)
4. The Duke of York (*1960)
5. Princess Beatrice of York (*1988)
6. Princess Eugenie of York (*1990)
7. The Earl of Wessex (*1964)
8. The Lady Louise Windsor (*2003)
9. The Princess Royal (*1950)
10. Peter Phillips, son of the Princess Royal (*1977)
11. Zara Phillips, daughter of the Princess Royal (*1981)

Spekulationen zufolge könnte der allseits beliebte Prince William als neuer Hoffnungsträger der Monarchie Prince Charles bei freiwilligem Verzicht auf die Krone als Thronfolger übergehen, zumal Königin Elizabeth noch keinerlei Ermüdungserscheinungen zeigt oder Rücktrittsgedanken hegt.

Funktion. Ritual und Tradition durchziehen in Inszenierung und Wortlaut praktisch jedes Detail der Zeremonie: In vollem Ornat und mit funkelnder Krone fährt die Königin samt einigen Mitgliedern des Königshauses vom Buckingham Palace nach Westminster, nimmt nach einem festgefügten Ablauf im House of Lords Platz und entsendet einen Boten, Black Rod, der die Mitglieder des House of Commons herbeizitiert; schließlich lauschen alle mehr oder weniger andächtig den Worten der Königin, die nicht ihre eigenen sind. Nach Antony Jay, der in seinem Buch *Elizabeth R* dieses Ritual interpretiert, "symbolisiert die Zeremonie die Vorherrschaft der Krone und die der Königin dienende Stellung der Politiker: Wenn die Königin erscheint, müssen sich ihre parlamentarischen Diener erheben; sie dürfen sich erst setzen, wenn ihre Königin auf dem Thron Platz genommen hat; der Thron selbst steht auf einer erhöhten Plattform" (zitiert nach Ziegesar 1993: 63).

Die Thronrede der Königin ist somit ein Symbol für die Souveränität der Krone, jedoch kein Zeichen real existierender königlicher Macht. Schließlich verliest die Königin nicht ihre eigene Rede, sondern nur das vom Premierminister und Kabinett verfasste Regierungsprogramm. "Kann man dem konservativen Parlamentarier John Biffen Glauben schenken, symbolisiert sie [die Parlamentseröffnung] nicht nur die dienende Rolle der politisch Herrschenden, sondern suggeriert eine politische Machtstellung der Königin, die sie gar nicht mehr hat" (Ziegesar 1993: 63). Ein Ausschnitt aus der Thronrede vom 13. November 2002 bestätigt die visuelle und verbale Inszenierung der Monarchie:

THE QUEEN'S SPEECH

The QUEEN, being seated on the Throne, and attended by Her Officers of State (the Lords being in their robes), commanded the Gentleman Usher of the Black Rod, through the Lord Great Chamberlain, to let the Commons know, "It is Her Majesty's pleasure they attend Her immediately in this House". Who being come, with their Speaker, Her Majesty was pleased to speak as follows:

My Lords and Members of the House of Commons,
My Government's main priorities are economic stability, investment and reform in public services and a constructive foreign policy.
To this end, my Government will maintain sound public finances and will continue to take action to secure high levels of employment.
(http://society.guardian.co.uk/queensspeech/story/0,7991,8390 93,00.html)

Es folgt eine lange Liste von zukünftigen Gesetzesvorlagen der Regierung, bei der zentrale und weniger zentrale Anliegen oft wahllos nebeneinander stehen, z.B. die Devolution in Schottland und Wales neben der Regelung über die Jagd mit Hunden und der für Großbritannien revolutionären Aufhebung der noch auf den Ersten Weltkrieg zurückgehenden Sperrstunde beim Ausschank von Alkohol. Der Schluss der Zeremonie rundet dann die Inszenierung des Rituals religiös und historisch ab:

My Lords and Members of the House of Commons,
I pray that the blessing of Almighty God may rest upon your counsels.
House adjourned during pleasure.
House resumed at half-past three of the clock: The LORD CHANCELLOR on the Woolsack.
Prayers – Read by the Lord Bishop of Gloucester.

Der *Woolsack*, auf dem der Lord Chancellor als Vorsitzender des Oberhauses Platz nimmt, ist ein großes quadratisches Kissen aus Wolle, ein Symbol für Englands früheren Reichtum. Der Ursprung dieses Zeremoniells liegt wiederum im Mittelalter, wo der Berater des Herrschers auf vier Wollsäcken platziert war.

Wie sich zeigt, wird der Verlust der Monarchie an politischer Macht durch einen Zugewinn an symbolischer Bedeutung kompensiert, die sich schon äußerlich an einem alltäglichen Detail manifestiert. Britische Briefmarken sind nämlich einzigartig: Anders als in Deutschland tragen sie keinen Hinweis auf den Namen des Landes, doch ziert das Haupt der Königin jede Briefmarke. Elizabeth II wird so zum visuellen Blickfang, zur Ikone der gesamten Nation, und erhält eine symbolische, Klassen übergreifende und das Königreich einende Funktion.

Die symbolische Bedeutung der Monarchie äußert sich auch in ihrer verbalen und visuellen Allgegenwart. Verbal ist beispielsweise die englische Sprache unauslöschlich vom Adjektiv *royal* durchdrungen. Adrian Room listet fast sechzig Begriffe auf, die diese Bezeichnung im Namen tragen. Angefangen von der Royal Academy, der Royal Air Force und der Royal Albert Hall über die Royal Mail und das Royal National Theatre bis hin zur Royal Shakespeare Company und Royal Society for the Protection of Birds (Room 1997: 316–325) vereinen sich im begrifflichen Etikett *royal* Zeitläufe, Traditionen und Institutionen. Visuell spiegeln sich Glanz und Pracht der Monarchie vor allem in den wiederkehrenden Zeremonien des Königshauses, beispielsweise in der allmorgendlichen Wachablösung der Königlichen Garde in London, dem Changing of the Guards. Solche Zeremonien locken nicht nur viele Briten, sondern auch ausländische Besucher an und erhalten somit als touristische Höhepunkte eine nicht zu unterschätzende wirtschaftliche Bedeutung.

Tradition und Präsenz der Monarchie werden besonders am Geburtstag der Königin öffentlich sichtbar, der sich im Übrigen durch eine typisch britische Eigenheit auszeichnet. Eigentlich ist Elizabeth am 21. April geboren, doch feiert sie ihren Geburtstag in der Hoffnung auf besseres Wetter offiziell erst am zweiten Samstag im Juni. Ein zentraler Bestandteil der Geburtstagsfeierlichkeiten ist die aus dem 18. Jahrhundert stammende Zeremonie des Trooping the Colour, eine spektakuläre Fahnenparade, mit der Regimenter der Guards Division und der Household Cavalry ihre Loyalität gegenüber der Königin, ihrer Oberbefehlshaberin, bezeugen. Aus Anlass ihres Geburtstags verleiht die Königin an diesem Tag auch Ehrentitel und Orden an verdiente Personen, die so genannten *birthday honours*.

Als weiteres Ritual, das sich bis ins 19. Jahrhundert zurückverfolgen lässt, sind in diesem Zusammenhang die *royal garden parties* zu erwähnen, die alljährlich im Juni sowohl im Buckingham Palace in London als auch im Palace of Holyroodhouse in Edinburgh stattfinden. Im Verlaufe des Sommers kommen etwa 30 000 Menschen, angeblich ein Querschnitt aus allen Schichten der Bevölkerung, in den Genuss einer königlichen, durch den Lord Chamberlain erteilten Einladung – obschon in den seltensten Fällen, und nur nach vorheriger Auslese, zu einem Gespräch mit der Königin selbst. Immerhin hat Elizabeth offiziellen Angaben zufolge in ihrer gesamten Regierungszeit weit mehr als eine Million Menschen auf ihren *garden parties* empfangen. Natürlich melden sich bei solchen Gelegenheiten auch wieder die Kritiker zu Wort und vermuten hinter dieser vermeintlichen Volksnähe elitäre Tendenzen, weil letztlich nur ein kleiner Teil der Eingeladenen aus den unteren Schichten stammt.

Die Tradition der Monarchie wird auch in der nur noch in Großbritannien anzutreffenden Institution des Poeta laureatus symbolisiert, wobei der namengebende Lorbeerkranz (*laurel*) auf die antike Herkunft verweist. Ben Jonson (1572–1637) gilt zwar oft als erster Poeta laureatus (1616), doch wurde das Amt offiziell erst kurz nach der Restauration der Stuarts geschaffen (1668).

Britische *poets laureate* seit der Einführung des Amtes

John Dryden (1668)	William Wordsworth (1843)
Thomas Shadwell (1689)	Alfred Tennyson (1850)
Nahum Tate (1692)	Alfred Austin (1896)
Nicholas Rowe (1715)	Robert Bridges (1913)
Laurence Eusden (1718)	John Masefield (1930)
Colley Cibber (1730)	Cecil Day-Lewis (1968)
William Whitehead (1757)	John Betjeman (1972)
Thomas Warton (1785)	Ted Hughes (1984)
Henry Pye (1790)	Andrew Motion (1999)
Robert Southey (1813)	

Die Liste der Hofdichter umfasst so prominente Namen wie Dryden, Wordsworth oder Tennyson, Poeten, die auch heute noch zum Kanon britischer Literatur zählen; andere Dichter sind hingegen in Vergessenheit geraten und nur noch wenigen Experten bekannt.

Der Poeta laureatus war in der Vergangenheit ein auf Lebenszeit ernanntes Mitglied der Königlichen Familie und trat bei offiziellen Anlässen und großen nationalen Ereignissen in Aktion. Für seine Dienste erhielt er £ 100 und eine Kiste Sherry. Mit dem Tode des vorletzten Poeta laureatus, Ted Hughes, änderten sich diese Bedingungen, denn das Gehalt seines Nachfolgers, Andrew Motion, ist nun auf jährlich £ 5000 gestiegen, während die Amtsdauer auf zehn Jahre verkürzt wurde. Das Auswahlverfahren ist jedoch gleich geblieben und ähnelt der königlichen Prärogative: Aus den vom Prime Minister präsentierten Kandidaten trifft die Königin die endgültige Wahl, die dann in *The London Gazette* öffentlich angezeigt wird.

Seit 1999 bekleidet Andrew Motion dieses Amt – 1952 in London geboren, Professor für Creative Writing an der University of East Anglia in Norwich, ein Hofdichter, der sich schon seit langem für eine Popularisierung der Dichtung einsetzt und dies auch mit seinen künftigen Aufgaben zu verbinden sucht: "I think that I want to honour the traditional responsibilities, to write poems about royal occasions and so on, but I am also very keen to diversify the job, or at least make those poems part of the wider national issues that I also want to write about" (http://news.bbc.co.uk/1/hi/entertainment/347503.stm). Als Poeta laureatus hatte Motion schon mehrere Gelegenheiten, um sich auszuzeichnen und seiner neuen Aufgabe gerecht zu werden: die Hochzeit von Prince Andrew und Sophie Rhys-

Jones, der 100. Geburtstag der Queen Mother ("the grandmother-confessor-friend, the mourner/at divorces and the rest"; http://books.guardian.co.uk) oder auch traurig-tragische Anlässe wie das Gedenken an die britischen Opfer der Angriffe auf das World Trade Center am 11. September 2001 sowie der Tod von Princess Margaret und kurz darauf auch der Königinmutter – offiziell Queen Mother, meist jedoch liebevoll Queen Mum genannt. Motions Gedicht über die verstorbene Princess Margaret ist ein prägnantes Beispiel für die Aufgaben eines Poeta laureatus:

"The Younger Sister"

The luxuries, of course, and privilege –
The money, houses, holidays, the lot:
All these were real, and all these drove a wedge
Between your life and ours. And yet the thought
Of how no privilege on earth can keep
A life from suffering in love and loss –
This means we turn to you and see how deep
The current runs between yourself and us.
And now death spells it out again, and more,
As it becomes your final human act:
A daughter gone before her mother goes;
A younger sister heading on before;
A woman in possession of the fact
That love and duty speak two languages.
(*The Guardian*, 15. Februar 2002, http://www.guardian.co.uk/print/0,3858,4356525–103690,00.html)

In der traditionellen Form des Sonetts, das am 15. Februar 2002, dem Tag der Beisetzung von Princess Margaret, erschien, thematisiert Motion die Probleme der Princess, die Zeit ihres Lebens dagegen ankämpfen musste, nur die Zweite, die jüngere Schwester der Königin, zu sein: "a life from suffering in love and loss". Die Schlusszeile des Gedichts, "that love and duty speak two languages", spielt auf die Liebesaffäre zwischen Princess Margaret und Captain Peter Townsend an und gipfelt in der traurigen Erkenntnis, dass es Margaret nicht gelungen ist, private Liebe und öffentliche Pflichten zur Deckung zu bringen.

Motion betrachtet die Aufgaben eines Poeta laureatus als äußerst komplexe und interessante Herausforderung für einen Dichter, nicht etwa als Zwang, schmeichlerische und sentimentale Gedichte über die Monarchie zu verfassen. Nicht alle Dichterkollegen teilen diese Ansicht, und auch Kritiker sehen im Poeta laureatus eine unzeitgemäße Institution. Selbst so renommierte Dichter wie Motions Vorgänger Ted Hughes wurden wegen ihres Amtes als Hofdichter offen angefeindet. Trotzdem scheint die folgende Prognose nicht gewagt: Der Poeta laureatus wird in absehbarer Zeit kaum abgeschafft, höchstens wie jüngst reformiert.

Zu den herausragenden Anlässen, um die symbolische Bedeutung und *pomp and circumstance* der Monarchie zu entfalten, zählen sicherlich die Thronjubiläen, die in Großbritannien erst seit dem 19. Jahrhundert offiziell gefeiert werden. George III, 1760 an die Macht gekommen, war der erste britische Herrscher, der auf Wunsch des Volkes sein fünfzigjähriges Thronjubiläum feierte. Welch ein Glück, dass dies schon ein Jahr zu früh geschah, denn nur kurze Zeit später verfiel der König in geistige Umnachtung! In der Geschichte dieser Jubiläen nimmt vor allem Victoria einen prominenten Platz ein. 1862 lehnte sie es noch ab, ihr silbernes Thronjubiläum zu begehen, weil erst ein Jahr zuvor ihr Gemahl, Prince Albert, verstorben war. Um so prunkvoller fielen ihr Golden Jubilee (1887) und erst recht ihr Diamond Jubilee (1897) aus, ein Jubiläum, das außer Victoria bislang kein anderer Herrscher erleben durfte. Beide Jubiläen boten Anlass, Macht und Würde der Königin zu zelebrieren, darüber hinaus aber auch Glanz und Pracht des seinem Höhepunkt entgegenstrebenden Empire zu verherrlichen. Victoria beschreibt in ihrem Tagebuch ausführlich die bewegenden Tage des Golden Jubilee im Juni 1887, das ihr unauslöschlich im Gedächtnis bleiben sollte, während sie zehn Jahre später ihrem diamantenen Jubiläum nicht mit großem Enthusiasmus entgegensah – zu sehr waren ihr noch die hohen Kosten in Erinnerung, die das Golden Jubilee verursacht hatte. Trotzdem gilt Victorias diamantenes Jubiläum als eine der glanzvollsten Zeremonien der britischen Monarchie in den letzten Jahrhunderten.

Im 20. Jahrhundert war es nur zwei Herrschern vergönnt, Thronjubiläen zu feiern. George V waren zunächst die Umstände und Kosten seines silbernen Jubiläums (1935) zutiefst zuwider, da seine Untertanen schwere Zeiten hinter sich hatten. Letztlich willigte er jedoch ein, weil er dieses Jubiläum auch zum Dank an seine Untertanen nutzen wollte, die mit ihm zusammen nicht nur die Leiden des Krieges ertragen hatten, sondern nun auch die Zeit des Friedens genießen sollten. Das Silver Jubilee Elizabeths II (1977), das zweite Thronjubiläum im 20. Jahrhundert, verblasst heute unter dem Eindruck ihres triumphalen goldenen Jubiläums im Jahre 2002. Beim Silver Jubilee ging es Elizabeth vor allem um Versöhnung, Frieden und Sicherheit – hehre Allgemeinplätze in unserer oft zerstrittenen Welt –, aber diese Botschaft wurde von den Briten begeistert aufgenommen, die ihre Königin mit den üblichen Ritualen, mit Feuerwerk, Gottesdienst und vielen Festlichkeiten, feierten. Die Königin dankte es all ihren Untertanen mit einer imposanten Reise, die sie in Begleitung von Prince Philip 90000 Kilometer weit durch das Commonwealth führte.

Die zeitgenössische Reaktion auf Elizabeths Silver Jubilee, die insgesamt positiv, bisweilen sogar euphorisch ausfällt, unterstreicht die fast uneingeschränkte Akzeptanz, welche die Monarchie in den späten siebziger Jahren noch genoss. Ein Bericht im *Daily Telegraph* mit der bezeichnenden Überschrift "Pomp and Emotion in St Paul's" verdeutlicht die damalige Haltung einer breiten Öffentlichkeit:

> The climax of the Silver Jubilee celebrations came in St Paul's Cathedral yesterday with all the pomp and pageantry worthy of such an anniversary. The great premier cathedral of the land needed no decoration for the drama of the thanksgiving service which was to be performed for the benefit of the whole world. (Parry 1977: 1)

Nur gelegentlich mischten sich schon damals zwiespältige Töne in die allgemeine Begeisterung. Eine dieser Stimmen aus dem Chor der Skeptiker kam von Lord Hailsham, einem Befürworter konstitutioneller Reformen, der sein Lob für die untadelige Königin mit kritischen Anmerkungen zur Situation des Landes und einem geradezu prophetischen Ausblick auf Elizabeths goldenes Thronjubiläum verband:

> Jubilees are for rejoicing. It is, therefore, as well that there should be one, indeed two, subjects for unalloyed thankfulness for which we can express our gratitude when the celebrations begin. The first is the Queen herself, serene, sagacious, and experienced after 25 difficult years of presiding over her people's destiny. The second is the monarchy, which she has carried forward untarnished and undiminished in respect throughout her reign. [...] It will be a long struggle to repair all the mistakes of the past quarter century. But with our faces set once more in the right direction there is nothing we cannot hope to achieve before the fiftieth anniversary of the Queen's accession comes round in 2002. (Hailsham 1977:1)

Heutzutage hat die Monarchie keine wichtigen Entscheidungen mehr zu treffen, ist nicht in parteipolitische Querelen verwickelt und kann sich deshalb vornehmlich ihren nationalen, symbolischen Aufgaben widmen. Elizabeth II hat zweifellos all ihre Pflichten ohne Fehl und Tadel erfüllt. Die Königin ist in idealer Weise Garantin der Kontinuität und Hüterin der Tradition. Dank ihrer politischen Neutralität und ihrer jahrzehntelangen Erfahrung – Elizabeth bestieg nahezu zur gleichen Zeit den Thron, als Premierminister Tony Blair geboren wurde – hat sie sich national wie international hohe Achtung erworben: national bei allen Parteien und Premierministern, nicht zuletzt auch bei ihren Untertanen, und international vor allem in den Ländern des Commonwealth, das ohne die integrierende Funktion der Königin vielleicht schon längst zerbrochen wäre.

Wesentlich problematischer sieht es mit der Leitfunktion aus, die die Königliche Familie für das gesamte Volk haben sollte. Zwar ist unbestritten, dass alle Mitglieder ihren repräsentativen Pflichten nachkommen und sich einige von ihnen in vorbildlicher Weise für philanthropische und karitative Ziele engagieren; Prince Charles geht in dieser Hinsicht mit leuchtendem Beispiel voran. Um so kontroverser ist hingegen der oft aufwendige und moralisch nicht immer musterhafte Lebensstil. Nur die Königin selbst und ihre im Jahre 2002 verstorbene Mutter, wegen ihres Humors und Lebensmutes das beliebteste Mitglied der Königlichen Familie, sind als rühmliche Ausnahmen über alle Zweifel erhaben. Das kann man freilich nicht von allen Mitgliedern der Königlichen Familie behaupten, welche die Regenbogenpresse und Hochglanzmagazine mit reichlich Schlagzeilen versorgen und den hohen Unterhaltungswert der *Royalty* unter dem Motto 'Liebe, Lust und Leidenschaften' nachdrücklich bestätigen. Bei aller Liebenswürdigkeit hat der bisweilen exzentrische Gemahl der Königin, Prince Philip, seinem Namen als Meister des Fettnäpfchens wiederholt Ehre gemacht. Von größerem Schaden für die Monarchie waren jedoch Affären, Scheidungen, Intrigen und Enthüllungen, die ernste Zweifel geweckt haben, ob die Königliche Familie ihrem Vorbildcharakter überhaupt noch gerecht werden kann.

In der Vergangenheit sah dies noch anders aus. Im Jahre 1936 dankte Edward VIII aus moralischen Gründen ab, weil er unbedingt die zweimal geschiedene Mrs. Wallis Simpson heiraten wollte; und auch Elizabeths Schwester, die vom Poeta laureatus im Gedicht verewigte Princess Margaret, entsagte 1955 aus Gründen der Staatsräson einer Liebesheirat mit dem geschiedenen Captain Peter Townsend. Diese Vorbildfunktion geriet jedoch spätestens in den neunziger Jahren ins Wanken, als das Königshaus von mehreren Trennungs- und Scheidungsskandalen heimgesucht wurde. Verständlich, dass Königin Elizabeth 1992 als ihr persönliches *annus horribilis* bezeichnete, denn außer dem verheerenden Brand in Windsor war dies der Auftakt zu einer Reihe privater Turbulenzen, an deren Ende die drei gescheiterten Ehen ihrer Kinder Charles, Anne und Andrew standen. Bedenkt man außerdem das tragische Schicksal der tödlich verunglückten Lady Diana sowie den schnell aufeinander folgenden Tod von Princess Margaret und der Queen Mother, könnte man in Anlehnung an die Worte der Königin das Jahrzehnt von 1992 bis 2002 sogar als *decennium horribile* der Königlichen Familie bezeichnen, zumal auch die Kritik an der Monarchie in diesen Jahren ihren Höhepunkt erreichte. Dem Ansehen des Königshauses schadete dabei am meisten das Zerwürfnis zwischen dem Thronfolger Prince Charles und Lady Diana, die als Queen of the Hearts die Herzen vieler Briten erobert und die Distanz zwischen Monarchie und Volk schonungslos sichtbar gemacht hatte. Gelegentliche Anlässe zur Freude – die Hochzeit von Prince Edward und Princess Sophie, die Goldene Hochzeit und der 75. Geburtstag der Königin, der 100. Geburtstag von Queen Mum – übertünchten nur mühsam die Wirren im Königshaus.

Noch in den frühen achtziger Jahren, als die Popularität des Königshauses ungebrochen war, wäre eine grundsätzliche Infragestellung der Monarchie undenkbar gewesen; ja, es wurden sogar "Stimmen laut, die befürchteten, Ansehen und Charisma der Monarchie seien umgekehrt proportional zu dem der politisch Verantwortlichen so stark gestiegen, dass die Regierenden um ihre Legitimation fürchten müssten und das reibungslose Funktionieren der britischen Demokratie gefährdet sei" (Ziegesar 1993: 100). In den neunziger Jahren schien jedoch die altehrwürdige, zuvor zwar von Republikanern kritisierte, von der Mehrheit der Briten trotz aller Eskapaden geliebte Monarchie unaufhaltsam ihrem Niedergang entgegenzusteuern, so dass Robert Blackburn eine interessante, wenngleich nicht von allen geteilte Prognose wagte:

One of the greatest fallacies in contemporary British politics is the assumption of the durability of the monarchy. Its ancient history, its wealth and splendour, and the seemingly inexhaustible curiosity and affection of the British people towards the royal family, all serve to disguise the fact that the monarchy is now facing a greater crisis of accommodating social and political change than ever before. The reality is that far from resting upon a solid foundation, built up over many hundreds of years, the British Crown is a fragile institution that in many fundamental respects either contradicts or fits awkwardly into a modern democratic system of government. (Blackburn 1992b: 1)

Die Monarchie, die Großbritannien die Illusion verblichener Größe vorspiegelte, sah sich einer Reihe von Vorwürfen ausgesetzt: zu hohe Kosten, mangelnde Popularität, verfassungsmäßiger Luxus und vor allem ein Anachronismus in einer modernen Demokratie. Besonders nach Lady Dianas Tod schien die Zukunft der Monarchie unsicherer denn je, wie in einem Artikel, der einen Monat nach dem Unglücksfall erschien, deutlich wird: "The events on the streets in the aftermath of Diana's death indicate that we still have a yearning for an idea that is bigger than ourselves, a cohesive sense of belonging, but it isn't based on class or country or affection for so-called enduring institutions such as the monarchy" (Grant 1997: 7). Doch parallel zu seinem vermeintlichen Niedergang meisterte das Haus Windsor die Krise und versuchte, sich den gesellschaftlich notwendigen Veränderungen nicht länger zu entziehen. Seit 1993 zahlt das Königshaus freiwillig Steuern; ein neues Selbstbild, das sich 1997 auch in einer eigenen Website niederschlug, suggeriert größere Volksnähe und Modernität; *pomp and pageantry* paaren sich mit der Suche nach neuer Beliebtheit und Anerkennung.

Nach der unglücklichen Rolle des Königshauses in den neunziger Jahren, ob nun selbstverschuldet oder nicht, bot sich der Monarchie im Jahre 2002 eine günstige Gelegenheit, durch die Geburtstagsfeierlichkeiten und das goldene Thronjubiläum der Königin, die beide im Juni stattfanden (vgl. Abb. 20), das ramponierte Ansehen des Königshauses in der Öffentlichkeit wieder aufzupolieren. Mit diesem Jubiläum reihte sich Elizabeth in die kleine Schar illustrer Vorgänger ein, denen fünfzig Jahre und mehr auf dem Thron beschieden waren: Henry III, Edward III, James I, George III und Victoria. Gleichzeitig konnte die Königin beweisen, dass sie ihre 'Firma', wie das Königshaus despektierlich genannt wird, immer noch fest im Griff

To celebrate the Golden Jubilee and the Birthday of
Her Majesty Queen Elizabeth II
Her Britannic Majesty's Consul-General
Mr Julian Farrel
requests the pleasure of the company of
Herrn Prof. Dr. Jürgen Kamm und Begleitung
on Tuesday, 11 June 2002 from 18.00-20.00 hrs

Hilton Munich Park
(Marco Polo Saal)
Am Tucherpark 7, 80538 Munich

R. S. V. P.
(Please return the enclosed
reply card by 28 May)

THIS IS YOUR ADMISSION CARD. PLEASE BRING IT WITH YOU.

Abb. 20: Einladung zu den Feierlichkeiten aus Anlass des fünfzigjährigen Thronjubiläums und des Geburtstages der Königin.

hat. Man konnte sich bei dieser Gelegenheit an die Antrittsrede der Königin aus dem Jahre 1952 erinnert fühlen, als sie ihren Untertanen versprach: "I shall always work, as my father did throughout his reign, to uphold constitutional government and to advance the happiness and prosperity of my peoples, spread as they are all the world over" (The Queen's Accession Speech, 1952; http://www.pastornet.net.au/fwn/2002/jul/art01.html). Selbst wenn die Monarchie im 'zweiten elisabethanischen Zeitalter' einige Kratzer abbekommen hat, haben die damaligen Worte der Königin nach wie vor Gültigkeit, und gelegentlich blitzen auch Prunk und Pracht des Königtums wieder auf.

Dies war zweifellos bei Elizabeths goldenem Thronjubiläum der Fall, als eine Million Menschen die Straßen säumten und der in einer goldenen Kutsche aus dem 18. Jahrhundert vorbeifahrenden Königin zujubelten. Doch königlicher Pomp konnte angesichts der krisenhaften neunziger Jahre nur Begleiterscheinung, nicht Zentrum der Feierlichkeiten sein; Dank, Respekt und Stolz für ihre Untertanen standen deshalb im Vordergrund. Elizabeth nutzte ihr Jubiläum, um der gesamten Nation und dem Commonwealth für die Unterstützung zu danken, die ihr während ihrer langen Regierungszeit zuteil geworden war. "The Celebration of a 50-year-Reign is rightly a time for reflection on the ways in which life has changed over half a century. It also offers us the chance to take stock of where we stand today and to look to the future. The Golden Jubilee is as much for the young people in our communities as it is for the older generation" (*The Queen's Golden Jubilee. Celebrations Toolkit* 2002: 2.1). Die Königin wandte sich jedoch gerade auch an die junge Generation, auf deren Schultern die Zukunft der Gesellschaft – aber auch die der Monarchie – ruht: "Celebrating the achievements of our youth and the Commonwealth and looking ahead to the contribution of youth to our society, is an important aspect of the Golden Jubilee" (*The Queen's Golden Jubilee. Celebrations Toolkit* 2002: 2.1). In diesen Zusammenhang scheinen auch die beiden kostenlosen, öffentlichen Konzerte in den Gärten des Buckingham Palace zu passen, zu denen mehr als 24000 Menschen erschienen.

Des weiteren sollte ein umfangreiches Programm von Feierlichkeiten anlässlich des Jubiläums, "The London String of Pearls", dazu beitragen, der Öffentlichkeit die gesellschaftliche Rolle der britischen Institutionen näher zu bringen:

Many of the cornerstones of our society – such as democracy, justice, faith, education, science, culture, medicine, environment, defence, commonwealth and the monarchy – are embodied in buildings and organisations which lie along the Thames like a 'string of pearls'. (*The London String of Pearls Festival Programme* 2002: 3; www.stringofpearls.org.uk)

Elizabeths goldenes Thronjubiläum, mit dem traditionellen Dankgottesdienst in der St Paul's Cathedral am 4. Juni als einem weiteren Höhepunkt, verankerte zweifellos die Monarchie wieder stärker im öffentlichen Leben, betonte ihre symbolische Bedeutung und versuchte damit, der ohnehin abflauenden Kritik an der Monarchie den letzten Wind aus den Segeln zu nehmen.

Die Königliche Familie als Ensemble von Überlebenskünstlern – anpassungsfähig, populär, zukunftsorientiert. Gegenwärtig sind die kritischen Stimmen zwar nicht völlig verstummt, aber die Gratwanderung der Monarchie zwischen Tradition und Reform, zwischen Stabilität und Dynamik, zwischen Ablehnung und Akzeptanz scheint von Erfolg gekrönt.

The monarchy remains an important institution in British political life. The monarchy's transition from directing the affairs of state to a neutral non-executive role has been a gradual and not always smooth one, but a move necessary to justify the monarch's continuing existence.

Transcending partisan activity is a necessary condition for fulfilling the monarch's symbolic ('standing for') role and hence a necessary condition for the strength and continuity of the monarchy. The dedication of the present monarch has served to sustain popular support for the institution. That support dropped in the 1990s, criticism of the activities of members of the royal family rubbing off on the institution of monarchy itself. Popular support for the institution remains and has seen some increase since the nadir of the early 1990s. Most people when questioned want to see some change, favouring the monarchy and royal family being more open and approachable. The royal family appears to be taking steps in that direction. (Bill Jones *et al.* 2001: 336–337)

Von Ziegesar hat mit seiner 1993 aufgestellten Prognose Recht behalten: "Durch ihre Überlebenskunst wußte sie [die Monarchie] sich schon immer – wenn auch mit etwas Verspätung – an den Zeitgeist anzupassen. Auch das Haus Windsor wird alles dransetzen, die Volksgunst zurückzugewinnen" (Ziegesar 1993: 185). Noch haben Mythos und Magie der britischen Monarchie Bestand, aber in Zukunft wird sie nicht allein an ihrer Magie gemessen werden, sondern zunehmend an ihrem praktischen Wert; nicht nur an ihrer visuellen und verbalen Allgegenwart, sondern auch an ihrem Handeln:

It is in this direction, in the practical employment of its symbolic influence, that the monarchy will find its future. The two elements – the symbolic and the practical – need to be more closely intertwined. The symbolic position of the monarchy, its mystique and its magic, are no longer sufficient, by themselves, to sustain it in the questioning world of today. The practical aspect, however, is only possible because of the monarchy's symbolic role. [...] Thus, while in the past, monarchy could content itself with being seen, today it needs not only to be *seen*; it has also to *do*. (Bogdanor 1995: 308–309)

Facts and figures from the current reign

- the Queen is the fifth longest serving British monarch, only Victoria, George III, Henry III and Edward III have reigned for 50 years or more;
- she is the 40th monarch since William the Conqueror ruled England;
- she has conferred over 380,000 honours and awards, personally held more than 450 investitures and received around 3 million items of correspondence;
- over the course of the reign, well over 1 million people have attended garden parties at Buckingham Palace in London or the Palace of Holyroodhouse in Edinburgh;
- she has given Royal Assent to more than 3,100 Acts of Parliament;
- in 50 years the Queen has undertaken 251 official visits to 128 different countries ranging in size from the Cocos Islands (area 14 sq km, population 655) to the People's Republic of China (area 9.6 million sq km, population 1.25 billion). By the end of 2002 she will have visited Canada 20 times, Australia 14 times, New Zealand ten times and Jamaica six times;
- she has sent almost 100,000 telegrams to people aged 100 and more than 280,000 telegrams to couples celebrating their 60th wedding anniversaries in the UK and the Commonwealth;
- she has given 88 State banquets and launched 17 ships (including the *Queen Elizabeth 2* in September 1967); and
- she has sat for over 120 portraits during her reign, the most recent being painted in 2001 by Lucian Freud. (Office for National Statistics 2002: 41)

4.3 Das Erbe der Nation: Gärten, Schlösser und Kathedralen

Das aus Geschichte und Tradition bestehende Fundament Großbritanniens spiegelt sich in seiner ideellen wie materiellen Kultur wider, in Institutionen und Konzeptionen, aber auch in Gärten, Schlössern und Kathedralen. Dabei fügen sich ideelle und materielle Kultur des öfteren zu einer Einheit zusammen: Die Monarchie repräsentiert sich durch Schlösser und Paläste; die Kirche durch Kathedralen; beide sind nicht nur Manifestationen menschlicher Leistungsfähigkeit und Kreativität, sondern untrennbar mit historischen Entwicklungen verbunden. Des weiteren sind Gärten, wie etwa der englische Landschaftsgarten, Spiegelbilder von Ideen und Epochen; Gärten und Schlösser wiederum gehen häufig auf historische Ereignisse zurück und bilden eine landschaftliche und architektonische Einheit.

Der Bewahrung dieses nationalen Erbes widmet sich in Großbritannien vor allem der National Trust for Places of Historic Interest or Natural Beauty. Diese 1895 gegründete Organisation mit inzwischen fast 2,9 Millionen Mitgliedern genießt in der Öffentlichkeit hohes Ansehen und hat als gemeinnützige Stiftung die Aufgabe, Stätten von historischer Bedeutung, außergewöhnliche Monumente und Landstriche von natürlicher Schönheit in England, Wales und Nordirland vor dem Verfall zu bewahren (Schottland hat seit 1931 einen eigenen National Trust). "Perhaps only a country with a social and political history as diverse as Britain's could have produced the Trust. It was a child of the Romantic Movement, with aesthetic judgements and moral purposes shaped by Coleridge and Wordsworth, Maurice and Ruskin" (Waterson 1994: 272).

Die über 100-jährige Geschichte des National Trust, als Treuhänder inzwischen einer der größten Grundeigentümer, ist eine einzigartige Geschichte des Erfolgs. Der National Trust ist verantwortlich für Parkanlagen, Kanäle, Schlösser, Landhäuser, Kirchen, Wind- und Wassermühlen, darunter 200 historische Bauten, 160 Gärten, 40000 alte Monumente und archäologische Überreste sowie 46 Dörfer. Auch ist ein Großteil des landschaftlich attraktiven Küstenstreifens der Öffentlichkeit zugänglich gemacht worden und damit von einer unkontrollierten Bebauung verschont geblieben. Etwa 2,6 Millionen Besucher pro Jahr dokumentieren die Bedeutung des National Trust, der nach der Devise 'pay for entry' die von ihm betreuten Stätten gegen Entgelt der Öffentlichkeit zur Besichtigung oder auch zur Benutzung zur Verfügung stellt.

Wie der National Trust verweisen auch die unter Naturschutz stehenden Nationalparks schon im Namen auf die nationale Bedeutung dieser Gebiete hinsichtlich ihrer landschaftlichen Schönheit und ihres Erholungswertes; die Zahl von etwa 100 Millionen Besuchern pro Jahr belegt dies nachdrücklich. Der Name Nationalpark ist allerdings insofern irreführend, als sich diese Gebiete keineswegs im National-, sondern im Privatbesitz befinden und im Gegensatz zu deutschen Nationalparks auch landwirtschaftlich voll genutzt werden. Die Idee der Nationalparks geht auf öffentliche Diskussionen in den 1930er Jahren zurück, die sich dann im National Parks and Access to the Countryside Act von 1949 niederschlugen und 1951 zur Gründung der ersten beiden Nationalparks im Lake District und Peak District führten, landschaftlich und touristisch höchst reizvollen Gegenden. Inzwischen verfügen England und Wales über gut ein Dutzend Nationalparks, die jeweils von einer eigenen National Park Authority verwaltet werden und von denen sich zwei, der New Forest und die South Downs, noch im Stadium der Entwicklung befinden. Schottland, das erst im Jahre 2000 ein entsprechendes Gesetz verabschiedete, musste gar bis 2002 auf seinen ersten Nationalpark, Loch Lomond and the Trossachs, warten. Zu den Nationalparks gesellen sich noch eine Vielzahl von Naturschutzgebieten, Areas of Outstanding Natural Beauties (AONB); das Tamar Valley in Cornwall ist 1995 als bislang letztes dieser Gebiete neu hinzugekommen.

Schönheit und Charme der Natur können auch im Bild des Gartens mit seinen mythischen oder historischen Anklängen zum Ausdruck kommen. Der schon zuvor zitierte John of Gaunt aus Shakespeares *Richard II* sieht in England ein Abbild des Gartens Eden, das "demi-paradise" (vgl. Kap. 3); und im 3. Akt desselben Dramas vergleicht die chorische Figur des Gärtners in Form einer politischen Allegorie das Gemeinwesen England mit einem Garten, den es zu hegen und zu pflegen gilt. Selbst wenn es sich um mächtige Adelige handelt, müssen daher Rebellen und Aufrührer wie Unkraut vernichtet werden, damit der Garten England blühen und gedeihen kann.

Das Bild des Gartens hat sich von der Vergangenheit bis in die Gegenwart erhalten. Die Grafschaft Kent verdankt ihren malerischen Obstgärten und Hopfenfeldern den Beinamen 'Garden of England'; und die Idee der *garden city*, einer Stadt mit sorgfältig geplanten Parkanlagen und einem *green belt*, wurde 1903 zum ersten Mal im nördlich von London gelegenen Letchworth verwirklicht. Zu dem von Napoleon geprägten Stereotyp, England sei ein Volk von Krämern (*a nation of shopkeepers*), könnte sich als weiteres Stereotyp gesellen, England sei auch ein Volk von Gärtnern: "'Garteln' gilt seit über 200 Jahren als eine der großen Freizeitbeschäftigungen der Engländer. 11 Millionen Hobby-Gärtner geben jährlich weit über 400 Mio. DM für Samen, Pflanzen, Gartengeräte aus" (Fischer & Burwell 1995: 103). Eine Vielzahl von *gardening societies*, darunter auch eine mit königlichem Namen (*Royal Horticultural Society*), scheinen das Bild von den 'gartelnden' Briten zu bestätigen.

Das beste Beispiel für Großbritanniens gärtnerische Ambitionen ist jedoch der englische Landschaftsgarten (*English garden*), dessen Idealbild im

Der Garten England

Go thou, and like an executioner
Cut off the heads of too fast growing sprays,
That look to lofty in our commonwealth:
All must be even in our government.
You thus employed, I will go root away
The noisome weeds which without profit suck
The soil's fertility from wholesome flowers.
[...] O what pity is it
That he [the king] had not so trimm'd and dress'd his land
As we this garden! We at time of year
Do wound the bark, the skin of our fruit-tress,
Lest, being over-proud in sap and blood,
With too much riches it confound itself;
Had he done so to great and growing men,
They might have liv'd to bear, and he to taste
Their fruits of duty. Superfluous branches
We lop away, that bearing boughs may live;
Had he done so, himself had borne the crown,
Which waste of idle hours hath quite thrown down.
(Shakespeare, *Richard II*, III.iv.33–66)

18. Jahrhundert entstand und der auf dem Kontinent viele Nachahmer fand, z.B. in dem bekannten Englischen Garten in München. Dieser Gartentyp war eine Absage an allzu künstliche Gartenkonstruktionen und sollte trotz aller Planung den Eindruck von Natürlichkeit erwecken. Klassizismus und Romantik, Regelhaftigkeit und Freiheit, vereinten sich zu einem neuen Ideal, das z.B. im Garten des berühmten englischen Dichters Alexander Pope in Twickenham idealtypischen Ausdruck fand.

Allerdings basiert der Englische Garten nicht nur auf einer neuen kulturellen Ästhetik, sondern hat tiefwurzelnde politische und soziale Ursachen. Die Abkehr vom steifen, geometrischen Barockgarten und die Entdeckung der Landschaft sind Teil eines weit reichenden Entwicklungsprozesses, der an der Schwelle vom 17. zum 18. Jahrhundert einsetzt.

Verständlich wird dieser Prozeß allerdings erst, wenn man ihn im Kontext der Faktoren betrachtet, die das englische Weltbild jener Zeit bestimmten und damit die notwendigen Voraussetzungen und Bedingungen für die Entdeckung der Landschaft bildeten. Diese Faktoren lassen sich drei Hauptbereichen zuordnen: zunächst den aufgrund der "Glorreichen Revolution" von 1688/89 stattfindenden politischen, ökonomischen und sozialen Veränderungen und dem darauf gründenden politisch-kulturellen Mythos; des weiteren der spezifisch englischen, empirischen Tradition der Naturwissenschaften und den damit in Zusammenhang stehenden Formen der "natürlichen Religion"; schließlich dem Bemühen um einen kulturellen Neubeginn, der England entsprechend seiner neugewonnenen politisch-sozialen Vormachtstellung eine ebensolche auf künstlerischem Gebiet durch die Schaffung einer nationalen Kunst bescheren sollte. (Hammerschmidt & Wilke 1990: 9)

An den im äußersten Westen Wiltshires an den Quellen des Flusses Stour gelegenen Stourhead Gardens lassen sich typische Merkmale des Englischen Gartens exemplarisch demonstrieren. Die unter dem Schutz des National Trust stehenden Stourhead Gardens sind ein bemerkenswertes Beispiel für den englischen Landschaftsstil im 18. Jahrhundert, der in einer eindrucksvollen Synthese neoklassizistische Elemente mit einer genuin britischen Tradition verbindet. Im frühen 18. Jahrhundert erwarb der Bankier Henry Hoare I den Landsitz von der Familie Stourton, doch es blieb seinem Sohn Henry Hoare II überlassen, nach dem Tod seines Vaters in Zusammenarbeit mit dem Architekten Henry Flitcroft Stourhead Gardens zwischen 1741 und 1780 sein unverwechselbares Aussehen zu geben. Stourhead besticht durch die Einheit von Natur und Kunst, durch den Rückbezug zur klassischen Antike und zugleich durch seine neopalladianische Architektur, durch sein pittoreskes Ensemble von Tempeln, Landsitz, See, gewölbter Steinbrücke, Parkanlagen mit exotischen Pflanzen und einem Obelisken. Um den in die Hügellandschaft eingebetteten See gruppieren sich in lockerer Folge die Tempel der Flora und des Apollo, das Pantheon und eine Grotte. Im Laufe der Jahrzehnte entstand so aus ursprünglich disparaten Elementen eine neue Einheit, "ein System von Blickachsen über den See, das die einzelnen Elemente in ein Geflecht von teils sich ergänzenden, teils kontrastierenden Beziehungen setzte" (Hammerschmidt & Wilke 1990: 75).

Die bewusste Hinwendung zur britischen Vergangenheit wird vor allem nach 1765 erkennbar, offensichtlich im Zusammenhang mit der Thronbesteigung Georges III im Jahre 1760, eines wahrhaft britischen Königs, dem der Tory Hoare huldigen wollte. Ein mittelalterliches Hochkreuz und die gotische St Peter's Pump, beide ursprünglich aus der Stadt Bristol stammend, ein rustikales Cottage, vor allem aber der auf einem zwei Kilometer entfernten Hügel gebaute, fast 50 Meter hohe Alfred's Tower riefen Erinnerungen an die britische Tradition und Geschichte wach. Der Bau dieses Turms signalisierte beispielsweise eine Verbindung zwischen König Alfreds triumphalen Schlachten gegen die Dänen im 9. Jahrhundert und Georges III siegreicher Beendigung des Siebenjährigen Krieges im Jahre 1763.

Als weiteres Charakteristikum von Stourhead Gardens ist die Mitte des 18. Jahrhunderts in England dominante Ästhetik des Erhabenen zu nennen. Die 1766 erbauten Kaskaden, deren Wasser aus großer Höhe über einen Felsen in den See stürzt, sind ebenso ein ästhetisches Merkmal des Erhabenen wie die imposante Architektur von Alfred's Tower, die Hoare in einem seiner Briefe treffend beschreibt: "[...] die Sonne ging [...] in einem tiefen

Karmesinrot unter, und wir sahen vom Salon aus den Turm, wie er sich dann mit der Majestät ehrfurchtgebietender Finsternis erhob, und er erschien doppelt so hoch, als er tatsächlich ist" (zitiert bei Hammerschmidt & Wilke 1990: 78).

Nationales Erbe und touristische Erschließung fordern freilich auch ihren Preis, wie man gleichfalls am Beispiel von Stourhead Gardens sehen kann. Der Eintritt für Garten und Landsitz betrug im Jahre 2003 £ 8.90, wobei für Alfred's Tower noch einmal zusätzlich £ 1.85 zu entrichten waren. Für die Besichtigung der Gesamtanlagen belief sich selbst der Sonderpreis für eine Familie auf immerhin mehr als £ 25.

Castles und *palaces*, der zweite Bereich des Erbes der Nation, haben ihren Ursprung in der mittelalterlichen Feudalstruktur. *Palace* als Residenz eines Herrschers, Erzbischofs oder Bischofs nimmt einen höheren Rang ein als *castle*, das grundsätzlich jede Befestigung zum Zwecke der Herrschaft bezeichnen kann, "forming the seat of a lord who commanded the surrounding territory" (Pettifer 1995: xiii). Windsor Castle ist im Übrigen die einzige königliche Burg in England, die sich im Laufe der Zeit den Status eines *palace* erworben hat. Beiden Begriffen gemeinsam ist der Verweis auf britische Geschichte, Institutionen und Macht seit dem Mittelalter.

> If the Middle Ages were anything, they were a time in our past when the men who controlled so much of the land, also controlled so much of the government and society directly. Nothing symbolizes this lordship better than the castles which they built, not only to live in, but also to control their estates, and the country. (McNeill 1996: 10)

Im britischen Denken nimmt der Begriff *castle* eine wichtige Stellung ein. Selbst jeder des Englischen auch nur einigermaßen mächtige Deutsche hat irgendwann einmal das Sprichwort gelernt 'My home is my castle', oft ohne genau zu wissen, was sich dahinter verbirgt. Es symbolisiert die Unantastbarkeit des Privatbesitzes, die Edward Coke, jener viel zitierte Chief Justice des 17. Jahrhunderts, 'sprichwörtlich' verteidigt:

> The great jurist Sir Edward Coke, in one of his volumes of interpretation of the common law, argued from the case of a certain Semayne that 'a man's house is his castle, *et domus sua cuique est tutissimum refugium*; for where shall a man be safe, if it be not in his own home?' Ever since, in the popular adage, an Englishman's home has been his castle. (Gascoigne & Gascoigne 1992: 31)

Außerdem hat *castle* auch Eingang in den literarischen Diskurs gefunden, vor allem als Schauplatz im Schauerroman des 18. Jahrhunderts, worauf schon der Titel von Horace Walpoles *The Castle of Otranto* (1764) verweist. Die Burg wird hier zum Schauplatz mysteriöser, irrationaler Mächte, die in das Leben des Menschen einbrechen und sich einer vernunftgemäßen Deutung, wie sie die Tradition der englischen Aufklärung nahe gelegt hätte, entziehen.

Historisch ist der Bau von Burgen eng verknüpft mit der Normannischen Eroberung und dem Ausbau der normannischen Herrschaft. Nach der Schlacht von Hastings errichtete William the Conqueror aus Sicherheitsgründen ein dichtes Netz von Burgen, die zum Symbol normannischer Unterdrückung wurden. In den folgenden Jahrhunderten spielten Burgen eine wichtige Rolle in den mittelalterlichen Feudalkämpfen. So ließ Henry I seine ursprünglich hölzernen Burgen durch Steinbauten ersetzen, um die Barone in Schach zu halten. Unter Edward I, der Wales eroberte und dort gewaltige Burgen zur Absicherung errichten ließ, erreichte der Burgenbau seine Blütezeit. Mit dem Aufkommen der Artillerie verloren Burgen jedoch an Bedeutung und erlebten unter den letzten Tudors ihren Niedergang. Sie wurden zwar im Bürgerkrieg unter Charles I kurzfristig wieder belebt, doch mit der Restauration wurde die Schutzfunktion der Burgen überflüssig, und es begann ihr langsamer, obschon unaufhaltsamer Prozess des Verfalls. Die Mauern wurden geschliffen, die Baukörper nach dem Geschmack der Aufklärung umgestaltet, und der Verlust ihrer eigentlichen Funktion zeigt sich auch an den zahlreichen Burgen-Imitationen im 18. und 19. Jahrhundert.

Englische Burgen waren im Mittelalter auch Statussymbole und spiegelten sogar kulturelle Werte ihrer Zeit wider: "Fourteenth-century castles also reflect the chivalrous aspirations of the aristocracy at a time when knightly virtues were highly valued, if not always practised" (Pettifer 1995: xviii). So wollte Edward III die Tafelrunde des Königs Artus in neuer Gestalt erstehen lassen und Windsor Castle zum Hof seiner Tafelritter machen. Das Ergebnis war der 1348 gegründete und auch heute noch von der Königin verliehene Hosenbandorden (*Order of the Garter*).

Palaces als Ausdruck institutioneller Macht finden sich vermehrt in der britischen Geschichte der Neuzeit. Der 1834 nach einem Brand wieder aufgebaute Palace of Westminster, Sitz des Parlaments, ist hier ebenso zu nennen wie viele andere, für die Blenheim Palace in der Nähe von Oxford beispielhaft erwähnt sein soll. Das Schloss geht auf eine Schenkung Königin Annes zurück, die John Churchill, den ersten Duke of Marlborough, für seine Verdienste im Spanischen Erbfolgekrieg belohnen wollte. In Erinnerung an seinen glänzenden Sieg in der Schlacht von Blenheim (1704) machte der Herzog das neue Schloss zu einer Ikone des Sieges und nannte es Blenheim Palace. Auch hier bestätigt sich die These der Einheit von Architektur und Landschaft, denn das Schloss und die Parkanlagen, die wiederum in der Tradition des englischen Landschaftsgartens stehen, fügen sich zu einem geschlossenen Bild zusammen. Dieses Ambiente veranlasste im Übrigen Kenneth Branagh, in seiner *Hamlet*-Verfilmung die schneebedeckten Anlagen von Blenheim Palace als Schauplatz für Elsinor Castle zu verwenden.

Die Beziehung zwischen Schlössern und Institutionen zeigt sich besonders deutlich an der Monarchie, deren Stellung sich immer noch in *castles* und *palaces* manifestiert. Das von William the Conqueror um 1070 als Festung erbaute Windsor Castle, seit vielen Jahrhunderten Stammsitz der Königlichen Familie, ist der älteste dieser Paläste, und vom 12. bis 19. Jahrhundert haben viele Monarchen zum glanzvollen Ausbau dieser königlichen Residenz beigetragen. Henry II begann 1165 mit umfangreichen Umbauten, und Edward IV ließ ab 1472 die berühmte St George's Chapel errichten, eine der größten Leistungen im spätgotischen Stil. Diese Kapelle dient wie die Westminster Abbey als königliches Mausoleum und alljährlich als feierlicher Schauplatz für die Verleihung des Hosenbandordens. Schließlich – um ein letztes Beispiel zu nennen – war es George IV, der in den 1820er Jahren mit einer umfassenden Modernisierung den Bestand des Schlosses auf lange Zeit zu sichern begann. Heute gilt Windsor Castle, das wegen seiner geringen Entfernung von London aus für die Königin leicht zu erreichen ist, als größter bewohnter Landsitz auf der Welt und beherbergt viele, zum Teil auch der Öffentlichkeit zugängliche Schätze, unter anderem wertvolle Gemälde, Möbel und Porzellan. Elizabeth II verbindet allerdings auch unangenehme Erinnerungen mit Windsor Castle, denn im berüchtigten *annus horribilis*, 1992, wütete dort ein Großfeuer, das riesige Schäden anrichtete.

Den Großteil ihrer Zeit verbringt die Königin allerdings im 1703 vom Duke of Buckingham erbauten Buckingham Palace, der der Monarchie seit Victoria als Residenz in London dient und wie ein Magnet Touristen aus aller Welt anzieht, nicht zuletzt wegen der täglich wiederkehrenden Wachablösung der Königlichen Garde (*Changing of the Guard*). Zudem sind inzwischen in den Sommermonaten, wenn die Königin Schottland besucht, die öffentlichen Empfangsräume (*state rooms*) des Buckingham Palace für die Öffentlichkeit zugänglich; selbstverständlich für ein stattliches Entgelt von £ 12 – so der Preis im Jahre 2003. In Hoch- und Krisenzeiten dient Buckingham Palace jedoch auch als einigendes Band zwischen Monarchie und Volk. Nachdem Winston Churchill mit seiner berühmten Rede "Victory in Europe" offiziell das Ende des Zweiten Weltkriegs verkündet hatte, erschien der Premierminister zusammen mit der Königlichen Familie auf dem Balkon des Buckingham Palace – bislang der letzte Politiker, dem dies vergönnt war.

Als Symbole der Monarchie im Vereinigten Königreich fungieren auch die beiden in Schottland gelegenen Schlösser Holyroodhouse und Balmoral Castle. Der im frühen 16. Jahrhundert erbaute Palace of Holyroodhouse in der Nähe des Edinburgh Castle – und seit kurzem in noch größerer Nähe zum Neubau des schottischen Parlaments – geht auf die mittelalterliche Holyrood Abbey zurück, deren Ruinen noch heute in der Nachbarschaft zu besichtigen sind. Holyroodhouse, schon als Ort der *royal garden parties* erwähnt, ist die offizielle Residenz der Monarchin bei ihren Besuchen in Schottland.

Den Reigen an Königsschlössern beschließt Balmoral Castle, das als Musterbeispiel des schottischen *Baronial Style* gilt, eines Barockstils, der sich vor allem in den Adelshäusern des 16. und 17. Jahrhunderts findet. Seit der Herrschaft Victorias ist Balmoral die traditionelle Sommerresidenz der Königlichen Familie. Die Bilder von Prince Charles, der sich mit seiner Familie in den Ferien gerne dort im Kilt präsentiert, sind nur allzu bekannt. Das im Nordosten Schottlands gelegene Schloss hatte es Victoria schon bei ihrem ersten Besuch angetan: "a pretty little castle in the old Scotch style" (Gascoigne & Gascoigne 1992: 166); Albert, ihr Prinzgemahl, erwarb daraufhin das Schloss im Jahre 1852 für £ 31,000 und ließ es architektonisch mit großem Aufwand renovieren. Auch Elizabeth II stimmt mit ihrer Vorgängerin überein, doch ihre Liebe zu Balmoral wird nicht von allen gleichermaßen geteilt. Kritiker beklagen vor allem Balmorals schwerfällige Proportionen und seinen antiquierten Charakter: "For it [Balmoral], and its many imitations, seemed to sum up the spirit and aspirations of those who refuse, even today, to believe that the age of the castle is entirely dead, and who still try to prolong it into an alien and mundane epoch" (Johnson 1989: 199).

Zum Erbe der Nation gehören nicht zuletzt die englischen Kathedralen und Abteien, von denen die meisten, wie die Burgen, schon aus dem Mittelalter stammen und zu Großbritanniens bedeutendsten kulturellen Leistungen zählen. Auch in diesem Fall besteht ein enger Zusammenhang zwischen Geschichte, Tradition und materieller Kultur, denn mit der Normannischen Eroberung wurde vom Kontinent zunächst der romanische Baustil importiert, wie man ihn in Ely, Durham oder Norwich antreffen kann. Im folgenden Zeitalter der englischen Kathedralen zeichneten sich diese jedoch durch ihre Eigenständigkeit und Originalität aus. Ihre klösterliche Konzeption wirkte sich selbst auf nicht-klösterliche Kathedralen wie Salisbury aus, eine Kathedrale, die zwar den größten Kreuzgang Englands hat, allerdings ohne jede klösterliche Funktion. Englische Kathedralen sind auch nicht so hoch wie ihre französischen Pendants, dafür aber erheblich länger, und statt des monumentalen Innenraums legen sie mehr Wert auf die Vielfalt räumlicher Wirkungen. Der vielleicht entscheidendste Unterschied liegt freilich in der Absage an die Geschlossenheit der französischen Konzeption und in der erstaunlichen Fähigkeit, sich erweitern zu lassen.

> Das gilt für die ganze Gotik. Während die logischen, kohärenten Bauformen Frankreichs und die teilweise klassizistischen italienischen Formen sich wenig für Hinzufügungen eignen, beruht der Zauber englischer Kathedralen, deren Bauart weitgehend auf dem additiven Prinzip beruht, gerade auf ihrer in einzelne Elemente zerfallenden Formlosigkeit und auf der Gegenüberstellung verschiedenartiger Stile und Stilperioden. (Swaan 1984: 173)

Am Beispiel von Canterbury Cathedral (vgl. Abb. 21) lassen sich die Bedeutung von Geschichte und Tradition wiederum anschaulich darstellen. Der Ursprung der Kathedrale geht auf den heiligen Augustinus zurück, der nach seiner Ankunft in Kent im Jahre 597 zum ersten Erzbischof von Canterbury aufstieg und auch die erste Kathedrale errichtete. Nach der Normannischen Eroberung wurde jedoch die Kathedrale von Erzbischof Lanfranc im romanischen Stil neu erbaut (ab 1070) und erlebte in den folgenden Jahrhunderten einige Veränderungen. Bemerkenswert ist dabei der von dem französischen Baumeister Guillaume de Sens durchgeführte Wiederaufbau nach einem verheerenden Brand im 12. Jahrhundert. Guillaume de Sens, ein Meister seines Fachs, ließ die Steine mit riesigem technischem Aufwand aus der Normandie herbeischaffen und folgte in seiner Konzeption Tendenzen der französischen Gotik. Typisch für englische Kathedralen ist allerdings das Bestreben, nicht die Einheit der Konzeption zu betonen, sondern möglichst viele Elemente der Vergangenheit zu bewahren und Geschlossenheit durch Vielfalt zu ersetzen. So blieben beispielsweise die beiden normannischen Kapellen erhalten, obwohl sie sich nicht recht in den neuen Entwurf einfügten. Elemente unterschiedlicher Stile und Epochen stehen deshalb nebeneinander, so dass Mannigfaltigkeit den Mangel an Einheitlichkeit kompensiert. Erst an der Wende vom 15. zum 16. Jahrhundert, zur Hoch-Zeit des *Perpendicular Style*, wurde die Kathedrale, eine der größten in Großbritannien, vollendet.

Canterbury Cathedral verdankt ihre Bedeutung neben der ihr eigenen Architektur vor allem einer Reihe bedeutender historischer Figuren, von denen neben Augustinus zwei herausragen: Erzbischof Thomas Cranmer, der die ersten beiden Prayer Books zusammenstellte und die Liturgie der Anglikanischen Kirche maßgeblich schuf; dann vor allem Thomas Becket, der die Rechte der Kirche gegen die Übergriffe der Monarchie unter Henry II verteidigte und dafür 1170 mit dem Leben bezahlen musste. Seine Ermordung, die Henry II mit einem Bußgang durch Canterbury und anschließender Geißelung an Beckets Grab zu sühnen suchte, und dessen Heiligsprechung 1173 wurden zu einem historischen Fixpunkt des Mittelalters. Bis zur Reformation war Becket englischer Nationalheiliger, und die Pilgerfahrten zu seinem Schrein in Canterbury, um den Segen des Märtyrers zu erbitten, zählten mit zu den bedeutendsten Wallfahrten Europas. Unter Henry VIII wurden Beckets Schrein zerstört und das Kloster aufgelöst. Erst nach der Restauration wurden alle Schäden, auch die in der Puritanischen Revolution entstandenen, beseitigt und die Kathedrale renoviert.

Canterbury Cathedral und Thomas Becket spielen deshalb im nationalen Bewusstsein bis heute eine zentrale Rolle. Geoffrey Chaucer verdankt seinen literarischen Ruhm vor allem den Ende des 14. Jahrhunderts entstan-

Abb. 21: Die Kathedrale von Canterbury. Ihre Ursprünge gehen auf das frühe Mittelalter zurück, doch wurde die Kathedrale anschließend mehrfach umgebaut, so dass sie die gesamte architektonische Entwicklung des 11.–15. Jahrhunderts, einschließlich des spätgotischen Stils (*Perpendicular Style*), widerspiegelt.

denen *Canterbury Tales*, in denen er anhand einer Pilgerfahrt zum Grab Thomas Beckets ein Bild der damaligen englischen Gesellschaft entwarf. Auch in späteren Jahrhunderten griffen britische Schriftsteller gerne auf Canterbury und Becket zurück: Richard Harris Barham in seinen im frühen 19. Jahrhundert erschienenen *Ingoldsby Legends*, Lord Tennyson in seinem

Drama *Becket* (1884) oder als wohl bekanntestes Werk T. S. Eliots *Murder in the Cathedral*, das aus Anlass des Canterbury Festival am 10. Mai 1935 in der Kathedrale uraufgeführt wurde. Dass selbst am Ende des 20. Jahrhunderts die Canterbury Cathedral nichts von ihrer historischen Faszination eingebüsst hat, zeigt sich an Graham Swifts Roman *Last Orders* (1996), wenn die Kathedrale als Ehrfurcht gebietender Hort von Tradition und Geschichte auf die handelnden Figuren einwirkt:

> We turn another corner and there's an old arch and we go through it and suddenly there's nothing in front of us except the cathedral itself, and a few bits of chained-off lawn and cobbles and people walking. It's a big building, long and tall, but it's like it hasn't stretched up yet to its full height, it's still growing. It makes the cathedral at Rochester look like any old church and it makes you feel sort of cheap and titchy. Like it's looking down at you, saying, I'm Canterbury Cathedral, who the hell are you? (Swift 1996: 194)

Auch bei den Kathedralen und Abteien ist die enge Bindung an Institutionen, an Religion, Monarchie und Nation, unübersehbar. Sie dienten als religiöse Zentren, als Festungen und Zufluchtsstätten in Kriegszeiten, aber auch als Statussymbole, die Reichtum und Macht ihrer Region widerspiegelten. Besonders ins Auge fällt die Beziehung zwischen der Monarchie und Westminster Abbey, einer Abteikirche, die nie in den Rang einer Kathedrale erhoben wurde, aber praktisch alle Kathedralen an historischer Bedeutung übertrifft. Seit dem 11. Jahrhundert, angefangen mit William the Conqueror, wurden fast alle Herrscher in Westminster Abbey gekrönt und etliche von ihnen dort auch beigesetzt, wie im Übrigen viele berühmte britische Staatsmänner und Dichter. In der legendären *Poets' Corner* finden sich die Gräber hervorragender Poeten vom Mittelalter bis zum 20. Jahrhundert, darunter Chaucer, Spenser, Dryden, Dickens, Tennyson und Kipling. Daneben ist Westminster Abbey auch heute noch eine Kirche, in der große nationale Ereignisse gefeiert werden. In der jüngsten Vergangenheit ist sicherlich den meisten Briten der Gedenkgottesdienst für die 1997 tödlich verunglückte Lady Diana mit dem Auftritt Elton Johns und dem auf Lady Diana umgedichteten Song *Candle in the Wind* im Gedächtnis geblieben.

Im Zusammenhang von Kathedrale und Nation darf natürlich auch St Paul's Cathedral nicht fehlen, die nach Westminster Abbey wohl berühmteste Kirche Londons. Zwar ist sie jüngeren Datums und wurde erst nach dem *Great Fire* von 1666 in ihrer heutigen Form wieder aufgebaut, doch kann sie sich gleichfalls rühmen, die Gräber prominenter Staatsmänner wie Lord Nelsons und des Duke of Wellington zu beherbergen. Für die jüngste Entwicklung Großbritanniens aufschlussreich ist wiederum die Beziehung zwischen Nation, Monarchie und Kathedrale. Dass sich Prince Charles und Lady Diana 1981 nicht in Westminster Abbey, sondern in St Paul's trauen ließen, kann symbolisch als Bemühen um größere Volksnähe gedeutet werden. Eine ähnliche Tendenz zeigte sich schon 1968. Damals fand in St Paul's ein Festival of Youth statt, bei dem die Sängerin Mary Hopkin einem riesigen Publikum, das nur von dem bei Winston Churchills Beisetzung übertroffen wurde, das Lied *The Joys of Love* präsentierte. Die enge Beziehung zu Monarchie und Nation kommt auch in den zahlreichen Dankgottesdiensten zum Ausdruck, wie sie unter anderem anlässlich des 25. und 50. Thronjubiläums von Elizabeth II in St Paul's abgehalten wurden.

4.4 Der Barde: Stratford-upon-Avon und die Shakespeare-Industrie

Leben und Werk

1564	Geburt in Stratford-upon-Avon, wahrscheinlich am 23. April
1582	Heirat mit Anne Hathaway
1589/90	*1 Henry VI*
1592	Erste Erwähnung als Schauspieler und Dramatiker in London
1593	Schließung aller Theater wegen der Pest
1593/94	Veröffentlichung der Kurzepen *Venus and Adonis* und *The Rape of Lucrece*
1594	Mitglied der Schauspieltruppe Lord Chamberlain's Men
1595	*Richard III*
1595/96	*Romeo and Juliet*
	A Midsummer Night's Dream
1596	Verleihung eines Familienwappens
1597	Kauf des Herrenhauses New Place in Stratford
1599	Teilhaber des neu erbauten Globe Theatre
	As You Like It
1600/01	*Hamlet*
1601/02	*Twelfth Night*
1603	König James I Patron von Shakespeares Schauspieltruppe King's Men, den früheren Lord Chamberlain's Men
1604	*Othello*
1605	*King Lear*
1606	*Macbeth*
1608	Mitgründer des Blackfriars Theatre
1609	Veröffentlichung des Sonettzyklus
1611	*The Tempest*
1613	Brand des Globe Theatre
1616	Am 23. April gestorben; beigesetzt in seiner Geburtsstadt im Chor der Holy Trinity Church

Datierung der Werke nach Suerbaum 2001b: 324–325

Es kommt nicht von ungefähr, dass in diesem Buch, besonders in diesem vierten Kapitel, schon des Öfteren von William Shakespeare die Rede war, wenn es um britische Tradition und Geschichte ging. *The Bard*, Englands Nationaldichter, vermittelt in seinem Werk kultur- und identitätsstiftende Werte und ist als 'nationale Institution' auch für das heutige Verständnis Großbritanniens unentbehrlich. Shakespeare wird eine Bedeutung zugemessen, die alle anderen britischen Schriftsteller in den Schatten stellt. Deshalb ist er auch der einzige Literat, der im nationalen, für alle Schulen verbindlichen Lehrplan namentlich erwähnt und dessen Kenntnis damit als selbstverständlich vorausgesetzt wird.

Aus Anlass der ersten Folio-Ausgabe von Shakespeares Dramen im Jahre 1623 verfasste der englische Dramatiker Ben Jonson ein Lobgedicht auf seinen Dichterkollegen und stellte eine damals noch sehr gewagte Prognose auf:

> Triumph, my Britain, thou hast one to show
> To whom all scenes of Europe homage owe.
> He was not of an age, but for all time!
> (Hebel & Hudson 1929: 512)

Jonson konnte im frühen 17. Jahrhundert noch nicht ahnen, wie Recht er mit seinem Urteil haben sollte. Literarisch gilt Shakespeare inzwischen als der wichtigste europäische Schriftsteller seit der Antike; als Dichter aus dem Provinzstädtchen Stratford-upon-Avon, der nach London zog, um am Theater Karriere zu machen; als ein von den Klassizisten als 'barbarisch' bezeichnetes Naturgenie, dessen archetypische Figuren bis heute nichts von ihrer Faszination und Komplexität verloren haben. Immer wieder wird er zitiert und als Gewährsmann beschworen. So sind beispielsweise im *Concise Oxford Dictionary of Quotations* allein Shakespeare 34 Seiten mit Hunderten von Einträgen gewidmet, davon wiederum vier Seiten für *Hamlet* (*The Concise Oxford Dictionary* 1989: 203–237). Dessen Ausspruch "To be or not to be that is the question" (*Hamlet*, III.i.55) dürfte sicherlich zu den Spitzenreitern in allen Zitatensammlungen gehören. Bei der Suche nach dem besten Briten musste Shakespeare zwar Churchill den Vortritt lassen, doch wurde er anlässlich der Jahrtausendwende in einer Meinungsumfrage von den Hörern des Radio 4 (BBC) zur "British personality of the millennium" erkoren.

Die Gründe für die von Shakespeare ausgehende Faszination beruhen jedoch nicht nur auf seinem literarischen Ruhm, sondern auch auf der Person selbst. Die über ihn überlieferten Fakten sind spärlich, viele Legenden ranken sich um sein Leben, und selbst von seriöser Seite werden bisweilen Zweifel an seiner Autorschaft geäußert, ja sogar eine Shakespeare-Verschwörung vermutet:

What is the Shakespeare Conspiracy? According to the *Oxford English Dictionary*, a conspiracy involves a group plan devised to further some, usually corrupt, objective. This is arguably what has occurred to create the 'orthodox' life of William Shakespeare; myths and legends fashioned over the years to corrupt Shakespeare into something he was not. Many 'traditional' Shakespeare biographies are historically unfounded, spun from romantic mythology rather than surviving record. Even his imagined title – the Bard – is misleading. A Bard was a Celtic court poet, suggesting that Shakespeare was the court poet to Queen Elizabeth or James I. Although Shakespeare's plays were performed before these monarchs, we have no evidence that he ever wrote anything for either of them exclusively. Shakespeare was certainly never called the Bard in his lifetime. (Phillips & Keatman 1995: 1)

Shakespeare bleibt ein geheimnisumwitterter Mythos, "the greatest literary mystery of all times" (Sobran 1997: Untertitel); doch die Zweifel an Shakespeares Autorschaft haben weder die Shakespeare-Forschung in ihren Grundfesten erschüttert noch die Shakespeare-Faszination im Mindesten beeinträchtigt.

For not in Stratford only but all over the world Shakespeare has passed far beyond his old status of poet and playwright. He is now, on the grand scale, a commercial magnet, a trade-sign for garages, a pillar of finance, a Warwickshire and a British staple. As a raw material, available without cost and without cease, he everywhere sustains actors and their critics, musicians and stage decorators, costumiers and scene-shifters, electricians and box-office staffs, teachers and lecturers, librarians, publishers and editors of texts, controversialists who say that he was not Stratford William at all [...], booksellers, examiners [...], compilers of quotation dictionaries, [...]. Films, stationery, stamps, [...] he is everywhere. (Brown 1939: 2)

Man mag kaum glauben, dass diese Aussage schon aus dem Jahre 1939 stammt, denn Browns Beschreibung der Shakespeare-Industrie hat nichts an Aktualität eingebüßt. Shakespeare ist das Zentrum einer nationalen und weltweiten Industrie; er hat viele Forscher-Generationen trefflich ernährt und "a self-perpetuating industry" erzeugt (Höfele 2001: 204); er ist "a cultural megastar" und "a cultural icon" (Höfele 2001: 183). Der Barde ist also, um es einmal wirtschaftlich und marktorientiert zu formulieren, ein kulturelles Pfund, mit dem sich trefflich wuchern lässt. Seine Werke sind in Großbritannien als wichtiges Kulturgut anerkannt, sie sind aber auch ein Exportschlager und werden von Organisationen wie dem British Council als britisches Kulturgut in alle Welt vermittelt, "perpetuating the image of present-day Britain as in many ways a version of its past" (Storry & Childs 1997: 31).

Die Allgegenwart des Barden sowie seine kulturelle und kommerzielle Bedeutung zeigen sich besonders deutlich an Stratford-upon-Avon, Shakespeares Geburtsstadt und "the Mecca of bardolatry" (Höfele 2001: 191). Mit weit über einer Million Besuchern pro Jahr nur für jene historischen Stätten, die mit Shakespeare in Verbindung gebracht werden, hat sich Stratford zu

Besucherzahlen der Hauptattraktionen von Stratford (1996)

Anne Hathaway's Cottage Mary Arden's House Hall's Croft New Place & Nash's Hall Shakespeare's Birthplace	1 037 238
Holy Trinity Church	220 000
Heritage Motor Centre	160 000
Shire Horse Centre	120 000
Charlecote Park	84 143
Regely Hall	81 645

(Heart of England Tourist Board 1999: 4)

einem Zentrum des Shakespeare-Tourismus entwickelt. Dieser ist freilich mitnichten eine Erfindung des 20. Jahrhunderts. Schon im 18. Jahrhundert pilgerten die Menschen, wie ihre religiösen Vorfahren im Mittelalter, zu Shakespeares Geburtsstätte, so dass der damalige Besitzer des Shakespeare-Hauses aus Verärgerung über die vielen Menschen den berühmten, der Legende nach von Shakespeare selbst gepflanzten Maulbeerbaum fällen ließ. Mit dem Holz dieses Baumes, das man fortan in etlichen Läden kaufen konnte, beginnt die Geschichte dessen, was man mit einem modernen Begriff als Shakespeare-Merchandising bezeichnen könnte und was die Grenze des guten Geschmacks oft überschreitet: Sommernachtsseife, Shakespeare-Zitate im Goldrahmen oder ein Teddybär, dessen Pullover die Aufschrift trägt: "Exit, pursued by a bear". Dies ist im Übrigen die wohl bekannteste authentische Regieanweisung im Werk Shakespeares (*The Winter's Tale*, III.iii.58); sie leitet die Bärenepisode ein, einen dramatischen Kunstgriff, mit dem Shakespeare den in der Handlung nicht mehr benötigten Antigonus von der Bühne ins Jenseits befördert.

Shakespeare unterliegt also modernen Vermarktungsstrategien, die Interesse an diesem kulturellen Produkt wecken sollen und das Spektrum von Kulturgenuss bis zu Konsumgütern abdecken. Auf der kulturell höchsten Ebene geschieht dies durch die 1960 gegründete Royal Shakespeare Company, die vor der Gründung des Royal National Theatre im Jahre 1976 den Rang eines Nationaltheaters innehatte. Heute agiert die Royal Shakespeare Company in zwei Zentren mit fünf Theatern, drei davon in Stratford und zwei im Barbican Centre in London, und gilt als einer der größten Theaterbetriebe mit epochemachenden Inszenierungen.

Zu den etablierten Shakespeare-Organisationen zählt auch der Shakespeare Birthplace Trust, der Ziele und Aufgaben der Shakespeare-Pflege in seiner Informationsbroschüre ausführlich erläutert:

Vermarktungsstrategie am Beispiel Stratfords

konsum- orientiert	The Royal Shakespeare Company The Shakespeare Birthplace Trust *The World of Shakespeare* Souvenirläden, Führungen, Hotels, Restaurants, Pauschalreisen	kultur- orientiert

Many millions of visitors from all over the world have come to do homage and to catch a glimpse of what life was like in Shakespeare's time. As well as the preservation of the Birthplace and of the other four houses in and near Stratford with Shakespeare family associations, the Trust maintains a library and a records office of international importance for their Shakespeare collections, and offers Shakespeare educational programmes at all levels. (Informationsbroschüre des Shakespeare Birthplace Trust)

In Anspielung auf die zuvor zitierten Verse Ben Jonsons lautet die allumfassende Zielsetzung des Trust am Ende des Prospekts: "to preserve for ever the incomparable heritage that Shakespeare left for people of all nations and of all ages" (Informationsbroschüre des Shakespeare Birthplace Trust).

Nur eine Minderheit von Besuchern will sich in Stratford eine Vorstellung der renommierten Royal Shakespeare Company ansehen; die Mehrheit huldigt dem Prinzip des '*edutainment*' – eine Neuschöpfung aus *education* und *entertainment* –, sie will sich gleichzeitig bilden und vergnügen: Shakespeares Geburtshaus und andere historische Stätten besichtigen, dank des umfassenden Programms *The World of Shakespeare* in sein Leben und seine Epoche eintauchen, Souvenirs kaufen und gleichzeitig Urlaub machen – alles wiederum gegen ein stattliches Entgelt. Im Jahre 1991 legte Stratfords weitsichtiger District Council einen *Visitor Management Action Plan* vor, woraufhin Stratford zum ersten *National Pilot Project in Visitor Management in a Historic Town* ausgewählt wurde. Der Shakespeare-Tourismus in Stratford ist ein Musterbeispiel dafür, wie man das nationale Erbe exzellent vermarktet. Vieles davon hat allerdings mit dem Autor Shakespeare kaum noch etwas zu tun, sondern betrifft nur noch seine Person bzw. seinen Status als kulturelle Ikone.

Ähnlich verhält es sich mit der Rekonstruktion des Shakespeare-Theaters in Southwark am Themseufer. Das unter der Obhut des Shakespeare Globe Trust stehende New Globe vollzieht eine schmale Gratwanderung zwischen authentischem Shakespeare und kommerziellem Profit. Darin spiegelt sich die Ansicht von Sam Wanamaker, dem Gründer des New Globe, dass sich Kunst und Kommerz nicht ausschließen, sondern gegenseitig befruchten. Das zuvor für Stratford demonstrierte Schema der Vermarktung lässt sich prinzipiell auch auf das New Globe übertragen: Theater à la Shakespeare und Weiterbildung im Education Centre dokumentieren den kulturellen Anspruch des Unternehmens, während sich das Produkt Shakespeare in Ausstellungen, Führungen, Souvenirläden und dergleichen niederschlägt. Die Strategie des New Globe ist besonders marktgerecht, denn wie das Theater spiegeln auch die Preise Shakespeares Zeit wider; d.h., die billigste, bei Shakespeare für die *groundlings* bestimmte Theaterkarte kann mit den Londoner Kinos konkurrieren, und die teuerste Karte ist erheblich preiswerter als die vergleichbarer Theater. Es ist deshalb kein Wunder, dass das New Globe trotz aller Anfeindungen ("essentially kitsch – part of the heritage industry", zitiert in Höfele 2001: 196) seit seiner Eröffnung im Jahre 1997 ein finanzieller Erfolg und eine weitere Attraktion Londons geworden ist.

Kritiker, vor allem von Seiten des *cultural materialism*, beklagen zu Recht, dass Shakespeares kanonisierter Status, seine Funktion als kultureller Kaviar, zu einer übertriebenen Institutionalisierung und Kommerzialisierung geführt hat.

> [...] Shakespeare today is less an author than an apparatus – [he] is merely metonymic of an entire political-cultural formation, and thus more akin to 'Disney' or 'Rockefeller' than to 'Jane Smith'. [...] If it were discovered today that Shakespeare was really someone else, [...] Christopher Marlowe or a wandering Kentish tinker, it would be a brave man or woman who would try at this late date to close down Stratford. The apparatus has long achieved autonomy of whatever individual gave rise to it in the first place. (Eagleton 1988: 204–205)

Die Vermutung, Deutsche und Briten hätten eine ähnliche Beziehung zu ihren Klassikern und Nationaldichtern, ist deshalb nur bedingt richtig. Bei genauerem Hinsehen zeigt sich nämlich, dass Shakespeare hinsichtlich seiner literarischen und kommerziellen Wirkung Goethe und Schiller bei weitem übertrifft. Shakespeare wird wie kein anderer fremdsprachiger Autor in allen Kulturkreisen rezipiert, nicht zuletzt auch in Deutschland, wo die Spielpläne der Theater ohne Shakespeare undenkbar sind und wo die 1864 in Weimar gegründete Deutsche Shakespeare-Gesellschaft das Werk des britischen Dramatikers in einzigartiger Weise pflegt.

Es ist deshalb keineswegs übertrieben, von einer Shakespeare-Industrie zu sprechen: Shakespeare Memorial Theatre, Royal Shakespeare Theatre, Royal Shakespeare Company, Holy Trinity Church, Shakespeare-Festspiele in Stratford-upon-Avon, Anne Hathaway's Cottage, Rekonstruktion des Globe Theatre in London – Shakespeare, sein Name und alles, was mit ihm verbunden ist, garantieren uneingeschränkte Faszination. Vielleicht heben gerade deshalb einige Kritiker warnend den Finger und schütten Wasser in den Shakespeare-Wein: "[...] 'Shakespeare' is not so much an individual dramatist as a commercial enterprise that generates T-shirts, playing cards, tea-cloths and pints of beer as well as plays and poetry" (Storry & Childs 1997: 31).

Neuere Shakespeare-Verfilmungen

Henry V, 1989, Regie: Kenneth Branagh
Hamlet, 1990, Regie: Franco Zeffirelli
The Tempest, 1990, Regie: George Schaefer
Much Ado About Nothing, 1993, Regie: Kenneth Branagh
Othello, 1995, Regie: Oliver Parker
Twelfth Night, 1995: Regie: Trevor Nunn
Hamlet, 1996, Regie: Kenneth Branagh
Romeo + Juliet, 1996, Regie: Baz Luhrmann
Shakespeare in Love, 1998, Regie: John Madden
A Midsummer Night's Dream, 1999: Regie: Michael Hoffman
Love's Labour's Lost, 2000, Regie: Kenneth Branagh
Hamlet, 2000, Regie: Michael Almereyda

Diese These scheint durch das neu erwachte Interesse der Filmindustrie an Shakespeare bestätigt zu werden. Der immense Erfolg von Kenneth Branaghs *Henry V* (1989) löste eine Welle von britischen und amerikanischen Shakespeare-Verfilmungen aus, eine romantische Liaison von Kunst und Kommerz, die trotz gelegentlicher Flops bislang noch anhält.

Die Symbiose von Shakespeare und Film, zwischen dem Barden und dem zeitgenössischen Hollywood-Kino, nährt den Mythos Shakespeare und die Shakespeare-Industrie vortrefflich. John Maddens *Shakespeare in Love* ist eigentlich kein Film nach Shakespeare, sondern über ihn, ein Metafilm, dessen Botschaft lautet, "daß Hollywood trotz Kommerz, Größenwahn und Eitelkeit einem Shakespeare zum Erfolg verhelfen kann" (Schmidt 2001: 97). Die Drehbuchautoren Marc Norman und Tom Stoppard haben ihre Phantasie durch den Mangel an Fakten über Shakespeare anregen lassen und in halb komischer, halb tragischer Weise Shakespeares Leben mit seiner Tragödie *Romeo and Juliet* verbunden: So wird der Barde selbst zum Hollywood-Helden. In ähnlicher Weise wird Shakespeare in Baz Luhrmanns *Romeo + Juliet* aktualisiert und zugleich in seiner (sprachlichen) Originalität erhalten, da die Akteure den ursprünglichen Shakespeare-Text sprechen, während die Handlung im modernen Amerika spielt. Will man die Brüche nicht ganz so deutlich machen, siedelt man Shakespeares Handlung wie in Michael Hoffmans *A Midsummer Night's Dream* in einem romantisierten 19. Jahrhundert an: "Shakespeare ist damit in das Parallel-Universum der so überaus erfolgreichen *heritage*-Filme transponiert, die durch ihre Mischung aus Nostalgie und Zeitgenossenschaft, klassischem Erbe und moderner Aneignung geprägt sind" (Schmidt 2001: 97).

Film	Einspielergebnis (in Mio.)	Budget (in Mio.)
Shakespeare in Love	290	25
Romeo + Juliet	144	17
Hamlet (1996)	5,7	15
Twelfth Night	1	5

(Zahlen nach Rosenthal 2000; Angaben in US-Dollar)

Eines ist unbestreitbar: Selbst wenn nicht alle Filme zu Kassenschlagern wie *Shakespeare in Love* oder *Romeo + Juliet* wurden und die Branche auch finanzielle Flops wie Branaghs *Hamlet* oder Trevor Nunns *Twelfth Night* verkraften musste, ist Shakespeares Marktwert durch die Verfilmungen weiter angestiegen. Ob dies auch in gleicher Weise für seinen künstlerischen Wert zutrifft, ist eine andere Frage:

The unique prestige of Shakespeare's plays makes them an incongruous element within the fast-moving film and entertainment industry. Whereas Shakespeare is here adapted with notable but volatile success to match market requirements, institutions of culture and education in Britain strive to preserve his integrity as a cultural icon. In Stratford and at the reconstructed Globe Theatre, an entire industry is founded upon this iconic status while the increasingly prolific community of Shakespeare scholars gratefully employs the pre-eminence of his plays as a basis for critical controversy. However, despite his continuing presence, Shakespeare's significance as a vital cultural force is ultimately diminished in today's diffuse cultural environment. (Höfele 2001: 183)

Die Begeisterung der Briten für die Vergangenheit, ihr Nostalgiegefühl und Traditionalismus sowie ihre Vorliebe für ein ländliches England sind, wie die Beispiele gezeigt haben, ein wichtiger Bestandteil des britischen Selbstverständnisses: "They have a deep nostalgia for an idealised world of neat hedgerows, cottages and great country houses, surrounded by parkland, that clever eighteenth-century style of gardening that looked 'natural'" (McDowall 1993: 105). Die Liebe zu tradierten Institutionen wie der Monarchie hat sich ihrer Mentalität ebenso eingeschrieben wie ein antiquarisches Interesse an der Erhaltung der materiellen Kultur, manchmal allerdings auch um ihrer selbst willen.

It is only in the last century that society has begun preserving historic monuments for their own sake. Interest has been growing since the Victorian era and a great deal of progress has been made in the sympathetic restoration of old buildings. [...] While the public continues to be fascinated with the past they [castles] may stand for a long time yet, if we can master the environmental problems which threaten to engulf us. (Pettifer 1995: xx)

Die Grenzlinie zwischen einer sinnvollen, notwendigen Bewahrung des nationalen Erbes und einer vergangenheitsorientierten, archivalischen *heritage industry* ist sicherlich nur schwer zu ziehen. Solange sich jedoch Großbritanniens Selbstdarstellung nicht in einer nostalgischen Verklärung der Vergangenheit erschöpft, ist gegen ein zielgerichtetes Interesse am *national heritage* wenig einzuwenden. Allerdings mehren sich nach Ansicht einiger Kritiker die Anzeichen dafür, dass viele Briten vor allem zur Vergangenheit Zuflucht nehmen, um Defizite der Gegenwart zu kompensieren und ihre nationale Identität nur aus der historischen Leistung abzuleiten: "As justifications for the 'greatness' of Great Britain fall away, it could be said that its people turn to the past to find symbols of their identity, and indeed, their importance" (Storry & Childs 1997: 308). Dieser Eindruck verstärkt sich noch, wenn man sich die Entwicklung der Museen in Großbritannien anschaut:

> In the van of this development [that the museum itself *qua* museum has become part of our culture] stands Great Britain, home of the first modern public museums in the world and now host also to the extraordinary proliferation of the museum institution in the years since 1945, notably since 1960. Today's Britain can boast over 2,500 museums – almost four times as many as forty years ago. (Humphrey 2003: 101)

Die Vorstellung, Großbritannien selbst könne zu einem Museum oder gar zu einem Mausoleum werden, scheint jedoch trotz mancher Anzeichen überzogen. Sosehr die Briten eher konservativ sein mögen, sosehr sie ihre tradierten politischen Institutionen wie die Staatskirche und Monarchie pflegen, bislang haben sie in ihrer Geschichte noch immer die für sie richtige Mischung aus Tradition und Fortschritt gefunden. Dann sind die erstaunlichen Erfolge von Organisationen wie dem National Trust nicht etwa Zeichen einer retrospektiven Mentalität, sondern Baustein einer kulturellen Identität, die sich aus Vergangenheit, Gegenwart und Zukunft gleichermaßen speist:

> But what does the Trust's phenomenal success tell us about the English frame of mind? We must accept, first, that a sense of history runs deep in the English people. It may not be particularly well informed […], but it is deeply felt and is one of the things that makes the people what they are. The National Trust expresses this sense, as does the appetite for cheap historical romance, a love of Shakespeare and a deep-rooted scepticism about the political leaders of the rest of Europe. (Paxman 1999: 153–154)

5. *Organic Growth:* Verfassung und politisches System

5.1 Die Macht des Nicht-Geschriebenen

Am 4. Juli 1776 erklärten die dreizehn nordamerikanischen Kolonien Großbritanniens ihre Unabhängigkeit vom Mutterland. Diesem tiefgreifenden und politisch revolutionären Schritt waren schwerwiegende Auseinandersetzungen um die Besteuerung der Import- und Exportgüter innerhalb des Kolonialterritoriums einerseits sowie unbefriedigte Forderungen nach einer angemessenen Repräsentanz politischer Interessen der Kolonialisten im britischen Parlament andererseits vorausgegangen. Die Unabhängigkeitserklärung der nordamerikanischen Bündnisstaaten enthielt die seither zum klassischen Repertoire demokratischer Staatsordnungen gewordene Forderung:

> We hold these truths to be self-evident: That all men are created equal; that they are endowed by their Creator with certain inalienable rights; that among these are life, liberty and the pursuit of happiness; that, to secure these rights, governments are instituted among men, deriving their just powers from the consent of the governed; [...]. (Sautter 2000: 145–146)

Diese Formulierung war insofern ein gewaltiger Fortschritt in der Entwicklung demokratischer Gesellschaften, als sie die politische Gleichheit aller Bürger festschreibt und die Wahrung der menschlichen Grundrechte auf Leben, Freiheit und Selbstverwirklichung verbrieft. Zudem ist sie eine kodifizierte Verfassung, in der die Verfahren zur Wahl der politischen Vertreter einschließlich des Präsidenten schriftlich niedergelegt sind und die Gefahren des Machtmissbrauchs durch ein ausgeklügeltes System von *checks and balances* eingeschränkt werden.

Die Unabhängigkeitserklärung und die nachfolgende Verfassung der USA entfachten einen gewaltigen politischen Sturm, der die monarchisch-feudalistischen Gesellschaftsordnungen der europäischen Staaten im Verlauf des 19. Jahrhunderts ins Wanken brachte. Forderungen nach radikalen politischen Reformen in Großbritannien nach amerikanischem Vorbild erhob vor allem der in England geborene Thomas Paine, der als Wanderer zwischen der Alten und der Neuen Welt nicht müde wurde, die Errungenschaften der Unabhängigkeitserklärung zu preisen. Seine Bewunderung für die Freiheitsliebe der ehemaligen Kolonialisten hatte er bereits in *Common Sense* (1776) zum Ausdruck gebracht (vgl. Abb. 22), und sein revolutionä-

Thomas Paine (1737–1809)

Der aus kleinbürgerlichen Verhältnissen stammende Paine war einer der einflussreichsten Politiker und Schriftsteller des ausgehenden 18. Jahrhunderts, der als Kosmopolit mit drei Staatsbürgerschaften in England, in den englischen Kolonien in Nordamerika und in Frankreich eine enorme Breitenwirkung erzielte. 1774 auf Vermittlung Franklins nach Amerika gekommen, propagierte er mit seiner 1776 anonym erschienenen Flugschrift *Common Sense* die Unabhängigkeit der englischen Kolonien und trug zur Vision eines neuen Kontinents bei. Zwar kehrte Paine 1788 nach England zurück, musste jedoch wegen seines in England verbotenen Werkes *The Rights of Man* (1791/92), einer Gegenschrift zu Burkes Angriff auf die Französische Revolution, nach Frankreich fliehen, wo er sogar Mitglied des Nationalkonvents wurde. Unter Robespierre in Ungnade gefallen und ins Gefängnis geworfen, vollendete er seine deistische Abhandlung *The Age of Reason* (1794/95), neben Robert Owens Ideen eine der wichtigsten Quellen für die englische Arbeiterbewegung, ehe er 1802 in die USA zurückkehrte. Dort verstarb er wenige Jahre später in New York.

Edmund Burke (1729–1797)

Burke, ein entschiedener Gegner der Französischen Revolution, vor deren Übeln er eindringlich warnte, gilt als einer der Väter des modernen Konservativismus und als Gegenpol zu den radikalen Ansichten Paines. Nach seiner frühen Schrift *A Philosophical Enquiry into the Origin of Our Ideas of the Sublime and Beautiful* (1757) erwarb sich Burke mit seinem traditionsgebundenen Werk *Reflections on the Revolution in France* (1790) seinen bis heute unumstrittenen Ruf als konservativer Staatstheoretiker. Als gelernter Jurist und brillanter Rhetoriker verfocht er seine Anschauungen mit großem Erfolg im Unterhaus, dem er viele Jahre angehörte. Im Gegensatz zu Paine sieht Burke die progressiven aufklärerischen Ideen (Naturrechte, Staatsvertrag, Demokratisierung) als Bedrohung für das auf der Tradition gründende, intakte politische System. Nach Burke sind Staatsverfassung und Gesellschaftsordnung organisch gewachsene Gebilde – gleichsam ein Vertrag zwischen Toten, Lebenden und Ungeborenen –, die sorgsam vor radikalen Veränderungen geschützt werden müssen. Burkes konservatives Staatsdenken hatte auf die Entwicklung der englischen Verfassung und die Verhältnisse in Deutschland einen tiefgreifenden Einfluss.

res Verfassungsdenken tritt in *Rights of Man* (1791) in aller Deutlichkeit hervor.

Paine gilt politische Freiheit und Gleichstellung als oberstes Gebot, weshalb er die Transparenz der Verfassung einklagt, die – ähnlich wie die Grammatik für die Sprache – die Regeln des politischen Machtgebrauchs eindeutig festschreibt: "The American constitutions were to liberty, what grammar is to language: they define its parts of speech, and practically con-

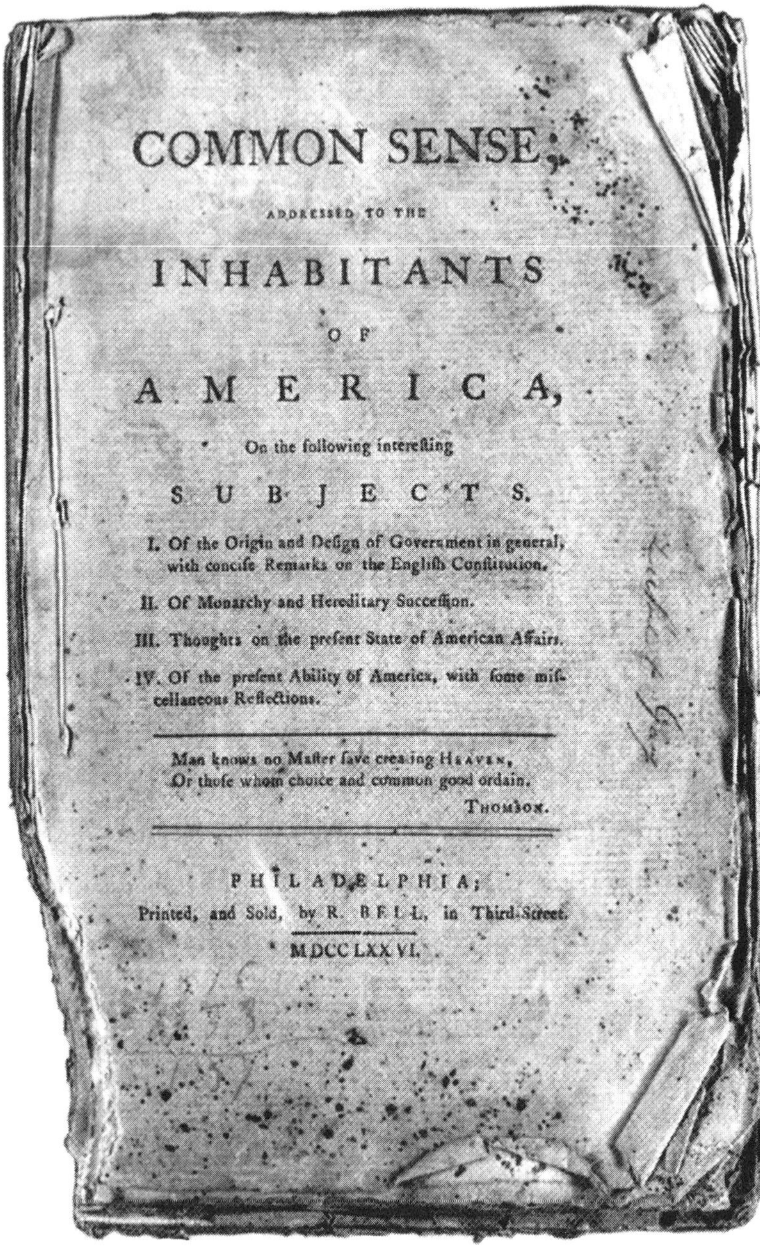

COMMON SENSE;

ADDRESSED TO THE

INHABITANTS

OF

AMERICA,

On the following interesting

SUBJECTS.

I. Of the Origin and Design of Government in general, with concise Remarks on the English Constitution.

II. Of Monarchy and Hereditary Succession.

III. Thoughts on the present State of American Affairs.

IV. Of the present Ability of America, with some miscellaneous Reflections.

Man knows no Master save creating HEAVEN,
Or those whom choice and common good ordain.

THOMSON.

PHILADELPHIA;
Printed, and Sold, by R. BELL, in Third-Street.

MDCCLXXVI.

Abb. 22: Titelblatt der amerikanischen Erstausgabe von Thomas Paines *Common Sense* von 1776.

struct them into syntax" (Paine 1984: 95). Für Paine ist die Verfassung demnach eine politische Grammatik, die ganz im Sinne der Aufklärung rationalistisch durchdacht, eindeutig formuliert und schriftlich fixiert ist. Diese Überlegungen bestimmen auch seine Definition des ontologischen Status einer Verfassungsurkunde:

A constitution is not a thing in name only, but in fact. It has not an ideal, but a real existence; and wherever it cannot be produced in a visible form, there is none. A constitution is a thing *antecedent* to a government, and a government is only the creature of a constitution. The constitution of a country is not the act of its government, but of the people constituting a government. It is the body of elements, to which you can refer, and quote article by article. (Paine 1984: 71)

Für Paine muss eine Verfassung demnach eine physische Präsenz besitzen; sie muss als Dokument existieren, das jedem freien Bürger zugängig ist, der sich auf jeden einzelnen Artikel berufen kann. Dies bedeutet zugleich eine Entmachtung der Vergangenheit, denn die Verfassung gilt im Hier und Jetzt und regelt das politische Leben der Gegenwart, das nicht einer diktatorischen Historie unterworfen werden darf. In Paines Verfassungskonzept gibt es daher weder eine Vergangenheit noch eine erzählenswerte Geschichte. Seinen erbittertsten Widersacher im Ringen um eine geschriebene Verfassung in Großbritannien hatte Paine bei diesen Behauptungen fest im Visier:

Can, then, Mr Burke produce the English Constitution? If he cannot, we may fairly conclude that though it has been so much talked about, no such thing as a constitution exists, or ever did exist, and consequently that the people have yet a constitution to form. (Paine 1984: 71–72)

Rights of Man ist in allen wesentlichen Punkten eine polemische Attacke auf Edmund Burkes 1790 erschienene Kampfschrift *Reflections on the Revolution in France*, in der die politischen Umstürze jenseits des Kanals als waghalsige Experimente einer verwirrten Nation dargestellt werden, die sich einer Nachahmung in Großbritannien keineswegs als Modell empfahlen. Burke, der wohl prominenteste und auch eloquenteste Vertreter der Whigs am Ende des 18. Jahrhunderts, verteidigt in seiner Schrift die verfassungsrechtlichen Prinzipien seines Landes, die alle Bewährungsproben der Vergangenheit erfolgreich überstanden hätten. Die politischen Traditionen Großbritanniens seien von Generation zu Generation weitergereicht worden, und es sei die Pflicht der gegenwärtigen Generation, diese politischen Tugenden zu bewahren und sie an die nachfolgende Generation freier Briten weiterzureichen. Während Paine auf Gegenwart und Eindeutigkeit beharrt, ist der Verfassungsdiskurs von Burke historisch und narrativ, da es ihm darum geht, eine Geschichte zu erzählen:

> You will observe, that from Magna Charta to the Declaration of Right, it has been the uniform policy of our constitution to claim and assert our liberties, as an *entailed inheritance* derived to us from our forefathers, and to be transmitted to our posterity; as an estate specially belonging to the people of this kingdom, without any reference whatever to any other more general or prior right. By this means our constitution preserves a unity in so great a diversity of its parts. We have an inheritable crown; an inheritable peerage; and a house of commons and a people inheriting privileges, franchises, and liberties, from a long line of ancestors. (Burke 1993: 33)

Der Schlüsselbegriff dieser historischen Erzählung lautet "inheritance", womit das verfassungsrechtliche Erbe der Vorväter gemeint ist. Mit Hilfe dieses begrifflichen wie gedanklichen Konzepts konstruiert Burke geschickt eine 'Einheit in der Vielfalt' ("unity in diversity"), wobei Dokumente, die aus höchst unterschiedlichen Zeiten stammen wie die Magna Carta und die Bill of Rights, in eine Erzählung eingebunden werden, die vom Prinzip des organischen Wachstums ("organic growth") zusammengehalten wird. Die Verfassung habe sich über viele Jahrhunderte kontinuierlich entwickelt und besitze aufgrund dieses Wachstums ihrerseits eine gleichsam natürliche Qualität. Auf der Grundlage der Prinzipien von organischem Wachstum und Natürlichkeit wird weiterhin gefolgert, dass die Verfassung als 'Geschöpf' zwar von beträchtlichem Alter, jedoch von unverminderter Gesundheit und Vitalität sei, die sich auf all jene heilsam auswirke, die unter ihr friedlich lebten. Daher wird im abschließenden Syllogismus die ungeschriebene Verfassung als ihrem Wesen nach zutiefst englisch und als unmittelbarer Ausdruck nationaler Identität und robuster Volksgesundheit bestimmt.

Die politischen Ereignisse im revolutionären Frankreich lieferten Burke zudem eine willkommene Gelegenheit, das nationale Selbstwertgefühl durch eine rüde Verunglimpfung des historischen Erzfeindes zu steigern, der seine Aristokratie grausam hinschlachtete und sich insgesamt völlig unenglisch aufführte. In seiner Beschreibung des englischen Nationalcharakters spielt Burke daher die französische Schreckensherrschaft schonungslos gegen britische Zivilisation aus:

> Thanks to our sullen resistance to innovation, thanks to the cold sluggishness of our national character, we still bear the stamp of our forefathers. [...] In England we have not yet been completely disembowelled of our natural entrails; we still feel within us, and we cherish and cultivate, those inbred sentiments which are the faithful guardians, the active monitors of our duty, the true supporters of all liberal and manly morals. We have not been drawn and trussed in order that we may be filled, like stuffed birds in a museum, with chaff and rags and paltry blurred shreds of paper about the rights of man. We preserve the whole of our feelings still native and entire, unsophisticated by pedantry and infidelity. We have real hearts of flesh and blood beating in our bosoms. We fear God. We look up with awe to kings, with affection to parliament, with duty to magistrates, with reverence to priests, and with respect to nobility. (Burke 1993: 86)

All dies gilt als natürlich und daher als typisch englisch, wohingegen Revolution, Republikanismus und geschriebene Verfassung ("paltry blurred shreds of paper about the rights of man") als un-englisch, ja als geradezu unvereinbar mit dem englischen Nationalcharakter verurteilt werden. Das Land hatte seine eigenen Erfahrungen mit dem Experiment einer Republik sammeln können, denn das Commonwealth unter Oliver Cromwell hatte mit Revolution, Königsmord und Blutvergießen begonnen und war am Ende kläglich gescheitert. Göttliche Vorsehung und nationale Weisheit hatten das Land schließlich von seinem Irrweg abgebracht und durch die Restauration der Monarchie im Jahre 1660 wieder auf die tugendhaften Pfade der alten Verfassung (*Ancient Constitution*) zurückgeführt. Unter Verweis auf diese historische Lektion bei Verfassungsexperimenten ließen sich die Revolutionen in Nordamerika und Frankreich trefflich geißeln.

Der von Burke geschmiedete Verfassungsdiskurs gründet sich auf die Prinzipien von politischem Erbe, natürlichem Wachstum und nationaler Identität. Das Wesen der Verfassung beruht daher nicht auf einigen Fetzen vergilbten Papiers, sondern erweist sich in der täglich gelebten politischen Praxis, die ihre Legitimität durch die historische Erzählung ihres eigenen organischen Werdegangs erfährt.

Aus der großen Debatte um das Für und Wider der ungeschriebenen Verfassung ging Edmund Burke als strahlender Sieger und geradezu als Erfinder der englischen Verfassung hervor. Die Macht seines verfassungstheoretischen Diskurses erwies sich schon wenige Jahre später in den Hochverratsprozessen gegen prominente republikanische Reformer wie Joseph Gerrald, John Thelwall und nicht zuletzt Thomas Paine, denen allesamt unenglisches Verhalten zur Last gelegt wurde. Der Vorwurf, durch die Forderung nach radikalen Reformen das Wesen der Verfassung zu beschädigen, lebt im Übrigen bis in die unmittelbare Gegenwart fort und hat eine dringend erforderliche Erneuerung des Verfassungssystems bis in die jüngste Vergangenheit erschwert.

Der Dominanz von Burkes Plädoyer für die alte, ungeschriebene Verfassung vermochten auch die Stürmer und Dränger der englischen Romantik am Beginn des 19. Jahrhunderts nur wenig entgegenzusetzen. Insbesondere die Vertreter der jüngeren Generation, vornehmlich Lord Byron und Percy Bysshe Shelley, waren glühende Verfechter der Revolutions- und Freiheitsgedanken, die sie auch im eigenen Land verwirklicht sehen wollten. In seiner "Ode to the West Wind" (1819) setzte Shelley der erneuernden Kraft des revolutionären Sturms ein lyrisches Denkmal, indem er ihn als zerstörerische Naturgewalt preist, die überkommene Herrschaftsordnungen wie fahles Laub davonfegt und in Anlehnung an die zyklische Wiedergeburt der Jahreszeiten einen neuen Frühling politischer Gleichheit verheißt: "The trumpet of a prophecy! O, Wind,/If Winter comes, can Spring be far behind?" (Shelley 1956: 62). Das politische Tauwetter ließ allerdings auf sich warten, und Shelley selbst sollte es nicht mehr erleben.

Vielmehr drehte sich der Wind mehr und mehr zugunsten von Edmund Burke, dessen Narration vom organischen Wachstum der britischen Verfassung eine zunehmende Zahl von Anhängern fand, die an der schmuckvollen Ausgestaltung seiner Geschichte kraftvoll mitwirkten. Zu den namhaften Fiktionalisten zählte der Dichter und Philosoph Samuel Taylor Coleridge, der im Jahre 1830 eine bemerkenswerte Schrift unter dem Titel *On the Constitution of the Church and State* vorlegte, in der er Paines Forderung nach einer geschriebenen Verfassung als abwegig verwarf und Burkes Verteidigung der *Ancient Constitution* nachdrücklich unterstützte. Die Anlehnung an Burkes *master narrative* zeigt sich an der Übernahme von zentralen Begriffen wie *tradition*, *inheritance*, *progress* und *growth*. Um Paines Behauptung zu entkräften, eine Verfassung existiere nur dann, wenn sie als Dokument in gedruckter Form vorläge, bemüht sich Coleridge um eine Klärung der ontologischen Bestimmung sowie des Wirklichkeitsanspruchs der nicht-geschriebenen Verfassung. Zu diesem Zweck dehnt er einerseits die historische Dimension weit über Burke hinausgreifend in die angelsächsische Zeit aus, indem er von "our whole history from Alfred onward" spricht, andererseits nutzt er seine Kenntnisse des deutschen Idealismus, wenn er erklärt, "a constitution is an idea arising out of the idea of a state". So wie der Staat nur als ideelle, eben nicht materiell fassbare Größe existiere, so könne auch die Verfassung eines nur als Idee vorstellbaren Staates ihrerseits ebenfalls nur als Idee gedacht werden, ohne dass sie dadurch ihre Wirklichkeit verlöre: "the constitution has real existence, and does not the less exist in reality, because it both *is*, and *exists as*, an IDEA" (Coleridge 1976: 19).

Paines Vorwurf der Absenz und Unwirklichkeit der ungeschriebenen Verfassung wird hier also entwertet, indem dieser gleichen Verfassung eine Realität im Reich der Ideen buchstäblich zugeschrieben wird. Denn nur die eigene Narration sichert jene Wirklichkeit, die Coleridge für die Verfassung beansprucht und ihr zuweist. Dies ist eine bedeutsame Modifizierung von Burkes Ausgangsposition, da nunmehr die Erzählung eine fiktive Wirklichkeit entwirft, dabei aber zugleich ihre eigene Vermittlungsfunktion verschleiert. Dies hatte zur Folge, dass die nicht-geschriebene Verfassung als tatsächlich existierend und nicht als narrativ erzeugt akzeptiert werden konnte – ein Schachzug, der in Anbetracht des realistischen Erzählens im 19. Jahrhundert nicht ganz überraschend wirkt.

War die von Burke geschmiedete Ideologie der ungeschriebenen Verfassung als machtvoller Ausdruck nationaler Identität noch vornehmlich auf die Sicherung der aristokratischen Oligatsherrschaft ausgerichtet, so entwickelte sie sich im Lauf des 19. Jahrhunderts zu einer nicht hintergehbaren

Sinngewissheit in der politischen Öffentlichkeit. Dieser Mentalität entsprechend wurde der radikale Bruch mit der Vergangenheit im Sinne einer Revolution als un-englisch betrachtet, während die kontinuierliche Entfaltung der Einheit in der Vielfalt, das Fortwachsen der verschiedenen Verfassungsteile als dem nationalen Selbstwertgefühl angemessen empfunden wurde. Infolgedessen wurde das 19. Jahrhundert zum Zeitalter der großen Reformen, mit denen die britische Gesellschaft Zug um Zug erneuert und verbessert werden sollte. Da diese Reformbestrebungen nicht abgebrochen sind, sondern in der aktuellen Verfassungsdiskussion unvermindert fortwirken, ist in der jüngeren Forschung gelegentlich vom 'langen neunzehnten Jahrhundert' die Rede.

Im Mittelpunkt der Reformbestrebungen stand zunächst das Wahlrecht. Am Ende des 17. Jahrhunderts hatte John Locke in *Two Treatises of Government* (1690) eine Theorie des "Besitzindividualismus" begründet, in der das Recht zur politischen Partizipation an den Besitz von Land geknüpft war. Die politische Nation war daher eine Nation von Grundbesitzern, die ein vitales Interesse am Land besaßen ("stake in the country") und die ihre Entscheidungen somit zum Wohle aller trafen. Diese Position erwies sich am Beginn des 19. Jahrhunderts als zunehmend unhaltbar, da die ersten Konsequenzen der Industriellen Revolution spürbar wurden. Die Transformation einer Agrar- in eine Industriegesellschaft hatte nicht nur wirtschaftlich durch die Veränderung der Produktionsbedingungen weitreichende Folgen, sondern wirkte sich auch auf das politische Machtgefüge aus, was verfassungsrechtliche Konsequenzen nach sich zog. Neben die landbesitzende Aristokratie trat im Verlauf des 19. Jahrhunderts eine neue, über Produktionsmittel und Kapital verfügende Oligarchie von Industrie- und Wirtschaftsmagnaten, die einen Anspruch auf politische Teilhabe anmeldeten. Zudem traten agrarische und industrielle Strukturveränderungen in ein folgenschweres Wechselspiel ein. Seit dem frühen 18. Jahrhundert hatten die aristokratischen Landbesitzer erneut damit begonnen, Ackergrund einzuhegen und in Weideland für die profitable Schafzucht umzuwandeln. Im Zuge dieser so genannten *enclosures* verlor die Landbevölkerung zunehmend ihre Existenzgrundlage und begann, in die Städte abzuwandern, wo sich in den entstehenden Manufakturbetrieben neue Verdienstmöglichkeiten boten. Dies hatte zur Folge, dass die Städte rapide anwuchsen, während einzelne Landstriche unter einer galoppierenden Entvölkerung litten. Seit dem *Model Parliament* unter Edward I (1295) hatte die Regel gelautet, dass im Parlament jede Grafschaft (*shire*) und jede Stadt (*borough*) durch jeweils zwei Repräsentanten vertreten sein sollten. Die Bevölkerungsentwicklung und die Wanderungsbewegungen führten aber zu Beginn des 19. Jahrhunderts zu einer nicht mehr hinnehmbaren Unausgewogenheit des politischen Kräfteverhältnisses, da die Metropole London, seit 1800 eine Millionenstadt, nur zwei Vertreter ins Unterhaus entsenden durfte, während weitgehend entvölkerte Grafschaften ebenfalls durch zwei Mitglieder im Parlament vertreten waren. Da die Stimmen der wenigen Wahlberechtigen zudem vielfach käuflich waren, galten solche Grafschaften als 'korrupt' (*rotten boroughs*).

Dieses *rotten-borough*-System, das sich im Verlauf des 18. Jahrhunderts zur politischen Praxis entwickelt hatte, wurde durch das Erste Reformgesetz von 1832 beseitigt. Damit wurden sechsundfünfzig korrupte Wahlkreise völlig aufgelöst, und dreißig weitere durften künftig nur noch einen Vertreter ins Parlament entsenden. Die Umverteilung der Sitzverhältnisse erfolgte zugunsten der neuen Industriestädte wie Birmingham, Manchester, Leeds, Sheffield, die politisch an Gewicht gewannen. Zudem wurde das Wahlrecht auf männliche Personen ausgedehnt, die einen Grundbesitz im Wert von mindestens £ 10 nachweisen konnten. Der Anstieg in der Zahl der Wahlberechtigten von 435 000 auf 652 000 Personen war zwar relativ betrachtet erheblich, an der Gesamtbevölkerung von 24 Millionen Menschen jedoch absolut gesehen verschwindend gering. Dennoch war der konservative Widerstand gegen das Gesetz in beiden Häusern des Parlaments so gewaltig, dass es erst beim dritten Anlauf und auch dann nur nach königlicher Einschüchterung der Lords verabschiedet wurde. Aber selbst die liberalen Whigs hofften, mit dem Reformgesetz die Interessen der Städte und der erstarkten Mittelschicht langfristig besänftigen zu können.

Diese Hoffnung wurde jedoch enttäuscht durch die Dynamik der sozialen und politischen Entwicklungen. Unter dem Einfluss des Ersten Reformgesetzes formierte sich in den Städten der Widerstand der Industriearbeiter gegen die politische Entmündigung der Mehrheit der Bevölkerung. Im Mai 1838 wurden die Forderungen schriftlich niedergelegt und unter dem Titel *The People's Charter* dem Parlament zur Abstimmung vorgelegt. Gefordert wurden von den so genannten Chartisten das Wahlrecht für alle erwachsenen Männer, die geheime Wahl, die Gleichstellung der Wahlkreise, jährliche Parlamentssitzungen, die Beseitigung der Besitzstandsklauseln sowie die Einrichtung von Vergütungspauschalen für Parlamentsmitglieder. Eine verfassungsgebende Nationalversammlung mit dem Ziel einer schriftlichen Fixierung der politischen Rechte nach dem Vorbild Paines wurde von den Chartisten bezeichnenderweise nicht gefordert. Dennoch wurde die Vorlage im Unterhaus mit einer gewaltigen Mehrheit abgeschmettert. Die Folge waren Aufstände und Unruhen in den Industriestädten, die von der Regierung mit Waffengewalt niedergeschlagen wurden. Großbritannien bewegte sich ein Jahrzehnt lang erneut am Rande eines Bürgerkriegs und einer Revolution, bis der Chartismus gegen 1848 an politischer Energie verlor und schließlich verkümmerte.

Die Deutung der Ereignisse im Sinne von Burkes Kontinuitätsdogma ließ nicht lange auf sich warten. Zu den liberalen Reformern, die am Ersten Reformgesetz von 1832 mitgearbeitet hatten, zählte Thomas Babington, First Baron Macaulay. Unmittelbar nach dem Zusammenbruch des Chartismus begab sich Macaulay an die Niederschrift seiner breit angelegten *History of England* (1849/1855), in der er die Nationalgeschichte als heilvolle Verkettung von Glücksmomenten deutet, die eine kontinuierliche Verbesserung von Moral und Verstand gesichert hätten. Im kraftvollen Erzählstil des Epos bekräftigt Macaulay die von Burke reklamierten Aspekte von Kontinuität und organischem Wachsen, hebt dabei aber auch die besonderen politischen Verdienste der Whigs hervor. Seine Geschichte ist jedoch nicht nur ein Stück gesättigter Parteipropaganda, sondern die historischen Analysen der kritischen Momente innerhalb der Verfassungsgeschichte verdichten sich zu einer Heilsgeschichte, die von dem rationalen Unwillen der Briten zur Revolution bestimmt ist. Daher schenkt Macaulay der Glorious Revolution von 1688 besondere Aufmerksamkeit, da an diesem historischen Wendepunkt die Nation zur Einsicht in die Stärken politischer Kontinuität gelangte – eine Einsicht, mit der sich auch der Niedergang des Chartismus erklären ließ:

> It is because we had a preserving revolution in the seventeenth century that we have not had a destroying revolution in the nineteenth. It is because we had freedom in the midst of servitude that we have order in the midst of anarchy. For the authority of law, for the security of property, for the peace of our streets, for the happiness of our homes, our gratitude is due under Him who raises and pulls down nations at his pleasure, to the Long Parliament, to the Convention and to William of Orange. (Macaulay 1873: I, 655)

Das Zusammenwirken von göttlicher Vorsehung und liberaler Politik sichert die Lebensqualität auf der *insula fortunata*, wo im Gegensatz zu den Staaten Kontinentaleuropas Freiheit, Ordnung, Autorität, Sicherheit und Eigentum auch ohne eine geschriebene Verfassung garantiert sind. Macaulays whiggistische Nationalgeschichte (*Whig interpretation of history*) wurde unmittelbar nach ihrem Erscheinen äußerst populär und hat die britische Geschichtsschreibung bis weit in das 20. Jahrhundert hinein geprägt.

Das von Macaulay angedachte Prinzip des Interessenausgleichs durch eine liberale Reformpolitik zeichnete bereits den weiteren Gang der politischen Veränderungen vor. Auch wenn der Chartismus als revolutionäre Bewegung seine Kraft verloren hatte, so stellten die unerfüllten Forderungen der Arbeiterschaft einen unvermindert gefährlichen Sprengsatz dar. Um den revolutionären Druck der Straße zu mindern, wurden durch zwei weitere Reformgesetze des Parlaments aus den Jahren 1867 und 1884 zusätzliche Zugeständnisse gemacht. Die Umverteilung der Parlamentssitze zugunsten der Städte wurde weiter ausgedehnt und die Anzahl der Wahlberechtigten sukzessive vergrößert. Waren 1867 erst 2,3 Millionen Menschen bei einer Gesamtbevölkerung von 30 Millionen wahlberechtigt, so steigerte sich ihre Zahl mit dem Dritten Reformgesetz von 1884 auf 5,6 Millionen.

Mit der Integration weiter Teile der Arbeiterschaft in die politische Nation war ein bedeutsamer Schritt zu einer demokratischen Gesellschaft gelungen, doch waren Frauen noch immer vom Wahlrecht ausgeschlossen. Im Jahre 1903 organisierte sich daher eine Gruppe von Frauen unter der Führung von Emmeline Pankhurst in der Women's Social and Political Union. Da sie für das Wahlrecht, im Englischen *suffrage*, kämpften, wurden sie als Suffragetten bezeichnet. Ihre Forderungen nach politischer Emanzipation waren zunächst moderat und zurückhaltend. Als sich jedoch das Parlament hartnäckig weigerte, ihren Wünschen Gehör zu schenken, wurden die Methoden radikaler: Suffragetten ketteten sich vor dem Unterhaus an, vereitelten Pferderennen, legten Feuer in Postkästen und attackierten Polizeibeamte, um auf ihre Forderungen in der Öffentlichkeit aufmerksam zu machen. Als 1914 der Krieg ausbrach, stellten sie sich patriotisch auf die Seite der Nation und engagierten sich aktiv bei den Verteidigungsanstrengungen. Frauen übernahmen Tätigkeiten in der Verwaltung, der Industrie, der Armee und sicherten durch ihre Arbeit in der Landwirtschaft das Überleben der Nation.

Als Anerkennung dieser Verdienste wurde mit dem Representation of the People Act von 1918 allen Frauen über dreißig Jahren das Wahlrecht zugebilligt (vgl. Abb. 23), und 1928 wurde mit dem Equal Franchise Act allen Erwachsenen mit Ausnahme von Kriminellen, Geisteskranken und Lords das Wahlrecht eingeräumt und der Grundsatz "one person, one vote" eingeführt. Seit dem zweiten Representation of the People Act von 1969 dürfen alle Männer und Frauen ab dem vollendeten achtzehnten Lebensjahr wählen.

Diese Demokratisierung des Wahlrechts legt den Gedanken der Volkssouveränität nahe, denn schließlich besitzt die wahlberechtigte Bevölkerung die Macht, bei allen Parlamentswahlen über die künftige parteiliche Zusammensetzung des Unterhauses zu entscheiden. Dennoch gibt es gute Gründe, das Prinzip der Volkssouveränität in Großbritannien mit Skepsis zu beurteilen. Da die Verfassung nicht in schriftlicher Form vorliegt, findet sich nirgends ein Passus, der die Volkssouveränität garantiert, wie dies etwa im Grundgesetz der Bundesrepublik Deutschland durch die Formulierung "Alle Staatsgewalt geht vom Volke aus" (Art. 20) festgeschrieben ist. Weiterhin wird die Wahlentscheidung des vermeintlich souveränen Volkes durch die besonderen Bestimmungen des Mehrheitswahlrechts beeinträchtigt, so dass die Zahl der abgegebenen Stimmen nicht unmittelbar über die Sitzverteilung im Parlament entscheidet. Und schließlich kollidiert das demokratische Prinzip der Volkssouveränität mit der monarchischen Staatsorganisation Großbritanniens; denn wenn das Volk tatsächlich souveräne Staatsgewalt ausübt, so stellt sich nicht allein die Frage nach dem Macht-

Abb. 23: Karikatur aus dem *Daily Express* vom 29. April 1927. Der militanten, mittlerweile gealterten Wahlrechtskämpferin begegnet der Typ der neuen, modebewussten Frau der zwanziger Jahre (*flapper*), die das Wahlrecht als Selbstverständlichkeit genießt.

anspruch der Krone, sondern auch nach deren genereller Existenzberechtigung.

Jüngere Verfassungskommentare lösen dieses Problem, indem sie einerseits auf den traditionellen britischen Pragmatismus verweisen, der die politische Praxis über Jahrhunderte bestimmt habe, und andererseits darauf aufmerksam machen, dass es verschiedene, dem Anspruch nach aber gleichwertige Diskurse um die Verfassung und ihre Auslegung gebe. Damit erhärtet sich erneut die schon zuvor erhobene Behauptung, dass die britische Verfassung als Erzählung existiert, über die in Abhängigkeit vom politischen Standpunkt des Erzählers unterschiedliche Geschichten erzählt werden können.

In der Nachfolge der Reformgesetze und der Ausweitung des Wahlrechts wuchs bereits im 19. Jahrhundert der Wunsch nach einer kohärenten und logisch nachvollziehbaren Darstellung des nichtgeschriebenen Verfassungssystems. Unter den zahlreichen Verfassungsbeschreibungen der viktorianischen Zeit hat keine einen vergleichbaren Status erringen können, wie er Walter Bagehots *The English Constitution* (1867) zugebilligt wurde und weiterhin wird. Als versierter Jurist und zugleich als ausgesprochen erfahrener Journalist verfügte er über eine beinahe einzigartige Verbindung von Sach- und Vermittlungskompetenz, die ihn zum idealen Erzähler machte. Die anhaltende Popularität seiner Studie ist umso erstaunlicher, wenn man bedenkt, dass Bagehot das Wesen der Verfassung zu ergründen sucht, indem er deren Sein von ihrem Schein trennt. Zu diesem Zweck führt er eine seither als klassisch geltende Unterscheidung ein zwischen den *dignified parts* (Krone, Royal Family, House of Lords) und dem *efficient part* der Verfassung, dem eigentlichen Macht- und Entscheidungszentrum, das er im Kabinett um den Premierminister verortet. Die Aufgabe der würdevollen Verfassungselemente besteht in der öffentlichen und theatralischen Inszenierung von Herrschaft, Wohlstand und Pomp ("the *theatrical show* of society", 1963: 248), welche die Massen in ehrfurchtsvolles Schaudern versetzt, sie politisch gefügig macht ("[...] they are coerced by it. Their imagination is bowed down", 1963: 248) und ihren Blick absichtsvoll vom wahren Zentrum der politischen Macht fern hält:

The brief description of the characteristic merit of the English Constitution is, that its dignified parts are very complicated and somewhat imposing, very old and rather venerable; while its efficient part, at least when in great and critical action, is decidedly simple and rather modern. We have made, or rather stumbled on, a constitution which – though full of every species of incidental defect, though of the worst *workmanship* in all out-of-the-way matters of any constitution in the world – yet has two capital merits: it contains a simple efficient part which, on occasion, and when wanted, *can* work more simply and easily, and better, than any instrument of government that has yet been tried; and it contains likewise historical, complex, august, theatrical parts, which it has inherited from a long past – which *take* the multitude – which guide by an insensible but an omnipotent influence the associations of its subjects. Its essence is strong with the strength of modern simplicity; its exterior is august with the Gothic grandeur of a more imposing age. Its simple essence may, *mutatis mutandis*, be transplanted to many very various countries, but its august outside – what most men think it is – is narrowly confined to nations with an analogous history and similar political materials. (Bagehot 1963: 65)

Bagehots Studie erschien im gleichen Jahr, in dem das Parlament das Zweite Reformgesetz verabschiedete (1867). Durch diesen weiteren Schritt auf dem Wege zur Demokratisierung der britischen Gesellschaft mussten weite Teile von *The English Constitution* als überholt gelten, was jedoch den Siegeszug und die unverminderte Popularität des Buches in keiner Weise beeinträchtigt hat. Gegenwärtig ist Bagehots Klassiker in vier Ausgaben unterschiedlicher Verlage lieferbar, wobei die renommierten Universitätsverlage von Oxford und Cambridge im Jahre 2001 eigene Taschenbuchausgaben auf den Markt gebracht haben. Für dieses ungebrochene Interesse an Bagehots Werk lassen sich im Wesentlichen drei Gründe anführen: Erstens gibt es keine Verfassungserzählung, die ähnlich lesbar, scharfsinnig und kohärent abgefasst ist und den politisch interessierten Leser in die Mysterien der ungeschriebenen Verfassung einführt; zweitens besitzt der Text eine enorme Autorität, wird auch von Verfassungsrechtlern immer wieder konsultiert und hat daher selbst beinahe Verfassungsrang; und drittens können einige Passagen durchaus auch weiterhin aktuelle Geltung beanspruchen, was allerdings die Vermutung nahe legt, dass sich seit dem späten 19. Jahrhundert nicht vieles im grundsätzlichen Bereich der Verfassung geändert hat. Ein Textabschnitt wie der folgende belegt die anhaltende Frische von Bagehots Argumentation:

> A *family* on the throne is an interesting idea also. It brings down the pride of sovereignty to the level of petty life. No feeling could seem more childish than the enthusiasm of the English at the marriage of the Prince of Wales. They treated as a great political event, what, looked at as a matter of pure business, was very small indeed. But no feeling could be more like common human nature as it is, and as it is likely to be. The women – one half of the human race at least – care fifty times more for a marriage than a ministry. All but a few cynics like to see a pretty novel touching for a moment the dry scenes of the grey world. A princely marriage is the brilliant edition of a universal fact, and, as such, it rivets mankind. (Bagehot 1963: 85)

Mit dem Prince of Wales ist Albert Edward gemeint, ältester Sohn Victorias und nach ihrem Tod Edward VII, der sich 1863 in einer prunkvollen Zeremonie mit Prinzessin Alexandra von Dänemark vermählt hatte. Ohne diesen historischen Kontext zu kennen, ließe sich die Passage aber mühelos auch auf die in der weltweiten Öffentlichkeit viel beachtete Eheschließung des gegenwärtig amtierenden Prince of Wales mit Lady Diana Spencer im Jahre 1981 beziehen. An den würdevollen Teilen der Verfassung hat sich bis in die jüngste Gegenwart in der Tat wenig getan.

5.2 Die vier Säulen der Verfassung

Bagehots Unterscheidung zwischen den *dignified* und den *efficient parts* der Verfassung ist als beschreibendes Instrumentarium aus heutiger Sicht nicht mehr hinlänglich. Allerdings ist auch das *Oxford English Dictionary*, das Standardwörterbuch der englischen Sprache, bei der Präzisierung des Begriffs *constitution* wenig dienlich, denn dort heißt es:

> act or mode of constituting; character of body as regards health, strength etc.; mental character; mode in which a State is organized; body of fundamental principles according to which a State or other organization is governed. (*OED*, s.v. "constitution")

Die politische Bedeutung des Verfassungsbegriffs tritt im Sprachgebrauch erkennbar hinter die primär zitierte Bedeutung der physischen und mentalen Verfassung des menschlichen Körpers zurück. Hier wirkt offenbar noch die frühneuzeitliche Anschauung des Staats als Körper (*body politic*) nach, wie sie in besonders plastischer Form im Staatsmodell des *Leviathan* (1651) von Thomas Hobbes entwickelt wurde. Erneut zeigt sich jedoch, dass eine Klärung des Verfassungsbegriffs weder theoretisch als dringlich empfunden wird noch praktisch eine überzeugende Präzisierung erfährt. Zur Beschreibung empfiehlt sich daher ein pragmatischer Zugang zu jenem "body of fundamental principles", aus denen sich die ungeschriebene Verfassung Großbritanniens zusammensetzt.

Es lassen sich vier zentrale Rechtsbereiche unterscheiden, aus denen konstitutionell verbindliche Regelungen mit Gesetzeskraft hervorgehen, nämlich das Parlamentsrecht (*Statute Law*), das Gemeine Recht (*Common Law*), die parlamentarischen Konventionen sowie das Europäische Recht. Zwar ist die Hierarchisierung dieser Rechtsquellen nur wenig problematisch, ihr Zusammenwirken hingegen in Ermangelung einer kodifizierten Verfassung oft äußerst kompliziert.

Das *Statute Law* umfasst sämtliche vom Parlament verabschiedeten Gesetze und besitzt als primäres Recht die höchste Geltung, wie es dem Prinzip der Parlamentssouveränität entspricht. Bemerkenswert ist jedoch, dass im britischen Recht keine Unterscheidung getroffen wird zwischen Gesetzen mit Verfassungsrang und solchen, die für die Verfassung völlig unerheblich sind. Während in fast allen westlichen Demokratien Verfassungsänderungen nur mit einer Zweidrittel-, in einigen Staaten sogar nur mit einer Dreiviertelmehrheit zulässig sind, genießen konstitutionelle Gesetze in Großbritannien keinen privilegierten Status. Vielmehr werden sie wie jedes andere Gesetz behandelt und im parlamentarischen Verfahren mit einfacher Mehrheit im Unterhaus verabschiedet. Daher besteht, zumindest theoretisch, auch die Möglichkeit, dass Gesetze von Verfassungsrang, die von einer Regierung durch das Parlament gebracht werden, in der nachfolgenden Legislaturperiode von einer neuen Regierung erneut mit einfacher Mehrheit geändert oder gar außer Kraft gesetzt werden können. Dies erleichtert zwar eine flexible Anpassung an politische Veränderungen, setzt aber Verfassungsrechte beinahe schutzlos dem Parlament aus. Verschärft wird diese Situation durch das Fehlen einer britischen Institution, die wie das deutsche Bundesverfassungsgericht über die Einhaltung der Verfassung durch die Gesetzgebung wacht. Da die Verfassung ja nicht geschrieben ist, sondern sich permanent im Sinne des organischen Wachstums erneuert, fehlt einer solchen Instanz der institutionelle Rahmen, um verfassungsrechtlich wirksam werden zu können. Die Law Lords des Oberhauses können diese Funktion daher nur ansatzweise wahrnehmen. Ein legislativer Wildwuchs wird allerdings dadurch verhindert, dass frühere Statuten als Präzedenzfälle behandelt werden, an die das Parlament gebunden ist.

Hieran zeigt sich deutlich der gewaltige Einfluss des Common Law, das ebenfalls nicht in kodifizierter Form vorliegt und auch auf dem Präzedenzsystem beruht.

Erstaunlich ist weiterhin, wie gering der Anteil des Parlamentsrechts an der Verfassung insgesamt zu beziffern ist. Als zentrales Organ der Legislative konstituierte sich das Parlament erst im 18. Jahrhundert, mithin zu einem Zeitpunkt, zu dem die Verfassung und die sie tragenden Institutionen bereits weitgehend entwickelt waren. Die Statuten des Parlaments betreffen erstens die Unionsgesetze von 1536, 1707 und 1801, aus denen das Vereinigte Königreich hervorging, sowie den Government of Ireland Act von 1920, mit dem das Staatsterritorium auf Nordirland beschränkt wurde. Zweitens ist die Eingrenzung der monarchischen Gewalt im Sinne der konstitutionellen Monarchie durch die Bill of Rights von 1689 und den Act of Settlement von 1701 geregelt. Drittens legen die Peerage Acts des Parlaments aus den Jahren 1911, 1949, 1963 und 1999 die politischen Kompetenzen von Ober- und Unterhaus fest. Viertens ist durch parlamentarische Statuten, wie weiter oben dargestellt wurde, das Wahlrecht der Bevölkerung seit 1832 ausgedehnt und gesetzlich verankert worden. Und fünftens ist das Verhältnis Großbritanniens zu Europa durch den Beitritt zur Europäischen Union (*Act of Accession*) im Jahre 1972 sowie durch die Ratifizierung des Maastricht-Vertrags von 1993 durch Parlamentsbeschluss festgeschrieben.

Der Organisation demokratischer Gesellschaften liegt staatsrechtlich das Prinzip der Gewaltenteilung zugrunde. Diesem Grundsatz zufolge besitzt das Parlament als gesetzgebende Gewalt die Macht, Gesetze zu erlassen und die Rechtsordnung zu schaffen (Legislative). Die Anwendung dieser Gesetze obliegt den Gerichten, die bei Straftaten und Rechtsstreitigkeiten nach Maßgabe der geltenden Gesetze Recht sprechen und Urteile verhängen (Judikative), während die Regierung die vollziehende Gewalt besitzt, Recht und Gesetz zur Anwendung zu bringen (Exekutive). Diese idealtypische Verteilung staatlicher Gewalt auf autonome staatliche Einrichtungen trifft für Großbritannien nur mit Einschränkungen zu. Das englische Rechtswesen stellt wie kaum eine andere gesellschaftliche Institution das Resultat einer jahrhundertealten und bis in die Gegenwart ungebrochenen Tradition dar. Daraus ergeben sich auch verfassungsrechtliche Konsequenzen, die eine etwas ausführlichere Erläuterung erfordern.

Die in den westlichen Gesellschaften benutzten Rechtssysteme lassen sich trotz vieler Abweichungen voneinander in zwei Hauptgruppen gliedern, nämlich in das römische Recht und das englische Recht. Beide Systeme sind hinsichtlich ihrer historischen Entwicklung, ihrer Rechtsanschauung, Rechtsprechung und Rechtspflege grundverschieden. Für die bereits in der Antike verwendete und daher als 'römisch' bezeichnete Rechtsordnung ist der Kodifizierungswille grundlegend, wonach Gesetze in thematische

Gruppen geordnet und in Gesetzbüchern (Kodizes) zusammengefasst werden. Als Folge der Aufklärung im 18. Jahrhundert wurde das römische Modell wegen seiner Rationalität, Vernunft und Systematik gesamteuropäisch zum Leitbild, dessen Vorzüge es gestatten sollten, jedem Bürger eines Landes den Zugang zum Recht zu ermöglichen.

Diese kontinentaleuropäische Rechtsentwicklung ist in England nicht aufgegriffen worden, wo sich das Common Law mittelalterlicher Herkunft gegenüber allen gesellschaftlichen Reformbemühungen bis heute hat behaupten können. Das Common Law ist insofern ein wahrhaft englisches Recht, da es nur in England und in Wales gültig ist, wohingegen Schottland, aber auch Nordirland und die Kanalinseln über verschiedene Rechtssysteme verfügen. Während zum Vergleich Deutschland ein zwar föderalistisch organisierter Staat mit einer jedoch bundesweit gültigen Rechtsordnung ist, stellt sich Großbritannien als zentralistisch regiertes Staatswesen dar, in dem paradoxerweise verschiedene Rechtssysteme gültig sind.

In seinem Ursprung geht das Common Law auf die Normannische Invasion zurück, in deren Folge das eroberte angelsächsische Territorium zu einem geschlossenen Rechtsgebiet zusammengefasst wurde. Gesetzgebung und Rechtsprechung waren dabei in der Person des Königs vereint, der diese Vorrechte (Prärogative) aufgrund der beträchtlichen Ausdehnung des normannischen Reichs sowie des wachsenden Verwaltungsaufwands immer weniger selbst wahrnehmen konnte und immer häufiger an Vertrauenspersonen delegierte, die das Land bereisten und im Namen des Königs vor Ort Recht sprachen. Wurden diese Personen zu Beginn noch aus dem Klerus rekrutiert, so traten schon seit dem 12. Jahrhundert professionelle Richter an ihre Stelle, die an den königlichen Rechtsschulen in London (*Inns of Court*) ausgebildet wurden. Da auch sie im Namen des Königs Recht sprachen und Urteile verhängten, wurde bei der Ausbildung besonderes Gewicht auf die Vergleichbarkeit der Urteilsfindung gelegt, um eine landesweite Rechtsgleichheit sicherzustellen.

Daraus ergaben sich vornehmlich drei Konsequenzen: Zum einen wurden regionale Unterschiede beseitigt und eine in ganz England gültige Rechtsprechung durchgesetzt, so dass das Common Law zum gemeinen oder auch gemeinsamen Recht für alle rechtsfähigen Personen in England wurde. Zum zweiten besaßen die Urteile, die im Namen des Königs ergingen, Gesetzeskraft, da Recht und Gesetz in der Person des Monarchen und damit auch in seinen richterlichen Stellvertretern vereinigt waren. Drittens hatte dies zur Folge, dass die am Londoner Hof tätigen Richter, die zu den vierteljährlichen Gerichtstagen die ihnen zugewiesenen Grafschaften bereisten (*travelling judges*), Kenntnis von den Urteilen ihrer Kollegen haben mussten und darüber hinaus an frühere Urteile ihrerseits gebunden waren.

Aus dieser institutionellen Struktur entwickelte sich das Gemeine Recht zu einem organisch gewachsenen System, das in der zweiten Hälfte des 13. Jahrhunderts bereits fertig ausgebildet war und auch schon als Common Law bezeichnet wurde. Somit hatte sich die juristische Verwaltungsstruktur zu einem Zeitpunkt etabliert, als das Parlament als eigentliche gesetzgeberische Institution noch nicht existierte. Stattdessen lag die legislative Gewalt bei den Richtern, die mit jedem neuen Urteil zugleich ein neues Gesetz schufen. Das Common Law wird daher auch als ein von Richtern geschaffenes Recht (*judge-made law*) bezeichnet, weshalb die Theorie der strikten Gewaltentrennung in England nicht anwendbar ist.

Da weiterhin keine Kodizes vorlagen und auch bis heute nicht geschaffen wurden, waren und sind die Richter stets mit konkreten Einzelfällen befasst, deren jeweils individuelle Problemlagen bei der Urteilsfindung zu berücksichtigen sind. Im Gegensatz zum römischen Recht ist das Common Law in seiner Rechtsauffassung daher sehr viel pragmatischer und eher vom gesunden Menschenverstand (*common sense*) geprägt als von rechtstheoretischen Erwägungen. Die Konzentration auf den konkreten Einzelfall hat zudem die Ausbildung eines Fallrechts (*case law*) begünstigt. Bei der Urteilsfindung konnten sich die englischen Richter nie an allgemein verbindlichen Gesetzessammlungen orientieren und den zu entscheidenden Einzelfall einem bestimmten Paragraphen unterordnen, wie es das römische System vorsieht. Stattdessen müssen sie gemäß dem Fallrecht überprüfen, ob ein zuvor gesprochenes Urteil bei der Entscheidung in einem Rechtsstreit zu beachten ist. Da alle richterlichen Urteile nach dem Common Law Gesetzeskraft besitzen, sind die Richter bei ihrer Urteilsfindung an solche Präzedenzfälle (*precedents*) gebunden. Bei der Entscheidung eines Rechtsstreits müssen daher die jeweils relevanten früheren Urteile konsultiert werden, und es kommt auch heute noch gelegentlich vor, dass ein Verfahren aufgrund eines Präzedenzfalls aus dem Mittelalter entschieden wird. Lässt sich jedoch kein einschlägiger Präzedenzfall ermitteln, so wird das richterliche Urteil zum neuen Gesetz und hat als künftiger Präzedenzfall bindende Wirkung.

Das Common Law gründet sich also nicht auf kodifizierte und thematisch geordnete Gesetzessammlungen, sondern umfasst die gesamte Spruchpraxis der Gerichte seit dem Mittelalter, wobei die einzelnen Urteile unter Verweis auf den regierenden Monarchen und die Jahreszahl abgelegt sind. Ab dem 13. Jahrhundert wurden richterliche Entscheidungen in den Year Books niedergeschrieben, die im 16. Jahrhundert durch die Law Reports ersetzt wurden. Im 18. Jahrhundert unternahm der Jurist William Blackstone den ersten Versuch, einen Überblick über alle bis dahin gültigen Gerichtsentscheidungen zu schaffen, die er in der vierbändigen, seitdem ständig aktualisierten Sammlung *Commentaries on the Laws of England* (1765–69) veröffentlichte.

Das Common Law ist ein sekundäres Recht und kann die vom Parlament erlassenen Statuten nicht brechen, da die Gültigkeit eines Gesetzes von keinem Gericht überprüft und nur vom Parlament selbst widerrufen werden kann. Wohl aber muss sich ein Parlamentsgesetz in der Rechtsprechung bewähren und kann im Rahmen der Spruchpraxis des Common Law interpretiert und präzisiert werden. Einer solchen richterlichen Entscheidung kommt dann Verfassungsrang zu. Zwar hat das Statute Law die Bestimmungen und auch die Verfahren des angelsächsischen Rechts eingegrenzt und konkretisiert, nicht jedoch das Common Law beseitigt. Das Faszinosum zweier gesetzgebender Gewalten, des Parlaments und des Richterstands, ist damit erhalten geblieben. Es spricht für die Flexibilität und den Pragmatismus des britischen Institutionengefüges, dass beide Teile der Rechtsordnung nicht nur nebeneinander existieren können, sondern sich gegenseitig auch sehr effektiv ergänzen.

Aus der Präzedenzpraxis des Common Law ist zudem ein System ungeschriebener Konventionalregeln erwachsen, die verfassungsrechtlichen Status besitzen. Entstanden sind diese Konventionen aus überwiegend pragmatischen Versuchen, parlamentarische Organisationsprobleme durch Übereinkünfte und politische Zugeständnisse zu lösen. Diesen Verfahren wurde dann ihrerseits Präzedenzrecht zugebilligt, so dass sich aus politischen Gepflogenheiten Verfassungskonventionen entwickelten.

Dem Oxforder Rechtswissenschaftler A.V. Dicey gebührt das Verdienst, die höchst komplexen Konventionalregeln als Erster verfassungsrechtlich untersucht und beschrieben zu haben. In seiner kanonisch gewordenen Schrift *Introduction to the Study of the Law of the Constitution* (1885) trifft Dicey eine Unterscheidung zwischen drei Prinzipien, auf denen die Verfassung beruht, nämlich auf dem Prinzip der Parlamentssouveränität, dem der Rechtsstaatlichkeit (*rule of law*) und dem der Konventionalregeln. Während die ersten beiden schriftlich fixiert sind und Gesetzesrang besitzen, umfassen die Konventionen den weitaus größten Teil der Verfassung, ohne dass ihnen unterschiedslos Rechtsstatus zugebilligt werden könnte. In ihnen kommt vielmehr "the constitutional morality" (Dicey 1979: 24) des politischen Systems zum Ausdruck, da mit dem Geflecht aus Konventionen all jene Verfahren geregelt werden, die abseits des Parlamentsrechts der Autorität der Krone unterliegen. Diese "discretionary powers of the Crown" (Dicey 1979: 422) erstrecken sich auf weite Bereiche der Verfassungspraxis:

> Thus no statute is required to enable the Crown to dissolve or to convoke Parliament, to make peace or war, to create new Peers, to dismiss a Minister from office or to appoint his successor. The doing of all these things lies legally at any rate within the discretion of the Crown; they belong therefore to the discretionary authority of the government. (Dicey 1979: 423)

Daher muss nach Diceys Auffassung der Rechtsstatus einer jeden Konvention durch eine Einzelfallprüfung festgestellt werden, wie es ja auch das Common Law vorsieht. Wie kompliziert sich dies gestalten kann, verrät schon die Analyse der allseits akzeptierten Maxime "The Queen can do no wrong":

> This maxim, as now interpreted by the courts, means, in the first place, that by no proceeding known to the law can the Queen be made personally responsible for any act done by her; if (to give an absurd example) the Queen were herself to shoot the Premier through the head, no court in England could take cognisance of the act. The maxim means, in the second place, that no one can plead the orders of the Crown or indeed of any superior officer in defence of any act not otherwise justifiable by law; this principle in both its applications is (be it noted) a law and a law of the constitution, but it is not a written law. (Dicey 1979: 24–25)

Im Lichte dieser Analyse erweist sich die Maxime als Gesetz, da kein englisches Gericht über ein rechtmäßiges Verfahren verfügt, gegen Verstöße seitens der Krone vorgehen zu können. Zwar ist dieses Gesetz ungeschrieben und nicht durch Parlamentsstatut bekräftigt, doch ergibt sich der rechtliche Status der Konvention aus der juristischen Verfahrenspraxis des Common Law.

Zwar sind seit dem späten 19. Jahrhundert zahlreiche Konventionalregeln durch Parlamentsgesetze geklärt worden, aber noch immer ist die Anzahl der ungeschriebenen Übereinkünfte gewaltig. In ihrer Autobiographie *The Downing Street Years* (1993) schildert Margaret Thatcher die parlamentarischen Gepflogenheiten, auf die sie bei der personellen Zusammenstellung ihrer ersten Regierung 1979 Rücksicht nehmen musste. Da sie Lord Peter Carrington, ein Mitglied des Oberhauses, zum Außenminister berief, der zugleich auch die Politik der Regierung im House of Lords offiziell vertreten sollte, verlangte die Konventionalregel in einem solchen Fall die Ernennung eines stellvertretenden Außenministers, der die Entscheidungen des Kabinetts im Unterhaus verantworten würde:

> The law prescribes that only twenty-two people may receive salaries of Cabinet ministers. My decision to appoint a Foreign Secretary from the House of Lords meant that we had to have an additional Foreign minister in the Cabinet to answer in the Commons. Members of the House of Commons in any case dislike seeing too many Members of the Lords in the Cabinet. They accept, of course, that the Leader of the Lords and the Lord Chancellor (in this case the distinguished and effervescent Quintin Hailsham) and possibly a third peer of obvious suitability must be in the Cabinet. But they demand that there must be a second Cabinet minister in the Commons to answer for any departmental head who is a peer. In this post I appointed Ian Gilmour. (Thatcher 1993: 28)

Den durch Konventionalregeln bestimmten Erwartungen des Unterhauses wurde somit bei der Kabinettsbildung sorgfältig Rechnung getragen. Umgekehrt nutzte die Premierministerin zudem geschickt das Präzedenzrecht, auch wenn es nicht verfassungsrechtlich festgeschrieben war, und berief Willie Whitelaw zum Innenminister und zugleich zu ihrem Stellvertreter: "[Willie Whitelaw] was an irreplaceable deputy prime minister – an office which has no constitutional existence but is a clear sign of political precedence – and the ballast that helped keep the Government on course" (Thatcher 1993: 27).

Der Bericht Margaret Thatchers, mittlerweile in Folge einer weiteren Konventionalregel als Baroness Thatcher Mitglied des Oberhauses, veranschaulicht das Zusammenwirken von Statuten ("the law prescribes"), parlamentarischen Gepflogenheiten ("they demand") und Präzedenzentscheidungen ("a clear sign of political precedence"), aus denen sich das Verfassungssystem zusammensetzt. Zugleich verweist die Schilderung aber auch auf die beträchtliche politische Entscheidungsfreiheit, die den britischen Premierministern traditionell zur Verfügung steht, da sie nicht an die eindeutigen Bestimmungen einer geschriebenen Verfassung gebunden sind.

Während Statute Law und Common Law schriftlich fixierte Elemente der ungeschriebenen Verfassung darstellen, beruhen die Konventionalregeln auf ungeschriebenen Vereinbarungen. In Ermangelung einer kodifizierten Verfassungsurkunde sind diese Konventionen von entscheidender Bedeutung, weil sie in vielen Bereichen der politischen Alltagspraxis bindende Regelungen schaffen. Da aber selbst erfahrene Politikerinnen und Politiker nicht alle gültigen Konventionalregeln stets überblicken können, hat sich die Konvention eingebürgert, in Zweifelsfällen einschlägige Handbücher und Verfassungskommentare zu konsultieren, die ausnahmslos aus dem 19. Jahrhundert stammen. Zu den maßgeblichen Schriften (*authoritative opinion*) zählt in erster Linie das von Sir Thomas Erskine May verfasste Handbuch *Treatise Upon the Law, Privileges, Proceedings, and Usage of Parliament* (1844), in dem sämtliche Verfahrensangelegenheiten des Unterhauses niedergelegt sind, einschließlich der parlamentarischen Benimmregeln. Der Titel des Buchs wurde schon im 19. Jahrhundert auf die griffigere Formulierung *Parliamentary Practice* verkürzt und wird im politischen Sprachgebrauch in aller Regel als *Erskine May* zitiert. Diese über tausend Seiten starke und mittlerweile in der aktualisierten 22. Auflage vorliegende Schrift gilt als 'Bibel' des Unterhauses und wird vom Speaker und den Bediensteten sowie Parlamentsangehörigen regelmäßig bei strittigen Verfahrensfragen konsultiert. Obwohl die Studie ursprünglich deskriptiv angelegt war, wird sie seit langem als normatives Regelwerk betrachtet, genießt bei allen Parteien Zustimmung und besitzt aufgrund ihrer Autorität Verfassungsrang. Ein ähnliches Ansehen genießen für die Verfassungsgeschichte Walter Bagehots *The English Constitution* sowie für den Bereich des Verfassungsrechts A.V. Diceys *Introduction to the Study of the Law of the Constitution*, die zur Klärung von strittigen Sachverhalten ebenfalls herangezogen werden.

Die Hinwendung Großbritanniens zu Europa hat sich nach dem Ende des Zweiten Weltkriegs bekanntermaßen zögerlich vollzogen. Das Land zählte nicht zu den Unterzeichnerstaaten der Römischen Verträge (1957) und zeigte erst in den sechziger Jahren ein gestiegenes Kooperationsinteresse, das jedoch auf den Widerstand der französischen Regierung unter General de Gaulle stieß. Erst dem konservativen Premierminister Edward Heath gelang es, eine europafreundliche Politik zu popularisieren und 1973 die Aufnahme Großbritanniens in die Europäische Wirtschaftsgemeinschaft zu verwirklichen. Die Unterzeichnung dieses Abkommens fand innenpolitisch eine geteilte Aufnahme, da auf diesem Wege über vierzig Bände europäischer Gesetzgebung in Großbritannien bindend wurden und seither britisches Recht brechen. Kritiker von Heaths Europapolitik wiesen insbesondere darauf hin, dass mit dieser Entscheidung das grundlegende Verfassungsprinzip der Parlamentssouveränität verletzt worden sei, da die in Europa gültigen Gesetze im britischen Unterhaus nie beraten oder gar verabschiedet worden seien. Die nachfolgende Labour-Regierung unter Harold Wilson war bei ihrer Europapolitik daher äußerst auf die Zustimmung der Öffentlichkeit bedacht und leitete 1975 die erste Volksabstimmung in der britischen Geschichte ein, bei der sich eine klare Mehrheit der Bevölkerung (67 Prozent) für den Verbleib in der EWG entschied.

Auf der Grundlage dieses Votums hat Großbritannien seither aktiv an der politischen Ausgestaltung Europas mitgewirkt, sowohl bei der Einrichtung des Europäischen Binnenmarkts unter Margaret Thatcher (1987) als auch bei der Unterzeichnung des Maastricht-Vertrags durch John Major (1993). Die weitere Öffnung nach Europa war bereits vor dem ersten Wahlsieg von 1997 ein erklärtes Ziel von New Labour unter Tony Blair, wobei mit besonderer Dringlichkeit die Integration der Europäischen Menschenrechtskonvention in britisches Recht ins Auge gefasst wurde.

Diese Konvention wurde vom Europarat schon 1950, zwei Jahre nach dessen Gründung, verabschiedet und von der britischen Regierung unterzeichnet. Damit wurde eine europäische Rechtsquelle formal akzeptiert und zugleich die Existenz eines europäischen Berufungsgerichts oberhalb des House of Lords anerkannt. Abseits dieser Einschränkung der Parlamentssouveränität wurden die Bestimmungen der Konvention jedoch nicht in gültiges britisches Recht überführt. Dies hatte zur Folge, dass sich britische Staatsangehörige bei Menschenrechtsverstößen nicht an die eigenen Gerichte wenden konnten, sondern ihre Klage direkt beim Europäischen Gerichtshof in Straßburg einreichen mussten. Die *bringing rights home*-Kampagne der Labour-Regierung zielte auf die Beseitigung dieses Missstands, wobei einerseits die Regelungen der Menschenrechtskonventionen aufzunehmen waren, ohne gleichzeitig das Prinzip der Parlamentssouveränität zu verletzen. Mit dem Human Rights Act von 1998, der am 2. Oktober 2000 in Kraft trat, ist dieser rechtlich diffizile Balanceakt auf bemerkenswerte Weise in die parlamentarische Gesetzgebung überführt worden. Kraft dieses Gesetzes werden die britischen Gerichte angewiesen, sämtliche Statuten des Parlaments auf ihre Vereinbarkeit mit der Menschenrechtskonvention zu überprüfen. Im Fall eines rechtlichen Widerspruchs kann die Konvention nicht verwendet werden, um geltendes britisches Recht außer Kraft zu setzen; wohl aber können die Richter eine Unvereinbarkeitserklärung (*declaration of incompatibility*) abgeben, mit der das Parlament zwar nicht gezwungen, aber doch aufgefordert wird, die bestehende Gesetzgebung an die Bestimmungen der Menschenrechtskommission anzugleichen. Damit ist der Forderung nach einer Integration der European Convention on Human Rights (ECHR) rechtlich Genüge getan worden, und zugleich wurde die Doktrin der Parlamentssouveränität zumindest technisch bewahrt, da sich das Unterhaus nach wie vor das legislative Privileg vorbehält, das Europarecht zu ändern, zu ergänzen oder abzulehnen. An der getroffenen Regelung zeigt sich aber insbesondere ein weiteres Mal die konstitutionelle Bedeutung des Common Law als Korrektivinstanz des Legislative.

5.3 *Reign and Rule:* Krone und Parlament

Das britische Staatswesen ist als konstitutionelle Monarchie verfasst, die sich als Folge einer langen und ungebrochenen historischen Tradition von einer absolutistischen Monarchie über eine oligarchische Adelsherrschaft hin zu einer demokratisch strukturierten Staatsform entwickelt hat. Diese drei politischen Kräfte sind auch weiterhin an der Herrschaft beteiligt, so dass sich das Parlament aus drei Institutionen zusammensetzt, nämlich der Krone, dem Oberhaus und dem Unterhaus (vgl. Abb. 24). Diese drei Teile des Parlaments sollen im Folgenden gesondert behandelt werden, wobei sowohl die jeweiligen Kompetenzen als auch das politische Zusammenwirken dieser Einrichtungen zu berücksichtigen ist.

Die Monarchie ist die älteste politische Institution in Großbritannien, deren Traditionen bis weit ins frühe Mittelalter zurückreichen. Seit den Revolutionen des 17. Jahrhunderts wurden die Machtbefugnisse der Krone fast vollständig zurückgedrängt, und der regierende Monarch ist seither an die Verfassung gebunden, woher sich der Begriff 'konstitutionelle Monarchie' herleitet. Die Monarchie ist aber gleichwohl auch weiterhin ein Teil des Parlaments, da der Regent den Staat gleichsam personifiziert. Für die Position des Monarchen innerhalb des parlamentarischen Systems hat sich seit dem 18. Jahrhundert der Begriff *the crown in parliament* durchgesetzt. Damit

Abb. 24: Sinnbildliche Darstellung der englischen Verfassung aus dem Jahr 1774. Die drei verfassungstragenden Säulen, Krone, Lords und Commons, sind zum Staat miteinander verbunden und halten so Religion, Ordnung, Macht auf der einen und Freiheit, Recht und Pflicht des Individuums auf der anderen Seite in der Waage.

wird einerseits auf die Integration der Krone in die Staatsverfassung hingewiesen, andererseits die Eingrenzung ihrer Kompetenzen durch die konstitutionellen Bestimmungen hervorgehoben. Dies lässt sich auf die Formel bringen: "The monarch reigns but does not rule." Der regierende, aber nicht herrschende Monarch wird zudem nicht gewählt, sondern Titel und Amt werden nach festgelegten Thronfolgeregeln vererbt, wobei der älteste männliche Nachkomme, der Tradition nach der Prinz von Wales, in direkter Thronfolge steht. Während Premierminister, Kabinette und Regierungen wechseln, stellt die Monarchie einen nicht unwesentlichen Faktor politischer Kontinuität dar. Königin Victoria regierte Großbritannien 64 Jahre lang. Königin Elizabeth trat 1952 in die Thronfolge ein und feierte 2002 ihr fünfzigstes Thronjubiläum. In ihrer Amtszeit hatte sie es mit zehn verschiedenen Premierministern zu tun, von denen der jüngste, Tony Blair, bei ihrem Amtsantritt noch nicht geboren war.

Obwohl das britische Staatswesen offiziell als Vereinigtes Königreich firmiert, sind die Aufgaben der Königin mittlerweile fast ausschließlich repräsentativer Art. Formal betrachtet ist sie aber das Staatsoberhaupt, steht der Exekutivgewalt vor, ist an der Gesetzgebung beteiligt, da alle neuen Gesetze der königlichen Zustimmung (*Royal Assent*) bedürfen, und auch die Rechtsprechung unterliegt ihrer Oberhoheit. Die Königin ist des weiteren Oberbefehlshaberin der Streitkräfte und als *Supreme Governor* Oberhaupt der Anglikanischen Kirche. In allen diesen Belangen trifft die Königin sämtliche Entscheidungen nur auf Anweisung ihrer Minister. Daran zeigt sich die Souveränität des Parlaments, auch wenn der Form nach Großbritannien im Namen der Königin durch deren Regierung (*Her Majesty's Government*) politisch verwaltet wird. Hinter dieser scheinbaren Statistenrolle der Monarchie verbirgt sich jedoch ein handfestes politisches Argument. Da nämlich die Königin keine eigenmächtigen Entscheidungen treffen kann, ist sie folglich für Irrtümer und politische Fehlleistungen ihrer Minister auch nicht verantwortlich zu machen. In der bereits erwähnten Maxime "The Queen can do no wrong" kommt diese Vorstellung sehr anschaulich zum Ausdruck. Daher müssen zwar immer wieder einzelne Minister oder gar ganze Kabinette zurücktreten, die Königin aber bleibt politisch stets ohne Fehl und Tadel. Auch das erklärt die erstaunliche Überlebensfähigkeit der britischen Monarchie.

Zudem obliegt der Königin eine Anzahl repräsentativer Pflichten innerhalb der Regierungstätigkeit. Hierzu zählen die Einberufung, Vertagung und Auflösung des Parlaments, aber auch die Ernennung des Premierministers sowie aller Regierungsmitglieder, der höheren Richter, Diplomaten und anglikanischen Bischöfe. Als Staatsoberhaupt verfügt die Königin formal weiterhin über das Vorrecht, Kriege zu erklären und Friedensschlüsse zu unterzeichnen, Staaten und deren Regierungen völkerrechtlich anzuerken-

Königliche Prärogative

In der königlichen Prärogative (*royal prerogative*), die in ihrem Ursprung auf das *common law* zurückgeht und sich dann in der Theorie des *divine right of kings* niederschlägt, sind alle Rechte der Krone vereint: "A prior, exclusive, or peculiar right or privilege, esp. in constitutional history: that special pre-eminence which the sovereign, by right of regal dignity, has over all other persons and out of the course of the common law; the Royal Prerogative, a sovereign right (in theory) subject to no restriction or interference" (Friebel & Händel 1991: 145). Obwohl die Krone im Laufe der Jahrhunderte immer mehr Macht an das Parlament abtreten musste, hat die königliche Prärogative nach wie vor Bestand. Allerdings übt der Monarch seine Rechte heute nur in verfassungsmäßiger Absprache mit Parlament, Premierminister und Judikative aus. Die Einschränkung der königlichen Prärogative spiegelt somit den Wandel Englands von einer feudalen zu einer konstitutionellen Monarchie wider, die heute in der Maxime gipfelt: 'The sovereign reigns but does not rule.'

nen, Staatsverträge abzuschließen und das britische Staatsterritorium zu erweitern oder zu verkleinern. Auch hier trifft die Königin alle Entscheidungen nur auf Anraten ihrer Minister. Nicht zu unterschätzen ist hingegen das außenpolitische Gewicht der Monarchie. Elizabeth II wird in einer Reihe von Ländern des Commonwealth als Staatsoberhaupt anerkannt, u.a. in Australien, Kanada und Neuseeland. Obwohl diese Staaten politisch von Großbritannien unabhängig sind, fungiert die Königin dennoch als eine wichtige Identifikationsfigur innerhalb der angelsächsischen Völkergemeinschaft.

Die gegenwärtig regierende Königin hat ihre politischen Aufgaben, so beschränkt diese auch sein mögen, stets mit großer Sorgfalt erfüllt und dabei auch ein erhebliches Fachwissen gesammelt. Zu den politischen Gepflogenheiten zählt die wöchentliche Audienz des Premierministers, bei der sich die Königin über die im Parlament anstehenden Entscheidungen informieren lässt. Als Margaret Thatcher 1979 zur Premierministerin ernannt wurde, ergab sich die in der britischen Geschichte bislang einmalige Konstellation, dass die beiden exponiertesten Staatsämter von Frauen besetzt waren. In ihrer Autobiographie notiert Lady Thatcher rückblickend: "Of course, under the circumstances, stories of clashes between 'two powerful women' were just too good not to make up. In general, more nonsense was written about the so-called 'feminine factor' during my time in office than about anything else" (Thatcher 1993: 18). Zugleich bringt sie aber auch ihre Bewunderung über die bemerkenswerten Sachkenntnisse der Königin zum Ausdruck, wenngleich sie aufgrund der Verschwiegenheitsverpflichtung dem Leser keine Details mitteilt:

> Perhaps it is permissible to make just two points about these meetings. Anyone who imagines that they are a mere formality or confined to social niceties is quite wrong; they are quietly businesslike and Her Majesty brings to bear a formidable grasp of current issues and breadth of experience. And, although the press could not resist the temptation to suggest disputes between the Palace and Downing Street, especially on Commonwealth affairs, I always found the Queen's attitude towards the work of the government absolutely correct. (Thatcher 1993: 18)

Die Verpflichtung, die Königin über alle anstehenden Entscheidungen zu informieren, bezieht sich nicht allein auf den Premierminister, sondern betrifft insbesondere den Kronrat (*Privy Council*). Dabei handelt es sich um eine ebenfalls höchst traditionsreiche Institution, in der seit dem Mittelalter die engsten Ratgeber des Monarchen versammelt waren und aus der sich im 18. Jahrhundert das Kabinett entwickelte. Die politische Bedeutung des Kronrats ist heute entsprechend gering, obwohl er hochkarätig besetzt ist. Zu den gegenwärtig etwa 400 Kronräten zählen alle Minister sowie bedeutende Persönlichkeiten des öffentlichen Lebens, die nach Vorschlag des Premierministers von der Königin berufen werden und die nicht nur aus Großbritannien, sondern auch aus Ländern des Commonwealth stammen. Trotz seiner geschwundenen politischen Bedeutung kann der Kronrat unter dem Vorsitz der Königin beträchtlichen Einfluss auf Verfassungsfragen geltend machen, z.B. zur Thronfolgeregelung, über die Erteilung königlicher Stiftungsurkunden (*Royal Charters*) entscheiden, z.B. bei der Gründung neuer Universitäten, und nicht zuletzt dient er als oberstes Berufungsgericht für eine Reihe von Ländern des Commonwealth.

Über die Zukunft der Monarchie sind die Auffassungen ebenso geteilt wie im Hinblick auf die Verfassung. Die Royalisten befürworten die monarchische Staatsordnung, da die Königin in einer sich rapide wandelnden Lebenswelt einen Garanten für Stabilität und Kontinuität darstellt. Da sie zudem in politischen Belangen eine Position strikter Neutralität bezieht, genießt sie ein Ansehen, wie es ein Staatspräsident kaum zu erreichen vermag. Es wird in diesem Zusammenhang aber auch auf die Tradition und das Prestige des Königshauses als *dignified part of the constitution* verwiesen, das von einer glanzvollen Aura umgeben ist, die auch internationale Beachtung findet. Der Unfalltod Prinzessin Dianas im August 1997 hat die internationale Anteilnahme an den Geschicken der königlichen Familie deutlich zum Ausdruck gebracht. Gleichwohl hat der Lebenswandel einzelner Angehöriger der *Royal Family* in den vergangenen Jahren mehrfach Anlass zur Kritik geboten. Insbesondere das Scheitern der Ehe von Prinz Charles und Lady Diana sowie die publizistische Verbreitung intimer Details hat an der Zukunft der Monarchie erhebliche Zweifel aufkommen lassen. Einige Kritiker haben insbesondere Bedenken geäußert, ob ein künftiger König Charles III wegen seiner moralischen Verfehlungen ein glaubwürdiges

Oberhaupt der Anglikanischen Kirche sein kann. Die wesentliche Kritik gründet sich jedoch auf politische Argumente. Die Monarchie wird als grundsätzlich undemokratisch, als politisch hoffnungslos veraltet und als unnötig teurer Luxus betrachtet. Radikale Republikaner fordern daher eine Beseitigung der Monarchie, deren Repräsentationspflichten durch einen gewählten Präsidenten ebenso gut, aber erheblich billiger, wahrgenommen werden könnten. Unter dem Druck der Öffentlichkeit erklärte sich die Königliche Familie 1993 dazu bereit, ihr beträchtliches Vermögen besteuern zu lassen. Gegenwärtig steht die britische Monarchie in einem schwierigen Spannungsverhältnis zwischen Tradition und Erneuerung. Ihre weitere Überlebensfähigkeit wird auch davon abhängen, inwieweit es ihr gelingt, sich in Zukunft wieder volksnäher, aufgeschlossener und gesellschaftlichen Veränderungen gegenüber anpassungsfähiger zu zeigen.

Die Argumente gegen die Monarchie betreffen in ähnlicher Form auch das Oberhaus (*House of Lords*) als zweite, nicht minder traditionsreiche politische Kraft. Kritiker betrachten seit langem das House of Lords als eine völlig anachronistische Institution, und die Labour Party unter Tony Blair hat am Ende ihrer ersten Legislaturperiode entscheidende Schritte zu einer weitreichenden Reform des Oberhauses eingeleitet. Da die Mitglieder des House of Lords nicht demokratisch gewählt waren, sondern aufgrund von Stand, Geburt, Amt oder Verdienst ernannt wurden, stand das Oberhaus in scharfem Gegensatz zu einem demokratischen Staatsverständnis. Dass zudem das mittelalterlich-feudalistische System männlicher Erbfolge und mithin der Sitzverteilung im Oberhaus weiter fortgeschrieben wurde, stand ebenso im Widerspruch zum demokratischen Denken wie die Diskriminierung von Frauen, die mit lediglich 82 Peeresses völlig unterrepräsentiert waren. Es lohnt sich jedoch, einen kurzen Überblick über das traditionelle House of Lords zu verschaffen, um die Stoßrichtung der gegenwärtigen Reformbemühungen zu verstehen.

Seinen Ursprung hat das Oberhaus in der mittelalterlichen Feudalordnung, in der es als Versammlung der Landesherren (*Lords*) fungierte. Da sie in der gesellschaftlichen Hierarchie unter dem König rangierten, untereinander aber alle die gleichen Rechte und die gleichen Adelsprivilegien besaßen, werden sie seither als ‘Peers’, d.h. ‘Ebenbürtige’, bezeichnet. Der politische Einfluss der Lords erwuchs aus dem schon in der Magna Carta (1215) verbrieften Vorrecht, bei der Bewilligung neuer Steuern seitens des Königs ein Mitspracherecht geltend zu machen. Bis ins 18. Jahrhundert war die politische Macht des Oberhauses aufgrund des Land- und Kapitalbesitzes seiner Mitglieder gewaltig. Seit den Reformen des letzten Jahrhunderts ist der Einfluss des House of Lords deutlich geschwunden und auf eine überschaubare Anzahl parlamentarischer Aufgaben beschränkt worden.

Abb. 25: House of Lords. Blick auf das prachtvoll ausgestaltete Oberhaus in Westminster mit dem königlichen Thron.

Oberhaus und Unterhaus bilden zusammen die klassische Form des parlamentarischen Zwei-Kammern-Systems, wie es in den USA (Senat und Repräsentantenhaus) und in Deutschland (Bundesrat und Bundestag) Verwendung findet. Der charakteristische Unterschied des britischen Systems besteht jedoch darin, dass die Mitglieder des Oberhauses keine demokratisch gewählten Repräsentanten sind. Das alte House of Lords zählte vor der jüngsten Reform ca. 1200 Mitglieder, von denen nur etwa 360 regelmäßig an den Sitzungen teilnahmen (vgl. Abb. 25). Die Angehörigen des Oberhauses gliedern sich in die zwei Gruppen der Lords Spiritual und Lords Temporal. Zur ersten Gruppe zählen auch im reformierten Oberhaus die Erzbischöfe von Canterbury und York, die Bischöfe von London, Durham und Winchester sowie 21 weitere Bischöfe der Anglikanischen Kirche.

Die Lords Temporal gliedern sich wiederum in zwei Untergruppen: Erstens waren traditionell alle Träger der erblichen Pairswürde (*Peerage*) im Oberhaus repräsentiert. Diese Vertreter des britischen Hochadels (irische Peers sind nicht vertreten) erbten mit dem Adelstitel zugleich auch den Sitz im House of Lords. Beides ging in der Erbfolge stets vom Vater auf den ältesten männlichen Erben über. Mit 755 Mitgliedern stellten 1996 die Hereditary Peers die größte Gruppe unter den Lords Temporal. Eine wesentlich kleinere Fraktion bildeten die Life Peers, die von der Königin auf Anraten des Premierministers wegen ihrer Verdienste für das Land in den Adelsstand erhoben werden, Titel und Sitz aber nur für ihre Lebenszeit zugesprochen bekommen und folglich beides nicht vererben können. Zu dieser Gruppe, die 404 Personen im Jahre 1996 umfasste, zählen alle ehemaligen Premierminister und auch die 24 Law Lords.

Vor den Unterhauswahlen von 1997 war New Labour mit dem Versprechen angetreten, eine grundlegende Reform des Oberhauses einzuleiten. Das erklärte Ziel besteht darin, die zweite Kammer in eine demokratische Instanz zu überführen, die am Beginn des 21. Jahrhunderts die britische Demokratie glaubwürdiger repräsentieren soll. Der erste bedeutsame Schritt auf diesem Weg wurde mit der Verabschiedung des House of Lords Act von 1999 gegangen, der die drastische Verringerung der erblichen Oberhaussitze von 759 auf 92 festschreibt. Zugleich wurde die Anzahl der von der Königin ernannten Life Peers von 477 (1999) auf 572 (2002) erhöht. Insgesamt wurde durch diese Maßnahme die Anzahl der Oberhausmitglieder auf 688 verringert. Darüber hinaus richtete die Regierung im Mai 2000 eine unabhängige Ernennungskommission (*House of Lords Appointments Commission*) ein, bei der die Bevölkerung Vorschläge für die Nobilitierung von Personen einreichen konnte, die sich im öffentlichen Leben in besonderer Weise ausgezeichnet haben. Aus den insgesamt über dreitausend eingegangenen Vorschlägen wählte die Kommission im Mai 2001 fünfzehn Persönlichkeiten aus, die aufgrund ihrer Verdienste in den Bereichen Wissenschaft und Bildung, Arbeit und Soziales, Wirtschaft und internationale Zusammenarbeit von der Königin zu *non-political life peers* geadelt wurden. Da die Ernennung aufgrund des öffentlichen Vorschlagsrechts erfolgte, hat die gegenwärtige Regierung für diese Mitgliedsgruppe den Begriff *People's Peers* zu popularisieren versucht. Zwar ist das House of Lords zur Zeit noch eine Institution im Übergang, doch der politische Wille der Labour-Regierung ist unverkennbar, in weiteren Schritten die völlige Beseitigung des Erbrechts herbeizuführen und das Oberhaus zu einer zumindest teilweise gewählten Kammer zu formieren.

Mitglieder des Oberhauses erhalten für ihre Tätigkeit keine Vergütung, sondern üben ihr politisches Mitbestimmungsrecht ehrenamtlich aus. Zudem besitzen sie weder aktives noch passives Wahlrecht, können also bei den Unterhauswahlen weder kandidieren noch ihre Stimme abgeben. Aus diesen Gründen haben in den vergangenen Jahrzehnten mehrere Peers auf den Adelstitel und den Sitz im Oberhaus verzichtet, um sich aktiv in der Politik engagieren zu können.

Die politischen Funktionen des Oberhauses erstrecken sich im Wesentlichen auf zwei Bereiche. Als zweite Kammer haben seine Mitglieder die Verpflichtung, alle im Unterhaus verabschiedeten Gesetzesvorlagen zu beraten und erst nach gründlicher Prüfung zu billigen. Zwar kann das Oberhaus ein mit Unterhausmehrheit verabschiedetes Gesetz nicht blockieren, sondern dessen Inkrafttreten durch Inanspruchnahme des Vetorechts für maximal ein Jahr hinauszögern – Haushaltsgesetze sind ohnehin vom Einspruchsrecht des Oberhauses ausgenommen –, doch wird durch dieses Verfahren der Gesetzgebung im Unterhaus ein Korrektiv nachgeschaltet. Von seinem Einspruchsrecht hat das House of Lords seit langem keinen Gebrauch mehr gemacht, doch wäre in einem solchen Fall ein gewaltiger Prestigeverlust des Kabinetts, wenn nicht gar dessen Rücktritt die unausweichliche Folge. Vielfach werden jedoch Gesetzesvorlagen nach ausführlicher Beratung wieder an das Unterhaus mit Hinweisen zur Nachbesserung zurückgereicht. Befürworter dieses Systems sehen den Vorteil des Oberhauses darin, dass es eine überstürzte Gesetzgebung zu verhindern hilft. Der zweite Aufgabenbereich betrifft die Funktion des House of Lords als höchstes Berufungsgericht für Straf- und Zivilprozesse im britischen Rechtsgebiet. Diesem Court of Appeal gehören jedoch nur die Law Lords an, die von der Königin zur Wahrnehmung dieser gerichtlichen Funktion eigens ernannt werden.

Auch das Unterhaus ist in seinen Grundzügen mittelalterlichen Ursprungs, doch hat es sich seit dem 18. Jahrhundert zur eigentlichen gestaltenden Kraft der britischen Politik entwickelt und besitzt seither die gesetzgebende Gewalt. Die 659 Unterhaussitze sind regional verteilt auf England (529), Wales (40), Schottland (72) und Nordirland (18). Parlamentsmitglieder (*Members of Parliament*, kurz: MPs) werden in freier, geheimer und gleicher Wahl ins Unterhaus gewählt. Die Legislaturperiode hat eine maximale Dauer von fünf Jahren, doch können Unterhauswahlen (*General Elections*) auch vorzeitig abgehalten werden, wenn ein Parlament aufgelöst und ein neues von der Königin einberufen wird. Im Gegensatz zum House of Lords erhalten Unterhausmitglieder eine Vergütung für ihre politische Tätigkeit. Den Vorsitz im House of Commons führt der Speaker, dessen Funktion mit der des Bundestagspräsidenten vergleichbar ist und der aus den Reihen der Parlamentsmitglieder gewählt wird. Im Hinblick auf die Funktions- und Arbeitsweisen des Unterhauses sowie auch auf die Frage nach der politischen Repräsentation der Wählerschaft gilt es, zwei Besonderheiten zu erläutern, nämlich das britische Wahlsystem sowie das Verhältnis von Regierung und Opposition.

Die Grundlage für das gegenwärtig geltende Wahlrecht wurde mit dem Reformgesetz von 1949 geschaffen, das zuletzt mit dem Representation of the People Act aus dem Jahre 2000 novelliert und in einigen Punkten (z.B. der Möglichkeit zur Briefwahl) ergänzt worden ist. Wahlberechtigt sind danach alle Bürgerinnen und Bürger, die das achtzehnte Lebensjahr vollendet haben, die britische Staatsbürgerschaft besitzen und in ihrem Wahlkreis einen festen Wohnsitz nachweisen können. Auch Bürger aus der Irischen Republik und aus einigen Commonwealth-Staaten dürfen bei den britischen Unterhauswahlen ihre Stimmen abgeben, wenn sie die oben genannten Voraussetzungen erfüllen. Minderjährige und Ausländer, die nicht die britische Staatsbürgerschaft besitzen, sind ebenso vom Wahlrecht ausgeschlossen wie Angehörige des House of Lords. Da in Großbritannien nie ein Meldegesetz eingeführt wurde, existiert folglich auch kein Einwohnermeldeamt, das wie in Deutschland Wahlbenachrichtigungen verschicken könnte. Um das aktive Wahlrecht ausüben zu können, müssen sich die Bürgerinnen und Bürger stattdessen in das Wahlregister ihres Wahlkreises eintragen lassen, das jedes Jahr neu erstellt und vom Registration Officer der örtlichen Kommunalverwaltung geführt wird.

Im Gegensatz zum System der Verhältniswahl (*proportional vote*), wie es in z. B. in Deutschland praktiziert wird, ist in Großbritannien immer nach dem Prinzip der Mehrheitswahl (*majority vote*) verfahren worden. In jedem Wahlkreis stellt sich jeweils ein Kandidat bzw. eine Kandidatin der jeweiligen Partei oder politischen Gruppierung zur Wahl. Zuvor müssen die Kandidaten beim Wahlbeamten Bewerbungsanträge stellen, die von mindestens neun wahlberechtigten Personen des Wahlkreises unterzeichnet sind. Zudem müssen alle Kandidaten die Summe von £ 500 hinterlegen, die an die Staatskasse gehen, wenn ein Kandidat nicht zumindest ein Achtel der abgegebenen Stimmen auf sich vereinigen kann. Dieses Verfahren soll dafür sorgen, dass nur ernst gemeinte Kandidaturen vorgetragen werden. Am Wahltag, traditionell immer ein Donnerstag, müssen sich die Wähler dann für einen Kandidaten aus ihrem Wahlkreis entscheiden. Anders als in Deutschland, wo alle Wähler bei den Bundestagswahlen über eine Erststimme für einen Kandidaten und über eine Zweitstimme für eine politische Partei verfügen, besitzt in Großbritannien jeder Wähler nur eine Stimme, die er für einen Kandidaten abgeben kann. Ins Unterhaus zieht der Kandidat ein, der in seinem Wahlkreis die meisten Stimmen auf sich vereinigen konnte. Solche Mehrheiten können häufig sehr knapp ausfallen, und es tritt bei britischen Unterhauswahlen nicht selten die Situation ein, dass ein Wahlkreis von einem Kandidaten mit einer hauchdünnen Mehrheit von nur wenigen Stimmen gewonnen wird. Für dieses Verfahren ist das aus dem sportlichen Wettkampf entliehene Bild "first past the post" in den politischen Diskurs eingeführt worden.

Bedenklich ist an diesem System jedoch, dass theoretisch einem Kandidaten 21 Prozent der abgegebenen Stimmen für den Wahlsieg reichen, wenn vier weitere Mitbewerber in einem Wahlkreis angetreten sind. Umgekehrt betrachtet, sind die verbleibenden 79 Prozent der Stimmen 'verloren', denn sie bleiben wegen der fehlenden Zweitstimme politisch unwirksam. Bei 659 Wahlkreisen potenziert sich dieses Problem und führt zu einer Mehrheitsbildung im Unterhaus, die den Abstimmungsmehrheiten in den Wahlkreisen keineswegs entspricht. Seit dem Ende des Zweiten Weltkriegs ist es noch keiner politischen Partei in Großbritannien gelungen, bei Unterhauswahlen eine absolute Mehrheit (d. h. mehr als 50 Prozent der abgegebenen Stimmen) zu erringen. Gleichwohl sorgte das Mehrheitswahlrecht fast immer für komfortable Mehrheiten der siegreichen Partei im Unterhaus. Drei Beispiele mögen dies erläutern: 1951 errang die Konservative Partei unter Winston Churchill eine Unterhausmehrheit von 321 von damals insgesamt 625 Sitzen und konnte 48,0 Prozent der abgegebenen Stimmen auf sich vereinigen. Für die unterlegene Labour Party stimmten 48,8 Prozent der Wähler, doch konnte sie nur 295 Wahlkreise und damit ebenso viele Unterhaussitze gewinnen. 1983 siegte die Konservative Partei ein zweites Mal nach 1979 unter Margaret Thatcher, und zwar mit 43,9 Prozent der Stimmen, was sich in 397 von 650 Sitzen niederschlug. Für die Labour Party votierten 27,6 Prozent der Wähler, aber sie konnte nur 209 Sitze für sich verbuchen. 1997 errang die Labour Party unter Tony Blair einen überwältigenden Wahlsieg. Sie gewann 419 von 651 Sitzen und damit eine Unterhausmehrheit von 179 MPs. Allerdings hatten nur 44,4 Prozent der Bevölkerung für Labour gestimmt und immerhin 31,4 Prozent konservativ gewählt, was aber zu nicht mehr als 165 Mandaten reichte.

Auch die Unterhauswahl vom 7. Juni 2001 hatte im Ergebnis ein disproportionales Verhältnis von Wählerstimmen zu Parlamentssitzen zur Folge (vgl. Abb. 26). Für die Labour Party war ein prozentualer Vorsprung vor den Konservativen von neun Prozent für eine komfortable Regierungsmehrheit von 412 Sitzen ausreichend. Die Möglichkeit einer Koalitionsregierung von Konservativen und Liberaldemokraten, die auf sich zusammen genau fünfzig Prozent der abgegebenen Stimmen vereinigen konnten, war umgekehrt ausgeschlossen, weil auf beide Parteien nur 218 Sitze entfielen.

Diese Beispiele belegen, dass nach dem Verfahren des Mehrheitswahlrechts beträchtliche Diskrepanzen zwischen den prozentualen Abstimmungsergebnissen und der Mandatsverteilung im Unterhaus eintreten. Kritiker machen dem britischen Wahlsystem daher den berechtigten Vorwurf, den politischen Willen der Wählerschaft grob zu verzerren und eine tatsächliche Volkssouveränität zu verhindern. Ob es jemals zur Einführung des Verhältniswahlrechts kommen wird, muss fraglich erscheinen, da eine Wahlrechtsänderung nur von der jeweiligen Regierung eingebracht werden kann, die ihre Unterhausmehrheit ja gerade diesem System zu verdanken hat. Befürworter des Mehrheitswahlrechts sehen dessen Stärke daher auch vornehmlich in der Bildung klarer Mehrheitsverhältnisse im House of Commons, die der Regierung die nötige Stabilität verleihen und zügige Ge-

Ergebnisse der Unterhauswahlen vom 7. Juni 2001

Partei	Stimmen	Prozent	Sitze
Labour	10724953	40,7	412
Conservative	8357615	31,7	166
Liberal Democrats	4814321	18,3	52
Scottish National	464314	1,8	5
Plaid Cymru	195893		
Ulster Unionist	216839		
Democratic Unionist	181999		
Social Democratic and Labour	175933	5,5	29
Sinn Féin	16053		
Others	28487		

Abb. 26: Wahlergebnisse 2001; nach House of Commons Library, *Research Paper* 01/54, 18. Juni 2001: 10.

setzgebungsprozesse ermöglichen. In der Tat weist das Mehrheitswahlrecht den Parteien ihre Aufgaben als Regierung bzw. als Opposition in unmissverständlicher Deutlichkeit zu, wie die oben angeführten Beispiele zeigen. Parlamentarische Pattsituationen (*hung parliaments*), bei denen sich keine klaren Mehrheitsverhältnisse ergeben, sind zwar nicht auszuschließen, gehören aber ebenso wie Koalitionsregierungen eher zur Seltenheit.

Das Mehrheitswahlrecht weist zudem eine weitere Schwäche auf, die von seinen Verteidigern traditionell als Stärke interpretiert wird. Kleineren politischen Parteien, die regionale oder auch ökologische Interessen und Positionen vertreten, wird der Einzug ins Unterhaus durch das Wahlsystem erschwert, da ihre Kandidaten nur geringe Chancen haben, in einem Wahlkreis die Mehrheit zu erringen. Selbst wenn dies vereinzelt gelingt, bleiben die Unterhausfraktionen solcher Parteien zahlenmäßig so klein, dass sie in der parlamentarischen Arbeit kaum eine nennenswerte politische Rolle spielen. Da das Prinzip der Mehrheitswahl zudem Koalitionsbildungen überwiegend ausschließt, sind die Aussichten kleinerer Parteien auf eine Regierungsbeteiligung traditionell schlecht. Daher sind die Interessen der schottischen und walisischen Nationalisten, die 2001 zusammen neun Mandate erringen konnten, wohl im Unterhaus repräsentiert, bilden dort aber eine eher marginale politische Kraft. Auch für eine ökologisch orientierte Partei bietet das britische System kaum politische Entwicklungsmöglichkeiten. Der Ausschluss solcher Parteien, die Interessen von Minderheiten vertreten, von der parlamentarischen Gestaltung der Politik mag als gravierender Mangel betrachtet werden. Ins Positive gewendet, besteht jedoch der Vorteil des britischen Wahlsystems darin, dass radikale Parteien der extremen Rechten oder Linken nie politisch einflussreich werden konnten. Zwar hat es auch in Großbritannien sowohl faschistische wie auch kommunistische Parteien gegeben, denen jedoch nie der Einzug ins Parlament gelang. Befürworter der Mehrheitswahl sehen den Vorteil daher gerade in der Stabilität, die das traditionelle Zweiparteiensystem zu garantieren scheint.

Durch die Dominanz des Zweiparteiensystems sind in Großbritannien nach einer Wahl die Rollen von Regierung und Opposition im House of Commons meist klar verteilt, wie der Blick auf die Wahlergebnisse gezeigt hat. Seit dem Ende des Zweiten Weltkriegs haben sich Konservative und Labour in unregelmäßigen Abständen in der Regierung abgelöst, und bis heute sind Regierungsbildung und Regierungswechsel jeweils problemlos vollzogen worden. In Anbetracht der gewohnt eindeutigen Wahlausgänge beauftragt die Königin den Vorsitzenden der siegreichen Partei, den neuen Prime Minister (PM), mit der Regierungsbildung und ernennt auf seinen Vorschlag hin auch die Minister, wobei die für Deutschland typischen und oft zeitraubenden Koalitionsverhandlungen entfallen.

Die unterlegenen Parteien, gegenwärtig also die Konservativen, Liberaldemokraten und nationalistischen Parteien aus Schottland, Wales und Nordirland, bilden zusammen die Opposition Parties. Traditionsgemäß gilt jedoch nur die zweitstärkste Partei im engeren Sinne als Opposition, während die anderen Oppositionsparteien als Third Parties bezeichnet werden. Dies belegt auch der offizielle Name der Opposition, "Her Majesty's Loyal Opposition", als Gegenspielerin von "Her Majesty's Government", wobei beide Bezeichnungen wieder auf die verfassungsmäßige Unterordnung von Regierung und Opposition unter die Krone verweisen. Die Konfrontation von Regierung mit PM und Kabinett auf der einen Seite sowie der Opposition mit Oppositionsführer und Schattenkabinett auf der anderen spiegelt sich auch in der Sitzordnung im Unterhaus wider, denn die führenden Mitglieder von Regierung und Opposition sitzen sich im House of Commons auf den Vorderbänken (*front benches*), nur zwei Schwertlängen voneinander getrennt, gegenüber.

Die Zentralregierung in London, die die Exekutive im parlamentarischen System verkörpert, setzt sich aus dem PM, dem Kabinett samt weiteren Ministern und dem Civil Service zusammen. Sie ist hauptsächlich in Whitehall angesiedelt, wo sich neben zahlreichen Ministerien auch der legendäre offizielle Wohnsitz des PM, 10 Downing Street, befindet. Hier liegt auch, wie bereits Walter Bagehot bemerkte, das politische Entscheidungszentrum, denn alle wichtigen Beschlüsse resultieren aus dem Zusammenspiel von PM und Kabinett.

Die Funktion des PM hat sich seit dem frühen 18. Jahrhundert aus dem First Lord of the Treasury entwickelt, einem Titel, den der PM auch heute noch offiziell trägt. Er führte den Vorsitz im Kabinett, war also 'primus inter pares' und damit erster (*prime*) Minister, eine Machtposition, die die PMs in den vergangenen Jahrhunderten immer weiter ausbauen konnten. Heute hat der PM eine ausgesprochen machtvolle Position, die ihn auch dazu befähigt, seine Minister theoretisch ohne Vorwarnung zu entlassen, wenn er dies für politisch notwendig hält. Churchill meinte einmal, ein PM müsse ein guter Schlachter ("a good butcher") sein – eine Auffassung, die sich auch Margaret Thatcher zu Eigen machte, denn sie entließ in den ersten zehn Jahren ihrer Regierung nicht weniger als einundzwanzig Kabinettsmitglieder. Ihr Beispiel verrät aber auch die Gefahren einer solchen Machtpolitik, da der von ihr entlassene Außenminister Douglas Hurd anschließend ihre Politik scharf angriff und damit zu ihrem Sturz beitrug.

Der PM bestimmt die Innen- und Außenpolitik des Landes, ist zuständig für den Civil Service und hält engen Kontakt zur Königin, die er bei ihren wöchentlichen Besprechungen über alle wesentlichen Regierungsgeschäfte informiert. Außerdem obliegt ihm das Vorschlagsrecht bei der Besetzung höherer Positionen in verschiedenen Bereichen, z. B. Erzbischöfe und Bischöfe der Anglikanischen Kirche, leitende Justizbeamte, Generäle, Admirale und Privy Counsellors, obwohl zu all diesen Ernennungen formell die Zustimmung der Königin erforderlich ist. Nicht alle PMs haben jedoch ihre Machtfülle in gleicher Weise zur Erneuerung des Staates eingesetzt, so dass je nach Innovationsgrad zwischen reinen Verwaltern (*brokers*), akzentsetzenden Steuerleuten (*helmsmen*) und programmatischen Erneuerern (*programme setters*) unterschieden werden kann.

Der PM steht an der Spitze des Kabinetts, das sich historisch aus den Besprechungen des Monarchen mit seinen Ministern entwickelte. Mit dem Rückzug des Monarchen aus der aktiven Politik wurde aus dem königlichen Beratergremium eine wichtige parlamentarische Institution. Das Kabinett umfasst heute eine zahlenmäßig nicht genau festgelegte Gruppe von Ministern, meist etwa zwanzig, die die wichtigsten Ministerien Whitehalls besetzen. Dazu zählen vor allem: der Chancellor of the Exchequer (Schatzkanzler oder Finanzminister), der Foreign Secretary (Außenminister), der Home Secretary (Innenminister), der Secretary of State for Defence (Verteidigungsminister), der Secretary of State for Education and Employment (Bildungs- und Arbeitsminister) und der Secretary of State for Trade and Industry (Wirtschaftsminister).

Das Kabinett trifft sich normalerweise einmal pro Woche, legt aufgrund seiner gemeinsamen Verantwortung (*collective responsibility*) die Regierungspolitik fest und koordiniert die Arbeit der verschiedenen Ministerien. Die einzelnen Minister sind jedoch für ihre Arbeit allein verantwortlich (*in-*

dividual responsibility) und können bei Verfehlungen und schlechter Amtsführung zum Rücktritt gezwungen werden. In den achtziger und neunziger Jahren war der häufigste Grund für solche Rücktritte ein Sexskandal. Da die Details der Kabinettsarbeit geheim sind, ist die Öffentlichkeit auf Indiskretionen bzw. auf die Aufzeichnungen und Tagebücher ehemaliger Kabinettsmitglieder angewiesen. Dadurch sind in den vergangenen Jahren wichtige Details der Kabinettsarbeit bekannt geworden. So monieren Kritiker inzwischen, dass zu viele Entscheidungen nicht mehr im Kabinett fallen, sondern schon in den Kabinettsausschüssen, die eigentlich diese Entscheidungen vorbereiten sollen. Die gesamte Kabinettsarbeit wird durch das Cabinet Office bzw. durch das Büro des PM koordiniert.

Neben den Kabinettsmitgliedern hat die Regierung noch eine stattliche Anzahl von Staatsministern ohne Kabinettsrang (*ministers of state*), die hierarchisch niedriger angesiedelt sind als die Kabinettsmitglieder, in deren Ministerien sie gewöhnlich spezielle Aufgaben übernehmen. Den Staatsministern wiederum unterstellt sind die Junior Ministers, die in ihrer Funktion den parlamentarischen Staatssekretären in Deutschland vergleichbar sind. Insgesamt ergibt sich daraus eine etwa einhundert Mitglieder umfassende Mehrklassengesellschaft von Ministern innerhalb und außerhalb des Kabinetts, während es Anfang des 20. Jahrhunderts nur fünfzehn waren.

Das britische Regierungssystem galt immer als Modell einer Kabinettsregierung (*cabinet government*). Allerdings sind heute zahlreiche Kritiker der Ansicht, dass sich unter starken PMs dieses System zu einer Premierministerregierung (*prime ministerial government*) gewandelt habe, die starke Ähnlichkeit mit der Amtsführung des amerikanischen Präsidenten aufweise. Deshalb spricht die Reformbewegung Charter 88 in diesem Zusammenhang sogar von *elective dictatorship*, einer 'Wahldiktatur', die es dem PM erlaube, seine Macht allzu ungezügelt zu gebrauchen.

Das wichtigste Organ der Regierung ist der Civil Service, die *servants of the crown*, die den Ministerien unterstehen und die Aufgabe haben, die Politik der Regierung auf allen Ebenen des staatlichen Lebens auszuführen. Ein Regierungs- oder Ministerwechsel hat für diese Staatsbeamten keine Bedeutung, da sie zu politischer Neutralität verpflichtet sind und jeder Regierung unparteiisch zu dienen haben. Im Januar 1996 trat ein neuer Civil Service Code in Kraft, der die verfassungsmäßigen Aufgaben des Civil Service und die Werte, die er zu vertreten hat, neu definiert. Im Mai 1999 wurden die Regelungen noch einmal novelliert, da die Dezentralisierungspolitik der Labour-Regierung zu berücksichtigen war. Die Zahl der *civil servants* einschließlich der Angehörigen des Diplomatischen Dienstes ist in den letzten Jahrzehnten drastisch gesunken, und zwar von 751 000 im Jahre 1976 auf unter 500 000 im Oktober 2000 (Office for National Statistics 2002: 49). Darin spiegelt sich auch der Versuch der Regierungen wider, den *Civil Serv-*

ice möglichst effizient und kosteneffektiv zu gestalten. Das Bild der *civil servants* in der Öffentlichkeit ist allerdings trotz ihrer erfolgreichen Arbeit eher negativ, da sie sich eine soziale Exklusivität erhalten haben (die meisten von ihnen sind Oxbridge-Absolventen) und es immer wieder schaffen, das Zustandekommen ihrer Entscheidungen geheim zu halten. In der sehr erfolgreichen BBC-Fernsehserie aus den frühen achtziger Jahren *Yes, Minister* (1980–82) ist der politische Einfluss der britischen Regierungsbeamten in äußerst unterhaltsamer Weise kritisch unter die Lupe genommen worden.

Im Zusammenhang mit der Regierungsarbeit sind auch die seit den siebziger Jahren entstandenen *quangos*, die *quasi-autonomous non-governmental organizations*, von Bedeutung. Bei den *quangos*, die offiziell *non-departmental public bodies* heißen, handelt es sich um halbstaatliche, von der Regierung überwachte und finanzierte Behörden, die sich nach ihrer Funktion in *executive bodies* (mit Exekutivaufgaben im Auftrag der Regierung), *tribunals* (Schlichtung und Klärung von sozialen Streitfragen) und *advisory boards* (so genannte Beraterausschüsse) unterteilen lassen. Zu den bekanntesten *quangos* zählen der British Council, der Arts Council und die Commission for Racial Equality. Nachdem im Jahre 1979 noch mehr als 2000 *quangos* existierten, wurden anschließend zahlreiche von ihnen aufgelöst, weil sie nicht mehr hinreichend demokratisch legitimiert waren; mittlerweile ist ihre Anzahl halbiert worden.

Der verfassungsgemäße Auftrag des Parlaments besteht u.a. darin, die Exekutive zu kontrollieren; d.h., die Opposition sollte der Regierung deren Grenzen aufzeigen und ihre Politik mit Argusaugen überwachen. Das ist freilich angesichts der gegebenen Mehrheitsverhältnisse in Westminster mehr als problematisch. Da beispielsweise Tony Blairs Regierung über eine satte Mehrheit von 160 Sitzen verfügt, kann sie eher Opposition und Parlament kontrollieren als umgekehrt. Selbst die der Opposition zur Verfügung stehende Möglichkeit der Abwahl der Regierung durch ein Misstrauensvotum (*vote of censure* oder *vote of no-confidence*) hat wenig Aussicht auf Erfolg, da sich bei solchen Abstimmungen auch kritische Hinterbänkler (*backbenchers*) aus den Reihen der Regierung an die Parteidisziplin gebunden fühlen, für die die *whips*, den Fraktionsführern im Bundestag vergleichbar, verantwortlich sind. Die Regierung gerät deshalb eigentlich nur dann in Gefahr, wenn sie ihre Mehrheit verliert. Das kann freilich nur bei knappen Mehrheitsverhältnissen geschehen, etwa durch Nachwahlen (*by-elections*) oder wenn sich Hinterbänkler profilieren wollen und deshalb nicht an die Parteidisziplin halten. Im politischen Kräftemessen hält deshalb die Regierung gegenüber der Opposition fast alle Trümpfe in der Hand, was Kritiker nach einer stärkeren Kontrolle der Exekutive rufen lässt.

Die Rolle der Opposition ist deshalb eher symbolischer Natur, zumal sie sich aufgrund der parlamentarischen Spielregeln der Regierungspolitik zwar widersetzen (*oppose*), sie aber nicht blockieren darf (*obstruct*). Selbst bei Debatten über den Haushalt oder über Finanzgesetze, die in Deutschland häufig zum Anlass genommen werden, um die Regierung anzugreifen, hält sich die Opposition im House of Commons merklich zurück. Nur an den so genannten *opposition days* – das sind pro Sitzungsperiode zwanzig Tage, davon siebzehn für die stärkste und drei für die zweitstärkste Oppositionspartei – bestimmen die Oppositionsparteien die Tagesordnung und bringen Resolutionen ein. Die Opposition hat daher vor allem zwei Funktionen: Sie begleitet erstens alle Aktivitäten der Regierung mit konstruktiver Kritik, wohlwissend, dass im Zweifelsfall die Regierung jede Entscheidung auch gegen den Widerstand der Opposition treffen kann. Zweitens hat die Opposition seit dem 18. Jahrhundert die Aufgabe, jederzeit die Regierung zu übernehmen. Da wegen der festen Parteiformationen die Opposition praktisch keine Chance mehr hat, Regierung auf Abruf zu sein, zielt sie jetzt vor allem darauf ab, in der Auseinandersetzung mit der Regierung ihre eigenen politischen Vorstellungen zu verdeutlichen, um sich dem Wähler als glaubwürdige Alternative für die nächsten Unterhauswahlen zu präsentieren.

Für die parlamentarische Kontrolle der Regierung stehen der Opposition eine Reihe von Verfahren zur Verfügung. Hierzu zählt zunächst die *question time*. Abgeordnete haben die Möglichkeit, von montags bis donnerstags den Ministern Fragen zu stellen, am Dienstag und Donnerstag auch dem PM. Dies scheint ein effektives Instrument direkter Demokratie zu sein, da auch Fragen aus den Wahlkreisen gestellt werden können. Wegen der zahlreichen Absprachen unter den *whips* hat diese Fragestunde jedoch einen stark rhetorischen Charakter und kann kaum als wirksame Kontrolle der Regierung betrachtet werden. Zweitens existieren seit 1979 die vom Unterhaus eingesetzten *select committees*, inzwischen fünfzehn an der Zahl, denen die Aufgabe zukommt, die Arbeit der wichtigsten Ministerien und der ihnen angeschlossenen *public bodies* zu überprüfen. Sie helfen damit dem Parlament bei der Kontrolle der Exekutive und können sogar Minister und Staatsbeamte verhören. Ihre Ergebnisse und Empfehlungen teilen die Ausschüsse direkt dem Unterhaus mit. So öffentlichkeitswirksam diese Ausschüsse auch sein mögen, sie stoßen dort wieder an Grenzen, wo sich die Regierung auf ihre Geheimhaltungspflicht berufen kann.

Eine dritte Option ist durch das Amt des Parliamentary Commissioner for Administration gegeben. Dieser parlamentarische Ombudsman, wie er salopp genannt wird, untersucht öffentliche Beschwerden über Missstände in Ministerien und anderen staatlichen Stellen, die über Parlamentsmitglieder an ihn herangetragen werden. Nach Abschluss der Untersuchung ergeht ein Bericht an das Parlamentsmitglied, das die Beschwerde eingereicht hat, und sollte diese gerechtfertigt sein, empfiehlt der Ombudsman Wiedergutmachung seitens der betroffenen Ministerien. Schließlich bietet sich die

Möglichkeit zur Kontrolle der Exekutive durch das neu eingeführte Konzept einer *open government*. Der 1994 verabschiedete Code of Practice on Access to Official Information soll für mehr Transparenz der Regierungsarbeit sorgen. Danach sind z.B. Ministerien verpflichtet, administrative Entscheidungen gegenüber den Betroffenen zu begründen und die Öffentlichkeit in stärkerem Maße über wichtige Angelegenheiten zu informieren.

Trotz all dieser Reformen steht außer Zweifel, dass die Regierung immer noch über eine starke Machtposition im parlamentarischen System verfügt und dass sie es bislang glänzend verstanden hat, sich nach Möglichkeit der parlamentarischen Kontrolle zu entziehen. Dadurch fühlen sich natürlich jene Kritiker bestätigt, die für eine wirkungsvollere Kontrolle der Exekutive plädieren.

5.4 Devolution – Revolution?

Seit ihrem Amtsantritt im Jahr 1997 hat die Labour-Regierung unter Tony Blair eine Vielzahl verfassungsrechtlicher Reformen eingeleitet. Die Implementierung der Europäischen Menschenrechtskonvention in britisches Recht sowie die Reform des Oberhauses sind bereits beispielhaft genannt worden. Als erheblich tiefgreifender für das Verfassungsgefüge insgesamt muss jedoch die Dezentralisierungspolitik der Blair-Regierung beurteilt werden.

Forderungen der britischen Regionen nach größerer Autonomie sind keineswegs neu, sondern lassen sich zurückverfolgen zu den Home-Rule-Bewegungen in Irland und Schottland am Ende des 19. Jahrhunderts. Während sich Irland mit der Einrichtung des Irischen Freistaats 1921 die Unabhängigkeit von London erstritt und nur noch Ulster im britischen Staatsverbund verblieb, flammte das schottische Aufbegehren nach Autonomie erst in den späten sechziger Jahren in Folge der Ausbeutung des Nordseeöls erneut auf.

1979 wurden die Bevölkerungen von Schottland und Wales in getrennten Volksabstimmungen aufgefordert, über eine vermehrte regionale Unabhängigkeit zu entscheiden. Beide Referenden scheiterten, weshalb sich die konservative Regierung unter Margaret Thatcher in den achtziger Jahren bestärkt sah, die Regionalverwaltung zugunsten einer erneut einseitig zentralistischen Politik zu vernachlässigen. Dies schärfte den Gegensatz zwischen Zentrum und Regionen, der durch den Versuch einer nur verwaltungstechnischen Dezentralisierungspolitik unter John Major nicht besänftigt werden konnte. In Schottland formierte sich daher mit der Scottish National Convention eine Unabhängigkeitsbewegung, deren Forderungen von New Labour in das Wahlmanifest von 1997 aufgenommen wurden.

Devolution

Mit dem Begriff *devolution* wird die Verlagerung politischer Macht vom traditionellen Zentrum in Westminster an regionale oder lokale Einrichtungen bezeichnet, die Regierungsfunktionen ausüben, ohne dabei die Souveränität des Parlaments zu berühren. Die Forderung nach einer Dezentralisierung der Macht begann schon im 19. Jahrhundert mit Irlands Streben nach regionaler Autonomie (*home rule*) und setzte sich dann im 20. Jahrhundert fort, vor allem nach dem Zweiten Weltkrieg. Die Verlagerung zentraler Befugnisse auf Regionalparlamente, die aufgrund von Referenden Ende des 20. Jahrhunderts Wirklichkeit wurde, räumt den Regionen in einigen Bereichen (z. B. Sozial- und Bildungswesen, Umweltschutz und Wohnungsbau) ein größeres Maß an Selbstverwaltung ein, während zentrale Finanz- und Gesetzesbefugnisse unangetastet bleiben.

Dieses Wahlversprechen hat die Regierung in einer für die jeweiligen Regionen verschiedenen Weise eingelöst. Mit dem Scotland Act von 1998 wurde die verfassungsrechtliche Grundlage für die Wiedereinrichtung des 1707 aufgelösten schottischen Parlaments in Edinburgh geschaffen. Nach den Wahlen vom Mai 1999 trat das neue schottische Parlament im Juli erstmals zusammen. Es verfügt über 129 Members of Scottish Parliament (MSPs), die nach Verhältniswahlrecht für vier Jahre gewählt werden. Aus den ersten Wahlen ging die Labour Party mit 55 Sitzen als stärkste Fraktion hervor, gefolgt von der Scottish National Party (35), den Konservativen (19) und den Liberal Democrats (17). Im Gegensatz zum Westminster-System verfügt das schottische Parlament nicht über eine zweite Kammer, deren Funktion der gesetzgeberischen Kontrolle von eigenen Parlamentsausschüssen wahrgenommen wird. Gesetzgebungsverfahren, die ausschließlich schottische Angelegenheiten betreffen, werden seit 1999 vom Oberhaus nicht mehr geprüft. Eingeschränkt wird die politische Autonomie Schottlands durch das in der Zukunft noch zu präzisierende Budgetrecht des Parlaments. Für das Haushaltsjahr 2003 bis 2004 stand ein Volumen von fast £ 23 Milliarden zur Verfügung, das jedoch ganz überwiegend aus zentralen Steuermitteln stammte, die von der Londoner Regierung nach Edinburgh überwiesen wurden. Die Frage nach der künftigen Autonomie Schottlands wird daher auch in erheblichem Maß von dem Recht zur Steuerbewilligung und -erhebung abhängig sein.

In Wales trägt die Politik der Devolution etwas andere Züge. Die Volksbefragung vom Mai 1997 ergab nur eine hauchdünne Mehrheit von 50,3 Prozent zugunsten einer Stärkung der regionalen Eigenständigkeit. Dennoch wurde mit dem Government of Wales Act von 1998 die verfassungsrechtliche Grundlage für die Einrichtung einer walisischen Nationalversammlung (*National Assembly for Wales*) geschaffen, die im Juni 1999 ihre

Arbeit aufnahm. Ähnlich wie in Schottland haben die Wählerinnen und Wähler zwei Stimmen, eine für den Direktkandidaten aus dem jeweiligen Wahlkreis und eine zweite für eine politische Partei. Die Versammlung besteht aus sechzig Assembly Members (AMs), wobei im August 2001 die Labour Party die stärkste Fraktion stellte (28), gefolgt von der walisischen Nationalpartei Plaid Cymru (17), den Konservativen (9) und den Liberaldemokraten (6).

Im Gegensatz zu Schottland besaß Wales nie ein eigenes Parlament, und die Wahl der Bezeichnung *Assembly* deutet bereits an, dass die Versammlung nicht Parlamentsstatus besitzt, sondern als regionale Interessenvertretung gedacht ist. Dem entspricht die rechtliche Regelung, dass die *Assembly* keine eigenständige Legislativgewalt besitzt, sondern in ihrer Gesetzgebung die Parlamentsstatuten Westminsters lediglich für regionale Belange präzisieren kann (*secondary legislation*). Zu den Kompetenzbereichen zählen insbesondere Industrie- und Agrarpolitik, Bildung und Gesundheitswesen, Umwelt und Verkehr sowie die Pflege der walisischen Sprache und Kultur. Für das Haushaltsjahr 2003 bis 2004 wurde der Versammlung ein Budget von fast £ 11 Milliarden zur Verfügung gestellt, die – ähnlich wie in Schottland – aus zentralen Steuermitteln stammen und über den Secretary of State for Wales (ein Amt mit Kabinettsrang) an das Land überwiesen werden. Im Gegensatz zu Schottland dürften die walisischen Aussichten auf eine autonome Steuererhebung jedoch vergleichsweise geringer sein.

Wiederum anders stellt sich die Situation in Nordirland dar. Die Versuche der Labour-Regierung, die verfeindeten Parteien des Landes in einen konstruktiven Dialog miteinander einzubinden, führten zum Good Friday Agreement vom April 1998. Das britische und das irische Parlament autorisierten daraufhin Volksabstimmungen, bei denen die Bevölkerungen Nordirlands (71,1%) sowie der Irischen Republik (94,3%) mit klaren Mehrheiten die Umsetzung des Abkommens von Belfast befürworteten. Diese öffentliche Zustimmung ermöglichte die Wahlen zur Nordirischen Versammlung (*Northern Ireland Assembly*) mit 108 Mitgliedern, die nach Mehrheitswahlrecht gewählt werden. Mit dem Northern Ireland Act von 1998 wurde die Versammlung verfassungsrechtlich legitimiert. Der eingeleitete Dezentralisierungsprozess musste jedoch im Februar 2000 vorübergehend ausgesetzt werden, da die im Good Friday Agreement vereinbarte Entwaffnung der IRA (*Irish Republican Army*) sich nur schleppend vollzog. Nach langwierigen Verhandlungen wurde wenige Monate später das Verfahren wieder aufgenommen, doch überschattet das Problem des illegalen Waffenbesitzes auch weiterhin die Hoffnung auf einen friedlichen Konsolidierungsprozess in Nordirland. Die Regierungen in London, Belfast und Dublin haben daher den gemeinsamen Entschluss gefasst, eine Reihe von beratenden Ausschüssen, darunter den British-Irish Council und den North/South Ministerial Council, einzurichten, um die weitere Befriedung des Landes voranzutreiben.

Innerhalb der dezentralisierten Aufgabenbereiche besitzt die Northern Ireland Assembly legislative und exekutive Kompetenz für die insgesamt zehn ihr unterstehenden Ressorts (*departments*), die von einem Minister geleitet werden, der zugleich dem Exekutivkomitee angehört. Zu diesen Geschäftsbereichen zählen, ähnlich wie in Wales, Industrie- und Agrarpolitik, Bildung und Erziehung, Arbeit und Soziales sowie die Kulturpolitik. Eine wesentliche Aufgabe des Exekutivkomitees besteht in der Erstellung und Verabschiedung des Jahreshaushalts. Wie bei allen politischen Entscheidungen in Nordirland geht es auch beim Budget darum, einen möglichst umfassenden Konsens zwischen den Parteien zu erreichen, die die verschiedenen Interessengruppen des Landes vertreten. Im Mai 2001 stellten die Ulster Unionists die stärkste Fraktion (28), gefolgt von der gemeinsamen Liste aus Social Democratic & Labour (24), Democratic Unionists (21), Sinn Féin (18) sowie einer Reihe kleinerer Parteien, die auf sich gemeinsam siebzehn der 108 Sitze vereinigen können. Die Verpflichtung auf konsensbasierte Entscheidungen hat die Arbeit der Northern Ireland Assembly in ihrer jungen Geschichte verschiedentlich erschwert, ist aber sicherlich ein wichtiger politischer Faktor im Prozess der Versöhnung und Befriedung des zerstrittenen Landes.

Die Dezentralisierungspolitik der Labour-Regierung hat eine ungewöhnlich scharfe Verfassungsdebatte in Großbritannien ausgelöst. Konservative Kritiker erblicken in der Devolution einen Bruch mit der überlieferten Verfassung und erheben im Wesentlichen drei Vorwürfe. Beklagt wird zum einen die asymmetrische Dezentralisierungspolitik, die den Regionen unterschiedliche Kompetenzen bei ihrer Selbstverwaltung zubilligt. Damit sei ein undurchschaubares Regelwerk von Einzel- und Sonderbestimmungen geschaffen worden, das nur noch von Spezialisten überblickt werde und zwar den Eindruck größerer regionaler Autonomie erwecke, in Wahrheit jedoch den unverminderten Führungsanspruch des Westminster-Systems verhülle. Zweitens sei durch die Dezentralisierungspolitik die Einheit des Vereinigten Königreichs in der Substanz gefährdet. Das United Kingdom verwandle sich zu einem zersplitterten Nebeneinander rivalisierender Nationen, und diese "Balkanisierung" Großbritanniens geschähe zum Schaden der Regionen, da Burkes traditionelles Konzept von *unity in diversity* verletzt werde. Drittens habe die Politik der Devolution eine katastrophale Marginalisierung Englands zur Folge, das als größte und wirtschaftlich bedeutendste Region über kein eigenes Parlament verfüge. Damit sei die verfassungsrechtlich untragbare Situation eingetreten, dass schottische, walisische und nordirische Parlamentsmitglieder durch das Westminster-System über genuin englische Belange befinden und abstimmen dürften, während umgekehrt englische MPs keinen Einfluss mehr in dezentralisierten Politikbereichen geltend machen könnten (die so genannte *West Lothian question*). Die einzig logische und faire Konsequenz sei daher eine Ausdehnung der *devolution* auf England und die Einrichtung eines englischen Parlaments für englische Belange, was in der Praxis die Entwicklung des Vereinigten Königreichs zu einem britischen Bundesstaat zur Folge habe.

Die Labour Party hat diese Vorwürfe stets energisch zurückgewiesen und mit Lord Irvine of Lairg als Lord Chancellor einen besonders eloquenten Verteidiger ihrer Reformpolitik gefunden. In Hinblick auf die Asymmetrie der Dezentralisierungspolitik habe Labour die historische Entwicklung, die Sozialstruktur und den politischen Status der einzelnen Regionen zu berücksichtigen gehabt und daher individuelle gesetzliche Bestimmungen treffen müssen. Die Politik der Devolution sei daher auch nicht gleichbedeutend mit einer konstitutionellen Revolution, sondern aus der Stärkung der Regionen werde auch die Einheit des Vereinigten Königreichs erneut gestärkt hervorgehen. Schwierigkeiten bereitet jedoch offenbar die Beantwortung der *West Lothian question*. Nach Einschätzung des führenden Labour-Abgeordneten Clive Soley wäre die Einrichtung eines englischen Parlaments ein schwerwiegender politischer Fehler, da dies letztlich eine föderalistische Struktur begründen müsste, die Labour auf gar keinen Fall wünscht. Das Verfassungssystem muss daher mit Ungereimtheiten nicht nur leben, sondern bezieht aus ihnen geradezu seine sprühende Vitalität:

> "How is it that a Scottish MP can vote in Parliament in English matters but an English MP can't vote in a Scottish one?" This was the West Lothian question. One answer to it, when you write it down on paper, is logically he [Tam Dalyell] is right. But my answer to it is that constitutions generally, and certainly the British constitution, are not logical, and if you tried to make them logical that would almost certainly fail. There is a great deal to say for an unwritten constitution because you can make it up as you go along, and people will accept a degree of illogicality, if you like, of contradictions within the system as long as this is seen as generally fair, and that is what you have to aim for. To aim for total logic, you can have a platonic type of constitution, you have Plato locked up with his great thinkers in the dark cave never seeing the real world outside, and it is quite fascinating to read about it, but by God, as a politician I would hate to experience it. (Soley 2001: 64)

Erneut zeigt sich der Vorrang pragmatischen Verfassungsdenkens und des Prinzips von *organic growth* vor einer als steril und unpraktikabel empfundenen Theoriedebatte.

Während konservativen Kritikern die Reformbemühungen von New Labour viel zu weit gehen und sie den politischen Status quo des United Kingdom gefährdet sehen, erheben radikale Reformer Forderungen nach erheblich weiter reichenden Maßnahmen. Als einflussreichste Reformbewegung muss Charter 88 gelten, eine Gruppe von profilierten Verfassungskritikern, die sich 1988 aus Anlass des dreihundertsten Jahrestags der Glorreichen Revolution gründete. Von den ursprünglich sechs zentralen Forderungen hat die Labour-Regierung mit der Dezentralisierungspolitik und der Reform des Oberhauses inzwischen zwei erfüllt. Der Einfluss von Charter 88 auf die Blair-Regierung zeigt sich auch daran, dass die noch ausstehenden Reformen zumindest angekündigt worden sind. Hierzu zählen eine größere Transparenz der Regierungstätigkeit und eine bessere Information der Öffentlichkeit durch Verabschiedung eines Freedom of Information Act, die Einführung des Verhältniswahlrechts bei Unterhauswahlen sowie die Formulierung einer neuen Bill of Rights als Vorstufe für eine geschriebene Verfassung.

Mit Beginn des neuen Jahrtausends hat Charter 88 die Ausgangspositionen aktualisiert und das neue Aktionsprogramm für die erste Dekade des 21. Jahrhunderts unter dem Titel *Unlocking Democracy* vorgelegt. Zwar wird die britische Verfassungsgeschichte ausdrücklich gewürdigt, wenn es heißt: “In its heyday the British Constitution told a very strong story” (Charter 88 2000: 8); doch wird, ganz im Sinne von Thomas Paine, der narrative Verfassungsdiskurs als irreparabel beschädigt und zudem als hoffnungslos veraltet und verstaubt verworfen. New Labour habe zwar eine Reihe wichtiger Reformprojekte auf den Weg gebracht, sich aber im Wesentlichen damit begnügt, das traditionelle System zentralisierter Machtausübung zu modernisieren. Statt einer weiteren Aneinanderreihung von “piecemeal improvements” (Charter 88 2000: 5) wie in den zurückliegenden dreihundert Jahren wird eine konstitutionelle Revolution gefordert. Das Ziel einer solchen durchgreifenden Veränderung besteht in der Abfassung einer “Citizens’ Constitution” (Charter 88 2000: 14–27), einer geschriebenen Verfassung, durch die das alte Prinzip der Parlamentssouveränität ersetzt wird durch das demokratische Prinzip der Volkssouveränität, durch die sich die britische Bevölkerung nicht mehr als Untertanen (*subjects*), sondern als mündige und am politischen Geschehen aktiv beteiligte Bürger (*citizens*) begreifen soll.

Zwischen den extremen Positionen konservativer Bewahrung der alten Verfassung einerseits und der radikalen Forderung nach deren völliger Beseitigung andererseits hat die Labour Party einen dritten, moderateren und typisch britischen Weg eingeschlagen, indem sie auf Erneuerung durch Reform setzt. Zwar sind die seit 1997 eingeführten Änderungen des Verfassungsgefüges so weitreichend, dass von einem Verfassungswandel gesprochen werden kann, der auch ein neues Verfassungsdenken in Großbritannien begünstigt hat; dennoch scheint der von Charter 88 ins Auge gefasste Zielpunkt einer Bürgerverfassung nicht Teil des gegenwärtigen Reformprogramms der Labour Party zu sein. Während Lord Irvine die Chancen auf eine geschriebene Verfassung als “in the highest degree unlikely” (Irvine

2001: 45) beurteilt und auf der Politik des inkrementalistischen Wandels beharrt, hat Clive Soley unmissverständlich deutlich gemacht, dass die Labour Party bei ihrer Reformpolitik keinen klaren Zielpunkt vor Augen hat, sondern politische Neuerungen nach pragmatischer Erfordernis durchsetzt:

> The constitutional reform that we have embarked on has no clear endpoint. [...] The British political structure is changing in an important way and without any clear political endpoint which is perhaps fitting for a country which has no written constitution. [...] If I try and look ahead for 30 or 40 years, I find it difficult to predict how Britain will look. (Soley 2001: 54, 62)

Und so geschieht es, dass vermutlich ein weiteres Mal Edmund Burke über Thomas Paine siegt, dass das Prinzip von *organic growth* über die radikale Forderung nach konstitutioneller Revolution triumphiert und dass die große Erzählung der britischen Verfassung auch in der Zukunft fortgeschrieben und um weitere Kapitel ergänzt wird.

6. *Them and Us:* Gesellschaftsstruktur und politische Parteien

Gesellschaft und Politik, soziale Interessen und deren Durchsetzung durch politische Parteien bilden in demokratischen Gesellschaften ein so enges Beziehungsgeflecht, dass sie in diesem Kapitel gemeinsam behandelt werden sollen. Blickt man aus einiger Entfernung auf die Britischen Inseln, könnte man zu zwei verkürzenden Sichtweisen neigen, die etwa lauten: Die britische Gesellschaft besteht aus drei Klassen, das Parlament aus zwei Parteien. Aus einer solchen Fernsicht ist diese Einschätzung nicht völlig unzutreffend, denn es besteht weiterhin eine erkennbare, praktizierte und auch respektierte Unterscheidung zwischen einer Ober-, Mittel- und Unterschicht. Ebenso hat der Mythos vom Zweiparteiensystem seine Berechtigung, denn jahrhundertelang haben jeweils zwei Parteien, wenngleich nicht immer dieselben, die politische Szene beherrscht und den weitaus größten Stimmenanteil verbucht: Whigs und Tories im 18. und frühen 19. Jahrhundert, Liberale und Konservative von der Mitte des 19. Jahrhunderts bis zum Ersten Weltkrieg, schließlich Konservative und Labour nach dem Zweiten Weltkrieg.

Britische Parteien haben nicht nur wegen des im vorangegangenen Kapitel diskutierten Mehrheitswahlrechts eine andere Stellung als Parteien in Deutschland, sie sind auch gesellschaftlich anders eingebunden. Eine generelle Parteienfinanzierung besteht nicht, sondern öffentliche Mittel gehen nur an die Regierungs- und an die Oppositionsparteien, damit diese ihre parlamentarische Arbeit verrichten können. Die Parteien in Großbritannien sind daher auf Mitgliederbeiträge und Parteispenden von Sympathisanten und Interessengruppen angewiesen. Bei den Konservativen sind dies vor allem Großunternehmen, während Labour in hohem Maße durch die Gewerkschaften finanziert wird. Hinzu kommt, dass die Parlamentsabgeordneten direkt aus ihrem Wahlkreis gewählt werden, diesem daher auch unmittelbarer verbunden sind und zum Zweck des eigenen politischen Überlebens tunlichst die Wünsche der Wählerschaft respektieren. Blickt man hingegen genauer auf die Gesellschaftsorganisation und die Parteienlandschaft, muss man feststellen, dass sich sowohl die sozialen Strukturen der Bevölkerung als auch deren politische Interessen sehr viel komplizierter darstellen.

6.1 Alles ist Klasse: Britisches Klassendenken

Im Jahre 1583 erschien postum unter dem Titel *De Republica Anglorum. The Manner of Government or Policy of the Realm of England* eine bemerkenswert scharfsinnige Analyse des Zusammenhangs von Gesellschaft und Politik in England. Der Autor, Thomas Smith, war eine außerordentlich angesehene Persönlichkeit: Professor für Zivilrecht in Oxford, Staatssekretär unter Elizabeth I und englischer Botschafter am Pariser Hof. Die Schrift verstand sich als Ratgeber für angehende Diplomaten, welche die Besonderheiten der Staatsorganisation, der Gesellschaftsstruktur, des Rechtssystems und der Verwaltung im Ausland zu erklären und gegebenenfalls zu verteidigen hatten.

Smiths Analyse aus dem 16. Jahrhundert zeigt bereits, dass die fernperspektivische Wahrnehmung einer Dreiklassengesellschaft schon in der frühen Neuzeit aufgrund der beginnenden sozialen Differenzierung der Feudalgesellschaft unangemessen war. Statt einer Dreiteilung schlägt Smith eine Gliederung der Bevölkerung in vier Gruppen vor, und an Stelle des später von Marx besetzten Begriffs der 'Klasse' (*class*) spricht Smith von 'Stand' (*state*), 'Stufe' (*degree*) und 'Rangordnung' (*order*). Bei den vier hierarchisch geordneten Gruppen handelt es sich um Edelleute (*gentlemen*), Stadtbewohner (*citizens*), Freibauern (*yeomen*) und Handwerkern oder Arbeitern (*artificers*, *labourers*). Die im Bild der feudalistischen Lehnspyramide unterste Schicht, also die mit Abstand größte Bevölkerungsgruppe, ist für Smith am leichtesten zu kategorisieren, da ihre Mitglieder grundsätzlich besitzlos sind, keine Freiheiten genießen und daher auch keine Teilhabe an der politischen Macht besitzen. Auf der nächsthöheren Stufe rangieren ebenbürtig Freibauern und Stadtbewohner, die über Besitz und somit über ein politisches Mitspracherecht im Unterhaus verfügen.

Am kompliziertesten gestaltet sich jedoch die Differenzierung der gesellschaftlichen und politischen Elite, die Smith mit dem Sammelbegriff *gentlemen* erfasst. Während die Königliche Familie und der Hochadel vom Herzog (*duke*) bis zum Baron (*baron*) noch relativ leicht als wahre Nobilität (*nobilitas maior*) gruppiert werden können, bereitet die Zugehörigkeit zum niederen Adel (*nobilitas minor*) unübersehbare Schwierigkeiten. Gewiss gehören zu dieser Gruppe die durch Ritterschlag und Wappen in den Adelsstand erhobenen *knights*, die daher auch mit "Sir" angeredet werden, doch verursachen die Junker (*esquires*) Kopfzerbrechen, da sie zwar über ein Familienwappen, nicht aber über einen Adelstitel verfügen. Als vollends diffus erweist sich die letzte Kategorie des niederen Adels, die Smith in einiger Ratlosigkeit als "simple gentlemen" bezeichnet, "whom their blood and race doth make noble and knowne" (Smith 1970: 26). Im Grunde bedeutet dies, dass sich jeder, der Besitz oder Geld auch in geringem Umfang vorweisen konnte, mit dem vornehmen Titel eines Gentleman schmücken durfte. Zugleich weist diese Beschreibung aber auch auf die Durchlässigkeit zwischen einzelnen Schichten hin, da zwischen den untersten Vertretern des Adels und der aus städtischen Bürgern und ländlichen Freibauern bestehenden Mittelschicht nur eine dünne Trennlinie gezogen wurde.

Obwohl sich seit der von Smith vorgelegten Beschreibung eine erhebliche Differenzierung der Gesellschaft vollzogen hat, ist die Entwicklung des britischen Sozialgefüges nicht, wie in den Kontinentalstaaten Europas, durch revolutionäre Prozesse radikal verändert worden, sondern hat sich weitgehend kontinuierlich entfaltet. Daher sind die von Smith beschriebenen Klassen auch weiterhin existent, und es lohnt sich in Hinblick auf ein Verständnis der britischen Gesellschaftsstruktur, ihre Entwicklung im Einzelnen kurz nachzuzeichnen.

Die britische Oberschicht (*upper class*) bildet eine kleine, aber unvermindert einflussreiche Gesellschaftsschicht, die sich gegenwärtig aus kaum mehr als 50000 Personen zusammensetzt. Sie stellen den Rest des britischen Hochadels dar, der durch seine Macht im House of Lords die politischen Geschicke des Landes über Jahrhunderte kontrollierte. Erst durch die zunehmende Industrialisierung und die erhöhte Besteuerung von Landbesitz schwand Ende des 19. Jahrhunderts der Einfluss des Hochadels, und er wurde durch die Demokratisierungspolitik der Labour-Regierungen im vergangenen Jahrhundert weiter zurückgedrängt. Hingegen wurden weder das soziale Ansehen noch der politische wie wirtschaftliche Einfluss der Oberschicht völlig beseitigt.

Den Angehörigen des Hochadels wird gesamtgesellschaftlich ein erheblicher Respekt gezollt, der in einem demokratischen Staatswesen zumindest ungewöhnlich, wenn nicht gar deplatziert wirkt. So gehört es zu den sozialen Gepflogenheiten, dass Vertreter des Hochadels den Vorsitz in Wohltätigkeitsorganisationen führen, bei öffentlichen Festakten Ansprachen halten und sich für soziale Belange unterschiedlichster Art engagieren. Die Königliche Familie trägt dabei die Hauptlast, aber auch von den übrigen Mitgliedern des Hochadels wird dieses Engagement erwartet. Die sozialen Verpflichtungen der privilegierten Oberschicht stellen Relikte der mittelalterlich-christlichen Gesellschaftsorganisation dar, wonach die grundbesitzenden Lehnsherren die paternalistische Fürsorgepflicht (*charity*) für ihre Untertanen zu erfüllen hatten. Diesem Prinzip, wonach Adel und Wohlstand zu sozialem Handeln verpflichten, folgt die britische Oberschicht in ritualisierter Form bis zum heutigen Tage.

Dabei ist es einzelnen Vertretern der Upper Class bisweilen äußerst geschickt und auch medienwirksam gelungen, sich als Sachwalter auch der Lower Classes in Szene zu setzen. Der dem Londoner Bloomsbury-Kreis um Virginia Woolf und ihrem Ehemann Leonard zugehörige Essayist und

Kritiker Lytton Strachey löste 1918 mit seiner Studie *Eminent Victorians* eine höchst kontroverse Reaktion des Lesepublikums aus. Nach den Zerstörungen des Krieges sah sich die Bloomsbury-Gruppe als eine neue, nicht mehr blaublütig, sondern durch Intellekt und Scharfsinn legitimierte Aristokratie, und Stracheys satirische Abrechnung mit den Viktorianern zielte insbesondere auf die Verunglimpfung des als obsolet betrachteten Hochadels. In Stracheys Beschreibung von Lord Hartington wird aber jenseits der mit spitzer Feder verfassten Kritik die Bewunderung erkennbar, die einem Vertreter der alten Aristokratie aufgrund seiner robusten *Englishness* entgegengebracht wurde:

In public affairs, no less than in private, Lord Hartington's decisions carried an extraordinary weight. The feeling of his idle friends in high society was shared by the great mass of the English people; here was a man they could trust. For indeed he was built upon a pattern which was very dear to his countrymen. It was not simply that he was honest: it was that his honesty was an English honesty – an honesty which naturally belonged to one who, so it seemed to them, was the living image of what an Englishman should be. In Lord Hartington they saw, embodied and glorified, the very qualities which were nearest to their hearts – impartiality, solidity, common sense – the qualities by which they themselves longed to be distinguished, and by which, in their happier moments, they believed they were. If ever they began to have misgivings, there, at any rate, was the example of Lord Hartington to guide them – Lord Hartington who was never self-seeking, who was never excited, and who had no imagination at all. Everything they knew about him fitted into the picture, adding to their admiration and respect. His fondness for field sports gave them a feeling of security; and certainly there could be no nonsense about a man who confessed to two ambitions – to become Prime Minister and to win the Derby – and who put the second above the first. They loved him for his casualness – for his inexactness – for refusing to make life a cut-and-dried business – for ramming an official despatch of high importance into his coat-pocket, and finding it there, still unopened, at Newmarket, several days later. They were delighted when they heard that at some function, on a florid speaker's avowing that 'this was the proudest moment in my life', Lord Hartington had growled in an undertone 'the proudest moment in *my* life was when my pig won the prize at Skipton fair'. Above all, they loved him for being dull. It was the greatest comfort – with Lord Hartington they could always be absolutely certain that he would never, in any circumstances, be either brilliant, or subtle, or surprising, or impassioned, or profound. As they sat, listening to his speeches, in which considerations of stolid plainness succeeded one another with complete flatness, they felt, involved and supported by the colossal tedium, that their confidence was finally assured. (Strachey 1988: 178)

Ein Aristokrat wie Lord Hartington verkörpert traditionelle Werte wie Aufrichtigkeit, Unparteilichkeit, Verlässlichkeit, gesunden Menschenverstand und Altruismus. Damit wird er zu einer Identifikationsfigur, der nicht nur Bewunderung und Respekt gezollt wird, sondern die den Menschen über die Klassen hinweg ein Gefühl der Sicherheit und Geborgenheit vermittelt.

Das unverminderte Ansehen und der ungebrochene Traditionalismus des verbleibenden Hochadels gründen sich zumindest in Teilen auch darauf, dass dessen finanzielle Privilegien im Wesentlichen unangetastet geblieben sind. Gegenwärtigen Schätzungen zufolge befindet sich etwa ein Viertel des nationalen Reichtums im Besitz von etwa einem Prozent der Bevölkerung, während die Hälfte des Wohlstands sogar auf weniger als zehn Prozent verteilt ist.

Dieses Ungleichgewicht im Verhältnis von Bevölkerung und Besitzstand spiegelt sich auch im Namen der 1973 von John McGrath gegründeten Theatertruppe 7:84 wider, die sich im Besonderen an die Arbeiterklasse wendet und die politischen, sozialen sowie kulturellen Ursachen der Ungleichheit und Unterdrückung beleuchten will:

> 7:84 was chosen as the name of the group as a means of drawing attention to a statistic published in "The Economist" in 1966 which asserted that 7% of the population of Great Britain owned 84% of the capital wealth. Although this proportion may have fluctuated marginally over the years, we continue to use it because it points to the basic economic structure of the society we live in, from which all the political, social and cultural structures grow. (McGrath 1981: 77)

In Anbetracht solcher Besitzstandsverhältnisse lässt sich fragen, ob überhaupt von einem demokratischen Staatswesen die Rede sein kann. Trotz der zahlreichen Versuche zur Eingrenzung adliger Macht in den letzten zwei Jahrhunderten ist die soziale Überlebensfähigkeit der britischen Aristokratie bemerkenswert. Ihre unverminderte Präsenz und gesellschaftliche Stärke sind die Resultate einer erstaunlichen gesellschaftlichen Anpassungsfähigkeit, durch die politische Revolutionen umgangen wurden. Zu den Überlebensstrategien zählten die Bereitschaft zu politischen Zugeständnissen, aber auch der wirkungsvolle Mythos einer 'offenen Aristokratie', in die prinzipiell jeder aufsteigen konnte, obwohl solche Fälle immer noch die absolute Ausnahme bilden. Von ganz entscheidender Bedeutung ist jedoch das Erbrecht gewesen, wonach der gesamte aristokratische Besitz stets ungeteilt an den ältesten männlichen Erben ('männliche Primogenitur') weitergereicht wurde. Ohne diese Erbschaftspolitik wäre der britische Adel zahlenmäßig sehr viel größer und auch entsprechend weniger exklusiv; vor allem aber wäre er erheblich ärmer und damit gesellschaftlich bedeutungsloser.

Stattdessen hat die Kapitalkonzentration in den Händen einiger weniger aristokratischer Familien, die zudem durch eine geschickte Heiratspolitik miteinander verbunden sind, zur Entwicklung adliger Netzwerke geführt. Dabei spielt der Grundbesitz heute eine untergeordnete Rolle, während der

Kapitalbesitz und die Kontakte innerhalb der sozialen Klasse die politische und wirtschaftliche Machtstellung festigen. Dies äußert sich insbesondere darin, dass eine kleine Zahl von Angehörigen der Oberschicht Schlüsselpositionen in den meisten Aufsichtsräten der führenden britischen Wirtschaftsunternehmen besetzt und von dort aus ihren Einfluss heute geltend macht.

Wie die Oberschicht so hat sich auch die britische Mittelschicht (*middle class*) historisch entwickelt. Obwohl die Trennlinien zwischen den einzelnen Klassen nie strikt formuliert und oft bewusst als fließend dargestellt wurden, war dem Individuum die Zugehörigkeit zur jeweils eigenen sozialen Schicht durchaus bewusst. Bei ihrer sozialen Positionsbestimmung grenzte sich die Mittelschicht zwangsweise nach oben vom Hochadel ab, der aber immer wieder Orientierungshilfen und Leitbildfunktionen lieferte.

So war bei der Ausbildung der Mittelschicht soziale Selbstbehauptung nur durch Grundbesitz möglich. Belohnung für loyales Verhalten oder die Bewährung im Kriegsfall wurde daher, anders als zum Beispiel in Deutschland, seit dem Mittelalter nicht durch die Übertragung eines Amts gewährt, sondern durch die Zuweisung von Land als Eigentum. Durch diese Maßnahme entstand jene Schicht von Freibauern (*yeomen*), aus denen sich der niedere Adel (*gentry*) herausbildete. Erweitert wurde diese soziale Gruppe kleingrundbesitzender Landeigner durch die Bewohner der an Bedeutung gewinnenden Städte (*citizens*, *burghers*). Gemeinsam war beiden Gruppen, die zusammen als *commoners* bezeichnet wurden, dass sie nicht in Leibeigenschaft lebten, sondern Freiheit besaßen und daher auch politische Interessen anmelden konnten, die im Unterhaus gehört wurden.

Durch die Politik der Tudor-Herrscher konnte diese Mittelschicht ihre gesellschaftliche Position festigen und durch das Aufblühen des Handels seit dem 18. Jahrhundert immer weiter verbessern. Die wachsende Gruppe von zu Wohlstand und Ansehen gelangter Kaufleute verstärkte seither die Mittelschicht, die ihr finanzielles Vermögen im Zuge der Industriellen Revolution in die Gründung von Fabriken einbrachte und damit vermehrte. Durch den beträchtlichen Kapitalzuwachs verwischten sich die Grenzen zwischen der oberen Mittelschicht, die über Geld verfügte, und der unteren Oberschicht, die zwar Land, nicht aber das Geld besaß, um es zu verwalten und zu nutzen. Im 19. Jahrhundert kam es daher gehäuft zu Heiratsstrategien, bei denen sich Geldadel und Landadel in ihren gegenseitigen Interessen ergänzten. Erneut bestätigte sich dabei die Orientierungsfunktion der Oberschicht, deren Leitbild des Gentleman, der sich dadurch auszeichnete, dass er für seinen Lebensunterhalt nicht arbeiten musste, von der wohlhabenden Mittelschicht imitiert wurde.

Ein anschauliches Beispiel für die Orientierung am Lebensstil der Aristokratie liefert die fiktive Lebensgeschichte des Malers Charles Ryder in Evelyn Waughs Roman *Brideshead Revisited* (1945). Beim Studium in Oxford kurz nach dem Ersten Weltkrieg lernt Charles den jungen Aristokraten Sebastian Flyte kennen, ist von dessen Charme ebenso betört wie von dem Familiensitz Schloss Brideshead und empfindet das Milieu seiner eigenen Schicht bald als lieblos, kalt und beengt. Aufgrund seiner chronischen Finanznot ist Charles gezwungen, die Semesterferien im Londoner Stadthaus des Vaters zu verbringen:

During the sultry week that followed, my relations with my father deteriorated sharply. I saw little of him during the day; he spent hours on end in the library; now and then he emerged and I would hear him calling over the banisters: 'Hayter, get me a cab.' Then he would be away, sometimes for half an hour or less, sometimes for a whole day; his errands were never explained. Often I saw trays going up to him at odd hours, laden with meagre nursery snacks – rusks, glasses of milk, bananas, and so forth. If we met in a passage or on the stairs he would look at me vacantly and say 'Ah-ha,' or 'Very warm,' or 'Splendid, splendid,' but in the evening, when he came to the garden-room in his velvet smoking suit, he always greeted me formally.

The dinner table was our battlefield.

On the second evening I took my book with me to the dining-room. His mild and wandering eye fastened on it with sudden attention, and as we passed through the hall he surreptitiously left his own on a side table. When he sat down, he said plaintively: 'I do think, Charles, you might talk to me. I've had a very exhausting day. I was looking forward to a little conversation.'

'Of course, father. What shall we talk about?'

'Cheer me up. Take me out of myself,' petulantly, 'tell me all about the new plays.'

'But I haven't been to any.'

'You should, you know, you really should. It's not natural in a young man to spend all his evenings at home.'

'Well, father, as I told you, I haven't much money to spare for theatre-going.'

'My dear boy, you must not let money become your master in this way. Why, at your age, your cousin Melchior was part-owner of a musical piece. It was one of his few happy ventures. You should go to the theatre as part of your education. If you read the lives of eminent men you will find that quite half of them made their first acquaintance with drama from the gallery. I am told there is no pleasure like it. It is there that you will find the real critics and devotees. It is called "sitting with the gods". The expense is nugatory, and even while you wait for admission in the street you are diverted by "buskers". We will sit with the gods together one night. How do you find Mrs Abel's cooking?

'Unchanged.'

'It was inspired by your Aunt Philippa. She gave Mrs Abel ten menus, and they have never been varied. When I am alone I do not notice what I eat, but now that you are here, we must have a change. What would you like? What is in season? Are you fond of lobsters? Hayter, tell Mrs Abel to give us lobsters tomorrow night.'

Dinner that evening consisted of a white, tasteless soup, over-fried fillets of sole with a pink sauce, lamb cutlets propped against a cone of mashed potato, stewed pears in jelly standing on a kind of sponge cake.

'It is purely out of respect for your Aunt Philippa that I dine at this length. She laid it down that a three-course dinner was middle-class. "If you once let the servants get out of their way," she said, "you will find yourself dining nightly of a single chop." There is nothing I should like more. In fact, that is exactly what I do when I go to my club on Mrs Abel's evening out. But your aunt ordained that at home I must have soup and three courses; some night it is fish, meat, and savoury, on others it is meat, sweet, savoury – there are a number of possible permutations. (Waugh 1962: 64–66)

Emotionale Distanz, soziale Orientierung an bedeutenden Persönlichkeiten ("eminent men"), strikte Kontrolle der Dienerschaft, ausgeprägter Bildungswille, feine Tischsitten, tadellose Pflichterfüllung und die Mitgliedschaft im Club als Fluchtraum vor den eigenen gesellschaftlichen Zwängen prägen das Bild der Mittelklasse.

Dies hatte zur Folge, dass die Söhne erfolgreicher Fabrikbesitzer nach dem Besuch der Public School und einem Studium in Oxford oder Cambridge den Lebensstil ihrer aristokratischen Studienfreunde übernahmen und die Leitung des väterlichen Unternehmens vielfach als aus ihrer Sicht nicht mehr standesgemäß ablehnten. Diese Auffassung hat die dringend erforderliche Professionalisierung der Wirtschaft in Großbritannien höchst negativ beeinflusst. Während in der amerikanischen Kultur im letzten Jahrhundert der Manager zum sozialen Leitbild wurde, haben sich die britischen Eliten diesem Ideal lange Zeit verschlossen und sich stattdessen am Modell des finanziell unabhängigen und daher seinen eigenen Interessen folgenden Gentleman orientiert. Erst durch den Zerfall des Empire und die wirtschaftlichen Schwierigkeiten Großbritanniens seit dem Zweiten Weltkrieg hat sich eine positivere Sichtweise der Arbeit durchgesetzt, die nicht mehr als soziale Beeinträchtigung empfunden, sondern als Ausdruck gesellschaftlichen Status akzeptiert wird.

Zur Mittelschicht zählen heute alle Erwerbstätigen, die ihren Lebensunterhalt durch *non-manual work* verdienen, d.h. nicht unmittelbar mit der Produktion von Waren befasst sind. Die Mittelschicht wird daher auch als *white-collar workers* bezeichnet, um sie von der Arbeiterschicht der *blue-collar workers* abzugrenzen. Statistisch gesehen ist die Mittelschicht heute die größte, ständig wachsende und daher auch wirtschaftlich wichtigste Bevölkerungsgruppe. In ihrer sozialen Identität ist sie hingegen kaum geschlossen, da sie unterschiedlichste Berufsgruppen vereint. Zur Mittelschicht gehören Juristen, Mediziner und Manager ebenso wie selbstständige Unternehmer, Lehrer und die Erwerbstätigen in den verschiedensten Sektoren der Dienstleistungsbranchen. Die Heterogenität der Mittelschicht hat immer wieder zu Versuchen geführt, diese Klasse selbst wiederum in Unterklassen zu gliedern (obere, mittlere und untere Mittelschicht). Zu diesem Zweck wird einerseits das Bildungniveau der einzelnen Mitglieder herangezogen, andererseits wird deren finanzielle Leistungsfähigkeit (*spending power*) zugrunde gelegt. Beide Kriterien sind zusammengenommen deshalb problematisch, weil sich innerhalb der Mittelschicht kleinere Gruppen finden lassen, deren Angehörige sich hinsichtlich Bildung und Einkommen stark voneinander unterscheiden, die aber dennoch enge soziale Kontakte miteinander pflegen. Zudem sind die Einsichten, die durch solche Untersuchungen gewonnen werden können, immer nur vorübergehend, da die Mittelschicht eine hohe soziale Mobilität aufweist und ständig neue Personenkreise, vor allem aus der Unterschicht, in sich aufnimmt.

Die Unterschicht (*lower class*) hat sich geschichtlich unter dem Einfluss wirtschaftlicher Faktoren entwickelt. Historisch betrachtet zählten zur Unterschicht alle Personen, die nicht der Mittelschicht angehörten, die also keinen Besitz nachweisen und damit auch keine Freiheit in Anspruch nehmen konnten. Bis zum Beginn des 19. Jahrhunderts waren dies 95 Prozent der Bevölkerung. Traditionell bestand die Mehrheit dieser Gruppe aus der Landbevölkerung, die als agrarische Arbeitskräfte die nationale Produktion von Nahrungsmitteln sicherte. Angehörige dieser Gruppe waren unfreie Landarbeiter (*serfs*), die weder politische Rechte noch Land besaßen, die aber auch nicht in Leibeigenschaft lebten. Daher konnten *serfs* zwar nicht wie Sklaven verkauft werden, waren aber zur Arbeit auf dem Land des jeweiligen Grundbesitzers verpflichtet.

Diese weitgehende Rechtlosigkeit der Unterschicht setzte sich mit der Industriellen Revolution fort, als die Arbeitskräfte wegen der Einhegungen nicht mehr in der Landwirtschaft benötigt, von der Landverpflichtung freigestellt wurden und in die Industriestandorte abwanderten. An die Stelle des ländlichen Proletariats trat nun ein städtisch-industrielles Proletariat von Fabrikarbeitern, die nur über ihre Arbeitskraft verfügten, die wiederum von den Fabrikbesitzern, d. h. den Eigentümern der Produktionsmittel, ungehindert genutzt wurde. Die rücksichtslose Ausbeutung der Fabrikarbeiterschaft führte zu deren interner Organisation durch die Gründung von Arbeitervereinen und Gewerkschaften sowie zu vielfach heftigen und gewalttätigen Konfrontationen mit den Fabrikbesitzern. So wurde 1842 der Norden Englands von den *Plug Riots* erschüttert, bei denen erboste Arbeiter gegen angedrohte Lohnkürzungen demonstrierten, indem sie die Stopfen (*plugs*) aus den Heizkesseln der Dampfmaschinen entfernten und damit die Produktion in den Spinnereien lahmlegten. Da die Industriearbeiter rechtlos waren und nur über ihre Arbeitskraft verfügten, entwickelte sich der Streik zum wirkungsvollsten Mittel im Kampf um die Anerkennung sozialer und politischer Rechte. Zwar wurden seit dem ausgehenden 19. Jahrhundert die Forderungen der Arbeiterschaft durch schrittweise Zugeständnisse immer weiter erfüllt, doch vertiefte sich der Graben zwischen Besitzenden und Besitzlosen, zwischen *Haves* und *Have-Nots*, zwischen 'denen da oben' und 'denen da unten'.

Durch die neue Sozialpolitik des Wohlfahrtsstaates nach dem Zweiten Weltkrieg konnte die Situation der Unterschicht spürbar verbessert werden. Einen ebenso wichtigen Einschnitt stellt die zunehmende Automatisierung der industriellen Fertigung dar. Wie in allen westlichen Industrienationen ist auch in Großbritannien der Bedarf an Arbeitskräften in der Industrieproduktion, aber auch im Handwerk rückläufig. Während 1911 noch 80 Prozent der Bevölkerung zur Arbeiterschaft zählten, ist ihr Anteil 2001 auf 49 Prozent gefallen. In vielen modernen Erwerbszweigen, wie im Dienstleistungssektor, den Informations- und Kommunikationsbranchen, sind neue Beschäftigungsmöglichkeiten entstanden, die allerdings ein verbessertes Ausbildungsniveau der Bevölkerung erforderlich machen. Das britische Bildungssystem hat auf diese Herausforderungen reagiert, die gesellschaftlich nur zu bewältigen sind, wenn die Anzahl der künftigen *white-collar workers* erhöht werden kann. Dies bedeutet aber zugleich, dass in einem modernen Gesellschaftsentwurf kaum noch ein Platz für eine unterprivilegierte, schlecht ausgebildete und zahlenmäßig große Unterschicht zu finden sein wird. Stattdessen wird der in den sechziger Jahren begonnene Prozess einer sukzessiven Eingliederung der ehemaligen Unterschicht in eine neue, erweiterte Mittelschicht die Zukunft der britischen Gesellschaft bestimmen.

Bis dahin dürfte es aber vermutlich noch ein weiter Weg sein, wenn man bedenkt, dass sich seit den achtziger Jahren die Schere zwischen den extrem Wohlhabenden und den extrem Armen wieder weiter geöffnet hat:

> During the 1980s the gap between the richest and poorest in Britain grew significantly after over thirty years of relative stability. This was a direct effect of economic policy and of changes to the tax system which intentionally rewarded the richest most, on the assumption that the highest income earners were the most productive members of society. In 1989 it was estimated that the richest 200 people in Britain owned assets equivalent to 8 per cent of the gross national product, including 7 per cent of the land.
>
> In contrast, during the period from 1979 to 1987 the number of people living on less than half the national average income doubled, from roughly one tenth to one fifth of the whole population. In fact poverty seems to have increased during the 1980s more rapidly than elsewhere in the European Community. However, while the number of the poor people undoubtedly increased during the 1980s, it is also true that the remaining 80 per cent of the population were probably somewhat better off than they had been in 1979. The real difficulty was that the gap between rich and poor grew. The richer a family was, the more they tended to benefit during the 1980s, and the poorer they were, the less they benefited. This trend seemed set to continue into the 1990s. (McDowall 1993: 24)

Die neue Labour-Regierung hat sich seit ihrem Amtsantritt um die Bekämpfung der Armut bemüht. Dennoch lebten im Jahr 2000 immer noch 17 Prozent der Bevölkerung in Haushalten mit unterdurchschnittlich geringem Einkommen. Ein Großteil dieser Menschen kann somit nicht einmal mehr der traditionellen Unterschicht zugeordnet werden, sondern bildet aufgrund von Arbeitslosigkeit, unzureichender Bildung, schlechter Unterbringung, hoher Kriminalität und fehlender Sozialbindungen mittlerweile eine eigenständige *underclass*, deren Angehörige vom gesellschaftlichen Leben weitgehend ausgeschlossen sind. Die Integration dieser Menschen in die britische Gesellschaftsordnung stellt eine bedeutende Herausforderung an die künftige Sozialpolitik des Landes dar.

6.2 *Together We Stand:* Das Prinzip 'Solidarität'

Ungeachtet der nachweislichen Mobilität zwischen den verschiedenen sozialen Schichten haben Umfragen bei der britischen Bevölkerung immer dann ein klares Meinungsbild ergeben, wenn danach gefragt wurde, ob die britische Gesellschaft eine Klassengesellschaft sei. 1964 vertrat die Hälfte der Befragten diese Auffassung, 1984 waren es bereits drei Viertel und 1995 gar mehr als achtzig Prozent. Für diese kollektive Selbsteinschätzung lassen sich unterschiedliche Gründe anführen. Zweifellos ist die völlig ungleiche Verteilung des nationalen Reichtums auf wenige Wohlhabende einerseits und die große Mehrheit der Bevölkerung andererseits bei dieser Beurteilung maßgeblich. Möglicherweise äußert sich hier aber auch Unmut über den starren Traditionalismus, der für die soziale Entwicklung nur geringe Spielräume eröffnet und eine durchgreifende Gesellschaftsreform bisher verhindert hat.

Denkbar ist aber auch, dass diese Umfrageergebnisse das Resultat schichtenspezifischer Selbstwahrnehmungsmuster sind und sich in ihnen Grundstrukturen kollektiver Mentalität offenbaren. In *The Uses of Literacy* (1957), einer mittlerweile zum Klassiker gewordenen Studie zur britischen Arbeiterschaft, hat der Soziologe Richard Hoggart gezeigt, wie die wirtschaftliche Unterdrückung der Industriearbeiter seit dem 19. Jahrhundert deren Zusammengehörigkeitsgefühl verstärkt hat. Aus der Konfrontation mit den unnachgiebigen Fabrikbesitzern, 'denen da oben', sei die Identität der Arbeiterklasse als 'uns da unten' überhaupt erst entstanden und habe die 'them and us'-Mentalität der Unterschicht begründet. In der menschenverachtenden, gefühlskalten Lebenswelt des ungezügelten Kapitalismus hätten sich nach Hoggart Verständnis und Geborgenheit nur bei den Mitgliedern der eigenen Schicht (*peer group*) finden lassen, so dass Versuche zur sozialen Verständigung über Klassenschranken hinweg zunehmend aussichtslos geworden seien:

In any discussion of working-class attitudes much is said about the group-sense, that feeling of being not so much an individual with 'a way to make' as one of a group whose members are all roughly level and likely to remain so. [...] Certainly working-class people have a strong sense of being members of a group, and just as certainly that sense involves the assumption that it is important to be friendly, co-operative, neighbourly. 'We are all in the same boat'; 'it is no use fighting one another'; but 'in unity is strength'. [...]

The sense of a group warmth exercises a powerful hold, and continues to be missed when individuals have moved, financially and probably geographically, out of the working-classes. I have noticed that self-made men now living in villas – grocers who have done well and own a small chain of local shops; jobbing builders who have advanced so far as to be putting up fields of private 'semis' – like to join the crowd at football matches. They drive up in a car now and wear shaggily prosperous Harris tweed, but many of them still go to the terraces rather than in the stands. I imagine they enjoy recapturing something of the mateyness of the ranks, much as a commissioned Q.M. [Quartermaster] will usually be found in the non-commissioned bar at a unit dance. (Hoggart 1971: 68–69)

Für die These vom solidarischen Zusammenhalt der Arbeiterschicht und der mit ihr verknüpften Auffassung vom Kampf der Klassen gegeneinander lassen sich viele Belege anführen. In *The Road to Wigan Pier* (1937), einer Dokumentation der Lebensbedingungen von Arbeitern in den Industrierevieren von Lancashire und Yorkshire, erinnert sich George Orwell an seine Kindheit vor dem Ersten Weltkrieg und an den abgrundtiefen Hass, mit dem sich Mittel- und Unterschicht begegneten und der den Kindern im Elternhaus eingepflanzt wurde:

But there was another and more serious difficulty. Here you come to the real secret of class distinctions in the West – the real reason why a European of bourgeois upbringing, even when he calls himself a Communist, cannot without a hard effort think of a working man as his equal. It is summed up in four frightful words which people nowadays are chary of uttering, but which were bandied about quite freely in my childhood. The words were: *The lower classes smell.*

That was what we were taught – *the lower classes smell.* And here, obviously, you are at an impassable barrier. For no feeling of like or dislike is quite so fundamental as a *physical* feeling. Race hatred, religious hatred, differences of education, of temperament, of intellect, even of moral code, can be got over; but physical repulsion cannot. You can have an affection for a murderer or a sodomite, but you cannot have an affection for a man whose breath stinks – habitually stinks, I mean. However well you may wish him, however much you may admire his mind and character, if his breath stinks he is horrible and in your heart of hearts you will hate him. It may not greatly matter if the average middle-class person is brought up to believe that the working classes are ignorant, lazy, drunken, boorish and dishonest; it is when he is brought up to believe that they are dirty that the harm is done. And in my childhood we *were* brought up to believe that they were very dirty. (Orwell 1979: 112)

Der Verachtung der Arbeiterklasse durch die Mittelschicht, der Orwell entstammte, stand der Hass der Unterschicht in nichts nach. In Alan Sillitoes

Roman *Saturday Night and Sunday Morning* (1958) lässt der rebellische Arthur Seaton, Arbeiter in einer Fahrradfabrik in Nottingham, seiner Wut über die Vertreter der Mittelschicht freien Lauf, die ihn am Arbeitsplatz hochnäsig herumkommandieren und ihre Autorität selbst noch in seinem Privatleben geltend machen wollen. Die Verkörperung des Klassenfeinds stellt dabei der Vorarbeiter (*rate-checker*) dar, der die gefertigten Stückzahlen kontrolliert und den Akkordlohn festlegt:

Though you couldn't grumble at four-and-six a hundred the rate-checker sometimes came and watched you work, so that if he saw you knock up a hundred in less than an hour Robboe would come and tell you one fine morning that your rate had been dropped by sixpence a bob. So when you felt the shadow of the rate-checker breathing down your neck you know what to do if you had any brains at all: make every move more complicated, though not slow because that was cutting your own throat, and do everything deliberately yet with a crafty show of speed. Though cursed as public enemy number one, the rate-checker was an innocuous-looking man who carried a slight stoop everywhere he went and wore spectacles, smoking the same fags as you were smoking, and protecting his blue pinstriped suit with a brown staff overall, bald as a mushroom and as sly as a fox. They said he got commission on what reductions he recommended, but that was only a rumour, Arthur decided, something said out of rancour if you had just been done down for a bob. If you saw the rate-checker on your way home from work he might say good evening to you, and you responded to this according to whether or not your rate had been tampered with lately. Arthur always returned such signs with affability, for whenever the rate-checker stood behind him he switched his speed down to a normal hundred, though once he had averaged four hundred when late on his daily stint. He worked out for fun how high his wages would be if, like a madman, he pursued this cramp-inducing, back-breaking, knuckle-knocking undiplomatic speed of four hundred for a week, and his calculations on the *Daily Mirror* margins gave an answer of thirty-six pounds. Which would never do, he swore to himself, because they'd be down on me like a ton of bricks, and the next week I'd be grabbing at the same flat-out lick for next to nowt. So he settled for a comfortable wage of fourteen pounds. Anything bigger than that would be like shovelling hard-earned money into the big windows of the income-tax office – feeding pigs on cherries, as mam used to say – which is something else against my principles. (Sillitoe 1974: 24–25)

Obwohl der Vorarbeiter offenkundig selbst ein armer Teufel ist, dieselbe Zigarettenmarke raucht wie die Arbeiter und ihnen freundlich einen angenehmen Feierabend wünscht, bleibt er der "public enemy number one", den es auf jeden Fall bei der Abrechnung des Monatslohns hinters Licht zu führen gilt. Freilich könnte Arthur unter größerem Arbeitseinsatz leicht das Zweieinhalbfache verdienen, doch würden 'die da oben' ("they") dann kurzerhand den Akkordlohn senken und ihn für wenige Pennies schuften lassen. Selbst wenn sich seine Einkünfte durch vermehrten Fleiß verbessern sollten, würde nur das Finanzamt davon profitieren, hinter dem letzten

Endes auch wieder nur 'die da oben' stehen. Der Hass gegen das Establishment und die Mittelschicht als boshafter Klassenfeind prägte insgesamt die Literatur der *Angry Young Men* in den fünfziger und sechziger Jahren, zu deren Vertretern neben Sillitoe auch der Dramatiker John Osborne und die Romanautoren John Braine, Kingsley Amis, John Waine und Colin Wilson zählen. In den literarischen Werken dieser zornigen jungen Männer wurde die Mentalität des Klassenkampfs somit ästhetisiert und auch popularisiert.

Die von Hoggart zusammengetragenen Einsichten in die Kultur der britischen Arbeiterklasse wurden von dem deutschen Soziologen und vorzüglichen Großbritannienkenner Ralf Dahrendorf in einer nicht minder klassischen Studie mit dem schlichten Titel *On Britain* (1982) aufgegriffen und präzisiert. Dahrendorf wechselt jedoch die Blickrichtung, indem er das Prinzip der Solidarität in den Mittelpunkt stellt und dies nicht nur als Identitätsfaktor der Unterschicht, sondern aller britischen Gesellschaftsklassen begreift. Die 'them and us'-Mentalität wird damit in zweifacher Hinsicht als schichtenbildendes Merkmal erfasst. Zum einen definieren sich auch die Ober- und Mittelschicht durch Abgrenzung von der jeweils benachbarten Klasse und suchen die Solidarität der eigenen Peer Group, nicht aber den Kontakt zur jeweils höheren oder niederen Schicht. Zum anderen, und dies ist der weiterreichende Gedanke, werden Individuen, die versuchen, die Klassenschranken zu überwinden, von der eigenen Peer Group geächtet. In der Komödie *Educating Rita* (1980) hat der Dramatiker Willy Russell anhand des Lebenswegs einer jungen Frau aus der Arbeiterklasse exemplarisch vorgeführt, wie das Bedürfnis nach Bildung und das Streben nach gesellschaftlichem Aufstieg mit einer Entfremdung vom eigenen sozialen Milieu einhergehen kann. Wer in seiner eigenen Schicht daher Anerkennung sucht, darf die scharfe Trennlinie zwischen den Schichten nicht verletzen, darf vor allem nicht nach sozialer Mobilität trachten und sich selbst wirtschaftlich verbessern wollen, sondern muss die Spielregeln der eigenen Gruppe einhalten und sich in ihrem sozialen Erfahrungs- und Erwartungshorizont bewegen:

> The underlying reason why Continentals or Americans find the British working class strange has to do with what has been identified as solidarity as a value. The working class epitomises what such solidarity means. Richard Hoggart's description of working-class life is relevant. Hoggart begins with stressing 'the group sense', 'the sense of group warmth' which is characteristic of the working class. It is perhaps not surprising. 'The friendly group tradition seems to me to have its strength initially from the ever-present evidence, in the close, huddled, intimate conditions of life, that we are, in fact, all in the same position.' Many other attitudes follow from this sense of belonging. It will not do to be different. 'Love, friends, a good home', and a decent life with others, are more important than money and power, let alone success.

> There is something strangely passive about working class values. 'Live and let live' is after all not a principle of active progress, although it is one of liberty. Even what has been called the reactionary quality of the working class is essentially passive. It is true that there are working-class housing estates which their inhabitants and their political representatives have deliberately kept 'clean' (as they put it), that is, free of coloured people. Working-class people have no more time for blacks than they do have for women's rights or any other of the highfalutin' ideas of modern progressives. But in intention at least, there is nothing nasty in such attitudes; they are, rather, defensive. 'The group ... works against the idea of change,' suggests Hoggart. Even someone from a town only forty miles away may for many years find it difficult to be accepted in his new locality. Solidarity, neighbourliness, friendliness, gentleness are all virtues which it is easy to extend with a familiar environment; but if the environment changes, those virtues can rapidly begin to evaporate. (Dahrendorf 1982: 63)

Dahrendorf zufolge ist die britische Gesellschaft daher auch keine Klassengesellschaft, deren soziale Schichtung zwanghaft festgelegt ist, sondern eine Solidaritätsgemeinschaft, wobei die Mitglieder der verschiedenen Schichten unter freiwilligem Verzicht auf gesellschaftliche Mobilität einen Verbleib im eigenen sozialen Milieu bevorzugen. Der fehlende soziale Wettbewerb wie in einer Ellenbogengesellschaft wird aufgewogen durch eine angenehme Lebensqualität, da innerhalb der eigenen Schicht keine existentiellen Gefährdungen zu erwarten sind. Jedoch haben sich aus dieser Mentalität heraus auch gesamtgesellschaftliche Lähmungserscheinungen ergeben, da der britischen Gesellschaft jene Dynamik gefehlt hat, die anderen westlichen Industrienationen größere wirtschaftliche Wachstumszahlen bescherte.

Seit Dahrendorfs Analyse hat sich die britische Gesellschaft weiter rapide verändert, doch sind sowohl das Solidaritätsprinzip als auch das mit ihm verbundene Klassenbewusstsein intakt geblieben. Zwar haben alle britischen Premierminister seit Harold Wilson das Ende der Klassengesellschaft proklamiert und eine klassenlose Gesellschaft ausgerufen, doch entlarvt die soziale Wirklichkeit solche Ideologien als Wunschträume. Moderne Analysen der britischen Sozialstruktur verwenden feingerasterte Untersuchungsmethoden, in die marxistische und soziologische Ansätze Eingang gefunden haben. Karl Marx definierte bekanntlich den Begriff 'Klasse' ausschließlich ökonomisch, indem er unterschied zwischen einer Bourgeoisie, welche über Kapital und Produktionsmittel verfügte, und einem besitzlosen Proletariat, das nur seine Arbeitskraft verkaufen konnte. Im Nachgang zu Marx wies der deutsche Soziologie Max Weber darauf hin, dass die Verfügbarkeit von Kapital zwar grundlegend für die soziale Schichtung, nicht aber ausreichend für die Bestimmung von Klassenzugehörigkeit sei. Weber argumentierte, dass bei der Klassifizierung dem 'Status' einer Person große Bedeutung zukomme und dass Status vielfach unabhängig vom Einkommen beigemessen werde.

Gegenwärtige Klassifizierungsmodelle wie das des angesehenen Instituts Market and Opinion Research International (MORI) verbinden daher Einkommen mit Status und stratifizieren die Gesellschaft in sechs Gruppen, die mit den Buchstaben A, B, C 1, C 2, D und E versehen werden. Diesen Gruppen sind jeweils bestimmte Berufsfelder und Einkommensverhältnisse zugeordnet:

A) Professionals such as doctors, surgeons, solicitors or dentists; chartered people like architects; fully qualified people with a large degree of responsibility such as senior editors, senior civil servants, town clerks, senior business executives and managers, and high ranking grades of the Services.
B) People with very responsible jobs such as university lecturers, heads of local government departments, middle management in business, qualified scientists, bank managers, police inspectors, and upper grades of the Services.
C 1) All others doing non-manual jobs; nurses, technicians, pharmacists, salesmen, publicans, people in clerical positions, police sergeants/constables, and middle ranks of the Services.
C 2) Skilled manual workers/craftsmen who have served apprenticeships; foremen, manual workers with special qualifications such as long distance lorry drivers, security officers, and lower grades of Services.
D) Semi-skilled and unskilled manual workers, including labourers and mates of occupations in the C 2 grade and people serving apprenticeships; machine minders, farm labourers, bus and railway conductors, laboratory assistants, postmen, door-to-door and van salesmen.
E) Those on lowest levels of subsistence including pensioners, casual workers, and others with minimum levels of income. (www.mori.com/digest/2002/c020816.shtml)

Als Mittelklasse gelten die Berufsgruppen A bis C 1, während die unteren drei Kategorien zur Unterschicht gerechnet werden. In den siebziger Jahren zählte nach dieser Gliederung ein Drittel der erwachsenen Bevölkerung zur Mittelschicht, doch haben seither industrieller Strukturwandel und zunehmende Professionalisierung eine Erweiterung der Mittelschicht zur Folge gehabt, so dass die oberen und die unteren drei Gruppen jeweils etwa 50 Prozent der Bevölkerung umfassen. Somit sind Mittel- und Unterschicht zur Zeit identisch stark. Bemerkenswert sind daher die Ergebnisse der seit 1994 regelmäßig durchgeführten MORI-Umfragen zur Klassenzugehörigkeit der britischen Bevölkerung, die eine beständige Tendenz zur Identifikation mit der Arbeiterschicht zu erkennen geben. Bei der Datenerhebung im Jahr 2002 stimmten der Aussage "At the end of the day, I'm working class and proud of it" 68 Prozent der Befragten zu, obwohl die Hälfte der Bevölkerung in Hinblick auf Einkommen, Beruf und Status zur Mittelklasse zählt.

Wie lässt es sich erklären, dass trotz gestiegener Löhne und verbesserter Ausbildungschancen sich zwei Drittel der britischen Erwachsenen mit Stolz der Arbeiterklasse zurechnen? Eine Antwort darauf liefert das Solidaritätsprinzip. Viele Briten der gegenwärtigen Generation haben es mit Fleiß und Anstrengung zu Wohlstand gebracht, nicht aber ihre Herkunft aus der Arbeiterschicht vergessen, der sie sich nach wie vor zugehörig fühlen. Soziales Milieu und komfortables Einkommen schließen sich daher nicht aus, wie die Ikonen des neu erwachten Klassenbewusstseins verkünden. Sir Paul McCartney, den Thomas Smith wegen des Ritterschlags und sicherlich wegen seines immensen Reichtums der Nobilität zugeordnet hätte, sieht sich aufgrund seiner Liverpooler Jugend als Kind der Arbeiterklasse. Der Mittelfeldspieler David Beckham gilt geradezu als Held der Arbeiterklasse und wird bewundert, weil er sein Geld nicht an der Werkbank, sondern mit dem Fußballspiel verdient hat. Seine Frau Victoria bildet als ehemaliges Posh Spice der Gesangsgruppe Spice Girls das weibliche Gegenstück und das Rollenmodell für Mädchen aus der Arbeiterklasse. Ebenso inszeniert sich der Sänger Robbie Williams als *working-class mate*. Obwohl er zu den bestverdienenden Interpreten seiner Generation zählt, ist er vorgeblich seiner Herkunft treu geblieben, ist er immer noch 'einer von uns da unten' und 'keiner von denen da oben', was er mit dem rituellen Entblößen seines Hinterteils bei öffentlichen Auftritten gerne unter Beweis stellt. Wen wundert es da, dass diese Ikone britischer Unterschichtenmentalität auf dem Musikmarkt seiner amerikanischen Wahlheimat keinen Fuß fassen kann?

Eine zweite Erklärung für die Renaissance des Arbeiterethos liegt in der Abwendung von dem traditionell der Mittelschicht zugeordneten Werterepertoire. Der Romanautor Tim Lott hat stellvertretend für viele seiner Zeitgenossen die Verachtung bürgerlicher Prätentionen derb formuliert:

> I am well off, but feel and often behave working class. I am dismissive of anything pretentious – socially or artistically. I despise snobbery. I have a dislike of what you might call 'nicety' – that set of middle-class conventions, including manners, 'good language' and the brushing under the carpet of unsettling opinions or emotions. If I get caught up in a civilised discussion, I often have an irresistible desire to break wind. (Zitiert in White & Bourne 2002: 19)

Der Prozess einer Abwertung der Mittelschicht und der gleichzeitigen Aufwertung der Unterschicht ist mit einem beobachtbaren Wertetausch verbunden. Tugenden, die spätestens seit dem 19. Jahrhundert bürgerlicher Identität zugeordnet wurden wie Fleiß, Ehrgeiz, Sparsamkeit, Selbständigkeit und Verantwortungsbereitschaft, werden nun von der neuen Arbeiterschicht beansprucht. Durch diese Werteverlagerung wird die Mittelschicht reduziert auf jenes Geflecht von unerfreulichen Eigenschaften, die sie dereinst zum Klassenfeind der Working Class abstempelten, so dass emotionale Kühle, Egoismus, Snobismus und Materialismus als negative Beschreibungsmerkmale verbleiben. Man fühlt sich erinnert an die zitierte Passage aus Waughs *Brideshead Revisited*, aber auch an die Kritik Matthew Arnolds, der in seiner kulturkritischen Studie *Culture and Anarchy* (1869) den bürgerlichen Philistern des 19. Jahrhunderts eben diese Defizite vorwarf. Es kann daher nicht verwundern, wenn sich gegenwärtig niemand mit einer solchermaßen stigmatisierten Mittelklasse identifizieren will. Das Bekenntnis zur Bourgeoisie ist eher ein Garant für kollektiven Spott, wozu die Medien ihren Teil beigetragen haben. So spielt in der von der BBC ab 1990 produzierten Fernsehserie *Keeping Up Appearances* Patricia Routledge die prätentiöse, auf gute Umgangsformen und vornehmen Stil lächerlich bedachte Mrs Hyacinth Bucket, die mit wiederkehrender Komik darauf besteht, dass ihr Nachname 'Bouquet' auszusprechen sei. Während in britischen Sitcoms die Mittelschicht als eigennützig, kaltherzig und materialistisch dargestellt wird, sind Figuren aus der Unterschicht wie in *Coronation Street* (Granada TV, ab 1960) oder in *The Royle Family* (BBC, ab 1998) warmherzig, gutmütig und verlässlich.

Dass die Beobachtungen von Richard Hoggart und Ralf Dahrendorf auch weiterhin Gültigkeit besitzen und dass die Medien eine soziale Wirklichkeit simulierend abbilden, ohne sie im Kern zu verfälschen, bewies 1996 das erstaunliche Bekenntnis zur Mittelschicht, das John Prescott, damals stellvertretender Vorsitzender der Labour Party, gegenüber der Presse abgab. Stephen Brook hat die Affäre Prescott süffisant zusammengefasst:

> In April 1996 an absurd but telling row broke out. The ebullient John Prescott MP, then deputy leader of the Labour Party, observed, in responding to an interviewer: 'I can tell you, I'm pretty middle-class.' Since John Prescott lives in an eight-bedroom house in Hull and drives a large car, his remark seemed unexceptional. But in Britain any comment involving class is guaranteed to cause a furore, and this was no exception.
>
> The debate was spiced up by the contribution of none other than John Prescott Senior, a former railway signalman. He was having none of it. 'He is the son of a railwayman and the grandson of a miner. How can he be anything other than working-class? John worked as a steward on ships serving drinks to well-to-do passengers. If that's not working class I cannot think what is. When I see him I shall ask him what he thinks he's playing at. He should be proud to be working-class.' (Brook 1997: 127)

Das Beispiel verrät deutlich, wie unvermindert eng die Verbindung zwischen Klassenbewusstsein und den politischen Parteien in Großbritannien ist.

Prescotts Äußerung fiel in das Jahr vor den Unterhauswahlen, bei denen Labour einen Erdrutschsieg erringen konnte. Das Bekenntnis zur Mittelschicht war daher sicherlich auch ein in Wahlkampfzeiten wohlbedachter und schließlich ja auch erfolgreicher Versuch, die Sympathien und Stimmen für Labour in einer Wählergruppe zu gewinnen, die bis dahin traditionell konservativ wählte.

Tatsächlich lässt sich nachweisen, dass die schichtenspezifische Selbsteinschätzung das Wahlverhalten steuert. Menschen aus Berufsfeldern der Mittelschicht, die sich selbst als Mitglieder der Unterschicht sehen, tendieren zu Labour, während umgekehrt Wähler eher den Konservativen ihre Stimme geben, wenn sie sich selbst als der Mittelschicht zugehörig empfinden, auch wenn sie durch ihre Tätigkeit der Arbeiterklasse zugerechnet werden müssen. Ferner ist zu bedenken, dass Labour bei den Unterschichten traditionell großen Rückhalt gefunden hat. Wenn sich nun, wie die MORI-Untersuchung belegt, eine wachsende Zahl von wohlhabenden Mittelschichtlern in ihrer sozialen Identität als Working Class definiert, dann ist damit der Erfolg von Labour bei den Unterhauswahlen von 1997 und 2001 erklärbar.

Zu berücksichtigen ist aber, dass sich New Labour unter Tony Blair von den traditionellen Themen der Partei abgewendet hat und auch einen ungewohnt scharfen Kurs gegen die Gewerkschaften steuert. Zwar ist es dadurch gelungen, Wähler aus der Mittelschicht an die Partei zu binden, es besteht jedoch die Gefahr, die eigentliche Wählerbasis in der Arbeiterschaft zu verlieren. Es hat den Anschein, als sei die Working Class Identity nicht mehr zwingend mit einem Bekenntnis zur Labour Party verbunden. Das Klassendenken und insbesondere die Renaissance der Arbeiterklasse könnten daher für die zukünftige Ausrichtung der britischen Parteien von erheblicher Bedeutung sein.

6.3 *A Stake in the Country:* Alte und neue Tories

Die Ursprünge des britischen Parteiensystems lassen sich bis ins 17. Jahrhundert zurückverfolgen, als sich während des Bürgerkriegs von 1642 bis 1649 die königstreuen Cavaliers und Cromwells parlamentsfreundliche Roundheads gegenüberstanden. Hier werfen die Ereignisse der Glorreichen Revolution von 1688 ihre Schatten voraus, wo sich als Resultat des Verfassungskonflikts zwischen Krone und Parlament die politischen 'Parteien' der Whigs und Tories abzeichnen, die zum ersten Mal bei dem Streit um die Thronfolgeregelung, der Exclusion Crisis, deutlich erkennbar wurden. Damals waren Whigs und Tories noch Schimpfnamen der jeweiligen Gegner, die jedoch schon bald von den Betroffenen als Bezeichnung für ihre politische Einstellung akzeptiert wurden. Die ersten Parteien stammen also in Großbritannien aus vordemokratischen Zeiten; sie sind deshalb auch noch keine Parteien im modernen Sinn, die sich als politischer Spiegel der Gesellschaft verstehen, sondern parlamentarische Gruppierungen, die zur Konsolidierung von Herrschaft und Regierung beitrugen.

Conservative (and Unionist) Party

The origins of the present-day Conservative Party are in 1679, when a parliamentary group supporting the Duke of York's claim on the throne (and therefore opposing a bill to exclude him) were given the nickname 'Tories' – an anglicised form of the Irish Gaelic word 'Toraidhe', meaning pursuer. The term 'Tories' had first been applied to Irish cattle-rustlers.

Under Queen Anne, the Tories became identified with resistance to religious toleration and dominated the ministry, but the Whigs managed to get control of the government shortly before her death and ensured the succession for George I of Hanover who in turn guaranteed Whig dominance. The Tory leader Bolingbroke fled to France in 1715, and until the accession of George III in 1760, the Tories were identified with the Jacobites and excluded from office. (Boothroyd 2001: 42–43)

Der politische Start war somit für die Tories außerordentlich unglücklich, da sie den überwiegenden Teil des 18. Jahrhunderts in der Opposition verbringen mussten und erst unter dem jüngeren William Pitt an die Regierung gelangten. Dennoch bildeten sich schon in dieser Phase die Grundsätze konservativen Denkens heraus, die im 19. Jahrhundert nur mehr erhärtet wurden. So gründet sich der klassische Konservatismus erstens auf einen Traditionalismus, der die Verteidigung des Bewährten fordert, wozu soziale Hierarchien und die Schichtung der Gesellschaft in Klassen ebenso zählen wie die paternalistische Verpflichtung der Mächtigen für die Lebensbedingungen der Machtlosen. Von ihrem whiggistischen Widersacher Edmund Burke übernahmen die Tories zweitens die Anschauung des organischen Wachsens und integrierten damit eine zentrale Metapher für den Prozess gesellschaftlicher und staatlicher Entwicklung in ihre Philosophie, was insbesondere das britische Verfassungsdenken nachhaltig beeinflusst hat (vgl. Kap. 5). Drittens äußert sich eine konservative Werthaltung in einem tiefsitzenden Skeptizismus gegenüber Innovationen und insbesondere in einer hartnäckigen Weigerung gegenüber revolutionären Veränderungsprozessen. Daraus ergibt sich viertens ein pragmatisches Politikverständnis, das sich weniger an ideologischen Vorgaben, sondern eher an den unmittelbaren Bedürfnissen der Menschen orientiert und politische Entscheidungen den Herausforderungen der Zeit anzupassen versucht.

Einig waren sich Whigs und Tories schon im 18. Jahrhundert darüber, dass sich politischer Herrschaftsanspruch auf Eigentum gründet. Erneut ließ sich eine Anleihe bei Edmund Burke aufnehmen, der die Auffassung vertrat, dass diejenigen zur Ausübung politischer Macht legitimiert seien, die über Grundbesitz verfügten, daher 'a stake in the country' besäßen und damit ein vitales Interesse am Schicksal des Landes hätten, was zum Wohle

Liberal Party (1679–1988)

The Liberal Party is the oldest in the nation. It was formed originally in 1679 as a loose group of Members of Parliament who wished to exclude the Duke of York from the succession to the throne on account of his being a Roman Catholic, a battle which the group lost (the Duke became King James II). The group acquired the name 'Whig', a term originally applied to horse-thieves and non-conformists; their opponents were given the equally insulting name of 'Tories' (Irish cattle-rustlers). When James II was forced to flee the country, both groups combined to invite William and Mary of Orange to the throne in the 'Glorious Revolution' of 1688.

After the revolution, the Whigs were dominated by those noble families who were supportive of the monarchy; they held most government offices under William III and Queen Anne despite rarely having a majority in Parliament, partly because of skilled leadership. The Act of Union with Scotland was passed when the administration threatened an economic blockade, and with it came an assurance that the Crown would pass to the Electors of Hanover. (Boothroyd 2001: 151–152)

aller dienlich sei. Daher war das Erste Reformgesetz von 1832, mit dem das Wahlrecht ausgeweitet wurde, ein bitterer Schlag für die Tories. Zugleich führte das Parlamentsgesetz zu einer Beschleunigung des Demokratisierungsprozesses, in dessen Verlauf sich auch die beiden Parteien wandelten und sich die liberale und die konservative Partei herausbildeten.

Die Liberalen, ein Name, der zunächst noch die Bedeutung von radikal hatte, entwickelten sich zur großen Reformpartei des 19. Jahrhunderts: Ausweitung des Wahlrechts, Abschaffung der Sklaverei, Einführung der Schulpflicht, Home Rule für Irland, Entmachtung des Oberhauses – so lauteten wichtige Punkte im Reformprogramm der Liberalen, die unter dem ursprünglich konservativen William Gladstone als Premierminister ihren Höhepunkt erreichten und eine Politik des Fortschritts verfolgten.

Gladstones nicht minder berühmter Gegenspieler auf Seiten der Konservativen war Benjamin Disraeli, der seiner Partei ein neues Profil verlieh, sich für die zweite Wahlrechtsreform von 1867 einsetzte und dann als Premierminister durch die Thematisierung der sozialen Frage um den Ausgleich zwischen Bürgertum und Arbeiterklasse sowie um ein Bündnis zwischen der konservativen Führungsschicht und der Arbeiterschaft bemüht war. Ganz im Sinne des konservativen Denkens betonte er Monarchie, Aristokratie, Staatskirche und Empire als staatstragende Institutionen und als Grundpfeiler der Nation und erwies sich zudem als eloquenter Verfechter des britischen Imperialismus. Seine neue Politik konnte Disraeli unter Verweis auf die Prinzipien konservativer Politik verteidigen. Das paternalistische Denken der Aristokratie erforderte die Sorge um die Arbeiterschaft und deren Not, während die Eigentumsphilosophie die Teilhabe einer neuen Schicht von Fabrikbesitzern an der politischen Macht gestattete. Vereint waren diese Veränderungen insgesamt im Konzept des organischen Wachsens, denn mit der konservativen Reformpolitik wuchsen die sozialen Klassen, die durch die Industrialisierung auseinander zu brechen drohten, zur organischen Einheit der *One Nation* zusammen. Gewiss war diese 'geeinte Nation' hierarchisch geordnet, aber zwischen ihren Schichten bestanden wechselseitige Verpflichtungen, welche die Kohäsion der Nation sichern sollten. Damit empfahlen sich die Konservativen höchst erfolgreich als Verteidiger der nationalen Institutionen, aber auch als Beschützer der Nation und des Empire.

Der Dualismus zwischen Konservativen und Liberalen hielt bis zum Beginn des 20. Jahrhunderts an, als sich mit der Gründung der Labour Party 1906 das Parteiengefüge grundsätzlich änderte. Dennoch ist die Konservative Partei im vergangenen Jahrhundert die dominierende politische Kraft gewesen, zumal sie oft lange Zeit ununterbrochen an der Macht war. Zwischen dem Ersten und Zweiten Weltkrieg sind die Konservativen mit Ausnahme von 1929, wo sie zwar die meisten Stimmen erreichten, aber weniger Sitze als Labour hatten, immer die nach Sitzen stärkste Partei gewesen; und selbst wenn sich seit 1945 beide Parteien bei acht konservativen und acht Labour-Regierungen die Waage zu halten scheinen, gilt das mitnichten für die Anzahl der Regierungsjahre, zumal die Konservativen zweimal, nämlich 1951 bis 1964 und 1979 bis 1997, für lange Zeit die Regierung stellten.

Diese Vorherrschaft der Konservativen ist insofern bemerkenswert, als sie sich von ihrer alten Empire-Tradition lösen und außenpolitisch neue Wege gehen mussten. Dies gelang ihnen, indem sie nach der Suez-Krise auf einen Kurs der Entkolonisierung umschwenkten und zugleich, wenn auch mit erheblichen Schwierigkeiten, die Hinwendung zu Europa vollzogen, als Großbritannien 1973 unter dem konservativen Premierminister Edward Heath der EG beitrat. Innenpolitisch unterstützten die Konservativen den Aufbau des Wohlfahrtsstaates und versuchten, der Labour-Politik der Verstaatlichung von Wirtschaftsunternehmen einen Kompromiss aus staatlicher Intervention und marktwirtschaftlichen Ideen entgegenzusetzen. Die Konservativen knüpften damit erfolgreich an Disraelis Konzeption einer nationalen, klassenübergreifenden Partei an und sicherten sich mit ihrer Betonung persönlicher und wirtschaftlicher Freiheit, des individuellen Eigentums und der Bedeutung von Gesetz und Ordnung einen Rückhalt in allen Klassen.

Die Prinzipien konservativen Denkens wurden 1979 mit dem Amtsantritt von Margaret Thatcher, je nach Sichtweise, gründlich revidiert oder so nachhaltig beschädigt, dass die Unterscheidung zwischen alten und neuen Tories eine Berechtigung besitzt. Schon Edward Heath hatte bei allem

Willen zur Bewahrung des Bewährten ein neues, nämlich meritokratisch geordnetes Bild der Gesellschaft ins Auge gefasst, wonach Verdienst nach individueller Leistung bemessen werden sollte, nicht zuletzt um die schwächelnde britische Wirtschaft in den frühen siebziger Jahren anzukurbeln. Zwar scheiterte der Versuch 1974 mit dem Wahlsieg des Labour-Premiers James Callaghan, doch wurde unter Thatcher die Umsetzung des meritokratischen Prinzips resolut weitergeführt. Nicht zuletzt hatte sich die Premierministerin, die aus bescheidenen Verhältnissen stammte, mit Fleiß und Disziplin an die Spitze der Regierung gearbeitet und war damit selbst das beste Beispiel für meritokratischen Erfolg, den sie auch ihren Landsleuten unabhängig von deren Klassenzugehörigkeit abverlangte. Allzu lange hätten sich die Briten auf den Staat und seine Institutionen verlassen und dabei ihr individuelles Leistungsvermögen verkümmern lassen, das es zum Wohle der Nation wiederzuentdecken gelte. So forderte sie auf der Parteitagsrede 1988:

> It is sometimes said that because of our past we, as a people, expect too much and set our sights too high. That is not the way I see it. Rather it seems to me that throughout my life in politics our ambitions have steadily shrunk. Our response to disappointment has not been to lengthen our stride but to shorten the distance to be covered. But with confidence in ourselves and in our future what a nation we could be. (Thatcher 1997: 110)

Die Betonung der großen und geeinten Nation steht in der Tradition von Disraelis Konzept der *One Nation*, und spätviktorianisch sind auch die angemahnten Tugenden wie Fleiß, Disziplin, Eigenverantwortung und Leistungsbereitschaft. Ebenso noch traditionell konservativ ist die Fortschreibung der Eigentumsphilosophie. Die bereits von Anthony Eden angedachte, demokratische Ausweitung von Grundbesitz zu einer 'property-owning democracy' fand unter Thatcher eine Fortsetzung durch die umfassende Privatisierung von Sozialwohnungen. Darüber hinaus wurde jedoch mit klassischen Prinzipien konservativer Lehre gebrochen. Das meritokratische Denken, wonach jeder nach seiner individuellen Leistung vergütet werden sollte, stand im Gegensatz zur paternalistischen Auffassung einer Verpflichtung zur Sorge um die Not der Armen und Benachteiligten, deren Zahl in den achtziger Jahren stieg. War der klassische Konservatismus eher ideologiefeindlich, so wurden der Markt und seine Herausforderungen, aber eben auch meritokratisches Handeln und Monetarismus gerade zur thatcheristischen Ideologie, die politisches Handeln stärker beeinflussten als der frühere Pragmatismus. Auch das für konservatives Denken so grundlegende Prinzip des organischen Wachstums wurde von Thatcher verworfen, deren Politik für scharfe Diskontinuitäten sorgte. Ihre Feindseligkeit gegenüber zentralen gesellschaftlichen Institutionen, darunter die Gewerkschaften, der

Wohlfahrtsstaat, das Oberhaus und auch das Greater London Council, das sie kurzerhand auflöste, ist als Aufkündigung der Verständigungspolitik (*consensus politics*) zwischen den beiden großen Parteien in die Geschichte eingegangen. Damit wurden aber auch zentrale Grundsätze konservativer Politik zerstört, die der Partei im 20. Jahrhundert so viel Zustimmung aus allen Schichten beschert hatten. Der weitere Rechtsruck, der mit dem Amtsnachfolger John Major durch die Konservative Partei ging, konnte die traditionellen Wählerkreise nicht mehr überzeugen und daher auch nicht an die Partei binden, die 1997 nach achtzehnjähriger Regierungstätigkeit von New Labour abgelöst wurde. Die Beschädigungen des britischen Konservatismus sind so weitreichend, dass es auch William Hague nicht gelang, der Partei ein neues Profil zu verleihen. Bei den Unterhauswahlen des Jahres 2001 mussten sich die Konservativen ein zweites Mal New Labour geschlagen geben, und die künftigen Chancen auf eine Regierungsübernahme werden sich so lange nicht verbessern, wie die traditionell konservativ gestimmten Einkommensgruppen A, B und C 1 sich in ihrem Selbstverständnis eher der Working Class zurechnen und damit Affinitäten zu New Labour besitzen. Vielleicht ist das der Preis, den die Konservativen im Nachhinein für ihre Begünstigung der Meritokratie in den achtziger Jahren entrichten müssen.

6.4 *Old Labour* und *New Labour*

Die Labour Party hat zwar die meiste Zeit in der Opposition verbracht und konnte nur viermal bei Unterhauswahlen, nämlich 1945, 1966, 1997 und 2001, klare Regierungsmehrheiten erzielen, doch kann man sie mit Fug und Recht als *die* Partei des 20. Jahrhunderts bezeichnen. Ihre Ursprünge als politische Interessenvertretung der Arbeiterschaft reichen zurück bis ins frühe 19. Jahrhundert.

Die durch die tiefgreifende Veränderung der Produktionsverhältnisse begünstigte Entstehung sozialistischer Gesellschaftsentwürfe war zuvorderst eine Reaktion auf die ungezügelten Auswüchse des Kapitalismus. Die Bemühungen um eine Verbesserung der Lebensbedingungen der Industriearbeiterschaft nahmen unterschiedliche Formen an und lassen sich in Abhängigkeit von ihrer jeweiligen Radikalität oder Mäßigung in fundamentalistische oder gradualistische Bewegungen untergliedern. Am radikalsten verhielten sich die nach ihrem Anführer Ned Ludd benannten Ludditen, die als eine der ersten Arbeitervereinigungen im frühen 19. Jahrhundert durch die von ihnen praktizierte Maschinenstürmerei und die Forderung nach der vollständigen Abschaffung des Kapitals eine revolutionäre Haltung einnahmen, die später durch marxistisches Gedankengut weiter gestärkt wurde. Als Gegenmodell entstand zeitgleich das gemäßigtere Konzept der Kooperativen, wie es von Robert Owen entwickelt wurde. Owen erwarb 1799 die Baumwollspinnereien im schottischen Lanark und baute die Fabrik zu einem Vorzeigestück industrieller Erwerbsgemeinschaft aus. Durch die gemeinsame Teilhabe der Arbeiterschaft am Kapital, das Verbot der Kinderarbeit, die Verbesserung der Lebens- und Wohnbedingungen sowie durch Bildungsangebote und Freizeitaktivitäten wurde New Lanark zum Modell eines utopischen Sozialismus, in dem die ökonomische Komponente einer effizienteren Kapitalbewirtschaftung durch gemeinschaftliches Eigentum mit der ethisch-christlichen Forderung nach Menschenwürde und der Gleichstellung aller Mitglieder einer Gesellschaft verbunden wurden. Zwar scheiterte das Experiment 1828, doch wurde das Modell von New Lanark an verschiedenen Industriestandorten durch die Gründung neuer Kooperativen kopiert, unter anderem in Orbiston nahe Glasgow (1826) sowie in Queenswood in der Grafschaft Hampshire (1839). Zudem lieferte Owen eine Inspiration für Unternehmer, die ihre paternalistische Fürsorgepflicht sowie die ethische Verpflichtung gegenüber ihren Arbeitern so ernst nahmen wie etwa Titus Salt, der 1853 in Saltaire nahe Bradford in Yorkshire eine zwar nicht kooperativ, aber doch karitativ operierende Arbeitersiedlung gründete.

Darüber hinaus übte Owens Engagement für das Wohl der Industriearbeiter auch Druck auf das Parlament aus, das sich aufgrund der unübersehbaren Missstände zum politischen Handeln gezwungen sah. Das erste Fabrikgesetz (*Factory Act*) von 1819, mit dem die Kinderarbeit gesetzlich eingeschränkt wurde, geht unmittelbar auf seine Initiative zurück. Und es war erneut Robert Owen, der eine durchgreifende Organisation des britischen Gewerkschaftswesens herbeiführte. Waren die Gewerkschaften im ersten Drittel des 19. Jahrhunderts noch versprengte Gruppen, die erst durch die Chartisten-Bewegung Kontakt zueinander fanden (vgl. Kap. 5), gelang es Owen, mit der Gründung der Grand National Trades Union 1832 den ersten gewerkschaftlichen Dachverband einzurichten, der bereits 16000 Mitglieder repräsentierte. Zwar hatte diese Union nur zwei Jahre lang Bestand, doch waren damit neue Organisations- und Kommunikationsstrukturen unwiderruflich geschaffen worden. Dem Vorbild der 1851 gegründeten Amalgamated Society of Engineers (vgl. Abb. 27) folgten bald weitere Berufsgruppen wie die Spinnereiarbeiter (1855) sowie die Tischler und Schreiner (1860), die sich in eigenständigen Gewerkschaften organisierten.

War die Initialzündung für politisches Handeln von Owen ausgegangen, so wurde der Druck auf das Parlament durch die immer besser organisierten Gewerkschaften kontinuierlich erhöht, um die Arbeits- und Lebensbedingungen durch neue Gesetzgebungen verbindlich zu regeln. Dem ersten Factory Act von 1819 folgten bis 1891 sechs weitere Parlamentsstatuten, durch die vornehmlich die Arbeitszeiten von Frauen und Kindern verbes-

Abb. 27: Frühe Mitgliedschaft in den Gewerkschaften; die kunstvoll gestaltete Urkunde bringt den Stolz der Mitglieder in der Amalgamated Society of Engineers zum Ausdruck, die die Tradition ihres Handwerks in die Antike zurückverfolgen und zu technologischen Spitzenleistungen wie der Eisenbahn und dem Raddampfer fähig sind.

Abb. 28: Junge Mädchen beim Abtransport von Kohle im Untertagebau; mit dem Mines Act von 1842 wurde die Beschäftigung von Frauen sowie von Kindern unter zehn Jahren im Bergbau gesetzlich verboten.

sert wurden. Während die romantischen Dichter von ihrer unschuldigen Kindheit träumten und sich wie William Wordsworth nach ihren wundervollen "schoolboy days" ("To the Cuckoo", Wordsworth 1994: 183) zurücksehnten, sah die soziale Wirklichkeit für Arbeiterkinder in den Industrierevieren, aber auch in London zur gleichen Zeit sehr viel schändlicher aus. William Blake hat in mehreren Gedichten das harte Los der kleinen Kaminkehrer beschrieben, der vom Ruß geschwärzten 'Sklavenkinder', die sich aufgrund ihrer geringen Körpergröße in die engen Schlote zwängen mussten, ohne dass die Feuer dabei erloschen wären; und Charles Dickens hat am Schicksal des Waisenknaben Oliver Twist die Ausbeutung kindlicher Arbeitskraft durch ein kapitalistisches Wirtschaftssystem eindrucksvoll geschildert. Auch Mädchen und Frauen standen einer nicht minder gnadenlosen Erwerbswelt gegenüber, wobei die Fabrikarbeit im Gegensatz zum Kohleabbau noch vergleichsweise human war.

Im Jahre 1842 wurde eine Royal Commission zur Verbesserung der Kinderarbeit eingesetzt (vgl. Abb. 28), doch blieb ihre Arbeit im Wesentlichen wirkungslos, wenn man bedenkt, dass mit dem Factory Act von 1864 lediglich die Beschäftigung von Kindern unter acht Jahren unterbunden wurde. Es blieb der Labour Party vorbehalten, die Lebensbedingungen nicht allein der Kinder, sondern der gesamten Industriearbeiterschaft im 20. Jahrhundert wirklich durchgreifend zu verbessern.

An der Gründung einer Partei für die Arbeiter waren die Gewerkschaften maßgeblich beteiligt, die sich 1868 erstmals und danach regelmäßig zu einem Trades Union Congress (TUC) in Manchester versammelten. Mit dem Dritten Reformgesetz von 1884 wurde den männlichen Arbeitern das passive Wahlrecht zugestanden, und der nächste Schritt bestand folgerichtig darin, die Interessen der Working Class durch die Entsendung eigener Abgeordneter in das Unterhaus repräsentiert zu sehen. Pünktlich zur Geburt des neuen Jahrhunderts vereinigten sich am 27. Februar 1900 verschiedene sozialistische Bewegungen, darunter die Gewerkschaften, die 1893 gegründete Independent Labour Party, die Social Democratic Federation sowie die von Intellektuellen wie Beatrice und Sidney Webb, Bernard Shaw und Herbert George Wells geführte Fabian Society, unter dem Namen Labour Representation Committee zu einer neuen Partei, die dann 1906 den bis heute gültigen Namen Labour Party annahm.

Der Aufstieg dieser Partei der Arbeit zu 'Her Majesty's Loyal Opposition' im Jahre 1918 und zur erstmals stärksten Partei, wenn auch nicht mit dem größten Stimmenanteil, im Jahre 1929 dokumentiert eindrucksvoll die allmähliche Ablösung der Liberalen und die Verschiebungen im Parteigefüge. Hatten die Liberalen 1906 mit 52,9 Prozent der Stimmen beinahe noch die zehnfache Stärke von Labour mit nur 5,9 Prozent erreicht, so waren sie 1923 von der neuen Partei schon überholt und 1929 mit einem Vorsprung von 13,7 Prozent bereits deklassiert worden. Labour verdankte diesen Aufstieg dem klassenorientierten Denken der beiden Großparteien mit dem Gegensatz von Kapitalismus und Liberalismus. Doch was als sozialistisches Modell der Labour Party in der ersten Hälfte des 20. Jahrhunderts sehr erfolgreich war und mit dem Wahlsieg von 1945 gekrönt wurde, erwies sich in der Folgezeit eher als Bremse, selbst wenn die Partei in den sechziger und siebziger Jahren noch einmal für kurze Zeit an die Macht kam. Aus der Rückschau wird nämlich ersichtlich, dass das Festhalten an sozialistischen Positionen und der übergroße Einfluss der Gewerkschaften die Partei in eine tiefe Krise stürzten, von der sie sich erst in den neunziger Jahren wieder erholte.

Hatte Labour bei den Unterhauswahlen 1951 noch mit 48,8 Prozent den höchsten Stimmenanteil erzielen können, so erzielte die Partei 1983 mit nur 27,6 Prozent das schlechteste Wahlergebnis nach dem Zweiten Weltkrieg. Erst als die Partei klassenkämpferischen Parolen wie Verstaatlichung von Industrien und Planwirtschaft eine Absage erteilte, ohne solch wichtige Ziele wie Chancengleichheit und soziale Gerechtigkeit aufzugeben, fand sie auch bei der Wählerschaft wieder breiteren Anklang. Das gelang vornehmlich durch zwei wichtige Parteireformen. Zum einen galt bis 1981 die Bestimmung, wonach der Parteiführer nur von den Abgeordneten des Unterhauses gewählt wurde. Von da an wurden sowohl der Parteivorsitzende als auch sein Stellvertreter nach einem neuen Verfahren gewählt, bei dem die Gewerkschaften über 40 Prozent der Stimmen verfügten, die Abgeordneten über 30 Prozent und die Wahlkreise ebenfalls über 30 Prozent. Diese Reform wurde 1993 noch einmal präzisiert, indem den drei Stimmbereichen jeweils ein Drittel der Stimmen zugebilligt wurde und sich die Gewerkschaften verpflichten mussten, vor ihrer Stimmabgabe ihre Mitglieder zu befragen. Dadurch wurde das basisdemokratische Element gestärkt und der Einfluss der Gewerkschaften beschnitten.

Die zweite Reform betraf die Revision des Parteiprogramms, mit der schon John Smith als Parteiführer begonnen hatte. Nach dessen Tod führte Tony Blair die Erneuerung von Labour konsequent fort, indem er insbesondere eine Änderung der Clause IV durchsetzte. In dieser aus dem Jahre 1918 stammenden Klausel war das Bekenntnis der Partei zum sozialistischen Wirtschaftssystem und zur Verstaatlichung der nationalen Industrien niedergelegt. Die seit 1995 gültige Formulierung enthält signifikante Veränderungen der politischen, gesellschaftlichen und wirtschaftlichen Ziele der Partei.

An die Stelle der sozialistischen Planwirtschaft ist eine dynamische, an den Anforderungen des Marktes orientierte und auf Wettbewerb basierende Ökonomie getreten. Dies bedeutet zwar nicht die Aufgabe der staatlichen Kontrollfunktionen, wohl aber eine Absage an die alten Forderungen nach Verstaatlichung der Wirtschaft. Stattdessen wird im Programm die Bedeutung sowohl staatlichen als auch privaten Eigentums betont, so dass im Dialog zwischen Regierung und Wirtschaft der größtmögliche Gewinn für den nationalen Wohlstand erzielt werden soll.

Durch diese Politik des 'dritten Wegs' (*the third way*) befreite Blair die Partei von überholtem ideologischem Ballast, rückte sie stärker in die Mitte des politischen Spektrums und entwickelte New Labour zu einer modernen, effizienten Organisation. Die Reform des politischen Programms bescherte der Partei zwei überwältigende Wahlerfolge in den Jahren 1997 und 2001. Der Erfolg Blairs als Führer von New Labour bestätigte sich erneut im August 2003, als er den Rekord von Clement Attlee als dem bis dahin am längsten amtierenden Labour-Premier brach. Jedoch ist unübersehbar, dass die Erfolgsgeschichte von New Labour durch die Aufkündigung alter Solidaritäten erkauft wurde. Die Partei hat sich von sozialistischen Ideen verabschiedet und ist auch auf erkennbare Distanz zu den Gewerkschaften gegangen, denen Blair vor den Unterhauswahlen 1997 "fairness and not favours" (zitiert in Ingle 2000: 122) zugesichert hatte. Auch zielt New Labour nicht mehr primär auf die Sympathien der Arbeiterklasse, für die in einer modernen Dienstleistungsgesellschaft, wie sie die Partei anstrebt, kein Raum mehr sein dürfte. Die angestrebte Dezimierung der Working Class würde sie zudem als vormals traditionelle Wählerbasis nutzlos machen. Vielmehr hat sich seit den achtziger Jahren die britische Gesellschaft stärker individualistisch und konsumorientiert entwickelt, und die Anhängerschaft von New Labour rekrutiert sich vornehmlich aus individuellen Konsumenten, die über ihr Einkommen frei verfügen wollen. In dieser Hinsicht ist einigen Kommentatoren zuzustimmen, die in Tony Blair den wahren Enkel und Erben Margaret Thatchers und deren meritokratischer Sozialpolitik

Ursprüngliche und revidierte Fassung der Clause IV

1918
To secure for the workers by hand and by brain the full fruits of their industry and the most equitable distribution thereof that may be possible upon the basis of the common ownership of the means of production, distribution and exchange, and the best obtainable system of popular administration and control of each industry or service.

(Zitiert nach Rentoul 1997: 492, 495)

1995
To these ends we work for:
a dynamic economy, serving the public interest, in which the enterprise of the market and the rigour of competition are joined with the forces of partnership and co-operation to produce the wealth the nation needs and the opportunity for all to work and prosper, with a thriving public sector and high quality services, where those undertakings essential to the common good are either owned by the public or accountable to them; [...].

erblicken. Wie die oben zitierte MORI-Umfrage zeigt, ist die kollektive Mentalität der Arbeiterklasse aber weiterhin intakt, und die politische Zukunft von New Labour dürfte auch davon abhängen, ob es der Partei gelingt, die eigenen Zielvorgaben moderner Gesellschaftspolitik mit den verfestigten Denkstrukturen der Wählerbasis zu verbinden.

6.5 Altes Establishment und neue Superklasse

Der Begriff 'Establishment' ist ebenso schillernd und mehrdeutig wie der Begriff 'Elite', mit dem er gedanklich verbunden ist und mit dem er gelegentlich synonym verwendet wird. In einem allgemeinen Verständnis sind mit Eliten kleine gesellschaftliche Minderheiten gemeint, die einen in Anbetracht ihrer geringen zahlenmäßigen Stärke überproportional großen Einfluss auf das politische und gesellschaftliche Leben ausüben. Aufgrund von politischer Machtbefugnis, sozialem Ansehen, spezialisierter Kenntnisse und finanziellem Vermögen sind Eliten in eine Hierarchie von Institutionen gegliedert, die im Zusammenwirken die etablierte Ordnung einer Gesellschaft in ihrem Bestand bewahren.

Der Ursprung eines solchen Establishment in Großbritannien wird vielfach mit der Einberufung des Model Parliament unter Edward I im Jahre 1295 identifiziert, da der König neben Vertretern von Hochadel und Klerus auch Repräsentanten der Städte und der Grafschaften versammelte. Das Establishment umfasst daher traditionell zum einen alle politischen Institutionen, die in der Verfassung zusammengeschlossen sind, und zum anderen solche Einrichtungen, die dem Schutz der Verfassung dienen. Innerhalb der Hierarchie rangieren die Monarchie und mit ihr die Anglikanische Staatskirche auf der obersten Rangleiter, gefolgt von den beiden Häusern des Parlaments. Zur politischen Elite des Landes zählen alle Parlamentsabgeordneten, wobei der Premierminister sowie die Kabinettsmitglieder aufgrund ihrer politischen Macht und Entscheidungsbefugnis besonderes Prestige genießen.

An die politische Führungsschicht schließen sich die administrativen Eliten an, die im Civil Service zusammengefasst sind. An ihrer Spitze stehen hochrangige Beamte, welche die Regierungsarbeit unterstützen, die Leiter zentraler Einrichtungen wie das MI5 und MI6 sowie die Angehörigen des diplomatischen Dienstes, unter denen die Botschafter als Repräsentanten Großbritanniens im Ausland das Establishment geradezu verkörpern. Auch die Topjuristen des Landes, darunter die Law Lords, High Court Judges und Kronanwälte (*Queen's Counsel*) bilden eine exklusive Verwaltungselite. Zu den administrativen Eliten lassen sich zudem die Streitkräfte zählen, zumal sie nationale Helden wie Nelson, Wellington und Montgomery hervorgebracht haben, deren Ruhm auch heute noch auf britische Armeegenerale und Admirale der Navy ausstrahlt. Eine dritte Führungsgruppe bilden schließlich die Mitglieder der wirtschaftlichen Elite des Landes, zu denen die Direktoren und Aufsichtsräte bedeutender Industrieunternehmen, Banken und Versicherungen, Medien und Werbeagenturen, aber auch die Führer der großen Gewerkschaften gehören.

Zur Entstehung, Zusammensetzung und Organisationsstruktur des Establishment liegen zwei Erklärungsmodelle vor. Der traditionellen Anschauung zufolge rekrutieren sich die Eliten aus einem kleinen Kreis überwiegend aristokratischer Familien, die durch Heiratspolitik miteinander verbunden sind und ihre Privilegien durch ihren gewaltigen politischen wie gesellschaftlichen Einfluss haben verteidigen können. Innerhalb dieser geschlossenen Elite besteht ein klar beschriebener Qualifikationspfad, der den Besuch einer angesehenen Privatschule, vornehmlich Eton, und ein Studium an den Universitäten in Oxford und Cambridge als Schlüssel für den Eintritt in die Führungspositionen des Establishment vorsieht. Dass dieses Modell des *old boy network* durchaus zutreffend ist, lässt sich an einem Beispiel belegen: Im Jahre 1983 waren die Chefsessel im Banken- und Finanzsektor der Londoner City von Direktoren besetzt, von denen jeder Dritte ein *old Etonian* war und von denen insgesamt achtzig Prozent eine der neun besten (und teuersten) Privatschulen des Landes besucht hatten; fast siebzig Prozent hatten zudem ein Studium in Oxbridge absolviert.

The domination of a single school, Eton, is extraordinary: no other elite – not even the top of the Conservative Party – contains such a high proportion of old Etonians;

even among ambassadors and high court judges – two other socially exclusive elites – products of Eton accounted in 1983 for only 3 and 8 per cent respectively. (Moran 1989: 169)

Die Kontrolle des Kapitals und damit eines beträchtlichen Teils des nationalen Wohlstands durch eine kleine, exklusive Elite aus der Oberschicht ist zum einen erklärbar durch die Privilegien und die elitären Bildungsmöglichkeiten, die Kindern aus diesen Familien zur Verfügung stehen und die ihnen die besten Voraussetzungen für den Eintritt in das Establishment bieten. Die auffällige Konzentration auf den Finanzsektor ist aber auch darauf zurückzuführen, dass die bedeutenden Banken und Versicherungen seit Generationen in den Händen aristokratischer Familien wie den Rothschilds liegen, die ihren Besitz stets an die nachfolgende Generation weiterreichen. Zwar ist der Einfluss dieser patrizischen Elite im 20. Jahrhundert leicht zurückgegangen, aber aktuellen Schätzungen zufolge liegt noch immer etwa ein Viertel des nationalen Einkommens in den Händen von einem Prozent der Bevölkerung.

Gegen dieses Establishment und seine anti-demokratische Gesinnung richtete sich der Zorn der Angry Young Men in den fünfziger und sechziger Jahren. Eine wirklich durchgreifende Veränderung trat aber erst in der nachfolgenden Dekade unter Margaret Thatcher ein, die dem traditionellen Konzept aristokratischer Elitenbildung das neue Modell der Meritokratie gegenüberstellte. Damit entstand eine neue Elite von emsigen, sich im Wettbewerb des freien Marktes selbstbewusst behauptenden und daher zu Recht gut verdienenden Yuppies (*young urban professionals*), die nicht über den aristokratischen Qualifikationspfad den Weg in das Establishment gefunden hatten.

Ein jüngeres Erklärungsmodell für die gegenwärtige Elitenbildung in Großbritannien geht daher von einem pluralistischen Ansatz aus, bei dem verschiedene Wege in die Spitze der Gesellschaft und zu erheblichem Wohlstand führen können. Dies liegt zum einen an der fortgeschrittenen Professionalisierung und Spezialisierung des Erwerbslebens. War noch zu Beginn des 20. Jahrhunderts eine berufliche Tätigkeit etwa als Leiter eines Industrieunternehmens mit einer politischen Karriere im Unterhaus vereinbar, so sind die Anforderungen der Wirtschaft im Hinblick auf Zeitaufwand, Engagement und Fachkenntnisse seit den achtziger Jahren sprunghaft gestiegen. Hinzu kommt weiterhin, dass der traditionelle Weg in das Establishment finanziell zunehmend unattraktiv geworden ist. Während in den siebziger Jahren die Gehälter für die administrative Elite des Civil Service mit denen in der Privatwirtschaft weitgehend vergleichbar waren, hat sich die Situation unter dem Einfluss von Thatchers Meritokratiebildung seither drastisch verändert. Topgehälter werden heute in zukunftsorientierten Erwerbszweigen gezahlt wie im Finanz- und Dienstleistungssektor, in der Informationstechnologie sowie in den Medien. Um in diesen Branchen ein astronomisches Jahreseinkommen einstreichen zu können, ist neben einer hervorragenden Ausbildung und überdurchschnittlichem Engagement auch ein spezialisiertes Expertenwissen erforderlich, um das sich die patrizische Elite traditionell nicht bemühen musste.

Neben das alte Establishment, das seinen Einfluss nach wie vor geltend macht, ist somit eine neue Superklasse als zweite Elite getreten. Ihr Aufstieg begann unter Thatcher in den achtziger Jahren und ist von New Labour im Zuge der weiteren Modernisierung Großbritanniens nach Kräften gefördert worden. Unter den rasch vorangetriebenen Reformprojekten besaß im Bereich der Sozialpolitik die nachhaltige Implementierung einer meritokratischen Elite große Priorität. Damit wurde die traditionelle Gesellschaftsstruktur so rapide verändert, dass konservative Kommentatoren New Labour einen Willen zum Wandel um des Wandels willen zur Last legten. Im Juni 1998 schrieb Stephen Glover in *The Daily Mail*:

> Mr Blair is deliberately altering the landscape of our society. A new élite is being created, quite different from the old. [...] If Mr Blair's creation of this new establishment were merely a little sideline, one might not complain too much. In fact it is part of a wholesale transformation of our society. Everything must be changed. In this Mr Blair is the faithful disciple of Margaret Thatcher who, untypically for a Conservative, saw politics as a never-ending long march, a permanent revolution. But whereas Thatcherism used economics as its engine of change, whose effects admittedly spread far throughout our institutions, New Labour plans to shake up the whole of our society from top to bottom. (Zitiert in Oakland 2001: 51–52)

Die Fortsetzung des Thatcherismus in Form eines neuen Blairismus ist in der Presse und in der öffentlichen Meinung mittlerweile zu einem festen Topos geworden. Neben dem zwanghaften Willen zu gesellschaftlichem Wandel machen konservative Kritiker New Labour und der zu ihr stehenden Superklasse zudem den Vorwurf, den Graben zwischen der Metropole und der Provinz (vgl. Kap. 2.2) weiter zu vertiefen:

> This metropolitan elite can mostly be found in the Islington/Notting Hill area of London, a place immortalised by another member, Richard Curtis, in the film *Notting Hill*. These people read *The Guardian* as their bible, indeed *Sun* columnist, Richard Littlejohn has taken to calling them "The Guardianistas". "New Labour, New Britain" might be taken to be their catchphrase. In "New Britain", the concerns, ideals or opinions of real, ordinary, hard-working, tax-paying British people are alien to the New Establishment. Indeed, they are so out of touch with anyone outside their clique of town house dinner party guests, they're virtually on a different planet. (Reynolds 2000: 1)

Der Stadt-Land-Gegensatz entwickelt sich mittlerweile zu einem zweiten Topos, der zunehmend auch dazu dient, zwischen dem alten, ländlichen Establishment und der neuen, urbanen Superklasse zu unterscheiden. Gesellschaftliche Ignoranz paart sich dabei bisweilen mit einer neuen Form von meritokratischem Snobismus:

> Snobbery has had its day: class snobbery that is. Tiny pockets of rural class snobbery remain in England, but it is a passive thing, where ancient custodians of big houses simply don't know the new, interesting people, because they haven't been to London enough, not the other way round. Elsewhere, class snobbery has been replaced by a far more excluding elitism: the snobbery of the meritocracy. (Killen 2002: 9)

Während sich die Vertreter des alten Establishment im sicheren Bewusstsein ihrer ererbten Privilegien vorzugsweise in dezenter Zurückhaltung und in der Kunst des *understatement* übten, verschärft das meritokratische Wettbewerbsmodell die Klassengegensätze, weil es den Erfolgreichen ein soziales Überlegenheitsgefühl vermittelt, das die Verachtung gegenüber den Unterlegenen offenbar gestattet:

> The problem with living in a meritocracy is that now, if you are clever, you can get to the top and there is nothing to stop you. This has left all of those people who haven't 'made it' feel inferior, because the new elite actually feel they really are superior, and unlike the old elite, they treat those under them with contempt. (Killen 2002: 9)

Die Angehörigen der neuen Elite verstehen sich daher auch als Trendsetter, beruflich, gesellschaftlich und nicht zuletzt auch sprachlich. Als phonetisches Erkennungszeichen dient ein neues Idiom, für das sich die Bezeichnung *Estuary English* durchgesetzt hat, weil es im Großraum der Themsemündung (*Thames estuary*) gesprochen wird.

Während aber das vor allem im Londoner Osten gesprochene Cockney mit all seinem semantischen und phonetischen Reichtum ein Soziolekt der Arbeiterklasse war, ist das aus ihm hervorgegangene Estuary English keine sprachliche Variante, die Klassenzugehörigkeit signalisiert. Verwendet wird es von den Sprechern einer jungen Generation, die als Börsenmakler in der City, als Journalisten in den Redaktionen der Docklands und als Moderatoren bei MTV arbeiten. Durch den Gebrauch in den Medien hat sich Estuary English in den letzten zwanzig Jahren signifikant verbreitet und wird zunehmend auch von Sprechern imitiert, die mit der Received Pronunciation des Standard English aufgewachsen sind. Einige Kommentatoren erblicken darin einen Sprachverfall, der auch als Indiz für einen umfassenderen Kulturverfall gedeutet worden ist. Andere Beobachter wiederum sehen im Aufstieg des Estuary English als eines klassenlosen Idioms ein positives Symptom für die durchgreifende Demokratisierung der britischen Gesellschaft. Darüber hinaus lässt sich aber auch vermuten, dass eine mehr als nur oberflächliche Beziehung besteht zwischen einer sprachlichen Variante, die sich am früheren Standard der Arbeiterschicht orientiert, und einer wachsenden

Estuary English

Identitied by D. Rosewarne in *The Times Educational Supplement* of 19 October 1984, Estuary English is the variety of English between Cockney and Southern Standard. It is spoken, particularly by young people, in areas around the Thames estuary (Kent, Essex and East London), and is spreading further afield thanks to radio and television. Marked phonetic features include replacing 't' with a glottal stop ('Ga'wic' for Gatwick), pronouncing th as v ('fevva' for feather), and dropping final consonants. 'Me and mi mate wasn' nevva goin' t' pay, no way', illustrates typical usage. Condemned by traditionalists as sloppy, Estuary English speakers are, in fact, whether deliberately or unconsciously, developing egalitarian speech habits that smooth over class or ethnic distinctions. (Smith 1999: 171)

Identifikation der britischen Bevölkerung mit der Wertewelt der Arbeiterklasse.

Während das Sprachverhalten der neuen Elite nur wenig Schaden anrichten kann, ist die internationale Verflechtung der Superklasse in eine globalisierte Weltwirtschaft vergleichsweise kritischer zu betrachten. Der Londoner Handelsplatz hat eine Vielzahl ausländischer Investoren angezogen, die zu den Leitwölfen des neuen Establishment zählen und von der britischen Hauptstadt aus internationale Geschäfte tätigen. Als besonders machtvoll muss in diesem Zusammenhang die Medienindustrie eingeschätzt werden, da ihr bei der Bildung der öffentlichen Meinung eine zentrale Rolle zukommt. Zudem hat sich New Labour noch intensiver als die vorangegangenen konservativen Regierungen um enge Kontakte zu Presse und Fernsehen bemüht, um für die Erneuerungspolitik der Partei zu werben. Jedoch befinden sich die Medienkartelle in Großbritannien teilweise nicht mehr in britischer Hand. So verfügt der australische Medienzar Rupert Murdoch mit der News Corporation über ein weltweites Medienimperium von Zeitungen, Verlagen und Fernsehsendern. Als Gegner des alten Establishment hat Murdoch mit seiner Medienmaschinerie New Labour massiv unterstützt und zu den Wahlsiegen von 1997 und 2001 durch eine freundliche Berichterstattung beigetragen. Als Vertreter der neuen Elite verfolgt Murdoch jedoch auch eigene Ziele, die sich stärker an den Erfordernissen einer globalen Weltwirtschaft orientieren als an den Interessen der britischen Bevölkerung. Es wird daher zu beobachten sein, inwiefern New Labour auf dem Weg zur klassenlosen Gesellschaft ironischerweise eine neue elitäre Klasse geschaffen hat, die ihren eigenen Herrschaftsanspruch anmeldet und die sich einer wirkungsvollen Kontrolle durch die Regierung entziehen könnte.

7. *Toil and Spoil:* Arbeit und Freizeit

"All work and no play makes Jack a dull boy; / All play and no work makes Jack a dull toy" (Opie & Opie 1998: 118). Hinter diesem berühmten englischen Kinderreim verbirgt sich die Einsicht, dass die ausschließliche Orientierung des Menschen an der Arbeit die Gefahr der charakterlichen Deformation in sich birgt, denn kaum etwas wird auf den Britischen Inseln so abschätzig betrachtet wie 'dullness', womit nicht allein Langeweile, sondern vielmehr intellektuelle Leere gemeint ist. Und ein "dull boy" möchte in Großbritannien nun wahrlich niemand sein. Umgekehrt wird aber auch die einseitige Betonung von Amüsement und Freizeit kritisiert, da sie den Menschen zu einem bloßen Spielzeug degradiert und die Entwicklung seiner autonomen Handlungsfähigkeit behindert. Arbeit und Freizeit, *work and leisure*, bilden daher zwei wechselseitig aufeinander bezogene Pole menschlicher Existenz. Die Wahl des Mottos für dieses Kapitel spielt auf diese Interdependenz von Arbeit und Freizeit an, denn derjenige, der bei harter Arbeit (*toil*) schuftet, erwirbt ein Anrecht darauf, sich in der freien Zeit verwöhnen lassen zu dürfen (*spoil*). Dabei liegt, dem Ideal des Common Sense folgend, das goldene Mittelmaß in der sorgfältigen Balance zwischen tätiger Bewährung und süßem Nichtstun. Arbeit und Freizeit gehören aber auch als wirtschaftliche Bezugsfelder zueinander, zumal die Freizeitindustrie im Verlauf des 20. Jahrhunderts einen zunehmend bedeutsamen ökonomischen Faktor darstellt, so dass des einen Freizeit des anderen Arbeit bedeutet.

7.1 Die Mutter der Industriellen Revolution

Im Oktober 1999 stellte der britische Finanzminister Gordon Brown in seiner Eröffnungsrede des UK Internet Summit in London einen Sieben-Punkte-Plan zur Verbesserung der Bildungschancen, der technischen Innovationsbereitschaft sowie des Internethandels vor. Dabei wies er deutlich auf den Strukturwandel der westlichen Gesellschaften hin, die sich in einem Prozess des Umbruchs von einem Industriezeitalter in ein neues Wissenszeitalter befänden, und er machte keinen Hehl aus seiner Überzeugung, dass Großbritannien bei diesem tiefgreifenden Wandel der Weltwirtschaft eine Führungsrolle zu übernehmen habe. Die Stärken der Nation sah er vornehmlich in der englischen Sprache als Medium internationaler Verständigung, in den hervorragend ausgebildeten Kommunikationsstrukturen, in den verstärkten Bildungsanstrengungen der Regierung sowie in der langen Tradition britischer Innovationstätigkeit, getragen durch Unternehmergeist und Erfindungsreichtum. Zwar ist den Aussagen kein imperiales Sendungsbewusstsein zu entnehmen, doch wird der Wettbewerb um neue Märkte immerhin als sportliches Wettrennen metaphorisiert, bei dem Großbritannien als Sieger hervorgehen soll.

Eine solche Siegessicherheit gründet sich deutlich auf die Mentalität des Fortschritts, die sich Großbritannien durch seine Vorreiterrolle in der Industrialisierung erwirtschaften konnte. Mehrere Faktoren lassen sich anführen, deren Zusammenwirken den Beginn der Industrialisierung schon im frühen 18. Jahrhundert erklärt und Großbritanniens Leistung als 'Mutter der Industriellen Revolution' rechtfertigt. Eine der zentralen Voraussetzungen für die Entwicklung moderner Industrieproduktion wurde durch die Agrarische Revolution geschaffen, welche die Industrielle Revolution begleitete und förderte. Im Zeitraum von 1750 bis 1850, der in der Regel als zeitlicher Rahmen der Industriellen Revolution angenommen wird, verdreifachte sich die Bevölkerung Großbritanniens von 7,4 auf 20,8 Millionen Menschen. Hinsichtlich der Industrialisierung war dieser Anstieg bedeutsam, da eine wachsende Zahl von Arbeitskräften zur Verfügung stand, die durch die Einhegungen in der Landwirtschaft und durch die zunehmende Technisierung der Agrarproduktion immer weniger benötigt wurde und daher den Lebensunterhalt in der industriellen Fertigung suchte. Zwar waren um 1800 noch zwei Drittel der Bevölkerung in der Landwirtschaft tätig, doch reduzierte sich deren Zahl bis zur Jahrhundertmitte auf weniger als die Hälfte. Immigration aus Irland in Folge der 'Großen Hungersnot' (*Great Famine*) in den Jahren 1845 bis 1848 vermehrte die Zahl der Arbeitskräfte zudem.

Eine weitere günstige Voraussetzung für die Industrialisierung bot die ausreichende Verfügbarkeit von Rohstoffen, insbesondere von Kohle und Eisenerz. Durch deren Ausbeutung verwandelten sich vormals ländliche Gegenden wie die Midlands um Birmingham und Manchester, der englische Nordosten um Newcastle und der Süden Schottlands um Glasgow in rasch wachsende Industriestandorte. Im Zeitraum zwischen 1750 und 1850 verzehnfachte sich das Fördervolumen von Kohle, und auch die Eisen- und Stahlindustrie verzeichnete ähnliche Zuwachsraten. Als Folge der Verbilligung verdrängte Eisen das Holz als wichtigstes Bau- und Konstruktionsmaterial, aus dem Brücken, Gebäude, Kessel, Maschinen und Werkzeuge gefertigt wurden. Von hier gingen wichtige Impulse für den Aufbau der Stahl-, Bau- und Maschinenbauindustrien aus. Ganz besonders bedeutsam wurde Eisen für den Ausbau des Schienennetzes, das um 1840 noch eine Länge von 2000 Meilen besaß, aber schon 1870 auf 12 000 Meilen angewachsen war und beinahe das gesamte Land umfasste. Der Ausbau des

Schienennetzes ermöglichte den raschen und kostengünstigen Transport von Menschen, Waren und Rohmaterialien, was wirtschaftlichen Aufschwung und rapide Wachstumsraten zur Folge hatte. Zudem wurden zeitgleich die inneren Schifffahrtswege durch den Ausbau des Kanalsystems erheblich erweitert, und auch das Straßennetz wurde durch dichtere Verknüpfung verbessert, um die Industriestandorte untereinander und mit der Hauptstadt zu verbinden.

Diese Neuerungen waren nur möglich aufgrund einer effizienten Staatsorganisation, einer liberalen Wirtschaftspolitik und einer zuverlässigen Bürokratie. Aus der Glorreichen Revolution von 1688 war das Land verfassungsrechtlich als konstitutionelle Monarchie hervorgegangen, und die Gefahr monarchischer Willkür war durch die Bill of Rights gebannt, in der die rechtlichen Kompetenzen von Krone, Oberhaus und Unterhaus niedergelegt waren. Aus dieser stabilen politischen Konstellation heraus ließen sich Gesetzgebungsverfahren durchführen und Ministerien einrichten, welche die Industrialisierung in ihrer Frühphase stützten. Hierzu zählten das Außenhandelsministerium (*Board of Trade*), das Landwirtschaftministerium (*Board of Agriculture*) und die Admiralität. Ebenso führte die Einrichtung der Bank of England (1694) zu einer Standardisierung der nationalen Geldwirtschaft. Da sich das Institut als Zentralbank verstand und sowohl Anleihen aufnahm als auch Kredite vergab, lieferte es die Grundlage für den Aufstieg kleinerer Privatbanken in der Hauptstadt, in den ländlichen Grafschaften sowie in den entstehenden Industrierevieren. Dieses funktionstüchtige Bankwesen schuf die Voraussetzung für kräftige Kapitalinvestitionen, wie sie insbesondere von aristokratischen Financiers getätigt wurden, die ihre Überschüsse aus den Agrarerträgen gewinnträchtig anzulegen versuchten und daher in zukunftsweisende Industrien investierten. Die Folge war eine gigantische Kapitalakkumulation: Waren um 1750 gerade einmal £ 5 Millionen investiert worden, hatte sich einhundert Jahre später die Summe auf über £ 50 Millionen verzehnfacht.

Dabei ist ferner zu bedenken, dass das finanzielle Risiko für private Investoren im europäischen Vergleich gering war, denn Großbritannien verfügte dank des Common Law über eine zuverlässige Rechtssicherheit, besaß eine unabhängige Richterschaft und damit eine rechtsstaatliche Ordnung. Zudem hatte John Locke am Ende des 17. Jahrhunderts eine Philosophie des Eigentums propagiert, mit der Besitz (*property*) zum wichtigsten gesellschaftlichen Wert erklärt und dem Staat die Aufgabe der Bewahrung und des Schutzes individuellen Eigentums zugewiesen wurde. Diese Vorstellung vom Besitzindividualismus wurde im 18. Jahrhundert für die ökonomische Mentalität britischer Investoren prägend. Die Akkumulation von Kapital verband sich im Denken der Zeit auch mit dem Zusammenhang zwischen Eigentum, Wohlstand und persönlicher wie politischer Freiheit. Obwohl unter den Investoren die Aristokratie und das Großbürgertum bis weit ins 19. Jahrhundert führend blieben, verdient auch der Beitrag des Kleinbürgertums Erwähnung, dessen puritanisches Arbeitsethos und Betonung von Eigeninitiative (*self-reliance*) der frühen Industrialisierung wichtige Impulse verliehen.

Mit der Vermehrung des Kapitalvolumens stieg auch die Kaufkraft im Lande sowie die Nachfrage nach neuen Produkten. Schon am Ende des 18. Jahrhunderts fielen die Preise für Verbrauchsgüter, weil einerseits der gesteigerten Nachfrage durch vermehrte Produktion nachgekommen wurde und weil sich andererseits die Herstellungstechniken und die Strategien einer effizienten Güterverteilung verbesserten. Bei der Ankurbelung der Nachfrage spielten Romane und Reiseliteratur, aber auch die Zeitungen und die frühe Printwerbung eine nicht zu unterschätzende Rolle, da sie die Leser mit neuartigen Produkten bekannt machten und Kaufinteresse weckten. Der Zuwachs an Lebensqualität und auch an Luxus, selbst für ländliche Familien, war im Verlauf des 18. Jahrhunderts erstaunlich, wie die folgenden Verse belegen, in denen der Standesdünkel bäuerlicher Existenz in komischer Form kritisiert wird:

1722	*1822*
Man to the plough;	Man tally-ho;
Wife to the cow;	Miss piano;
Girl to the sow;	Wife silk and satin;
Boy to the mow;	Boy Greek and Latin;
And your rents will be netted.	And you'll all be gazetted.

(Zitiert in Porter 1998: 69)

Aus dem pflügenden Landmann ist ein fröhlicher Jäger geworden, dessen Frau nicht mehr die Kuh melken muss, sondern sich in Seide und Samt kleidet, während ihre Tochter, statt die Sau zu füttern, das Klavierspielen erlernt und der Sohn von der Feldarbeit befreit worden ist, um auf einer Privatschule Griechisch und Latein zu lernen. Insgesamt droht der Familie zwar nicht mehr wie früher die existentielle Gefahr, an einem überhöhten Pachtgeld zugrunde zu gehen, wohl aber die neue Konsumgefahr, durch übertriebenen Luxus dem Bankrott ins Auge schauen zu müssen.

Auch wenn die Ambitionen des ländlichen Mittelstands in diesen Versen satirisch kolportiert werden, bescherte die zunehmende Konsumbereitschaft Uhrmachern, Gold- und Silberschmieden, Möbelschreinern und Kunsthandwerkern doch nachweislich wachsende Gewinne. Als geradezu beispielhaft lässt sich die Karriere von Josiah Wedgwood heranziehen, der 'Staffordshire' zum Inbegriff englischer Töpferkunst machte. Der erste große Durchbruch gelang Wedgwood, als er 1769 in der Nähe von Stoke-on-Trent die Manufaktur 'Etruria' gründete, in der er jene Produkte herstellen ließ, die er Jahre zuvor in seinem Experimentierbuch beschrieb und die seither mit seinem Namen verbunden sind, nämlich die Jasperware, ein in der Tonmasse blau gefärbtes Steingut mit kameenartigen weißen Reliefs, sowie die schwarz gefärbte Basaltware. Diese Produkte machten den Namen Wedgwood in ganz Europa bekannt und den Hersteller zum Global Player.

Unter den günstigen Voraussetzungen, welche die frühe Industrialisierung zu erklären vermögen, verdient der Vorsprung Großbritanniens in der Wissenschaft im europäischen Vergleich wohl die größte Beachtung. Zwar wurde die Entfaltung wissenschaftlichen Denkens und Verfahrens durch die Bürgerkriege zunächst behindert, aber mit der Gründung der Royal Society of London for the Improving of Natural Knowledge (1662) schließlich ermöglicht. Der Einfallsreichtum und die wissenschaftliche Besessenheit der Mitglieder waren höchst eindrucksvoll, auch wenn bisweilen die Leistungsfähigkeit der Wissenschaften beträchtlich überschätzt wurde.

Gleichwohl konnte sich im 18. Jahrhundert eine "British culture of applied science" (Jacob 1998: 69) etablieren, die ihren Platz nicht in den Universitäten fand, weil sich diese erst im 19. Jahrhundert – und auch dann nur zögerlich – den Naturwissenschaften zuwandten. Vielmehr waren es häufig Amateure, die sich zunächst als erfindende Praktiker, später als akademisch gebildete Ingenieure versuchten und ihre Erfindungen durch gute Kontakte zu Händlern und Unternehmern vermarkteten. Freilich ging es dabei in erster Linie um Kapital und Profit, doch führte das unablässige Experimentieren mit neuen Erfindungen auch zu einer Akkumulation des Wissenskapitals, die im Europa des 18. Jahrhunderts beispiellos war und Großbritanniens Führungsrolle in der Industrialisierung erklärt.

Die Textilindustrie war der erste Erwerbszweig, in dem Experimente mit einer mechanischen Produktion durchgeführt wurden. John Kay, ein Handwerker aus Lancashire, entwickelte das 'fliegende Schiffchen' (*flying shuttle*), das er sich 1733 patentieren ließ. Dem folgte 1764 der Mechaniker James Hargreaves aus Blackburn, der die erste Spinnmaschine, liebevoll auf den Namen 'Spinning Jenny' getauft, erfand und 1770 darauf das Patent erhielt. Richard Arkwright aus Derbyshire, ursprünglich gelernter Friseur und Perückenmacher, perfektionierte die Spinning Jenny im folgenden Jahr durch die Entwicklung eines wassergetriebenen Webrahmens, und Samuel Crompton, ein Textilarbeiter aus Bolton, verband beide Erfindungen 1779 durch die Entwicklung von 'Crompton's Mule'. Das letzte Glied in dieser Kette der technischen Perfektionierung bildete die Konstruktion des mechanischen Webstuhls. Dies gelang dem anglikanischen Geistlichen Edmund Cartwright, der Arkwrights Textilfabrik mit 5000 Arbeitern 1784 besucht hatte und sich schon im folgenden Jahr seine Erfindung patentieren ließ.

Ähnlich wie in der Textilindustrie so vollzog sich auch in anderen Erwerbszweigen die Technisierung durch den ständigen Willen zur mechanischen Verbesserung, wobei der Entdeckung der Dampfkraft eine Schlüsselrolle zufiel. Schon 1698 hatte der Armeeingenieur Thomas Savery das Patent für eine Pumpvorrichtung erhalten, die für die Entwässerung im Bergbau gedacht war und auf dem Prinzip der Dampfkraft beruhte. Erfolgreich wurde die Erfindung jedoch erst, als Savery eine Partnerschaft mit Thomas Newcomen, einem Eisenwarenhändler aus Dartmouth, einging. Gemeinsam verbesserten sie die Vorrichtung, die als Urmodell der Dampfmaschine gilt, und konnten ab 1711 mit der erfolgreichen Serienfertigung beginnen. Die vielfältigen Einsatzmöglichkeiten der Dampfkraft in der industriellen Fertigung konnten jedoch erst erschlossen werden, nachdem James Watt, ein Instrumentenmacher aus Glasgow, das Funktionsprinzip radikal verbessert und das Modell mit einer Kurbelwelle versehen hatte, die den Antrieb von Maschinen gestattete. Auch hier stellte sich der finanzielle Erfolg erst durch eine Industriepartnerschaft ein: Watt tat sich 1774 mit dem Unternehmer Michael Boulton zusammen, der das Startkapital für die Entwicklung zur Serienreife bereitstellte, und die Firma Watt & Boulton produzierte bis 1800 beinahe fünfhundert Dampfmaschinen.

Zwar wurde auch weiterhin noch Wasserkraft für die Industriefertigung verwendet, doch durch die Einführung der Dampfkraft wurden die Fabriken nun unabhängig von Fluss- und Wasserläufen. Noch bedeutsamer war der mobile Einsatz der Dampfkraft, und die Eisenbahn wurde zum weithin sichtbaren Symbol des Industriellen Zeitalters. Die erste Strecke wurde 1825 eingeweiht und verband Stockton mit Darlington. Auf der zweiten, 1830 eröffneten Verbindung zwischen Liverpool und Manchester erzielte George Stephensons 'Rocket' mit vierzehn Waggons im Schlepp eine beachtliche Geschwindigkeit von zwanzig Stundenkilometern. Aber erst in den vierziger Jahren des 19. Jahrhunderts entwickelte sich der eigentliche Eisenbahn-Boom durch die Ausweitung des Streckennetzes. Aus wirtschaftshistorischer Sicht war die Einführung der Eisenbahn ein wesentlicher Faktor in der ökonomischen Entwicklung des Landes, da die Steigerungsraten der Textilindustrie an ihre Grenzen gestoßen waren und die Investitionen stagnierten. Der Auf- und Ausbau des Eisenbahnsystems halfen daher, die drohende Wirtschaftskrise abzuwenden, indem den Investoren ein neuer, rentabler Investitionsbereich zur Verfügung stand, wovon die Kohle- und Stahlindustrie ebenso profitierten wie das Ingenieurwesen. Zudem wurde die Eisenbahn als britische Erfindung zu einem der wichtigsten Exportgüter im 19. Jahrhundert und bot damit zusätzlichen Anreiz für private Investitionen. Nicht allein in vielen Staaten Europas wurden britische Ingenieure und Industrieunternehmen mit dem Bau von Eisenbahntrassen betraut, sondern auch in vielen Ländern des Empire, vor allem in Kanada, Indien und Afrika, entstanden unter britischer Leitung Streckennetze.

Weiterhin beschleunigte die Einführung des neuen Transportmittels buchstäblich das Tempo der Industriellen Revolution: Entfernungen schrumpften zusammen, Informationsaustausch und Kommunikation gestalteten sich schneller, Transportkosten und die Preise für Konsumgüter fielen, und die Pünktlichkeit des Bahnverkehrs gab dem Leben im industriellen Zeitalter einen neuen Rhythmus. Mit diesen zahlreichen und raschen Veränderungen war auch ein Wandel der Lebensbedingungen verbunden. Von der Mehrheit der Zeitgenossen wurde der Umbruch als tiefer und schmerzhafter Einschnitt empfunden, der mit dem Verlust der traditionellen, agrarisch geprägten Lebensform verbunden war. Fabrikarbeit bedeutete für Männer, Frauen und Kinder einen monotonen Tagesablauf, dessen Routine von den Bedürfnissen der Maschinen geprägt war und der menschliche Arbeit gleichfalls maschinisierte. Wie schwer die Zeiten waren, hatte Charles Dickens 1854 bei einem Besuch der Industriestadt Preston aus eigener Erfahrung erleben können, und er schuf im gleichen Jahr mit dem Porträt der fiktiven Fabrikstadt Coketown in seinem Roman *Hard Times* ein abschreckendes Szenario industrieller Lebenswirklichkeit:

> It was a town of red brick, or of brick that would have been red if the smoke and ashes had allowed it; but as matters stood it was a town of unnatural red and black like the painted face of a savage. It was a town of machinery and tall chimneys, out of which interminable serpents of smoke trailed themselves for ever and ever, and never got uncoiled. It had a black canal in it, and a river that ran purple with ill-smelling dye, and vast piles of building full of windows where there was a rattling and a trembling all day long, and where the piston of the steam-engine worked monotonously up and down like the head of an elephant in a state of melancholy madness. It contained several large streets all very like one another, and many small streets still more like one another, inhabited by people equally like one another, who all went in and out at the same hours, with the same sound upon the same pavements, to do the same work, and to whom every day was the same as yesterday and to-morrow, and every year the counterpart of the last and the next. (Dickens 1998: 28)

Die Verbannung beinahe jedweder Farbe verleiht der Darstellung die Qualität einer Schwarz-Weiß-Aufnahme, die dominiert wird von Maschinen, Fabrikschloten und dunklen Rußwolken, durch die sich die ursprünglich roten Ziegel schwarz verfärbt haben. Selbst dort, wo ein Farbpunkt ersichtlich wird, ist er Ausdruck von Widernatürlichkeit, weil der Fluss seinen purpurnen Ton durch die übel riechenden und giftigen Rückstände der Färbereien erhält. Aus dem Prinzip utilitaristischer Nützlichkeitsphilosophie folgt auch hier die Privilegierung der Maschinen, denen sich die Menschen in einem monotonen Lebensrhythmus unterwerfen müssen, was durch die wiederholte Betonung von Einförmigkeit und Eintönigkeit ("same") eindringlich kritisiert wird.

Pessimistische Sichtweisen der Industrialisierung häuften sich im sozialkritischen Roman des 19. Jahrhunderts, wovon Elizabeth Gaskells *Mary Barton* (1848) und *North and South* (1855) ebenso zeugen wie Benjamin Disraelis *Sybil, or The Two Nations* (1845). Ein ähnlich entsetzliches Bild menschlicher Degradierung zeichnete Friedrich Engels, der Sohn eines Barmer Textilfabrikanten, nachdem er im väterlichen Zweiggeschäft in Manchester die Situation der Industriearbeiterschaft aus nächster Nähe hatte studieren können. Seine Beobachtungen veröffentlichte Engels in der seither klassisch gewordenen Untersuchung *Die Lage der arbeitenden Klasse in England* (1845). Gemeinsam mit Karl Marx, dem er 1842 in Köln zum ersten Mal begegnet war, setzte sich Engels mit großem Engagement für eine Verbesserung der Lebensbedingungen ein, unterstützte die Chartismus-Bewegung um Robert Owen und förderte durch seine publizistische Tätigkeit die Verbreitung marxistischer Ideen in ganz Europa. Die theoretische Auseinandersetzung mit dem Kapitalismus als neuer Wirtschaftsform, wie sie von Marx und Engels vorangetrieben wurde, hat das insgesamt negative Bild der Industrialisierung in Großbritannien nachhaltig geprägt.

Obwohl die reklamierten Missstände zweifelsfrei vorhanden waren, sollte jedoch nicht übersehen werden, dass es auch Stimmen gab, die in der Industrialisierung die Chance eines gesamtgesellschaftlichen Aufbruchs sahen und jenes *Age of Improvement* vorhersagten, als welches das 19. Jahrhundert eben auch in die britische Geschichte eingegangen ist. Allerdings wurde der ökonomische Fortschritt durch die Reform der Armengesetzgebung aus dem Jahr 1834 (*Poor Law Amendment Act*) überschattet, mit der das Parlament auf die finanzielle Überforderung vieler Gemeinden durch den sprunghaften Bevölkerungsanstieg reagierte. Mit dem Gesetz verschlechterte sich noch einmal die Lebenssituation der ärmsten Gesellschaftsmitglieder, was Charles Dickens am Beispiel des armen Waisenknaben Oliver Twist in seinem gleichnamigen Roman eindrucksvoll schildert. Doch darf die Schuld nicht einseitig der Industrialisierung zugewiesen werden, die neue Beschäftigungsmöglichkeiten schuf und ihrerseits einen Beitrag zur Überwindung der Arbeitslosigkeit leistete. Ab 1850 begannen sich zudem viele der sozialen Probleme allmählich zu lösen, da die Löhne schneller stiegen und sich der Lebensstandard der Arbeiterschaft deutlich verbesserte.

Die Mitte des 19. Jahrhunderts markiert daher den End- und zugleich Gipfelpunkt der Industriellen Revolution in Großbritannien, da der Prozess der ökonomischen und gesellschaftlichen Restrukturierung weitgehend abgeschlossen war. Zum weithin sichtbaren Symbol für die internationale Spitzenrolle des Landes auf dem Gebiet der Technisierung wurde der für die Weltausstellung (*Great Exhibition*) von 1851 geschaffene Kristallpalast (*Crystal Palace*) im Londoner Hyde Park.

Crystal Palace

The enormous glass conservatory, over 1,800 feet (550 metres) long and at its broadest 450 feet (140 metres) wide, designed by Sir Joseph Paxton to house the Great Exhibition of 1851. After the exhibition was over, the revolutionary building – with its iron frame and glazing architecturally highly innovative and influential – was removed from Hyde Park and reassembled in Sydenham, south London, as the centrepiece of an amusement park with facilities for concerts, drama and exhibitions as well as a menagerie. The glass masterpiece was destroyed by fire on 30 Nov. 1936, although the area is still known as 'Crystal Palace'. (Gardiner & Wenborn 1995: 215)

Entworfen hatte den Palast aus Stahl und Glas der Architekt Joseph Paxton, aber das Projekt ging im Ursprung auf die Fortschrittsphilosophie von Victorias Prinzgemahl Albert zurück, der die Weltausstellung minutiös vorbereitete und die Details der Durchführung mit größter Sorgfalt plante. Schon die Errichtung des Gebäudes war eine technologische wie logistische Meisterleistung. Am 26. Juli 1850 waren die Aufträge vergeben worden, zwei Monate später wurden die ersten Pfeiler gesetzt, und pünktlich zum 31. Dezember war der Auftrag fertig gestellt. Mit einer Länge von über 550 Metern und einer Breite von mehr als 140 Metern war der Crystal Palace nicht nur der bis dahin mit Abstand größte Baukörper seiner Art; er war auch der erste, bei dem Fertigbauteile aus industrieller Massenproduktion Verwendung fanden. Die von der Firma Fox & Henderson in Birmingham gefertigten Stahlträger wurden von der North-Western Railway Company nach London transportiert, wobei eine neue Rekordzeit von achtzehn Stunden zwischen abgeschlossener Fertigung und dem Aufbau der Teile aufgestellt wurde. Genauso zügig gestaltete sich der Einbau der von Chance & Company in Birmingham ebenfalls vorgefertigten Glasscheiben, wobei allein in einer Dezemberwoche achtzig Glaser fast 20 000 Scheiben in die Dachkonstruktion einsetzten.

So rasant wie die Geschwindigkeit der Konstruktion, so beeindruckend war die Vielfalt der aus aller Welt zusammengetragenen Exponate, deren Gesamtwert sich auf etwa £ 1,8 Millionen belief und unter denen der mysteriöse, von Victoria erworbene Diamant Koh-i-noor, der 'Berg des Lichts', das wertvollste Stück und den größten Publikumsmagneten darstellte. Die sorgfältig inszenierte Zeremonie der Eröffnung am 1. Mai 1851 wurde zu einem wahren Triumph britischer Weltherrschaft.

Nicht minder enthusiastisch war der Zuspruch der Bevölkerung. Während der 140 Tage der Ausstellung besuchten mehr als sechs Millionen Menschen aus aller Welt den Crystal Palace, und am 7. Oktober wurde mit 109 000 verkauften Karten ein Besucherrekord erreicht. Durch verbilligte Eintritts-

Abb. 29: Die zeitgenössische Illustration gestattet einen Blick in das Innere des Crystal Palace mit dem gläsernen Brunnen und den hoch aufragenden Ulmen, die den Besuchern den Eindruck vermittelten, sich in einem Park zu befinden.

preise war es auch den Mitgliedern der Working Class möglich, die Ausstellung zu besuchen, da Fabrikbesitzer den Arbeitern und ihren Familien vielfach einen freien Tag schenkten. Für viele war dies auch die erste Gelegenheit für eine Fahrt mit der Eisenbahn, die Tausende von Besuchern in die Metropole transportierte. In dem technologischen Glanz, den der Crystal Palace ausstrahlte, konnte sich so die gesamte Nation mit ihren Errungenschaften sonnen – eine Vorausdeutung auf Benjamin Disraelis gesellschaftliches Konzept der 'One Nation'. Mit der Weltausstellung bewies das Land eindrücklich seine industrielle Vormachtstellung als *workshop of the world*, in dem 40 Prozent aller Industriegüter weltweit produziert wurden.

Zugleich offenbarten sich aber auch Symptome für einen beginnenden Niedergang der Technisierung. In ironischer Weise war die Great Exhibition daran teilweise mitschuldig, da sie mit der Projektion einer technisierten Zukunft auch das dafür erforderliche Wissen zur Schau stellte, das nur wenig später von anderen Konkurrenten auf dem Weltmarkt kopiert wurde. Insbesondere die USA, aber auch Frankreich und Deutschland wurden ab 1870 zu ernsten Mitbewerbern auf dem Weltmarkt, wodurch sich die Wachstumsraten der britischen Volkswirtschaft stetig verringerten. Zum Rückgang der Industrialisierung trug auch die Tatsache bei, dass das Interesse am technischen Experimentieren Lähmungserscheinungen zu zeigen begann. Der Architekt Augustus Pugin, der tatkräftig am Wiederaufbau der Parlamentsgebäude im neo-gotischen Stil mitgewirkt hatte, schuf bezeichnenderweise für den Crystal Palace einen mittelalterlichen Hof, der zu einer Hauptattraktion der Weltausstellung wurde. Mit der Wiederentdeckung des Gotischen in Architektur, Malerei und Literatur entstand eine Gegenbewegung zum progressiven Fortschrittsdenken, wie es die Industrialisierung bis etwa 1850 geprägt hatte. Die intellektuellen Energien wurden nun stärker rückwärts gewandt, und das Interesse richtete sich eher auf vorindustrielle und idyllisch verklärte Epochen, in denen Mensch und Lebenswelt in vorgeblich größerer Harmonie miteinander gestanden hatten. Was John Constable für die Landschaftsmalerei des frühen 19. Jahrhunderts geleistet hatte, setzte in der Dichtung Lord Tennyson fort, der 1850 nach dem Tode von William Wordsworth mit dem Amt des Poeta laureatus betraut wurde und der in dem lyrischen Zyklus *Idylls of the King* (1891) und in dem historischen Drama *Becket* (1884) mittelalterliche Stoffe aufgriff. Von hier aus führt die Spur zum *Arts and Crafts Movement* um John Ruskin und William Morris, die eine dezidiert anti-industrielle Haltung vertraten, die sozialen Konsequenzen der Maschinisierung anprangerten und die Rückbesinnung auf traditionelle Produktionsverfahren und handwerkliche Techniken forderten. Diese Kritik forcierte die pessimistische Sichtweise der Industrialisierung und führte zur Ablösung des bis dahin dominanten Leitbilds des tüftelnden Erfinders durch das neue Ideal des moralisierenden Bewahrers:

The idealization of material growth and technical innovation that had been emerging received a check, and was more and more pushed back by the contrary ideals of stability, tranquility, closeness to the past, and "nonmaterialism". An "English way of life" was defined and widely accepted; it stressed nonindustrial, noninnovative and nonmaterial qualities, best encapsulated in rustic imagery – "England is the country", in Stanley Baldwin's phrase (by this time already a cliché). This countryside of the mind was everything industrial society was not – ancient, slow-moving, stable, cozy, and "spiritual". The English genius, it declared, was (despite appearances) not economic or technical, but social and spiritual; it did not lie in inventing, producing, or selling, but in preserving, harmonizing, and moralizing. The English character was not naturally progressive, but conservative; its greatest task – and achievement – lay in taming and "civilizing" the dangerous engines of progress it had unwittingly unleashed. (Wiener 1981: 5–6)

In dem Maße, in dem die Technikfeindlichkeit zur Signatur britischer Kultur im späten 19. Jahrhundert wurde, sank der Anteil an Innovationen, insbesondere im Vergleich zu den USA, und es fielen die Wachstumsraten. Großbritannien stellt daher das Paradox einer Gesellschaft dar, die zwar die Industrialisierung erfand, zuletzt aber ihre Konsequenzen verabscheute. Wenn Großbritannien dennoch vielfach als die Mutter der Industriellen Revolution bezeichnet wird, so war sie eine Mutter, die ihr Kind nie recht geliebt hat.

7.2 Wirtschaft, Gewerkschaften und die 'Britische Krankheit'

Die Dynamik unternehmerischer Leistungsbereitschaft und industrieller Innovation verlangsamte sich zum Ende des 19. Jahrhunderts. Während in Großbritannien um 1870 noch zwei Drittel der weltweit konsumierten Fertigwaren hergestellt wurden, war bei Ausbruch des Ersten Weltkriegs der Anteil schon auf ein Sechstel geschrumpft. Großbritannien war nicht nur von Deutschland überflügelt worden, sondern hatte seine internationale Führungsrolle an die USA abgeben müssen, die 1913 bereits knapp 36 Prozent des Marktes beherrschten. Nach dem Ende des Ersten Weltkriegs wurde die amerikanische Dominanz dann unübersehbar, als der Dollar das britische Pfund als internationale Leitwährung ablöste. Die wachsende Wirtschaftskraft der USA gründete sich nicht zuletzt auf die erstarkende technische Innovationsfreude. Alexander Graham Bell war zwar geborener Schotte und hatte an der Universität von Edinburgh studiert, die mit seinem Namen jedoch verknüpfte Errungenschaft des Telephons ließ er 1876 in den USA patentieren.

Die ökonomische Dominanz der USA wurde spätestens 1929 überdeutlich, als der Zusammenbruch der New Yorker Börse die Weltwirtschaft in ihre bis dahin tiefste Krise stürzte. Auch Großbritannien wurde vom Wall

Street Crash erschüttert, zumal sich die durch die Kriegsschulden ohnehin schon angeschlagene Handelsbilanz wegen des rückläufigen Absatzes britischer Exporte weiter verschlechterte. Die Gefahr des wirtschaftlichen Abstiegs konnte im Wesentlichen verhindert werden, weil der Kolonialhandel innerhalb des Weltreichs in der Zwischenkriegszeit auch weiterhin florierte und eine Versorgung des Landes mit preisgünstigen Importwaren ermöglichte. Dennoch war Großbritanniens wirtschaftliche Lage prekär und ein zweiter Weltkrieg ruinös, was die von Premierminister Joseph Chamberlain betriebene Beschwichtigungspolitik (*appeasement policy*) gegenüber dem nationalsozialistischen Deutschland erklärt.

Trotz dieser Befürchtungen erfuhr die britische Wirtschaft in den fünfziger Jahren nach anfänglichen Schwierigkeiten zunächst einen enormen Aufschwung, da sie von den weltweiten Steigerungsraten profitieren konnte. Das Bruttosozialprodukt verdoppelte sich, Investitionen und Produktivität zogen gewaltig an, und die Arbeitslosenquote konnte deutlich unter zwei Prozent gesenkt werden. Da die Löhne schneller stiegen als die Preise und die Inflationsraten gering blieben, stellte sich eine Kaufkraftvermehrung ein, die der gesamten Bevölkerung zugute kam. Die Dekade war damit ein goldenes Zeitalter der britischen Volkswirtschaft, was den späteren Premierminister Harold Macmillan in einer Wahlkampfrede vom Juli 1957 zu dem viel zitierten Ausspruch ermutigte: "Let's be frank about it; most of our people never had it so good" (zitiert in Horne 1989: 64). Doch stellte sich damit auch zugleich die Frage, inwieweit dieser wirtschaftliche Aufschwung nachhaltig gesichert werden konnte. Die psychologischen Nachwirkungen des außenpolitischen Debakels während der Suez-Krise von 1956 hatten ein kollektives Trauma ausgelöst, so dass auch die Zukunft der Nationalökonomie mit Skepsis betrachtet wurde. Genährt wurden die pessimistischen Befürchtungen insbesondere durch den Vergleich der Wachstumsraten zwischen der britischen und den übrigen westlichen Volkswirtschaften. Während der Zuwachs pro Kopf zwischen 1951 und 1973 in Großbritannien 2,4 Prozent betrug und damit geringfügig über dem der USA lag, konnten Frankreich mit 4,4 Prozent, Deutschland mit 4,8 Prozent, Italien mit 5,5 Prozent und Japan mit 7,9 Prozent deutlich höhere Wachstumsquoten vorweisen. Bereits 1961 hatte das Einkommen pro Kopf in Deutschland und Frankreich erstmals seit Beginn der Industriellen Revolution das britische übertroffen. Das günstige Wirtschaftswachstum in Deutschland, das den Krieg verloren hatte und im Anschluss zu Wohlstand gelangt war, trug zu der pessimistischen Einschätzung der wirtschaftlichen Zukunft bei.

Die skeptische Beurteilung der eigenen wirtschaftlichen Leistungsfähigkeit fand ihren Ausdruck in der Vorstellung des relativen Niedergangs (*relative decline*) der britischen Nationalökonomie. Der Begriff 'Niedergang' ist rabenschwarz pessimistisch und eigentlich deshalb unangemessen, weil die britische Wirtschaft durchaus wuchs, nur eben relativ gesehen langsamer als die anderer europäischer Länder. In Hinblick auf eine effektivere Wirtschaftsorganisation und höhere Produktivitätsraten sahen sich alle Regierungen seit den sechziger Jahren vor die Aufgabe gestellt, planend in die Wirtschaftsentwicklung einzugreifen, um die Britische Krankheit zu heilen. Obwohl deren Symptome in den Wirtschaftsstatistiken erkennbar waren, ließen sich die Ursachen sehr viel schwerer identifizieren.

British Disease

Das Schlagwort von der "britischen Krankheit" wurde in den 60er u. 70er Jahren – ähnlich abwertend gebraucht wie das "perfide Albion" (frz.) im 19. Jh. – zum Synonym für die nachlassende ökonomische Leistungskraft GB's nach seinem Rückzug aus dem British Empire u. die konfliktgeladenen Sozialbeziehungen (viele Streiks, Gewerkschaften) im "krisengeschüttelten" GB. Nach dem Amtsantritt der Regierung Thatcher (1979–1990) aus den Schlagzeilen verschwunden. (Fischer & Burwell 1995: 39)

Als wesentlicher Entzündungsherd der Britischen Krankheit waren rasch die Gewerkschaften ausgemacht. Zwar kam es in der Nachkriegszeit nicht mehr zu einem Nationalstreik wie dem von 1926, doch erregten in den fünfziger und sechziger Jahren die vielen kleinen und ungenehmigten Streiks einzelner Gewerkschaften die Besorgnis der Bevölkerung. Der politische Einfluss der Gewerkschaften war nämlich seit Kriegsende kontinuierlich gewachsen, da für viele Arbeiter und Angestellte eine Teilhabe an der günstigen Wirtschaftsentwicklung nur durch die Mitgliedschaft in einer Gewerkschaft möglich schien. Dieser Machtzuwachs wurde zunehmend mit Misstrauen beobachtet, und der Wandel der öffentlichen Meinung zeigt sich besonders deutlich an Filmen aus jenen Jahren wie *Chance of a Lifetime* (1950), *I'm All Right Jack* (1959) und *The Angry Silence* (1960), in denen streikbegeisterte Belegschaften und ebenso pompöse wie kompromisslose Funktionäre der allgemeinen Kritik ausgesetzt wurden. Innerhalb der Conservative Party wurde daher Unmut an einem Festhalten an Disraelis Konzept der 'One Nation' laut, da sich die Gewerkschaften offenkundig als Gruppe präsentierten, die dem Gemeinwohl der geeinten Nation zuwiderhandelte.

Um die Macht der Gewerkschaften zu kontrollieren, wurden verschiedene Strategien eingeschlagen. Sowohl konservative als auch Labour-Regierungen versuchten, durch die Festschreibung von Lohnerhöhungen die Verhandlungsposition der Gewerkschaften bei Tarifauseinandersetzungen zu schwächen. Harold Wilson nahm 1964 bei der Gründung seiner Labour-

Regierung mit Frank Cousins von der *Transport and General Workers' Union* einen der damals einflussreichsten Gewerkschaftler als Minister für technologische Entwicklung in sein Kabinett auf. Mit dem Ziel einer nationalen Wirtschaftsplanung schlug die Regierung eine Lohnerhöhungspolitik von 3,5 Prozent vor; als diese jedoch gesetzlich fixiert werden sollte, trat Cousins von seinem Amt zurück, und die Spannungen zwischen Regierung und Gewerkschaften verschärften sich so erheblich, dass Wilson aus Furcht vor einer Spaltung der Partei von einer weiterreichenden Gesetzgebung absah.

Die Hoffnung auf eine konstruktive und voluntaristische Zusammenarbeit zwischen Regierung und Gewerkschaften war damit in so weite Ferne gerückt, dass sich die konservative Regierung unter Edward Heath zu einem umfassenden Gesetzgebungsprogramm entschloss, mit dem die Arbeitsbedingungen völlig neu geregelt werden sollten. Im Industrial Relations Act wurde 1971 die Macht der Regierung über die Gewerkschaften erheblich gestärkt, deren Autonomie eingeschränkt und deren Immunität bei Arbeitskämpfen teilweise aufgehoben. Als Reaktion organisierte der Trade Union Congress eine konzertierte Welle gewerkschaftlichen Protests, der die Regierung innenpolitisch unter Druck setzte und zu vorgezogenen Neuwahlen führte. Die von Heath proklamierte Wahlkampfparole "Who Governs Britain?" wurde mit der Niederlage der Konservativen schlüssig beantwortet. Die nachfolgenden Labour-Regierungen unter Harold Wilson und James Callaghan waren daher darum bemüht, das Verhältnis zu den Arbeitervertretungen wieder freundlicher zu gestalten. Als deutliches Zeichen des Entgegenkommens wurde der Industrial Relations Act kurzerhand aufgehoben, und mit dem Employment Protection Act von 1975 wurden die Gewerkschaften zwar zur Zurückhaltung bei Arbeitskämpfen und Lohnforderungen verpflichtet, zugleich wurde ihnen aber mit dem vereinbarten *social contract* auch ein Mitspracherecht in der Wirtschaftspolitik eingeräumt.

Damit hatte der politische Einfluss der Gewerkschaften in den siebziger Jahren seinen Höhepunkt erreicht, ohne dass die Britische Krankheit eine erkennbare Linderung erfuhr. Vielmehr setzte sich die Welle der Streiks weiter fort und gipfelte im 'winter of discontent' des Jahres 1979, als das öffentliche Leben durch die Streiks von Pflegekräften in den Krankenhäusern und von kommunalen Bediensteten wie den Arbeitern der Müllentsorgung zum Erliegen kam. Im gleichen Jahr gingen bei den Unterhauswahlen die Konservativen erneut als Regierungspartei hervor, und die neue Premierministerin war entschlossen, den Einfluss der Gewerkschaften zu brechen, um eine Gesundung des Landes in die Wege zu leiten. Die sozialistischen Programme der Labour-Regierungen waren dazu unfähig gewesen und wurden von Thatcher mit entsprechender Häme bedacht: "To cure the British disease with socialism was like trying to cure leukaemia with leeches" (Thatcher 1993: 8). Stattdessen ging die neue Regierung auf einen offenen Konfrontationskurs mit den Gewerkschaften, denen die Hauptschuld für die wirtschaftliche Misere des Landes angelastet wurde.

Im Gegensatz zu der von Heath verfolgten Strategie, mit einem großen Gesetzgebungspaket wie dem Industrial Relations Act die Probleme mit einem Schlag lösen zu wollen, beschnitt Thatcher die gewerkschaftlichen Privilegien sukzessive durch die Verabschiedung der Employment Acts von 1980, 1982, 1988 und 1990 sowie durch den Trade Union Act von 1984. Mit diesen Gesetzgebungen wurde das Streikrecht eingeschränkt und die Immunität der Gewerkschaften zivilrechtlich aufgehoben, ohne dass strafrechtliche Konsequenzen angedroht wurden, um die Gefahr gewerkschaftlicher Märtyrer zu bannen. Zudem wurde das System der Zwangsmitgliedschaft in einer Gewerkschaft (*closed shop*) aufgelöst und damit die finanzielle Basis der Trade Unions empfindlich getroffen.

Da unrentable Unternehmen und unprofitable Wirtschaftszweige nicht weiter öffentlich subventioniert wurden, riskierte Thatcher nicht nur einen Anstieg der Arbeitslosigkeit, sondern auch das Kräftemessen mit den Kohle- und Stahlarbeitern. Der Konflikt entzündete sich im März 1984, als eine Reduktion der Kohleförderung beschlossen wurde und die National Union of Mineworkers unter der Führung von Arthur Scargill zum Bergarbeiterstreik aufrief. Da sich die Arbeiter in den Kohlegruben von Nottinghamshire der Arbeitsniederlegung nicht anschlossen, offenbarten sich rasch Risse in der Streikfront, und nach einem einjährigen Arbeitskampf gingen die Gewerkschaft als Verlierer und die Regierung als Sieger aus der Auseinandersetzung hervor.

Die nachfolgende Stigmatisierung der Gewerkschaften als Schädlinge des Gemeinwesens hatte auch zur Folge, dass sich die Mitgliederzahlen schrittweise verringerten. Waren 1979, auf dem Höhepunkt der gewerkschaftlichen Macht, noch 13,5 Millionen Menschen und damit jeder zweite Erwerbstätige in den Trade Unions organisiert, so war 1991 die Zahl schon unter zehn Millionen gesunken. Dieser Rückgang hat sich in den neunziger Jahren fortgesetzt: Im Herbst 2001 war die Mitgliederzahl auf 7,6 Millionen und damit auf 29,1 Prozent der arbeitenden Bevölkerung gefallen. Die Gewerkschaften bilden zwar weiterhin eine nicht zu unterschätzende Interessengruppe, sie verfügen aber nicht mehr über die gleiche Macht wie in den siebziger Jahren. Es verwundert daher nicht, dass Tony Blair bei der Ausgestaltung seiner Wirtschafts- und Sozialpolitik deutlich weniger Rücksicht auf die Gewerkschaften nimmt als frühere Labour-Premiers und in den Arbeitervertretungen in Anbetracht rückläufiger Mitgliederzahlen auch nicht mehr eine verlässliche Garantie für die Beschaffung von Mehrheiten bei künftigen Unterhauswahlen sieht.

Closed Shop

Unter *closed shop* ist eine Vereinbarung zwischen einem Unternehmen und der von diesem Unternehmen anerkannten Gewerkschaft zu verstehen, nach der jeder Beschäftigte auch Mitglied dieser Gewerkschaft sein muß. Dadurch erwirbt auch die Gewerkschaft ein Entscheidungsrecht über den Zugang zu den Arbeitsplätzen. Vor dem Hintergrund der mit dem *multi-unionism* verbundenen Probleme waren solche Regelungen nicht ohne praktischen Wert, mußten sich doch die Unternehmen nur noch mit jeweils einer Gewerkschaft einigen; die wiederum konnte auf diese Weise ihre Macht in den Betrieben festigen. Für den einzelnen Arbeitnehmer brachte eine *closed shop*-Vereinbarung jedoch zwei gravierende Nachteile mit sich: Erstens wurden sie zur Mitgliedschaft gezwungen – ihr Grundrecht auf negative Koalitionsfreiheit, nicht Gewerkschaftsmitglied werden zu müssen, war damit entscheidend verletzt; zweitens war ihre Abhängigkeit gegenüber den Gewerkschaften enorm gestiegen, war doch mit dem Ausschluß aus der Gewerkschaft auch der Verlust des Arbeitsplatzes verbunden. Durch die Gesetzgebung der Thatcher-Regierung sind die Möglichkeiten, eine *closed shop*-Vereinbarung zu treffen, sehr stark eingeschränkt worden. Fielen 1979 noch 25% der Arbeitsplätze unter solche Regelungen, so ist der *closed shop* inzwischen zu einer Randerscheinung in den britischen Arbeitsbeziehungen geworden, von der nicht einmal mehr als 2% der Arbeitnehmer betroffen sind. (Händel & Gossel 1994: 341)

Das Zurückdrängen des gewerkschaftlichen Einflusses und der wirtschaftliche Aufschwung des Landes, zunächst unter Thatcher und später unter New Labour, dürfen aber nicht den Eindruck erwecken, die Trade Unions seien das ausschließliche Übel der Britischen Krankheit gewesen. Die begrenzte wirtschaftliche Leistungsfähigkeit und der relative Niedergang waren auch durch die zögerliche Politik der Kapitalinvestitionen bedingt. Während nach Kriegsende bis in die Mitte der siebziger Jahre die meisten Staaten Europas etwa 20 Prozent des Bruttoinlandsprodukts in technische und organisatorische Innovationen investierten, lag die britische Rate nur zwischen 12 und 15 Prozent, weshalb die Produktivität geringer und das Wachstum langsamer ausfielen. Im Gegensatz zu Deutschland, wo die Produktionsstätten durch den Krieg fast völlig zerstört waren und im Zuge des Wiederaufbaus durch moderne Anlagen ersetzt wurden, fehlte in Großbritannien eine vergleichbare Modernisierungsoffensive. Ein ähnliches Defizit wiesen auch die Investitionen in das Verkehrssystem auf, wofür der schleppende Ausbau der Autobahnen, das noch immer dringend modernisierungsbedürftige Londoner U-Bahn-Netz und der trotz mancher Anstrengungen weiterhin unbefriedigende Ausbau des Flughafens in Heathrow als Beispiele gelten können.

Ebenfalls unzureichend waren die Investitionen im Bildungsbereich. Dies betraf insbesondere die technischen Disziplinen, die nicht auf universitärem Niveau betrieben wurden, sowie die vernachlässigte Facharbeiterausbildung, die das lange Zeit geringe Ansehen und das entsprechend bescheidene Einkommen von geschulten Technikern erklärt. Auch die Führungspositionen der britischen Unternehmen waren bis in die achtziger Jahre nicht von professionell ausgebildeten Naturwissenschaftlern oder Betriebswirten, sondern von Absolventen der Universitäten in Oxford und Cambridge besetzt, die überwiegend schöngeistige Fächer studiert hatten und daher nicht zu technologischer Innovation fähig waren. Hier zeigen sich die Spätwirkungen der von Martin Wiener diagnostizierten Industriefeindlichkeit und des technischen Abschwungs seit dem Ende des 19. Jahrhunderts in aller Deutlichkeit. Diese in den Führungsebenen weit verbreitete Mentalität äußerte sich auch darin, dass das berufliche Leitbild des Managers erst in den achtziger Jahren soziale Anerkennung zu finden begann, als Thatchers meritokratische Erwerbsphilosophie ihre Wirkung entfaltete.

Seither hat sich vieles verändert. Die Modernisierung der Infrastruktur ist energisch in Angriff genommen worden, und trotz mancher auch weiterhin bestehender Problemfälle ist das Land mittlerweile sehr viel besser für den internationalen Wettbewerb gerüstet. Durch die Aufwertung der Polytechnics zu Universitäten im Jahre 1992 sind zugleich auch die berufsbezogene Ausbildung (*vocational training*) und die Technikerschulung aufgewertet worden. Zudem sind seit den achtziger Jahren an fast allen Universitäten wirtschaftswissenschaftliche Studiengänge eingeführt worden, um die Professionalität des Managements zu verbessern. Die wirtschaftspolitischen Erfolge dieser Maßnahmen sind unübersehbar: Großbritannien ist mittlerweile die weltweit viertgrößte Handelsnation mit einem Anteil am Welthandel von 5,1 Prozent. Obwohl die Handelsbilanz wegen des Importüberschusses auch weiterhin unausgeglichen ist, schlagen doch die kräftigen Überschüsse im finanzstarken Dienstleistungssektor positiv zu Buche. Zwar geistert die Furcht vor dem erneuten Ausbrechen der Britischen Krankheit bisweilen immer noch durch die Presse, doch kann die britische Wirtschaft gegenwärtig so solide Zahlen vorweisen, dass von einer dauerhaften Heilung gesprochen werden darf.

7.3 Theater, Konzert und Film

Im Jahre 1995, also am Ende der letzten Legislaturperiode der Regierung von John Major, verfügten die britischen Privathaushalte über ein Dispositionskapital von knapp £ 443 Milliarden. 2001 hatte sich der Betrag auf über £ 620 Milliarden erhöht, was preisbereinigt eine Vermehrung von rund einem Viertel darstellt. Nach den Kosten für Wohnen (17,9 Prozent) und

Transport (14,5 Prozent) folgen an dritter Stelle die Ausgaben für Erholung und Freizeit: Standen 1995 dafür £ 51 Milliarden zur Verfügung, so war das Volumen 2001 auf über £ 76 Milliarden gestiegen, was einem Anteil von 12,2 Prozent am durchschnittlichen Privathaushalt entspricht. Rechnet man noch die ähnlich hohen Auslagen für Restaurantbesuche und Hotelunterkünfte hinzu, so wird gegenwärtig beinahe ein Viertel des verfügbaren Einkommens für die Freizeitgestaltung ausgegeben, die somit einen beträchtlichen Teil der Volkswirtschaft darstellt. Der als 'schöpferische Industrie' (*creative industry*) bezeichnete Wirtschaftszweig, in dem auch die Museen und die Musikindustrie erfasst sind, steuerte im Jahre 2000 fast acht Prozent zum Bruttosozialprodukt bei und bot im nachfolgenden Jahr Arbeitsplätze für zwei Millionen Menschen.

Zu den beliebtesten Freizeitaktivitäten zählt nach wie vor der Besuch der zahlreichen Theatervorstellungen, den sich konstant ein Viertel der britischen Bevölkerung gönnt. Diese Theaterbegeisterung hat eine lange Tradition und reicht zurück bis in die Tage William Shakespeares, dessen Globe Theatre immerhin über dreitausend Besuchern Platz bot. Mit der Einführung der Theaterpatente nach 1660 erhielten nur zwei Londoner Schauspielhäuser, nämlich Drury Lane und Covent Garden, königliche Lizenzen. Kam eine Großstadt wie London noch bis zum Ende des 17. Jahrhunderts mit nur zwei Schauspielhäusern aus, so führte der Bevölkerungsanstieg in der Hauptstadt sowie das wachsende Interesse des Bürgertums an Drama und Theater im 18. Jahrhundert zu rasant steigenden Publikumszahlen, so dass sich das Parlament zum Handeln veranlasst sah: Mit dem Act for Regulating Theatres aus dem Jahr 1843 wurden die beiden bis dahin gültigen Patente aufgehoben und eine Liberalisierung der Theaterlandschaft eingeleitet. Dies hatte weitreichende und bis in die Gegenwart spürbare Konsequenzen für den Spielbetrieb. In der zweiten Hälfte des 19. Jahrhunderts entwickelten sich die Theater zu Wirtschaftsunternehmen, in die erhebliches Kapital investiert wurde und die nach betriebswirtschaftlichen Kriterien der Kosten-Nutzen-Kalkulation betrieben wurden. Das strategische Investmentziel bestand daher keineswegs in der Kunstförderung, sondern in der Profitmaximierung des eingebrachten Kapitals. Dies erklärt die ausschließliche Orientierung von Drama und Theater am gewinnträchtigen Massengeschmack. Um ein möglichst großes Publikum anlocken zu können, musste dessen Vorlieben möglichst weitgehend entsprochen werden, damit eine Produktion so lange wie möglich laufen konnte. Während dieses System in Deutschland erst am Ende des 20. Jahrhunderts mit der Inszenierung finanziell aufwändiger Musicals nach britischem Muster wie *Cats*, *Starlight Express* und *Phantom of the Opera* eingeführt wurde, bestimmte das Prinzip des *long run* die Londoner Bühne schon ab 1850. Ein berühmtes Beispiel für die Produktionsform des *long run* stellt Agatha Christies

Kriminalstück *The Mousetrap* dar, das seit 1952 ununterbrochen läuft und 2002 das fünfzigjährige Bühnenjubiläum feierte.

Das System des *long run* hat zwar einerseits die Entwicklung einer experimentellen Dramatik lange Zeit behindert, andererseits aber die Orientierung der Bühnenautoren am Publikumsinteresse sowie an der Wirtschaftlichkeit von Produktionen beeinflusst. Das stetige Interesse der Bühnen an neuen Dramentexten stellte zudem für junge Dramatiker einen Anreiz für kreatives Schaffen dar, so dass die Londoner Theater durch stets frische Produktionen ein breites Publikum anlocken konnten. Hingegen wurde die Pflege der älteren Dramatik, wie sie die deutschen Bühnen durch das Repertoire-System betreiben, in Großbritannien wegen der Profitorientierung der nichtsubventionierten Theater lange Zeit vernachlässigt. Zwar gab es bereits Mitte des 19. Jahrhunderts Anregungen zur Gründung eines Nationaltheaters nach kontinentaleuropäischen Vorbild, doch erst zu Beginn des 20. Jahrhunderts legten der Schauspieler und Dramatiker Harley Granville Barker und der Kritiker William Archer konkrete Pläne für ein solches Projekt vor. Erst nach dem Ende des Zweiten Weltkriegs machte sich das Parlament den Vorschlag zu Eigen und stellte 1949 mit dem National Theatre Bill die Summe von £ 1 Million für die Errichtung des Gebäudes bereit. Das Projekt gewann an Fahrt, als 1962 mit Sir Laurence Olivier einer der angesehensten britischen Schauspieler zum ersten Direktor des National Theatre ernannt wurde. Ihm folgten Peter Hall ab 1973, Richard Eyre ab 1988 und Trevor Nunn, der das Royal National Theatre seit 1997 leitet. In dem 1976 bezogenen Neubau am Südufer der Themse stehen drei Theater, nämlich das Lyttelton, das Cottesloe und das Olivier, zur Verfügung, in denen seither Dramengeschichte geschrieben worden ist. Zwar ist das Nationaltheater auch weiterhin auf Subventionen angewiesen, doch hat das künstlerische Ansehen der Bühne die finanziellen Zuwendungen bisher fast immer gerechtfertigt.

Parallel zum Ausbau des National Theatre vollzog sich die Entwicklung der Royal Shakespeare Company (RSC), deren Gründung 1961 auf die Initiative von Peter Hall zurückging. Die Truppe bezog 1962 das Aldwych Theatre in London als festen Stammsitz, hat sich aber von Beginn an auch als *touring company* verstanden und seither zahlreiche Gastspiele im In- und Ausland geboten. 1982 erfolgte der Umzug in das neu errichtete Barbican Centre, und der RSC steht darüber hinaus während der Sommermonate das Swan Theatre in Shakespeares Geburtsstadt Stratford-upon-Avon zur Verfügung. Die Truppe zeigt ein von Spielzeit zu Spielzeit wechselndes Repertoire, das neben Werken von Shakespeare auch aus Dramen anderer Autoren besteht. So konnte die RSC in den neunziger Jahren spektakuläre Publikumserfolge mit der Produktion von *Les Misérables* feiern. Zudem hat die Truppe zahlreiche Schauspielerinnen und Schauspieler wie Emma

Thompson und Kenneth Branagh hervorgebracht, die durch Glanzrollen in späteren Kinofilmen einem weltweiten Publikum bekannt geworden sind.

Die RSC darf nicht verwechselt werden mit dem Konkurrenzunternehmen des Shakespeare Globe Theatre, das unweit des früheren Standorts von Shakespeares ursprünglichem Theater errichtet wurde und nach einer fünfundzwanzigjährigen Planungsphase 1997 seine Pforten für das Publikum öffnete. Das neue Globe Theatre stellt in weiten Teilen eine Rekonstruktion des elisabethanischen Spielhauses dar und bietet somit die Illusion eines authentischen Theatererlebnisses von vor vierhundert Jahren. Das Theater wird als profitorientiertes Unternehmen geführt und hat sich zu einer besonderen Attraktion für Touristen entwickelt. Durch den Bau der Millennium Bridge, die als Fußgängerbrücke St Paul's mit Southwark verbindet, ist das New Globe Theatre von der City aus zudem leicht zu erreichen, wodurch die touristische Attraktivität des südlichen Themseufers erhöht worden ist.

Durch die Stärkung des South Bank Centre wurde ein Gegengewicht zur Dominanz der Theaterszene im Londoner West End geschaffen, die aber durch Produktionen von Musicals und Komödien sowie durch ein Aufgebot internationaler Stars auch weiterhin große Anziehungskraft besitzt. Die West-End-Szene besteht aus mehr als vierzig Theatergebäuden, die allesamt profitorientiert operieren und das System des *long run* weiterführen. Die hier gebotene Form der seichten Massenunterhaltung erregte in den fünfziger Jahren den Widerstand einer jungen Generation von Bühnenschaffenden, die im Theater vornehmlich ein Forum der gesellschaftskritischen Auseinandersetzung sahen und eine Alternative zum West End bieten wollten. Den Anstoß zu einer Welle neuer Dramen leitete die von George Devine gegründete English Stage Company ein, die 1956 den Spielbetrieb im Royal Court Theatre (RCT) am Sloane Square aufnahm und die mit ihren berüchtigten *Sunday night productions* Theatergeschichte geschrieben hat. Der 8. Mai 1956, der Tag der Uraufführung von John Osbornes *Look Back in Anger*, gilt daher vielfach als der eigentliche Beginn des britischen Nachkriegsdramas. Im Gegensatz zu den profitorientierten Bühnen des West End verschrieb sich das RCT der Forderung, dass die kreative Leistung des Dramatikers Vorrang vor dem Publikumsgeschmack habe und dass Regie, Darsteller und Bühnenbild sich dem dramatischen Potenzial eines Stücks unterzuordnen hätten. Durch diese Strategie wurde das RCT zu einem Zentrum für junge Autoren, deren kompromissloser und provokativer Stil das Profil des Theaters seither geprägt hat. Alle Dramatiker, die sich in der britischen Theaterszene nach dem Zweiten Weltkrieg Rang und Namen verdient haben, sind vom RCT gefördert worden: darunter neben John Osborne insbesondere Arnold Wesker, Edward Bond, John Arden, Caryl Churchill, Sarah Kane und Martin McDonagh.

Der spektuläre Erfolg des RCT ermutigte die Gründung weiterer Theater, die sich ebenfalls dezidiert von der Spielpraxis der profitorientierten Bühnen abwandten und die in Abgrenzung vom *mainstream theatre* als *fringe theatre* bezeichnet werden.

Fringe Theatre

The term 'fringe' was originally coined to describe the theatrical events spontaneously staged on the 'fringes' of the Edinburgh Festival. Pervaded by the radicalism and revolutionary optimism of a younger generation, fringe theatre exploded during the late 1960s and early 1970s. Music, political ideology, performance and visual art contributed to extricating theatre from previously elitist confines. The fringe proliferated in non-traditional theatrical spaces such as pubs, clubs and warehouses, while the ensemble and touring group structures of early fringe formations (transporting theatre nationwide to unconventional audiences) were indicative of its originating ethos as a democratized theatre of resourceful collaboration. (Chohan 1999: 214)

In den sechziger und siebziger Jahren explodierte die Zahl kleiner Experimentierbühnen, die ihre Produktionen in Pubs und leer stehenden Fabrikhallen zeigten, aber auch als *touring companies* das Land bereisten. Die Einschnitte in die Kunstförderung, wie sie in den achtziger Jahren unter Thatcher vorgenommen wurden, trafen viele der *fringe theatres* empfindlich, doch hat sich die Szene seither wieder erholt. Neben den vierzig Theatern im West End werden in London weitere sechzig Bühnen von kleineren Ensembles bespielt, unter denen das Almeida Theatre und das Donmare Warehouse mit besonders interessanten Produktionen hervorgetreten sind. Der Begriff *fringe* bezieht sich jedoch nicht ausschließlich auf die alternativen Theater am 'Rande' Londons, sondern umfasst auch die experimentellen Bühnen außerhalb der Hauptstadt. Die Vitalität der britischen Theaterlandschaft zeigt sich eindrucksvoll an Spielstätten wie dem Glasgow Citizen's Theatre, dem Bristol Old Vic und dem Sheffield Crucible.

Diese ausgesprochen vielfältige und dynamische Theaterszene ist in Anbetracht der vergleichsweise geringen Subventionszahlungen erstaunlich. Zuständig für die Kunstförderung sind die regionalen Arts Councils in England, Schottland, Wales und Nordirland, die sowohl über Zuschüsse der Regierung als auch seit 1994 über Gewinne aus der nationalen Lotterie verfügen. Das Arts Council of England subventioniert die Royal Shakespeare Company, das Royal National Theatre sowie das South Bank Centre, unterstützt aber zudem zweihundert kleinere Bühnen und über achtzig *touring companies*. Im Gegensatz etwa zu Deutschland müssen die britischen Bühnen sehr viel energischer um ihr finanzielles Überleben kämpfen, und manche Beobachter haben gerade in diesem harten Konkurrenzkampf den Grund für die beständige Frische und Vitalität des britischen Dramas erblickt. Zudem können sich die meisten Häuser nicht auf die Aufführung allein beschränken, sondern bemühen sich, den Theaterbesuch für das Publikum zu einem Event werden zu lassen. Durch die Bewirtung der Besucher in Restaurants und Bars, durch theatereigene Buchläden, in denen Dramentexte, Plakate und T-Shirts vertrieben werden, durch regelmäßige Gesprächsforen mit Autoren, Regisseuren und Darstellern sowie durch eigene Bildungsangebote an Schüler- und Studentengruppen versuchen die meisten Theater, nicht nur ihre Einnahmen zu erhöhen, sondern auch ihr Publikum durch engen Kontakt und eine große Kundenfreundlichkeit an sich zu binden. Die konstant hohe Zahl von Theaterbesuchern belegt den Erfolg dieser Strategie.

Während 23 Prozent der Bevölkerung regelmäßig ins Theater gehen, können die Konzerthallen mit 12 Prozent nur etwa die Hälfte an Besuchern vorweisen. Rechnet man jedoch noch das Ballett und die Oper mit jeweils 6 Prozent sowie den zeitgenössischen Tanz mit 4 Prozent hinzu, gestaltet sich die Auslastung der Konzert- und Opernhäuser erheblich besser. Großbritannien mag zwar nicht als Land vieler bedeutender Komponisten gelten, sieht man von Henry Purcell, Edward Elgar und Benjamin Britten ab, aber es hat eine lange Tradition in der Begeisterungsfähigkeit für klassische Musik, die auch von der öffentlichen Hand gefördert wird. Das Arts Council of England subventioniert das renommierte London Symphony Orchestra sowie die Orchester der English National Opera (ENO) und des Royal Opera House (ROH) in Covent Garden. Weiterhin verfügt die BBC über zwei eigene Sinfonieorchester, die indirekt auch durch öffentliche Mittel finanziert werden. Zu den kleineren Ensembles mit Weltgeltung zählen das London Chamber Orchestra sowie die Academy of St Martin-in-the-Fields, die ebenfalls Subventionen erhalten.

Als in der Öffentlichkeit besonders umstritten gilt die finanzielle Unterstützung der Opernhäuser, die aufgrund der gewaltigen Kosten von Singspielproduktionen auf höchstem Niveau nicht profitorientiert arbeiten können, sondern auf Zuwendungen durch das Arts Council angewiesen sind. Da aber nur 6 Prozent der Bevölkerung Opernvorstellungen besucht und sich nur eine zahlungskräftige Kundschaft die teuren Eintrittskarten leisten kann, wird wie auch in anderen Ländern den britischen Opernhäusern seit langem der Vorwurf gemacht, öffentliche Mittel für den Musikgenuss einer kleinen gesellschaftlichen Elite zu verschwenden. Diese Kritik betraf in vorderster Linie das Royal Opera House in London, das 1995 vom Arts Council einen Zuschuss von £ 55 Millionen für Renovierungsarbeiten erhielt, für die insgesamt das Vierfache dieser Summe veranschlagt wurde. Daher wuchs der Druck auf die wirtschaftliche und musikalische Leitung des Hauses, die hohen Subventionskosten durch eine neue Preispolitik, eine innovative Inszenierungsstrategie sowie eine demokratischere Orientierung des Spielplans zu rechtfertigen und die Oper für möglichst alle gesellschaftlichen Kreise zu öffnen. Diese Aufgabe hat der neue Direktor Tony Hall erstaunlich gut gelöst: Seit der Wiedereröffnung des Königlichen Opernhauses 1999 konnte in jeder Spielzeit der Anteil von neuen Besuchern gesteigert werden. Das neu hinzugewonnene Publikum sorgte 2002 für zwei Drittel der Auslastung; die Opernbesucher werden auch zunehmend jünger und sind weniger wohlhabend als in der Vergangenheit. Diese Demokratisierungstendenz, die auch von anderen britischen Opernhäusern verfolgt wird, dokumentiert sich in niedrigeren Eintrittspreisen, der Integration von Popkonzerten in den Spielplan und in der Absicht, künftig Opernaufführungen durch Übertragung auf Großbildleinwänden der Öffentlichkeit insgesamt zugänglich zu machen.

Einen beträchtlichen Impuls erfuhr die Entwicklung der Oper in Großbritannien durch die Glyndebourne Festival Opera, die von John Christie 1934 erstmals auf seinem Landsitz Glyndebourne in Sussex veranstaltet wurde. Obwohl das Festival in den Anfangsjahren noch unter recht bescheidenen Bedingungen gestaltet werden musste, gelang es später, private Sponsoren aus dem Inland, aus Europa und aus den USA zu finden, die das Unternehmen finanziell unterstützen. Seit 1964 ist es den Organisatoren möglich gewesen, das London Philharmonic Orchestra zu engagieren, und die Opernproduktionen genießen seit vielen Jahren Weltgeltung. Zwar steht Glyndebourne aufgrund seiner ausschließlich privaten Finanzierung in dem Ruf des Elitismus, da nur ein exklusiver Zirkel an den alljährlich in den Sommermonaten stattfindenden Aufführungen teilnimmt, doch sind von diesem Festival zahlreiche Impulse zur Verbreitung der Oper ausgegangen. So hat sich Glyndebourne 1947 beim ersten Edinburgh Festival engagiert beteiligt und auch das Bath Festival aus der Taufe gehoben. Glyndebourne war beteiligt an der Gründung der English Opera Group, aus der später das Aldeburgh Festival hervorging, und konnte auch die BBC dazu bewegen, Opernaufführungen über das Fernsehen auszustrahlen und so der allgemeinen Öffentlichkeit zugänglich zu machen. Zudem diente es als Modell für andere Landsitze, die nach dem Vorbild Glyndebournes ebenfalls in den Sommermonaten Operninszenierungen zeigen, darunter Garsington in Oxfordshire, Longborough in Gloucestershire und Castleward im nordirischen County Down. Zur Popularität der Oper in Großbritannien trug auch der Vorschlag Christies bei, Arien in das Programm der Londoner Promenadenkonzerte in der Royal Albert Hall aufzunehmen, von denen die Last Night of the Proms in jedem Jahr stürmisch gefeiert wird.

Das Interesse an der Oper wird bei weitem übertroffen durch die Kinoleidenschaft. Während Ende der achtziger Jahre 34 Prozent der Bevölkerung Kinofilme konsumierten, stieg die Quote 2001 auf 55 Prozent. Mit einem Einnahmevolumen von £ 2,5 Milliarden stellt die Branche einen wichtigen Erwerbssektor dar. Nur etwa ein Sechstel dieser Summe wird durch den Kartenverkauf eingenommen, während der weitaus größere Teil durch den Verkauf und Verleih von Videos sowie durch Abonnements von Fernsehkanälen wie Sky Movies zustande kommt, die sich auf Spielfilmübertragungen spezialisieren. Dennoch sind die Besucherzahlen in den letzten zwanzig Jahren rapide gestiegen. Konnten 1984 noch 54 Millionen Eintrittskarten verkauft werden, waren es 1997 schon fast 140 Millionen:

> Parallel zu dem neuen Publikumsandrang stieg auch die Zahl der Kino-Neubauten: Ende 1997 gab es in Großbritannien 747 Kinos mit insgesamt 2389 Zuschauersälen, darunter befanden sich 79 Multiplex-Kinos. Die größte Kinokette war zu diesem Zeitpunkt ABC mit 80 Kinos und 225 Sälen, gefolgt von Odeon mit 632 Sälen in 72 Spielstätten. (Helbig 1999: 298)

Diese Entwicklung wird sich weiter fortsetzen, da bedeutende Kinobetreiber wie Warner und Virgin den Neubau von zusätzlichen Multiplex-Kinos mit jeweils 5000 Sitzplätzen in Sheffield, Bristol, Leeds und Glasgow planen. Da sich die überwiegende Zahl der großen Kinoketten in amerikanischem Besitz befindet und auch mit amerikanischen Verleihfirmen zusammenarbeitet, ist es nur wenig erstaunlich, dass die höchsten Einspielergebnisse von Hollywood-Produktionen erzielt werden. Von den insgesamt £ 380 Millionen, die 1995 an den Kinokassen eingenommen wurden, entfiel ein Drittel auf die zehn meistbesuchten Filme, die wie *Batman Forever* und *Apollo 13* überwiegend aus amerikanischer Produktion stammten oder wie *Goldeneye* und *Braveheart* amerikanisch-britische Koproduktionen waren.

Diese Amerikanisierung der britischen Kinolandschaft wird noch deutlicher, wenn man bedenkt, dass fremdsprachliche Filme aus Frankreich, Spanien, Italien und Deutschland einen Marktanteil von weniger als zwei Prozent halten. Dies liegt vermutlich weniger an einem ausgeprägten Desinteresse britischer Kinobesucher an fremdsprachlichen Filmen als vielmehr an der Kontrolle des Marktes durch die amerikanischen Verleiher. Der britische Film hat sich daher auf dem heimischen Markt mit einem Anteil von maximal 10 Prozent auch nicht viel besser schlagen können als Filme aus dem europäischen Ausland. Bezeichnenderweise stellte sich der Erfolg britischer Filme überwiegend dann ein, wenn der amerikanische Markt bei der Produktion berücksichtigt wurde. In den achtziger Jahren gelang dies den Merchant-Ivory Productions mit publikumsträchtigen Literaturverfilmungen von Romanen E. M. Forsters wie *Room with a View* (1985) und *Howards End* (1991). Die mit prachtvoller Kostümierung und aufwändigen Interieurs inszenierte Visualisierung der kulturellen Vergangenheit Großbritanniens ist als *heritage cinema* in die jüngere Kinogeschichte eingegangen. Ihren Höhepunkt fand die Begeisterung für das verfilmte Kulturerbe Mitte der neunziger Jahre, als sich eine Vielzahl britischer Filme literarischer Vorlagen bediente. Zu den Gewinnern zählten: Jane Austens *Sense and Sensibility* und *Persuasion* (beide 1995) sowie *Emma* (1997), Thomas Hardys *Jude the Obscure* (1995), Charlotte Brontës *Jane Eyre* (1995), Kenneth Grahames *The Wind in the Willows* (1997) sowie Virginia Woolfs *Mrs Dalloway* (1997). Auch der Shakespeare-Boom der neunziger Jahre darf als besonders markante Spielform des *heritage cinema* gelten (vgl. Kap. 4).

Einen anderen Weg zum internationalen Erfolg schlug Mitte der neunziger Jahre die Produktionsfirma *Working Title Productions* ein, indem sie zwar der Tradition der britischen Komödie treu blieb, die Filmhandlungen jedoch jeweils in der zeitgenössischen Gegenwart ansiedelte. Der erste durchschlagende Kassenhit gelang mit *Four Weddings and a Funeral* (1994) in der Regie von Mike Newell, der mit einem Einspielergebnis von fast £ 28 Millionen in Großbritannien und mit über $ 250 Millionen weltweit zum bis dahin erfolgreichsten britischen Film wurde. Das Erfolgsgeheimnis lag unter anderem auch darin, dass im Mittelpunkt der Handlung die transatlantische Liebesbeziehung zwischen dem rührend unbeholfenen Engländer Charles und der weltoffenen Amerikanerin Carrie steht. Mit der Besetzung der beiden Rollen durch Hugh Grant und Andie MacDowell wurde es möglich, britische und amerikanische Lebensentwürfe, einschließlich der daraus resultierenden Liebeskonflikte, in amüsanter Form für Zuschauer auf beiden Seiten des Atlantiks zu gestalten. Dieses Rezept des *sure fire hit* setzte Working Title Productions 1999 mit *Notting Hill* fort, diesmal inszeniert von Roger Michell, aber erneut mit Hugh Grant in der männlichen Hauptrolle als erfolgloser Buchhändler William Thacker, dem das Schicksal die bezaubernde Hollywood-Diva Anna Scott über den Weg führt. Die Besetzung der weiblichen Hauptrolle mit Julia Roberts, die als bestbezahlte Schauspielerin der Welt eine nicht minder begehrte Hollywood-Actrice mimt, durfte als Garant für den Erfolg des Films gelten, dessen Einspielergebnisse mit £ 30 Millionen in Großbritannien und mit über $ 360 Millionen weltweit die vorangegangene Produktion noch übertrafen.

Der dritte Streich von Working Title Productions gelang mit der Verfilmung von Helen Fieldings Roman *The Diary of Bridget Jones*, im Skript von Patrick Boyle leicht abgewandelt zu *Bridget Jones's Diary* (2001) in der Regie von Sharon Maguire. Mit Renée Zellweger wurde eine amerikanische Schauspielerin für die Hauptrolle gefunden, der wiederum Hugh Grant an die Seite gestellt wurde. Im Gegensatz zu seiner Verkörperung von typisch britischen Tugenden in früheren Liebesromanzen spielt Grant hier jedoch in der Rolle des Verlagsleiters Daniel Cleaver den intriganten und untreuen Charmeur, der Bridget hinter ihrem Rücken mit einer amerikanischen Kollegin betrügt. Im Verlauf der neunziger Jahre hat sich Grant als Filmschauspieler zu einer Ikone der amerikanisch-britischen Beziehungen entwickelt, was sich an Filmen wie *Mickey Blue Eyes* (1999) mit James Caan als Partner, *Small Time Crooks* (2000) mit Woody Allen und *Two Weeks Notice* (2002) an der Seite von Sandra Bullock zeigt. Dies mag als Ausdruck für die Freundschaft beider Länder im Sinne einer *cinematic special relationship* gelten und hat auch den kommerziellen Erfolg dieser Produktionen gesichert. Die Originalität des spritzigen Komödienformats von *Four Weddings and a Funeral* besitzen diese seichten Komödien nicht mehr, und sie können keinesfalls einen Anspruch auf Filmkunst erheben.

In dem Maße, wie der Kommerz den britischen Film seit den neunziger Jahren bestimmt hat, ist auch ein Niedergang des experimentellen und künstlerisch eigenständigen Filmschaffens auf der Insel zu beobachten gewesen. Dabei hatte das britische Kino in den achtziger Jahren mit Kenneth Loach, Mike Leigh, Nicolas Roeg, Ridley Scott und Derek Jarman eine Reihe engagierter Filmemacher hervorgebracht. Zudem waren in dieser Dekade Regisseure wie Stephen Frears mit sozialkritischen Filmen wie *My Beautiful Laundrette* (1985) und *Sammy and Rosie Get Laid* (1987) hervorgetreten. Auch Peter Greenaway hatte während dieser Zeit die Möglichkeiten filmischer Inszenierungspraxis mit *The Draughtsman's Contract* (1982), *The Cook, the Thief, His Wife and Her Lover* (1989) und *Prospero's Books* (1991) durch eine innovative Bildersprache völlig neu definiert. Zwar sind diese Regisseure auch weiterhin aktiv filmschaffend, doch haben sie kaum mehr an die Erfolge der achtziger Jahre anknüpfen können.

Zur Jahrtausendwende hat sich das Film Council daher das Ziel gesetzt, die britische Filmkunst umfassend zu fördern. Für die Jahre 2000 bis 2003 standen aus Regierungszuschüssen sowie aus Lotterieeinnahmen Mittel von insgesamt £ 150 Millionen für die Filmförderung zur Verfügung. Mit diesen Geldern soll auch weiterhin das *mainstream cinema* unterstützt werden, da es aufgrund der hohen Einspielergebnisse ökonomisch wie fiskalisch profitabel ist und zudem der positiven Darstellung Großbritanniens im Ausland nützt. Zu diesem Zweck unterhält das Film Council mit dem British Film Office ein eigenes Büro in Los Angeles, das britische Filme in den USA vermarktet und zugleich amerikanische Produzenten über die vorteilhaften Herstellungsbedingungen in britischen Filmstudios informiert. Ein weiterer finanzieller Anreiz besteht in der Bereitstellung steuerlicher Vergünstigungen, so dass bis 2005 Produktionskosten von jährlich bis zu £ 15 Millionen vollständig abgeschrieben werden können. Nur ein Zehntel dieser Summe steht für die Förderung experimenteller und innovativer Filmkunst zur Verfügung, doch dürften diese Maßnahmen insgesamt dem britischen Film neue Impulse verleihen.

7.4 Pubs, Clubs und Bingo

Unter allen Institutionen des sozialen Lebens auf den Britischen Inseln können die Public Houses oder kurz Pubs, also die Gaststätten mit konzessioniertem Alkoholausschank, auf die längste Tradition zurückblicken. Die anhaltende Popularität der Pubs ist einerseits dem allgemein britischen Traditionalismus geschuldet, andererseits zeigt sich daran auch ein standardisiertes Sozialverhalten, bei dessen Normierung die Schankstätten so wesentliche Funktionen übernommen haben, dass sie sich in Anbetracht ihrer historischen Bedeutung für das britische Nationalempfinden und die britische Identität nur mit zwei anderen Institutionen vergleichen lassen, nämlich mit der Monarchie und mit der Anglikanischen Kirche.

Die wichtigste Voraussetzung für das Entstehen der Pubs war die Kunst des Bierbrauens. Der Vorläufer der heutigen Biere entstand schon im frühen Mittelalter, als die Trinkwasservorräte häufig verschmutzt waren und sich die Fermentierung von Flüssigkeiten durch den Zusatz von Malz als sinnvolle Maßnahme für die Reinhaltung von Getränken anbot. Das Resultat dieses chemischen Prozesses hieß *ale* und wurde zunächst für den eigenen Bedarf von den Familien selbst gebraut. Die heimische Verfügbarkeit eines alkoholischen Getränks stellte von Beginn an einen Risikofaktor dar, der eine soziale Kontrolle erforderte. Während des Mittelalters zeigte sich dieser Kontrollmechanismus an den *Church ales*, den von der Kirche organisierten Gemeindefesten, die in der Regel zur Kirchweih gefeiert wurden und bei denen die Angehörigen der Gemeinde Bier und Speisen ablieferten, nur um sie beim Fest wieder zurückzukaufen und damit das religiöse Leben zu finanzieren. Diese fruchtbare Kooperation von Brauchtum und Brautum endete im 16. Jahrhundert mit dem Erstarken des Puritanismus innerhalb der jungen Anglikanischen Kirche, die dem Alkoholgenuss ablehnend gegenüberstand.

Zur gleichen Zeit wurde die Gesellschaft erheblich mobiler, und eine zunehmende Zahl von Reisenden suchte nicht nur Unterkünfte für die Nacht, sondern auch Speisen, Getränke und Unterhaltung. Die gesamtgesellschaftliche Tendenz zur Säkularisierung in der frühen Neuzeit zeigt sich besonders deutlich daran, dass die Kontrollfunktion der Kirche an die Krone überging, die 1552 das erste Gesetz zur Einrichtung lizensierter Schankhäuser erließ. Während die vergleichsweise wenigen Reisenden im Mittelalter auf eine Bewirtung in den vorwiegend privaten Küchenräumen hoffen durften, differenzierte und professionalisierte sich die Gastronomie im 16. Jahrhundert als Folge der Gesetzgebung: Die Gasthöfe (*inns*) boten gute Küche, saubere Quartiere und gelegentlich auch ein Unterhaltungsprogramm, das nicht selten aus dramatischen Darbietungen bestand. Nicht zufällig orientierten sich die ersten Theater wie Shakespeares Globe Theatre an der architektonischen Gebäudeform der *inns* mit ihrem runden Grundriss und dem offenen Innenhof, der sich für Theatervorstellungen vorzüglich eignete. Neben den Landgasthöfen offerierten Tavernen (*taverns*) einem zechenden Publikum der Mittelschicht ein respektables Ambiente für den Konsum von Bier und Wein. Einfache Menschen hingegen stillten Durst, Hunger und Unterhaltungsbedürfnis in den lizensierten *alehouses*, die an die Stelle der *Church ales* traten und die sich flächendeckend verbreiteten, so dass bereits im 16. Jahrhundert ein *alehouse* für das leibliche Wohl von 150 Einwohnern sorgte.

Die *alehouses* entwickelten sich damit neben der Kirche und dem eigenen Heim rasch zu Zentren des sozialen Lebens und erfüllten eine Vielzahl gesellschaftlicher Funktionen. In ihnen wurden Jahresfeste und Hochzeiten gefeiert, der Verstorbenen gedacht, gerichtliche Untersuchungen durchgeführt, Wetten eingelöst und Händel abgeschlossen. Auf diese Weise wurden die *alehouses* auch zu wichtigen Kommunikationszentren, in denen lebhaft diskutiert und Nachrichten ausgetauscht wurden. Dies galt in besonderem Maße für jene Gaststätten, die an den Hauptverkehrswegen lagen und als *coaching inns* und später als *railway hotels* über eine hohe Nachrichtendichte verfügten. Entsprechend groß war das soziale Ansehen, das die Gastwirte (*publicans*) in der Gesellschaft genossen, zumal die Schänken Wirtschaftsbetriebe mit oft beträchtlichem Umsatz und zahlreichen Arbeitsplätzen darstellten. Zudem waren die Publicans die wichtigsten und neben der Kirche oft einzigen Organisatoren des gemeinschaftlichen Lebens, da sie Wettkämpfe, Schaustellungen und Musikdarbietungen arrangierten. Auch wenn sich hinter diesen Aktivitäten vielfach nur das eigennützige Ziel der Profitsteigerung verbarg, so waren die *alehouses* doch zweifellos Zirkulationszentren sozialer Energien.

Aus eben diesem Grund war das Parlament darauf bedacht, diese Energien möglichst weitgehend zu kontrollieren. Der Zwang zur Reglementierung verschärfte sich im Verlauf des 18. Jahrhunderts durch die Migrationsbewegungen als Folge der einsetzenden Industrialisierung und der zunehmenden Konzentration der Bevölkerung in den anwachsenden Industriestädten sowie durch die zeitgleiche Zunahme des Alkoholkonsums. Besorgnis erregte insbesondere die steil ansteigende Produktion von Gin, der billig hergestellt werden konnte und sich insbesondere in der Unterschicht großer Beliebtheit erfreute. Da aber Trunksucht auch Müßiggang und Laster nach sich zog, erließ das Parlament mehrfach Statuten, mit denen der Gin hoch besteuert wurde. Mit dem Gin Act von 1751 wurden die frühen *gin shops* zwar zunächst ausgetrocknet, doch kehrten sie in Form der üppig ausgestatteten *gin palaces* zu Beginn des 19. Jahrhunderts wieder zurück.

Mit dem Beerhouse Act von 1820 wurde dann die gesetzliche Grundlage für die heutigen Pubs geschaffen. An die Erteilung der Schanklizenz waren

Abb. 30: Traditionelle Public Houses wie dieses gibt es auf dem Land auch heute noch. Der Name deutet darauf hin, dass hier früher Hahnenkämpfe ausgetragen wurden.

rechtliche Auflagen geknüpft, so dass die Gastwirte streng auf die Einhaltung der Sperrzeiten und die Bewahrung der öffentlichen Ordnung achten mussten, um nicht die Konzession zu verlieren. Zudem wurde der Ausschank hochprozentiger Getränke eingeschränkt und damit der Bierkonsum erhöht, was dem wirtschaftlichen Interesse der großen Brauereien entsprach, die durch den Erwerb von Schanklizenzen ihre Produkte in den Pubs vertreiben konnten. Vor allem für die wachsende Zahl der Industriearbeiter wurde im 19. Jahrhundert das Pub zum wichtigsten Ort der Freizeitgestaltung, die nicht allein aus dem Biergenuss bestand, sondern sich insbesondere an den zahlreichen Gesellschaftsspielen mit Wettbewerbscharakter zeigt wie Darts, Kegeln, Würfeln, Domino und dem Kartenspiel.

Im Gegensatz zur Arbeiterschicht zog sich die Mittelklasse im Verlauf des 19. Jahrhunderts zunehmend aus den Pubs zurück, da der öffentliche Alkoholkonsum nicht mit dem Ideal bürgerlicher Tugend vereinbar schien. Stattdessen wurden Mäßigung und Enthaltsamkeit propagiert und durch die *Temperance Societies* gesamtgesellschaftlich popularisiert.

Auf die Verbesserung der Freizeitaktivitäten und der Bildungschancen für die arbeitende Bevölkerung zielten auch die *Working Men's Clubs*, die seit der Mitte des 19. Jahrhunderts entstanden und deren Gründung ebenfalls auf die Initiative der Mittelschicht zurückging. Ganz im Sinne des *temperance movement* galt in den Clubs Alkoholverbot, da die Mitglieder an Bildung und *rational recreation* herangeführt werden sollten. Diese Initiativen prägten die Arbeiterkultur des 19. Jahrhunderts nachhaltig. Zwar führte die Forderung nach Abstinenz nicht zum Aussterben der Pubs, wohl aber zu einem rückläufigen Alkoholkonsum. So verringerte sich in der Zeit von 1830 bis 1930 der Genuss von Spirituosen um 80 Prozent, und auch der Bierverbrauch pro Kopf fiel um die Hälfte. Diese Zahlen deuten darauf hin, dass die Pubs ihre sozialen Funktionen unter der Gefahr empfindlicher Einnahmeeinbußen erfüllen mussten. Daher wurde das Angebot an Speisen und alkoholfreien Getränken erweitert, um auch die Mittelschicht wieder als Kundschaft gewinnen zu können. Dies gelang nach dem Ende des *temperance movement* im ausgehenden 19. Jahrhundert, doch war die soziale Entfremdung des Bürgertums von der Arbeiterklasse mittlerweile so weit fortgeschritten, dass die Publicans dazu übergingen, die Schankräume voneinander zu trennen, um ihr Publikum schichtenspezifisch bedienen zu können. Die Folge war eine neue Architektur, welche die Stratifizierung der Gesellschaft in soziale Klassen widerspiegelte: Während die Arbeiterschicht in der einfach ausgestatteten *public bar* bedient wurde, standen die komfortablere *saloon bar* und die luxuriöse *lounge* zur Bewirtung der unteren und oberen Mittelschichten zur Verfügung. Getrennte Eingänge sowie unterschiedlich hohe Preise stellten zudem sicher, dass sich die Klassen nicht mischten, auch wenn die Präsenz der anderen Gesellschaftsschicht im Nachbarraum oft spürbar blieb. Im ersten Band seiner Romantrilogie *Twenty Thousand Streets Under the Sky* (1935) hat Patrick Hamilton das soziale Nebeneinander in einem typischen Pub während der Zwischenkriegszeit beschrieben:

> Those entering the Saloon Bar of the "Midnight Bell" from the street came through a large door with a fancifully frosted glass pane, a handle like a dumb-bell, a brass inscription "*Saloon Bar and Lounge*", and a brass adjuration to Push. Anyone temperamentally so wilful, careless, or incredulous as to ignore this friendly admonition was instantly snubbed, for this door actually would only succumb to Pushing. Nevertheless hundreds of temperamental people nightly argued with this door and got the worst of it.
>
> Given proper treatment, however, it swung back in the most accomplished way, and announced you to the Saloon Bar with a welcoming creak. The Saloon Bar was

narrow and about thirty feet in length. On your right was the bar itself, in all its bottly glitter, and on your left was a row of tables set against a comfortable and continuous leather seat which went the whole length of the bar. At the far end the Saloon Bar opened out into the Saloon Lounge. This was a large, square room, filled with a dozen or so small, round, copper-covered tables. Around each table were three or four white wicker armchairs, and on each table lay a large stone ash-tray supplied by a Whisky firm. The walls were lined with a series of prints depicting moustached cavalrymen in a variety of brilliant uniforms; there was a fireplace with a well-provided fire; the floor was of chessboard oil-cloth, broken by an occasional mat, and the whole atmosphere was spotless, tidy, bright, and a little chilly. This was no scene for the brawler, but rather for the principled and restrained drinker, with his wife. In here and in the Saloon Bar "The Midnight Bell" did most of its business – the two other bars (the Public and the Private) being dreary, seatless, bareboarded structures wherein drunkenness was dispensed in coarser tumblers and at a cheaper rate to a mostly collarless and frankly downtrodden stratum of society. The Public Bar could nevertheless be glimpsed by a customer in the Saloon Bar, and as the evening wore on it provided the latter with an acoustic background of deep mumbling and excited talk without which its whole atmosphere would have been lost – without which, indeed, the nightly drama of the Saloon Bar would have been rather like a cinematograph drama without music. (Hamilton 1987: 16–17)

Die an der Klassenstruktur orientierte Architektur lässt sich auch heute noch in einigen Pubs beobachten, doch sind die meisten Gaststätten in der zweiten Hälfte des 20. Jahrhunderts so umgebaut worden, dass von einem zentralen Tresen aus die Kunden in den verschiedenen Räumen bedient werden können. Zwar sind häufig noch die separaten Eingänge und die Bezeichnungen für die verschiedenen Bars erhalten geblieben, doch sind diese in der Regel nicht mehr durch Wände voneinander getrennt, was als Indiz für das Erlahmen eines rigiden Klassendenkens gelten kann.

Durch die Erweiterung der Möglichkeiten zur Freizeitgestaltung sind die Pubs in den letzten Jahren unter Existenzdruck geraten. In den Städten haben sich neue gastronomische Formate wie *coffee bars*, *wine bars* und Sportgaststätten nach amerikanischem Modell als konkurrierende Unternehmen etablieren können, während auf dem Land die stetig gewachsene Mobilität der zechenden Kundschaft das Ende für viele der kleinen und vielfach unzureichend geführten Pubs bedeutet hat. In den neunziger Jahren verringerte sich ihre Zahl um 8 Prozent auf knapp 50 000 Gaststätten, die 2000 einen gemeinsamen Jahresumsatz von immer noch stattlichen £ 15 Milliarden erwirtschafteten. Mit der Liberalisierung der Sperrstunde im Jahre 2003 wurde den Pubs ein zusätzlicher Zulauf und Umsatz beschert, aber auch die alte Tradition des Rufs nach 'Last orders!' vor der pünktlichen Schließung der Zapfhähne um 23 Uhr beseitigt.

Von einem erkennbaren Rückgang und einem zunehmenden Bedeutungsverlust sind auch die Clubs als weitere typisch britische Einrichtung betroffen. Das Prinzip des Club entstand im 17. Jahrhundert als Zusammenschluss von Personen mit gemeinsamen Interessen und Zielen. Diese konnten wirtschaftlich motiviert sein, indem im Zuge des *clubbing* Geld für finanzielle Unternehmungen zusammengelegt wurde. Clubs traten aber auch für politische, soziale und künstlerische Ziele ein. Unter den frühen politischen Vereinigungen erlangten der bereits 1659 von James Harrington gegründete Rota Club, dessen Mitglieder eine politische Ämterrotation forderten, und der vom Earl of Shaftesbury 1675 ins Leben gerufene Green Ribbon Club, aus dem sich wenig später die Parteigänger der Whigs rekrutierten, eine besonders berüchtigte Reputation. Waren zunächst Tavernen die Treffpunkte der frühen Clubs gewesen, so führte am Ende des 17. Jahrhunderts der Import von Kaffee, Tee und Kakao zur Entstehung der *coffee houses*, die rasch großen Zulauf erhielten.

Die Kaffeehauskultur entfaltete ihre Blütezeit im 18. Jahrhundert und ist eng mit dem Aufstieg der Gentlemen's Clubs verbunden. Durch die Stärkung des Parlaments als Folge der Glorreichen Revolution von 1688 suchten die Mitglieder der beiden Unterhausparteien nach Örtlichkeiten, in denen man sich ausführlich über Politik austauschen und auch Politik machen konnte. Die neuen Kaffeehäuser, die den Tavernen als ursprünglichen Treffpunkten bald den Rang abliefen, waren aufgrund ihres aparten Flairs zwar attraktiv, boten jedoch nicht die Exklusivität eines ungestörten Ambientes. Diese Marktlücke entdeckte als Erster der Gastwirt William Almack, der zunächst eine gut gehende Taverne mit angeschlossener Spielhölle betrieben hatte und 1765 in der King Street im vornehmen Londoner Stadtteil St James's Almack's Assembly Rooms eröffnete. Sein Geschäftsgeheimnis beruhte auf der Tatsache, dass Almack's kein Public House war, sondern ein geschlossener Club, zu dem nur Mitglieder Zutritt fanden, die einen jährlichen Beitrag von drei Guineen entrichteten und darüber hinaus zusicherten, sich den genau festgelegten Regeln des Clublebens zu fügen. Im Gegenzug lieferte der Club seinen Mitgliedern alle Annehmlichkeiten einer exklusiven Gastronomie mit hervorragenden Speisen, ausgesuchten Getränken, bestem Service zu entsprechend hohen Preisen, aber eben auch mit strikter Exklusivität und sorgfältiger Diskretion. Damit war das Funktionsprinzip des Club entstanden, das bald zahlreiche Nachahmer fand.

Nach Almacks Tod übernahm sein Mitarbeiter Edwin Boodle den Club, der vorwiegend von den Whigs besucht wurde. Um die Exklusivität des Zirkels zu wahren, beschloss der kleine Kreis von Gründungsmitgliedern um den Premierminister Lord Shelburne, den weiteren Zugang durch ein strenges Wahl- und Ausschlussverfahren (*blackballing*) zu regeln. Dies hatte zur Folge, dass viele Interessenten abgewiesen wurden, so dass sich neben Boodle's am Ende des 18. Jahrhunderts mit Brook's ein zweiter Club als Hochburg der Whigs etablieren konnte, der seine Räume ebenfalls in

St James's öffnete. Die politische Rivalität im Unterhaus fand ihre Fortsetzung in der Konkurrenz zwischen den Clubs, da die Tories für sich White's in Beschlag nahmen und durch ein ebenfalls strenges Zugangsverfahren zu einem konservativ dominierten Club ausbauten. Als White's seine politische Vitalität einbüßte, entschlossen sich die Tories, in Carlton Gardens einen Neubau zu errichten: Der 1832, im Jahr des ersten Reformgesetzes, eröffnete Carlton Club war nicht nur ein sozialer Treffpunkt, sondern verstand sich auch als parteipolitische Zentrale, in der Wahlkampfstrategien vorbereitet und auch erfolgreich umgesetzt wurden.

Parallel zu den vorwiegend politisch orientierten Clubs entstanden seit dem ausgehenden 17. Jahrhundert auch regelmäßige Zusammenkünfte von Künstlern und Kunstkritikern. Da Literatur und Kunst im 17. und 18. Jahrhundert untrennbar mit Politik verbunden waren und einen Teil des öffentlichen Diskurses bildeten, vollzog sich die Entwicklung der *literary clubs* nach den gleichen Prinzipien von Konkurrenz, Wettbewerb und Ausschluss, wie sie auch die *political clubs* praktizierten. Zu einem ersten Treffpunkt der Londoner Literaten wurde Wills's Coffee House in der Bow Street, wo John Dryden als Poeta laureatus Hof hielt und poetologische Fragestellungen ebenso diskutierte wie tagespolitische Ereignisse. Diese geschlossene Szene löste sich am Beginn des 18. Jahrhunderts auf, als die Künstler ihren parteipolitischen Sympathien zu folgen begannen und sich in getrennten Zirkeln trafen. So fanden sich im Scriblerus Club ab 1714 mit Jonathan Swift, Alexander Pope und John Gay die Tory-freundlichen Literaten zu informellen Treffen zusammen, während im Kit-Cat-Club zur gleichen Zeit Richard Steele, Joseph Addison, William Congreve und John Vanbrugh einen whiggistischen Kreis bildeten. Zur Gründung des berühmtesten aller Londoner Literaturclubs kam es 1764, als Samuel Johnson die Elite des Kunstlebens um sich scharte und der Literary Club aus der Taufe gehoben wurde. Mit Joshua Reynolds, dem bedeutendsten Porträtmaler des 18. Jahrhunderts und Präsidenten der Royal Academy, Edmund Burke, dem herausragenden Staats- und Verfassungstheoretiker der englischen Aufklärung, und Samuel Johnson als wichtigstem Kunst- und Literaturkritiker umfasste der Literary Club alle intellektuellen Größen des Landes und achtete, wie die politischen Clubs, peinlichst auf seine Exklusivität.

In der Association of London Clubs waren zu Beginn dieses Jahrhunderts etwa fünfzig Clubs organisiert, von denen die meisten an der Wende vom 18. zum 19. Jahrhundert gegründet wurden und die sich auch weiterhin in St James's oder in dessen näherer Umgebung befinden. Obwohl die Mitgliederzahlen rückläufig sind, stehen die namhaften Traditionsclubs wie Boodle's, White's und Brook's nicht vor finanziellen Problemen, da sie ihren betuchten Mitgliedern den gewohnt luxuriösen Service in stilvollem Ambiente bieten. Für viele ist die Zugehörigkeit zu einem renommierten

Club nicht allein eine Frage des sozialen Prestiges; der Club bietet auch ein zweites Heim, *a home from home*, die vielleicht letzte Zufluchtsstätte und außerfamiliäre Sinnprovinz der Oberschicht, in der sich die Gesellschaft Gleichgesinnter, aber auch – wenn gewünscht – der individuelle Rückzug in die private Stille finden lässt. Kritiker hingegen erblicken im Fortbestand der Gentlemen's Clubs ein anachronistisches Relikt frühneuzeitlicher Standesprivilegien und eines unzeitgemäßen Snobismus, der sich innerhalb der nach außen hermetisch abgeschlossenen und vor der Öffentlichkeit geschützten Räume ungehindert fortsetzen kann. Gepaart wird der Vorwurf des Elitismus mit dem Hinweis auf die Frauenfeindlichkeit der Traditionsclubs, die weiblichen Besuchern nicht einmal Zutritt zu den Räumen gewähren, geschweige denn sie als Mitglieder akzeptieren, und die als letzte Bastionen patriarchalischer Vorherrschaft zu reformieren, wenn nicht gar ganz zu beseitigen seien.

Diesen nicht unberechtigten Vorwürfen ist hinzuzufügen, dass sich in den neunziger Jahren neben den Traditionsclubs eine zweite, zwar frauenfreundlichere, aber nicht minder elitäre Clubszene etabliert hat. Die neue *clubbing class* rekrutiert ihre wohlhabenden Mitglieder überwiegend aus den Medien, dem Finanzsektor und der Werbebranche. Zwar wird der Zutritt zu Clubs wie dem Momo oder dem Soho House nicht mehr durch alte Klassenschranken geregelt, doch wirken beruflicher Erfolg, opulenter Lebensstil und ein pralles Monatsgehalt als nicht minder exklusive und elitäre Ausschlusskriterien. Zudem ist zu bedenken, dass sich der Clubgedanke seit seiner Entstehung durch die weite Verbreitung auch demokratisiert hat. Dies belegen die zahlreichen Sportclubs, von denen die meisten am Ende des 19. Jahrhunderts gegründet wurden, die *working-class clubs* sowie die ebenso vielfältigen Musikclubs, wie sie seit den sechziger Jahren entstanden sind, die sich insgesamt das Prinzip des *clubbing*, nämlich die Entrichtung eines Mitgliedsbeitrags als Voraussetzung für den Zutritt zu einer Gruppe von Gleichgesinnten, zu Eigen gemacht haben.

Während die Public Houses als öffentliche Gaststätten allen Besuchern offen standen, aber überwiegend von der Unterschicht genutzt wurden, war der Zugang zu den Gentlemen's Clubs auf die Mitglieder beschränkt, die überwiegend aus der Oberschicht stammten. Pubs und Clubs gemeinsam war aber, dass sie bis ins 20. Jahrhundert vornehmlich der Freizeitgestaltung von Männern vorbehalten waren. Damen der gehobenen Schichten standen zwar eigene Zirkel zur Verfügung, aus denen sich im 19. Jahrhundert die Salonkultur entwickelte, aber für Frauen aus den unteren Gesellschaftsgruppen war bis ins 20. Jahrhundert die Gestaltung der wenigen freien Zeit vornehmlich auf Heim und Kirche beschränkt. Erst durch den Beitrag zur nationalen Verteidigung, den die britischen Frauen während des Ersten Weltkriegs an der Heimatfront leisteten, und durch die anschließende Zuerkennung des Wahlrechts nahm die weibliche Teilhabe am öffentlichen Leben spürbar zu. Dies äußerte sich an dem neuen Frauenbild der *new woman* in den zwanziger Jahren, die selbstbewusst auftrat, ihr Leben in die eigenen Hände nahm und sich auch einem neuen Modestil verschrieb. Seither haben sich die Möglichkeiten zur Freizeitgestaltung für die Frauen deutlich erweitert, und auch das Pub gilt nicht mehr wie früher als Männerdomäne. Hingegen haben sich die britischen Frauen im 20. Jahrhundert mit den *bingo halls* eine Hochburg erstritten, die ihnen von den Männern nicht mehr streitig gemacht werden kann.

Bingo ist eine Form des Lotteriespiels, dessen Vorgänger im 16. Jahrhundert in Italien entwickelt wurde. Die Regeln waren damals nicht viel anders als heute: Die Spieler erhielten eine Karte, auf der in horizontaler und vertikaler Richtung Zahlen eingetragen waren. Ein Spielleiter zog dann Nummern aus einem Beutel, rief diese aus, und zum Gewinner wurde der Spieler ernannt, der als erster alle ausgerufenen Zahlen in einer vertikalen Reihe auf seiner Spielkarte vorweisen konnte. In den zwanziger Jahren wurde das Lotto als Zahlengewinnspiel professionalisiert. Da nach jeder gespielten Partie die Karten durch das Ankreuzen der ausgerufenen Zahlen unbrauchbar wurden, ging man dazu über, die Zahlenfelder durch Bohnen abzudecken, um die Karten wieder verwenden zu können. Aus dieser Praxis leitete sich die Bezeichnung für das Spiel als *beano* her, aus dem später *bingo* wurde. Zum populären Freizeitvergnügen wurde Bingo, als es aufgrund mathematischer Berechnungen möglich wurde, viele Tausende von Spielkarten mit unterschiedlichen Zahlenfolgen zu produzieren. Als Spielorte wurden zu Beginn umgebaute Kinosäle, später aber auch eigens errichtete Bingo-Hallen genutzt. Seit den fünfziger Jahren ist der Siegeszug des Spiels in Großbritannien unaufhaltsam gewesen, und es hat sich zu einem festen Bestandteil britischer Kultur entwickelt. Über 70 Prozent der Spieler sind weiblich, und für viele Frauen ist Bingo zu einer der wichtigsten Freizeitbeschäftigungen geworden. Insbesondere in Küstenstädten wie Brighton, Southend-on-Sea und Blackpool stehen riesige Spielhallen zur Verfügung, die von einer begeisterten Schar von Bingosüchtigen beinahe täglich aufgesucht werden.

Durch eine Änderung des Gaming Act von 1985 und durch die Verwendung von Computertechnologie wurde die Erweiterung des Spiels von der Club-Ebene auf eine nationale Spielplattform ermöglicht. Mit Ausnahme des Weihnachtstages kann täglich gespielt werden, und im Jahr 2000 wurden immerhin fast 90 Millionen Eintrittskarten landesweit verkauft. Für viele der drei Millionen Briten, die regelmäßig Bingo-Hallen besuchen, steht weniger die Hoffnung auf Gewinn als vielmehr das gesellige Miteinander im Vordergrund. Von den etwa 700 lizensierten Bingo-Clubs beteiligen sich mittlerweile 500 am National Bingo Game, das entsprechend große Zuwachsraten vorweisen kann. An Preisgeldern wurden 2001 mehr als £ 50 Millionen ausgeschüttet, und 2002 strich eine Spielerin aus Sheffield den bisherigen Rekordgewinn von £ 956 000 ein. Bei diesen Summen überrascht es nicht, dass die Bingo-Industrie auch ein wirtschaftlich bedeutsamer Faktor geworden ist. Über 20 000 Menschen verdienen mit Bingo ihr Geld, und der Finanzminister durfte sich 2000 über einen steuerlichen Zuschuss zur Staatskasse durch die Bingo-Clubs in Höhe von £ 233 Millionen freuen. "Bingo!" als Ausruf des glücklichen Gewinners gilt daher gleichermaßen auch für die öffentlichen Finanzen, denn keine andere Clubszene hat sich je als fiskalisch so förderlich für das Gemeinwohl präsentieren können wie Großbritanniens populärstes Gesellschaftsspiel.

7.5 Sport- und Wettleidenschaft

Zwischen dem gesellschaftlichen Leben, wie es in Public Houses und Clubs institutionalisiert ist, und der britischen Begeisterung für unterschiedlichste Sportarten bestehen sehr enge Verbindungen. Die Leidenschaft für den sportlichen Wettbewerb, sowohl als aktiver Wettkämpfer wie auch als wettender Zuschauer, ist in Großbritannien so ausgeprägt, dass T. S. Eliot in seinen *Notes Towards the Definition of Culture* von 1948 dem Sport eine zentrale Rolle innerhalb der britischen Kultur zuwies:

> Taking now the point of view of identification, the reader must remind himself as the author has constantly to do, of how much is here embraced by the term culture. It includes all the characteristic activities and interests of a people: Derby Day, Henley Regatta, Cowes, the twelfth of August, a cup final, the dog races, the pin table, the dart board, Wensleydale cheese, boiled cabbage cut into sections, beetroot in vinegar, nineteenth-century Gothic churches and the music of Elgar. (Eliot 1979: 31)

Die hier angeführten Sportarten korrelieren mit verschiedenen sozialen Schichten, wobei die ersten vier Beispiele mit den oberen Klassen, die nachfolgenden vier mit den unteren Klassen assoziiert werden.

Der 12. August markiert in jedem Jahr den Beginn der Moorhuhnjagd, des *grouse shooting*. Die Jagd und das Fischen werden unter dem Oberbegriff *field sports* zusammengefasst und bildeten gemeinsam das traditionelle Freizeitvergnügen der landbesitzenden Schichten. Auch der noch heute gebräuchliche Begriff *game* zur Bezeichnung von Wildbret deutet auf den ursprünglichen Zusammenhang zwischen Jagd und Sport hin. Das Anrecht der Oberschicht auf das jagbare Wild entstammte feudalen Privilegien, die an den Grundbesitz gebunden waren und die bis ins 19. Jahrhundert eisern verteidigt wurden. Zwar stand auf Wilderei (*poaching*) nie die Todesstrafe, doch sah das Night Poaching Law von 1817 doch immerhin die Verbannung in die australischen Sträflingskolonien vor. Ebenfalls mittelalterlicher Herkunft sind die aus den Kriegskünsten erwachsenen Sportarten Fechten (*fencing*) und Bogenschießen (*archery*), aber auch der auf den Britischen Inseln äußerst populäre Reitsport. Seit 1780 wird auf der Galoppstrecke von Epsom Downs unweit der Stadt Derby das seither klassische Rennen von dreijährigen Vollblütern abgehalten, und der Derby Day ist ein zentrales Ereignis im Reitsportkalender. Von vergleichbarer Bedeutung sind nur noch das seit 1711 auf dem Queen's Racecourse veranstaltete Rennen in Ascot, nahe Windsor, das aufgrund der jährlichen Anwesenheit der Königlichen Familie als exklusives gesellschaftliches Ereignis gilt, das Grand National Steeplechase in Aintree bei Liverpool, das seit 1839 die Massen und höchste Wetteinsätze anlockt, sowie die prestigeträchtigen Rennen in Newmarket, das auch das Zentrum des britischen Pferderennsports bildet. Newmarket ist der Sitz des 1751 gegründeten Jockey Club, eines zunächst losen Zusammenschlusses von Pferdefreunden, der seit dem Beginn des 19. Jahrhunderts für die Ausrichtung der Rennen, die Wettbewerbsregeln sowie für disziplinarische Maßnahmen zuständig ist und dessen Autorität 1970 durch eine Royal Charter bestätigt wurde. Damit ist der Jockey Club ein besonders anschauliches Beispiel für die Verbindung von Gesellschaft, Sport und Clubleben.

Aristokratischer Herkunft sind ebenfalls die von Eliot angeführten Wassersportarten: Die Henley Regatta ist einer der bedeutendsten internationalen Ruderwettbewerbe und zugleich ein gesellschaftliches Ereignis, das seit 1834 alljährlich Ende Juni auf der Themse bei Henley in Oxfordshire gefeiert wird. Cowes hingegen verweist auf die Kleinstadt auf der Isle of Wight, vor deren Küste jedes Jahr im August die berühmteste Segelregatta Großbritanniens in Gegenwart eines internationalen und gesellschaftlich exklusiven Publikums gestartet wird.

Diese Beispiele belegen die Initiatorenfunktion der Oberschichten bei der Entwicklung verschiedener Sportarten, deren Ursprung zum Teil in Formen des vormals kriegerischen Wettbewerbs liegt, zum Teil aber auch den wandelnden Erziehungszielen zu verdanken ist, die unter humanistischem Vorbild bei der Entstehung des Hofadels im 16. Jahrhundert wirksam wurden. So war Henry VIII nicht nur ein begabter Bogenschütze, sondern auch ein leidenschaftlicher Tennisspieler, dessen überdachter Tennisplatz noch heute in Schloss Hampton Court zu besichtigen ist. In den Lehrplänen der humanistischen Lateinschulen der englischen Renaissance wurden nach dem Ideal von *mens sana in corpore sano* daher Leibesübungen zum Pflichtprogramm. Im sportlichen Spiel sollten die Schüler ihre individuelle Durchsetzungsfähigkeit erproben, zugleich aber auch Teamgeist und Fairness erlernen – Begriffe, die seither aus der internationalen Sprache des Sports nicht mehr wegzudenken sind. Kein anderes Mannschaftsspiel hat die frühen Erziehungsideale der Public Schools besser zum Ausdruck gebracht als das auf Ausdauer, Kraft und Schnelligkeit ausgerichtete Cricket. Wie viele andere Sportarten, bei denen ein Ball mit einem Stock geschlagen wird, wie Golf in Schottland und Hurling in Irland, war auch Cricket zwar eine Erfindung der arbeitenden Bevölkerung, doch seine Verbreitung fand dieser Sport erst, als am Ende des 16. Jahrhunderts Cricket an den Privatschulen und an den Universitäten in Oxford und Cambridge zur Regel wurde.

Cricket

A popular summer sport (originating in England possibly as early as 1300) for both sexes played between two teams, each of 11 people, traditionally dressed in white clothes. They play their matches on grass fields at the centre of which is the pitch (playing area). One team (the batsmen) tries to score a maximum number of runs by hitting the ball bowled (thrown) to them by the bowler of the other team (the fielders). The fielders try to dismiss the batsmen mainly by catching a ball hit by a batsman before it touches the ground or by the bowler hitting the wicket (three pieces of wood at which the bowler aims and which the batsman tries to defend) with the ball. Cricket is both an amateur and a professional game and is regulated by the Marylebone Cricket Club (MCC), which was formed in 1787. (Oakland 2003: 48)

Durch die Popularität an den Privatschulen und Universitäten wurde Cricket wegen der Führungsrolle der Eliten zum typischen englischen Sport, der zunächst nur innerhalb Englands praktiziert wurde. Dies belegen die seit dem 18. Jahrhundert ununterbrochen ausgetragenen County Championships, bei denen Teams aus den achtzehn englischen Grafschaften gegeneinander antreten und jedes Match vier Tage dauert. Zudem wurde Cricket seit dem Beginn des 19. Jahrhunderts aber auch in das Britische Weltreich exportiert und wird seither in Australien, Neuseeland, Südafrika, Simbabwe, Indien und auf den Westindischen Inseln gespielt. Bei diesen internationalen Wettbewerben, den *test matches*, hat das englische Team in den vergangenen Jahrzehnten zwar nur mit mäßigem Erfolg abgeschnitten, was jedoch den traditionellen Stolz auf die englische Nationalmannschaft nur geringfügig geschmälert hat.

Trotz der zunehmenden Professionalisierung des Spiels und des Zwangs zu Medienpräsenz und steigenden Werbeeinnahmen besitzt Cricket nach wie vor ein beträchtliches kulturelles Potenzial, indem es autostereotype Vorstellungen von *Englishness* zum Ausdruck bringt. Das altehrwürdige Spiel wird assoziiert mit den alten Eliten, mit Bildern von weiß gekleideten

Abb. 31: Festliches Tuch zur Erinnerung an das *All England Team* von 1847 mit der Aufschrift "To the Admirers of the Noble Game of Cricket".

Spielern auf dem üppig grünen Rasen des *village green* mit dem Kirchturm im Hintergrund und einem ländlichen, vorindustriellen England, das längst nicht mehr existiert.

Die Führungsrolle der alten Eliten zeigt sich auch an der zweiten typisch englischen Sportart, nämlich dem Rugby. Das Spiel entstand an der gleichnamigen Privatschule in Norden Englands, als 1823 ein Schüler die sportlichen Regeln des Fußballspiels gründlich missachtete und mit dem Ball in den Händen das Spielfeld überquerte. Nachdem die Football Association 1871 das Spiel mit der Hand untersagt hatte, etablierte sich unter der Führung der Rugby Union der Rugby Football als eigenständige Sportart mit klar formulierten Spielregeln. Während die Rugby Union nur Amateure zuließ, professionalisierte sich das Spiel mit der Gründung der Rugby League 1893 als Konkurrenzunternehmen, das von Anfang an eine Vergütung der Spieler vorsah. An dem Wettbewerb der beiden Sportverbände hat sich bis heute nur wenig geändert. Abseits aller Unterschiede ist aber Rugby auch weiterhin eine Sportart, die traditionell mit dem Norden Englands assoziiert wird und die aufgrund ihrer Herkunft aus den Public Schools auch vorwiegend der oberen Mittelschicht zugeordnet wird.

Dieser Zusammenhang zwischen schulischer Ausbildung und sportlicher Betätigung ist für das 19. Jahrhundert kennzeichnend, als die Privatschulen zu Kaderschmieden von Generationen junger Gentlemen wurden, die sich im rasch expandierenden Weltreich an unterschiedlichsten Positionen zu bewähren hatten. Dieses Sendungsbewusstsein fand seinen Ausdruck im Prinzip der *muscular Christianity*, einer Mischung aus protestantischer Standfestigkeit und körperlicher Durchsetzungsfähigkeit, was das Interesse an Rugby im Besonderen und am viktorianischen Kult der Athletik im Allgemeinen erklärt. Fortan war ein guter Gentleman auch ein guter Sportsmann, dessen Handeln auf das Siegen ausgerichtet war, der dabei aber die Spielregeln und das Prinzip der Fairness achtete und selbst bei Niederlagen seine Würde nie preisgab. Dieses Erziehungsideal macht auch verständlich, warum Großbritannien während des 19. Jahrhunderts die Vorreiterrolle bei der Reglementierung der meisten Sportarten sowie bei der Gründung von Sportvereinen (*sporting clubs*) und Sportverbänden übernahm. Einige Beispiele mögen als Beleg genügen: 1834 erteilte William IV dem Golf-Club im schottischen St Andrews die Erlaubnis, den Namen Royal and Ancient Golf Club zu führen. Seither ist St Andrews das internationale Hauptquartier des Golf-Sports und als Mekka aller Golfspieler für Schottland gegenwärtig eine bedeutende Einkommensquelle. 1863 wurde die schon erwähnte Football Association gegründet, nach deren Regeln im Wesentlichen bis heute Fußball gespielt wird. 1877 wurde der All England Lawn Tennis and Croquet Club ins Leben gerufen, dessen jährliches Club-Turnier mittlerweile in aller Welt als Wimbledon bekannt ist. Diese Beispielkette lässt sich mühelos fortsetzen mit Sportarten wie Hockey, Badminton, Boxen und Rudern.

An dieser nationalen Sportbegeisterung hatte auch die Unterschicht Anteil. Wie Eliots Verweis auf "the dog races, the pin table, the dart board" andeutet, übernahm zunächst das Public House die traditionelle Organisationsfunktion für die Ausbildung von Sportarten der Arbeiterschicht. Mit der Gründung der Football Association und dem ab 1871 jährlich ausgetragenen Cup Final, auf das auch Eliot hinweist, wurde Fußball rasch zum populären Sport der Arbeiterklasse und ist es im Wesentlichen bis heute geblieben. Wie in anderen europäischen Ländern ist auch in Großbritannien das Fußballspiel in den neunziger Jahren erheblich professionalisiert und kommerzialisiert worden, um die astronomischen Spielergehälter und Ablösesummen zahlen zu können. Für die exklusiven Übertragungsrechte der Spiele in der Premier League zahlte 1992 der satellitengestützte Fernsehsender BSkyB, der zum Medienimperium Rupert Murdochs gehört, £ 304 Millionen an die Vereine der höchsten Spielklasse und erhöhte 1998 den Betrag auf über £ 900 Millionen. Neben dem Kartenverkauf bemühen sich die meisten britischen Vereine zudem um eine Steigerung ihrer Einnahmen durch den Verkauf von Fanartikeln und Werbeverträge. Als besonders erfolgreich darf die Entwicklung von Manchester United gelten. Der börsennotierte Verein besitzt weltweit über zweihundert Fan-Clubs, eine Anhängerschaft von mehr als 50 Millionen Sportfreunden sowie seit 1998 einen eigenen Fernsehsender, der die Spiele gegen Entgelt überträgt. Der Umsatz des Vereins betrug 2002 stattliche £ 85 Millionen. Die Kommerzialisierung des Fußballsports hat auch zu einer Erhöhung der Eintrittspreise geführt, so dass einige Beobachter eine Entfremdung der Vereine von der Arbeiterschicht befürchten, doch ist Fußball nach wie vor der mit Abstand populärste Zuschauersport.

Dem entspricht jedoch nicht das aktive Sporttreiben der Bevölkerung: Nur jeder zehnte Brite spielt selbst Fußball, während immerhin jeder fünfte im Pub oder im Billard-Club regelmäßig zum Queue greift und jeder vierte Dartpfeile wirft. Der populärste Breitensport ist hingegen das Wandern, das von beinahe der Hälfte der Bevölkerung regelmäßig und mit großer Leidenschaft betrieben wird. Übertroffen wird diese Passion auf der passiven Seite durch eine weit verbreitete Wettleidenschaft. Einer Umfrage aus dem Jahr 2000 zufolge gaben 72 Prozent der Briten an, mindestens einmal im Jahr zu wetten. Die Freude am Glücksspiel hat eine lange Tradition, die von den Ober- und Unterschichten geteilt wird, während sich die Mittelklasse aufgrund des puritanischen Enthaltsamkeitsgebots dergleichen Freuden in der Vergangenheit überwiegend versagte. In den Gentlemen's Clubs des 18. Jahrhunderts waren Glücksspiele mit Karten oder Würfeln die Regel, und es wurde vielfach um astronomische Einsätze gespielt, bei denen binnen einer Nacht Haus und Hof verspielt werden konnten. In seiner Tragödie *The Gamester* (1753) hat Edward Moore diese zerstörerische Wirkung der Spielsucht innerhalb der aristokratischen Zirkel wirkungsvoll vorgeführt. Ein Vermögen konnte aber nicht nur am Kartentisch verloren gehen, sondern auch durch Wetten, für es die verschiedene Anlässe gab. Die *betting books* der Gentlemen's Clubs verzeichnen regelmäßig Wetteinsätze auf die Dauer von Kriegen, den Ausgang von Wahlen, auf Eheschließungen sowie auf die Lebensdauer einzelner Zeitgenossen.

Diese Freude am Wetten teilte auch die Unterschicht, wenngleich die Einsätze freilich sehr viel bescheidener waren. Insbesondere Hahnenkämpfe sowie Hunde- und später Pferderennen stimulierten die Wettleidenschaft breiter Bevölkerungsschichten und lenken auch heute noch die meiste Aufmerksamkeit auf sich. In den neunziger Jahren gaben die Briten jährlich fast £ 13 Milliarden für Wetteinsätze aus, was knapp £ 300 pro Kopf bedeutet, von denen die Hälfte auf Pferde- und Windhundrennen gesetzt wird. Die Organisation der Wettgelder übernehmen die etwa 10 000 *betting shops*, die sich auf beinahe jeder High Street befinden und von vier großen Ketten (Ladbrokes, William Hill, Coral Racing und Stanley Racing) betrieben werden. Die Welt der Buchmacher (*bookies*) gilt noch immer als Männerdomäne und ist auch mit der Aura des Sündhaft-Verruchten umgeben, doch beträgt der Jahresumsatz der Wettbüros mit jährlich etwa £ 1,2 Milliarden nur die Hälfte der Spielkasinos, und auch das Fußballtoto (*football pools*) mit £ 823 Millionen und Bingo mit £ 811 Millionen können beachtliche Umsätze vorweisen.

Galten Glücksspiel und Gewinnsucht lange Zeit für die Mittelschicht als anrüchig, so wurde spätestens mit der Einführung der National Lottery 1994 die Wettfreude gesamtgesellschaftlich akzeptabel. Dies liegt insbesondere daran, dass 28 Prozent des Erlöses für karitative Zwecke (*good causes*) ausgeschüttet werden, darunter Gesundheit, Bildung, Umwelt, Künste, Sport und Kulturerbe. Der Erwerb eines Lotterietickets schafft daher das ruhige Gewissen, auch bei einem ausbleibenden Gewinn einen Beitrag zum Wohl des Gemeinwesens geleistet zu haben. Diesen Luxus gönnten sich im Jahr 2000 etwa 65 Prozent der britischen Bevölkerung, was bei der Anglikanischen Kirche Besorgnis über die moralische Befindlichkeit einer habgierigen Spielernation hervorrief. Dem ist entgegenzuhalten, dass die Lotterie seit ihrer Gründung fast £ 12 Milliarden erlösen konnte, von denen ein Drittel, also fast £ 4 Milliarden, an 'gute' Zwecke verteilt wurde. Sollten die Briten somit tatsächlich ein Volk von Spielern sein, so kommt ihre Passion nicht nur dem Einzelnen, sondern der gesamten Nation zugute.

7.6 Schwarzer Humor und Exzentrik

Eine Langzeituntersuchung von Market and Opinion Research International (MORI) über das Glücksgefühl der britischen Bevölkerung während der zweiten Hälfte des 20. Jahrhunderts brachte erstaunliche Ergebnisse hervor: 1951 bezeichneten sich 89 Prozent der Bevölkerung als *very happy* und als *fairly happy*, und dieses Glücksgefühl hat sich in den neunziger Jahren nur wenig verringert. Im Juni 2002 waren es noch immer 81 Prozent der Befragten, die sich als 'sehr glücklich' oder doch zumindest als 'ziemlich glücklich' betrachteten. Diese Konstanz der kollektiven Zufriedenheit ist angesichts der wirtschaftlichen Probleme des Landes sowie des Verlusts der imperialen Größe nach dem Zweiten Weltkrieg bemerkenswert. Das positive Lebensgefühl des *merry England* stützt sich daher weniger auf ökonomische Prosperität als auf das von der Mehrheit der Bevölkerung offenbar als gelungen empfundene Verhältnis zwischen Individuum und Kollektiv. In der Folge der Glorreichen Revolution entstand im 18. Jahrhundert das Autostereotyp des *freeborn Englishman*, der seine verbrieften Freiheitsrechte immer wieder hartnäckig gegenüber gesellschaftlichen Autoritäten verteidigte. Die Behauptung des Individualismus über den Kollektivismus schuf vielfältige Spannungen, die aber nicht zu revolutionären Handgreiflichkeiten führten, weil sie mit gegenseitiger Toleranz und rebellischem Humor gelöst wurden.

Der Philosoph George Santayana notierte schon in seinem 1922 erschienenen Buch *Soliloquies in England*: "England is the paradise of individuality, eccentricity, heresy, anomalies, hobbies and humours" (Santayana 1967: 30). Auf der Grundlage von Freiheit und Toleranz ließ sich das Individualitätsprinzip in Form eines radikalen Nonkonformismus übersteigern, der sich in exzentrischem Handeln niederschlug. Während in anderen europäischen Ländern im 19. und 20. Jahrhundert Exzentrik eher als mentale Verwirrung ausgelegt und als potenzielle Gefährdung der sozialen Ordnung gedeutet wurde, galt abweichendes Verhalten in Großbritannien als Vorrecht des Individuums. Die englische Schriftstellerin Edith Sitwell, die ihre eigenen exzentrischen Neigungen ungehemmt auslebte, ging gar so weit zu behaupten, dass sich Exzentrik auf das sichere Wissen der eigenen Unfehlbarkeit gründe und ein Geburtsrecht der Briten darstelle: "Eccentricity exists particularly in the English, and partly, I think, because of that peculiar and satisfactory knowledge of infallability that is the hallmark and birthright of the British nation" (Sitwell 1950: 20). Die Exzentrik bot die Möglichkeit des Ausbruchs aus starren sozialen Konventionen, gelegentlich auch die Chance, mit Tabus zu brechen, vor allem aber schuf sie Freiräume für Querdenker, die als Erfinder, Entdecker und Naturforscher zu bahnbrechenden Innovationen fähig waren. Es ist von daher nur zu verständlich, dass das Bizarre und das Schräge gesamtgesellschaftlich nicht nur akzeptiert, sondern geradezu bewundert und ermutigt wurden.

Dies lag auch daran, dass der überwiegende Teil der Exzentriker aus der wohlhabenden Oberschicht stammte, die sich ein Leben abseits der normierten Konventionen finanziell leisten konnte, als gesellschaftliche Elite aber zugleich tonangebend war und Orientierungsfunktion besaß. So konnte sich zumindest eine gemäßigte Exzentrik über alle sozialen Schichten ausbreiten und auch bei der Lösung von Alltagsproblemen dienen. Der Schriftsteller J. B. Priestley behauptete, "humour comes out of the common life on this earth" (Priestley 1976: 12), und diese soziale Erfahrungswelt war traditionell geprägt von Logik und Pragmatismus. Um das Primat der Logik zu brechen und um dem Diktat des pragmatischen Handelns zu entrinnen, bot sich das humorvolle Dezentrieren der sozialen Wirklichkeit durch die phantasievolle Konstruktion von Diskrepanzen und Missverhältnissen aller Art an. Ein Meister solcher Verzerrungen war der Oxforder Mathematikprofessor Charles Lutwidge Dodgson, der unter dem Pseudonym Lewis Carroll Berühmtheit erlangte und in seinen Prosaerzählungen

Alice in Wonderland (1865) und *Through the Looking-Glass* (1871) die Regeln der Logik gründlich auf den Kopf stellte. Für das Spiel mit dem Nonsens ist wohl keine literarische Form intensiver genutzt worden als der fünfzeilige Limerick, in dem Logik und Phantasie immer wieder aufeinander prallen, die Regeln und Konventionen des Alltags in Frage gestellt und Diskrepanzen humorvoll verarbeitet werden. Hier ein Beispiel aus der Feder des Dichters Ogden Nash:

> A jolly young fellow from Yuma
> Told an elephant joke to a puma;
> Now his skeleton lies
> Beneath hot western skies –
> The puma had no sense of huma.
> (Parrott 1984: 108)

Der Spaß besteht nicht nur in der völlig absurden Vorstellung, dass ein Mensch einem Tier einen Tierwitz erzählt, sondern auch in der kunstvollen Assonanz an den Versenden, wo sich "puma" mit "huma" (*humour*) reimt. So muss der junge Mann aus Yuma zu seinem Leidwesen lernen, was es heißt, wenn der Gesprächspartner humorlos ist.

Der Humor ist daher in Großbritannien eine weit verbreitete Strategie der Lebensbewältigung, denn das Bedrohliche verliert seinen Schrecken im Moment seiner Verspottung. Die Bewältigung selbst existentieller Lebenskrisen ist möglich durch den Rückgriff auf einen schwarzen Humor (*sardonic humour*), eine "Entschlossenheit, selbst noch der schlimmsten Notlage eine lichte Seite abzugewinnen" (Gelfert 1998: 171). Ein Beispiel: Am 24. Februar 1809 brannte das Londoner Drury Lane Theatre bis auf die Grundmauern nieder. Der Theaterleiter und Dramatiker Richard Brinsley Sheridan wurde im Unterhaus von dem Feuer informiert, eilte an die Unglücksstelle und betrachtete den Brand aus der sicheren Entfernung eines Coffee House in Covent Garden. Von Freunden nach seinem seelischen Zustand befragt, gab er zur Auskunft: "A man may surely be allowed to take a glass of wine by his own fireside" (zitiert in Daintith *et al.* 1988: 134). Sheridans schwarzer Humor konnte nicht die Zerstörung seiner Existenzgrundlage verhindern, wohl aber den psychischen Schaden in Grenzen halten.

Der Sinn für Humor, der *sense of humour*, ist somit für die britische Vorstellung einer glücklichen Lebensbewältigung grundlegend. Umgekehrt gilt der Vorwurf der Humorlosigkeit als eine der schlimmsten Anschuldigungen, wie der Humorist Alan Patrick Herbert einmal betonte:

> It is true that we are especially proud and sensitive about what we call the British sense of humour. You may tell a man that he has no morals, or that he has no hand for business, and he will not mind in the very least. He may even boast that he has

no ear for music. [...] But tell an Englishman that he has no sense of humour, and he will knock you down. (Zitiert in Bourke 1965: 5)

Humorlosigkeit gilt nicht allein als schwerwiegendes intellektuelles Defizit, sondern auch als Unfähigkeit, die Herausforderungen des alltäglichen Lebens zu meistern.

Der Humor stellt jedoch nicht nur auf der individuellen Ebene jene Handlungsoptionen bereit, die im Falle der Konfliktlösung die Vision des tragischen Scheiterns zugunsten eines denkbaren *happy ending* verdrängen, sondern ist auch entscheidend für die Qualität des Soziallebens, sowohl innerhalb gesellschaftlicher Schichten als auch über Klassengrenzen hinweg. Bei den zahlreichen Konflikten in der britischen Sozialgeschichte hat der Humor seine Funktion als "Schmiermittel" (Gelfert 2002: 67) immer wieder unter Beweis gestellt und eine Überhitzung der Reibungsflächen zwischen den Klassen verhindert. Zugleich stellt der Humor ein wichtiges Medium für den Abbau von Aggressionen dar, weshalb seine britische Ausprägung keinesfalls immer niedlich, sondern häufig respektlos, brutal und eben rabenschwarz gefärbt ist. Die lange und ungebrochene Komödientradition in Großbritannien, angefangen bei Shakespeare und Ben Jonson im späten 16. Jahrhundert, über John Dryden, William Wycherley und William Congreve in der Restaurationszeit, Richard Steele, Oliver Goldsmith und Richard Brinsley Sheridan im 18. Jahrhundert, Oscar Wilde und Bernard Shaw im späten Viktorianismus bis hin zu Noël Coward, Tom Stoppard und Alan Ayckbourn im 20. Jahrhundert zeugt von der Vitalität der Komödie und dem öffentlichen Bedürfnis nach Humor als prägender Kraft des sozialen Lebens.

Mit dem Siegeszug von Radio und Fernsehen fanden Komödienformate landesweite Verbreitung, und die BBC kam ihrem Auftrag nach Unterhaltung der Bevölkerung durch populäre Programme wie *Band Waggon*, *Hancock's Half Hour* und *The Goon Show* nach. Als besonders erfolgreich erwiesen sich die insgesamt 45 von der BBC zwischen 1969 und 1974 produzierten Staffeln von *Monty Python's Flying Circus*, die seither zum Inbegriff britischen Humors geworden sind. Dem Team, bestehend aus Graham Chapman, John Cleese, Terry Gilliam, Eric Idle, Terry Jones und Michael Palin, galt absolut nichts als unantastbar. Es gab keine Gesellschafts- und Berufsgruppe, keine ehrwürdige Institution und auch keine berühmte Persönlichkeit, die von dem boshaften Spott der Gruppe ausgenommen gewesen wäre.

Das Komikerteam entwickelte eine Reihe von originellen Darstellungsverfahren zur zynischen Abrechnung mit gesellschaftlichen Autoritäten. Hierzu zählen der *thesaurus sketch*, bei dem möglichst alle Synonyme für einen Begriff abgerufen werden wie im "Dead Parrot Sketch", in dem sämtliche Wörter für 'tot' verwendet werden; weiterhin der *reversal sketch*, in

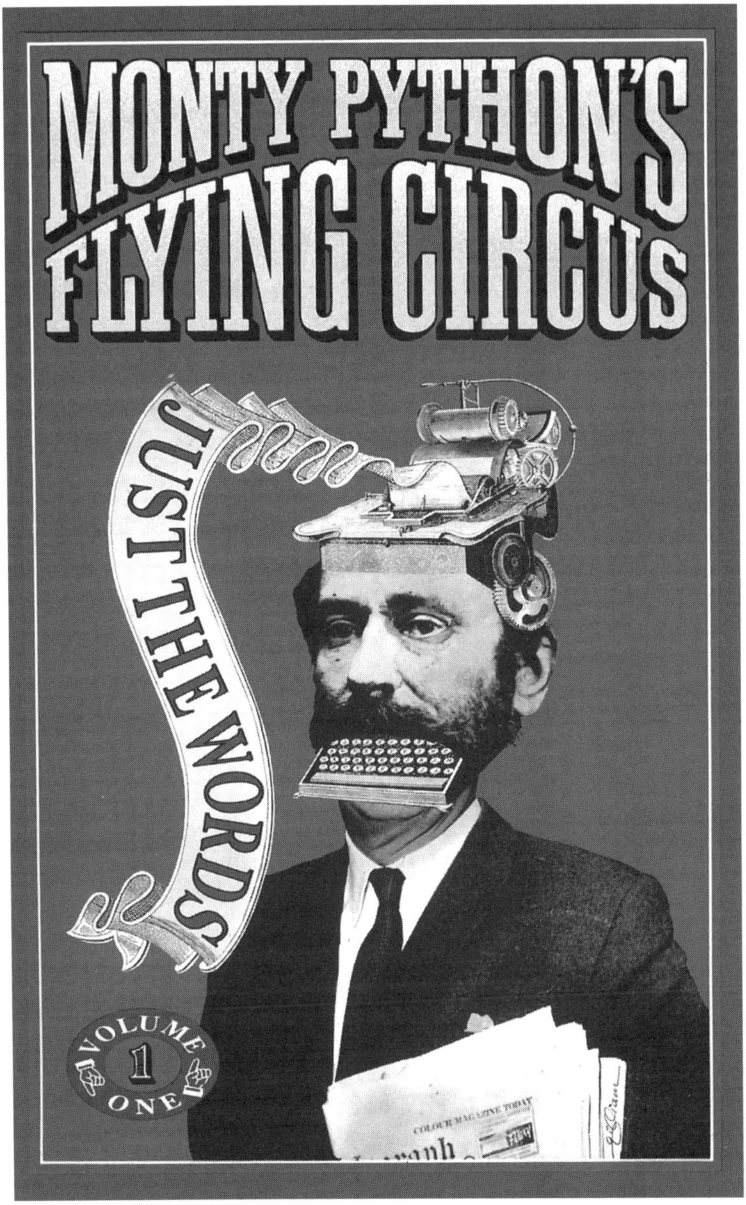

Abb. 32: Titelbild von *Monty Python's Flying Circus. Just the Words.* Der Einschub von Cartoons wie dem hier abgebildeten in die Filmszenen wurde zum besonderen Markenzeichen des Programms.

dem eine vertraute Situation in ihr Gegenteil verkehrt wird, der *escalation sketch*, der aus einer harmlosen Lage eine Bedrohung entstehen lässt, und der *format sketch*, bei dem ein den Zuschauern bekanntes Sendeformat in komischer Form verfremdet wird wie in der folgenden Passage:

Voice Over (Terry J) And while that's going on, here from Westminster is a Parliamentary report for humans.

Man sitting at desk; the set behind him says 'Today in Parliament'.

Cyril (Eric) In the debate a spokesman accused the Government of being silly and doing not at all good things. The member accepted this in a spirit of healthy criticism, but denied that he'd ever been naughty with a choirboy. Angry shouts of 'what about the watermelon, then?' were ordered by the Speaker to be stricken from the record and put into a brown paper bag in the lavvy. Any further interruptions would be cut off and distributed amongst the poor. For the Government a Front Bench Spokesman said the agricultural tariff *would* have to be raised, and he fancied it a bit. Furthermore, he argued, this would give a large boost to farmers, and a lot of fun to him, his friend and Miss Moist of Knightsbridge. From the back benches there were opposition shouts of 'postcards for sale' and a healthy cry of 'who likes a sailor, then?' from the Minister without Portfolio. Replying, the Shadow Minister said, he could no longer deny the rumours but he and the dachshund were very happy; and, in any case, he argued, rhubarb was cheap and what was the harm in a sauna bath. (Wilmut 1989: I, 271)

Das vertraute Format einer Fernsehberichterstattung über eine Parlamentssitzung wird durch die Ankündigung, das Bühnenbild und die Schrifttafel zunächst aufgerufen, um im nächsten Schritt vollständig seines Sinns beraubt zu werden. Auf diese Weise werden die Debattenkultur des Unterhauses der Lächerlichkeit preisgegeben und die privaten Neigungen der Abgeordneten, einschließlich ihrer sexuellen Vorlieben, mit unverhohlener Schadenfreude bloßgestellt. Darüber hinaus bleibt aber auch die BBC nicht in der Kritik ausgespart, deren pompöser und selbstherrlicher Informationsstil gleichfalls verspottet wird. Dieser Form des Humors wohnt ein rebellischer Geist inne, der sich gegen Autoritäten auflehnt und sich gegen die Zwänge einer hierarchischen Klassengesellschaft und ihrer Institutionen zur Wehr setzt. Humor wird damit auch zur intellektuellen Klinge, mit deren Hilfe vermeintliche Größen wieder auf ein normales Maß zurückgeschnitten werden können, ganz so, wie es der Common Sense und ein egalitäres Demokratieverständnis verlangen.

Seine besondere Wirkung entfaltet der Humor im dialogischen Austausch, denn derjenige, der hart austeilt, sollte auch entsprechend selbst einstecken können. Wenn in der oben zitierten Szene aus Monty Python Abgeordnete hart angegangen werden, so war es kaum verwunderlich, dass sich die Politiker ihrerseits des pythonischen Humors bemächtigten. So regten die Berater Margaret Thatchers im Vorfeld des Parteitags von 1990 an, die Politik der Liberal Democrats und deren neues Emblem, einen zum

Flug ansetzenden Vogel, durch einen Verweis auf den "Dead Parrot Sketch" (Wilmut 1989: I, 104–105) zu verspotten. Zwar hatte die Premierministerin, zur Verzweiflung ihres Mitarbeiterstabs, bis dahin noch nichts von Monty Python gehört, schloss diese Wissenslücke aber rasch und landete mit der Passage in ihrer Rede einen glänzenden Lacherfolg:

> I gather that during the last few days there have been some ill-natured jokes about their new symbol, a bird of some kind, adopted by the Liberal Democrats at Blackpool. Politics is a serious business, and one should not lower the tone unduly. So I will say only this of the Liberal Democrat symbol and of the party it symbolizes; this is an ex-parrot. It is not merely stunned. It has ceased to be, expired and gone to meet its maker. It is a parrot no more. It has rung down the curtain and joined the choir invisible. This is a late parrot. And now for something completely different. (Thatcher 1997: 437)

In einer Lebenswelt, in der es bei der Arbeit wie auch in der Freizeit so *merry*, also vergnügt, lustig und heiter zugeht, lässt es sich angenehm leben, was sich in dem ebenso dauerhaften wie ausgeprägten Glücksempfinden der Briten widerspiegelt.

8. *Farewell Welfare:* Bildung und Wohlfahrtsstaat

Heute ist unumstritten, dass Bildung zu den zentralen staatlichen Aufgaben zählt und dass jene Gesellschaften die größten Fortschritte machen, die entsprechend viel in ihr Bildungswesen investieren. Deshalb erklärte auch Tony Blair in seiner Rede auf dem Parteitag der Labour Party im Oktober 1996: "Ask me main three priorities for government and I will tell you: education, education and education" (zitiert in Thomson 1999: 29). In der Praxis ist jedoch die Bildung leider der Bereich, wo bei Einsparungen besonders gerne der Rotstift angesetzt wird; das ist in Großbritannien nicht anders als in Deutschland.

Vom Bildungswesen in Großbritannien zu sprechen, ist freilich nicht unproblematisch, denn eigentlich bilden nur England und Wales eine Einheit, während Schottland und Nordirland aufgrund dezentraler Entwicklungen zum Teil davon abweichen. Das beginnt schon bei der Schulpflicht, die in Großbritannien im Allgemeinen den Zeitraum von 5–16 Jahren umfasst, in Nordirland hingegen von 4–16 Jahren dauert. Außerdem weist England, um ein weiteres Beispiel zu nennen, als Besonderheit die so genannten Spezialschulen (*specialist schools*) auf, staatliche Sekundarschulen, die sich auf einen bestimmten Bereich spezialisieren (z.B. Technologie, Wirtschaft, Naturwissenschaften, Fremdsprachen, Sport oder Kunst). Ihre Zahl belief sich im September 2003 auf 1448 und soll bis 2006 auf 2000 erhöht werden.

Schottlands Bildungssystem mit angesehenen, sehr alten Universitäten wie der 1411 in St Andrews gegründeten, die den Vergleich mit Oxford und Cambridge keineswegs zu scheuen braucht, wird von einem Scottish Board of Education verwaltet und weist im Bereich der Sekundarbildung (*secondary education*) deutliche Abweichungen auf. Der Übergang von der Primar- zur Sekundarbildung erfolgt erst im Alter von zwölf Jahren, die Public Schools sind tatsächlich 'öffentlich', es existiert kein gesetzlich verankertes nationales Curriculum, und die Bildungsabschlüsse entsprechen nicht immer genau den englischen. Schottland nimmt deshalb im Bildungswesen eine ähnliche Sonderstellung ein wie im Rechtswesen (vgl. Kap. 5).

Nordirlands Bildungswesen, das im Vergleich zu England und Wales eher traditionell wirkt, unterscheidet sich vor allem im schulischen Bereich, denn die staatlichen Schulen sind sehr konfessionell orientiert und darüber hinaus meistens nach Geschlechtern getrennt. Koedukative Schulen sind ebenso in der Minderzahl wie Gesamtschulen (*comprehensive schools*), und die sonst weitgehend abgeschaffte selektive Prüfung eingangs der Secondary

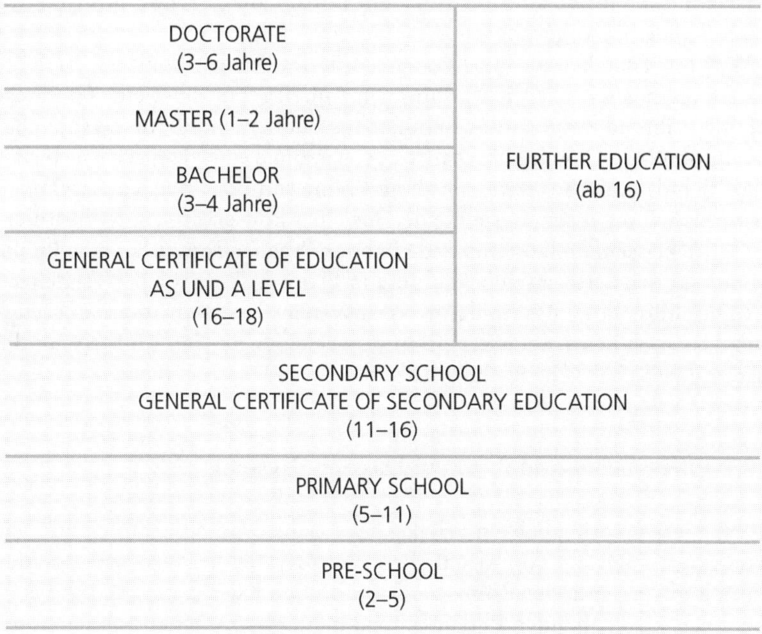

Abb. 33: Das Bildungssystem in England und Wales.

Education ist hier der Regelfall. Allerdings ist aufgrund neuester Tendenzen eventuell eine Abschaffung dieser Prüfung zu erwarten.

Das britische Bildungssystem – wegen der angedeuteten Abweichungen bezieht sich die Darstellung hier vor allem auf England und Wales – präsentiert sich als Mischung äußerst traditioneller, aber auch fortschrittlicher Tendenzen. Auf der einen Seite lässt sich nicht leugnen, dass die Public Schools und die altehrwürdigen Universitäten Oxford und Cambridge auch heute noch einen starken gesellschaftlichen Einfluss haben. Auf der anderen Seite ist die Comprehensive School – anders als in Deutschland – inzwischen zur Regelschule geworden, und außerdem erlaubt der Bildungsweg signifikante Abweichungen von der Tradition, die selbst vor dem Königshaus und den Premierministern nicht Halt machen. Prince Charles erhielt als erstes Mitglied der Königlichen Familie nicht den üblichen Privatunterricht (*palace tutoring*), sondern besuchte die berühmte Internatsschule Gordonstoun in Schottland; und auch seine beiden Söhne absolvierten eine Public School, allerdings die Königin aller Public Schools, Eton, "the best school for budding politicians" (Gardner 1973:

35), denn schließlich sind mehr als ein Drittel aller Premierminister aus dieser Schule hervorgegangen.

Margaret Thatcher, die erste Frau im Amt des Premierministers, erreichte freilich ihren gesellschaftlich-politischen Aufstieg 'nur' über eine Grammar School, während ihr gesamtes Kabinett aus Public-School-Absolventen bestand; John Major hingegen schaffte es sogar, ohne eine gesellschaftlich adäquate Schul- und Universitätsbildung Premierminister der Konservativen zu werden. Umgekehrt besuchte der aus einer konservativen, wohlsituierten Mittelklassenfamilie stammende Labour-Premier Tony Blair eine Public School und studierte anschließend Jura in Oxford. Trotz solcher Tendenzen zur Durchbrechung des rigiden Klassensystems lässt sich aber nicht leugnen, dass auch heute noch der Bildungsweg einen großen Einfluss auf die spätere gesellschaftliche Stellung hat.

8.1 Öffentliches und Privates: Das Schulsystem

Bildung war ursprünglich ein Privileg der Reichen. Gesellschaftlich weniger Privilegierte wurden von kirchlichen und privaten Trägern wie z.B. der Church of England, der Römisch-Katholischen Kirche, den Methodisten oder auch wohlhabenden Philanthropen in nicht-staatlichen Schulen (*voluntary schools*, *charity schools* und *Sunday schools*) unterrichtet. Bis zum 19. Jahrhundert erhielten deshalb die meisten Kinder entweder gar keine formale Bildung oder erwarben nur Grundkenntnisse in den so genannten *three Rs* (*reading*, *writing* und *arithmetic*), ehe sich parallel zum privaten Schulsystem auch ein staatliches entwickelte. Erst mit dem Education Act von 1870 (*Forster Act*) wurden lokale Schulbehörden (*local school boards*) geschaffen, die in ihren Einzugsbereichen staatliche Elementarschulen für Kinder zwischen fünf und zehn Jahren errichteten. Von diesem Zeitpunkt an existierte somit das für Großbritannien charakteristische duale Schulsystem mit privaten und staatlichen Schulen (*independent* und *state school system*), die sich ergänzen, aber auch miteinander konkurrieren. Die Ausweitung der Sekundarbildung blieb allerdings den Reformen des 20. Jahrhunderts vorbehalten.

An der Schwelle vom 19. zum 20. Jahrhundert wurden somit die bildungspolitischen Machtstrukturen geschaffen, die im Wesentlichen bis in die Ära Thatcher unverändert blieben. Dem 1899 eingerichteten zentralen Ministerium (*Board of Education*) oblag die generelle Überwachung des Bildungswesens, während die neu entstandenen lokalen Bildungsbehörden (*Local Education Authorities*) die Aufgabe hatten, die konkreten Erfordernisse in ihrer Region zu regeln. Das Bildungssystem beruhte demnach auf der delikaten Machtbalance zwischen zentralen und lokalen Bildungsbehör-

Local Education Authority (LEA)

Die 1902 geschaffenen Local Education Authorities hatten bis 1988 die Kontrolle über das gesamte Bildungswesen ihrer Region, mit Ausnahme der Universitäten. LEAs waren weitgehend autonom in ihren Entscheidungen, z. B. hinsichtlich der Lehrpläne, der Wahl des Schultyps und der Einstellung von Lehrern. Der Aufstieg der Comprehensive Schools ist nicht zuletzt auf die Macht der LEAs zurückzuführen, die trotz parteipolitischer Querelen und wechselnder Regierungen die Comprehensive School favorisierten. Der Einfluss der LEAs wurde jedoch durch den Education Act von 1988 erheblich eingeschränkt. Eltern erhielten von da an ein größeres Mitspracherecht und Schulen mehr Selbstverantwortung. So konnten sich Schulen mit mindestens 300 Schülern auf Wunsch der Elternmehrheit ihre finanziellen Zuschüsse von der Regierung direkt, also nicht über die LEAs, auszahlen lassen (so genannte *grant maintained schools*) und sich damit der Kontrolle der LEAs in weitem Maße entziehen. Die Labour-Regierung hat seit 1998 versucht, die LEAs modernen Bedürfnissen anzupassen, die Partnerschaft zwischen LEAs und staatlichen Schulen zu optimieren und die LEAs durch Entwicklungspläne (*Education Development Plans*) mit anderen sozialen Einrichtungen zu vernetzen. Damit sollen nicht nur die Bildungsstandards und -chancen verbessert, sondern gleichzeitig Probleme wie Jugendkriminalität, Drogenmissbrauch und Teenagerschwangerschaften bekämpft werden.

den; es war, wie es in einem geflügelten Wort hieß, 'a national service locally administered'; ein System, das freilich den Postulaten der Gesellschaft im 20. Jahrhundert fortwährend angepasst werden musste.

Der 1944 unter Churchills Allparteienregierung verabschiedete Education Act (*Butler Act*) nahm in der Entwicklung eines demokratischen Bildungsideals eine wichtige Schaltfunktion ein. Der damalige Premierminister Churchill begründete die notwendigen Reformen mit einem weitsichtigen, aufschlussreichen Vergleich: Die neuen Weltreiche, so meinte er, seien Weltreiche des Geistes. Deshalb durfte auch die Sekundar- und Weiterbildung nicht länger das Privileg einer Elite sein, sondern musste, wie es die Parolen 'kostenlose Sekundarbildung für alle' (*free secondary education for all*) und 'Chancengleichheit' (*equality of opportunity*) verhießen, allen Menschen, egal welcher Herkunft und Klasse, offen stehen. Dazu sollten das neu geschaffene, noch heute gültige Dreistufenmodell mit Primarbildung (*primary education*, 5–11), Sekundarbildung (*secondary education*, 11–16) und Weiter- bzw. Universitätsbildung (*further and higher education*, ab 16) ebenso beitragen wie eine Auslese zu Beginn der Sekundarbildung.

Allerdings wurden keineswegs alle Ziele der Reform erreicht. So erfüllte sich beispielsweise die Hoffnung auf Chancengleichheit nicht, denn die selektive Eingangsprüfung (*Eleven-plus*), aufgrund deren die Zuordnung zu den drei Sekundar-Schultypen (*grammar school*, *secondary technical school* und *secondary modern school*) erfolgte, war den Kritikern schon bald ein anachronistischer, Statusdenken fördernder Dorn im Auge. Aus dieser Unzufriedenheit erwuchs eine Reform, die das Sekundarsystem revolutionierte und bis heute entscheidend prägte: die Einführung der Comprehensive School. Dieser neue Schultyp erschien vielen Kritikern als Allheilmittel für alle Krankheiten der Sekundarbildung und wurde zum neuen Symbol der Chancengleichheit. Erleichtert wurde diese Reform allerdings auch durch den Regierungswechsel von 1964, denn die Labour Party setzte sich vehement für die Ausweitung der Comprehensive Schools ein, während die Konservativen äußerst skeptisch reagierten. Der bildungspolitische Konsens früherer Jahre zerbrach, und die Diskussion über Selektion und Schultypen wurde zum Zankapfel parteipolitischer Auseinandersetzungen, die bis heute anhalten:

> Education is still subject to party-political and ideological conflicts. Opinion polls suggest that only a minority of parents support comprehensive education and a majority favour a selective and diverse system of schools with entry based on continuous assessment, interviews and choice. (Oakland 2002: 194)

Als besonders reformfreudig, ja revolutionär gilt gemeinhin die Regierungszeit Margaret Thatchers. Doch die Entwicklungslinien, die zu den Bildungsreformen unter Thatcher führten, sind zum Teil schon vorher zu erkennen. So hielt der Labour-Premierminister James Callaghan im Jahre 1976 am Ruskin College in Oxford eine Rede zur Bildungspolitik, in der er bereits eine Reihe von zukünftigen Schlüsselbegriffen vorwegnahm ("core curriculum of basic knowledge", "proper way of monitoring the use of resources", "a proper national standard of performance", "to improve relations between industry and education"; http://education.guardian.co.uk/print/0,3858,4277422–109002, 00.html), die sich dann unter der Thatcher-Regierung in bildungspolitischen Reformen niederschlugen. Einige Kritiker halten deshalb die Reformen unter Thatcher für verspätete Auswirkungen von Callaghans Politik.

Die oft mit harten Bandagen geführte Bildungsdebatte, die von Callaghan initiierte *Great Debate*, hat in den letzten Jahrzehnten zu zahlreichen Reformen geführt, die den Überblick über die sich ständig wandelnde Bildungsszene, die heute der Verantwortung des Department for Education and Skills (DfES) untersteht, enorm erschweren. Ein Kernpunkt dieser Reformen war der epochale Education Act von 1988, durch den die Schulorganisation und die Lehrpläne in starkem Maße zentralisiert wurden. Für die Primar- und Sekundarbildung wurde z.B. ein nationales Curriculum eingeführt, das sich in die Kernfächer (*core subjects*) Englisch, Mathematik, Naturwissenschaften und die Basisfächer (*foundation subjects*) Geschichte, Geographie, Technologie, Musik, Kunst, Sport sowie zusätzlich im Sekun-

Freiheit der Bildung und staatliche Eingriffe

Devolution and Choice
- Assisted Places Scheme, 1980 Education Act
- Reformed Governing Bodies, 1986 Education Act
- City Technology Colleges (CTCs), 1988 Education Reform Act
- Grant Maintained Schools, 1988 Education Reform Act (schools which 'opt out' of local education authority control)
- Local Management of Schools (LMS), 1988 Education Reform Act (devolved budgetary and managerial powers to schools within local education authority system)
- Open Enrolment, 1980 Education Act & 1988 Education Reform Act (facilitating the exercise of parental choice of school place)
- Specialist schools, 1993 Education Act (specialising in specific subject areas)

Centralisation
- National Curriculum, 1988 Education Reform Act
- National Curriculum Council, 1988 Education Reform Act
- National Assessment, 1988 Education Reform Act
- School Examinations and Assessment Council, 1988 Education Reform Act
- Office for Standards in Education (Ofsted), 1992 (Schools) Act
- School Curriculum and Assessment Authority, 1993 Education Act
- Funding Agency for Schools, 1993 Education Act
- Teacher Training Agency, 1994 Education Act
- Qualifications and Curriculum Agency, 1997

(Campbell & Whitty 2003: 102–103)

darbereich eine Fremdsprache gliedert. Durch standardisierte Tests im Alter von sieben, elf und vierzehn Jahren soll die individuelle Leistung anhand allgemein verbindlicher Maßstäbe überprüft werden. Das nationale Curriculum ist allerdings bis heute wegen zahlreicher Schwierigkeiten, vor allem bei der praktischen Umsetzung, ebenso umstritten wie die von Callaghan angestoßene Grundsatzdebatte über 'educational freedom versus state control'.

Das duale System hat hingegen bislang alle Diskussionen und Reformen unbeschadet überstanden, obwohl die staatlichen Schulen mit 94 Prozent unübersehbar dominieren. Das staatliche Schulsystem hat sich in seinen Grundstrukturen in den letzten Jahrzehnten kaum verändert, selbst wenn die Begrifflichkeit nicht immer gleich geblieben ist. So lassen sich die staatlichen Schulen in drei Kategorien einteilen: Die Gemeindeschulen (*community schools*) unterstanden früher der Kontrolle und Finanzierung durch die LEAs; die Basisschulen (*foundation schools*) umfassen vor allem Schulen, die direkt von der Regierung finanziert werden; die freien Schulen (*voluntary schools*) stehen oft in Verbindung mit einer bestimmten Glaubensrichtung.

Die Vorschulerziehung (*pre-school education*, 2–5), die lange Zeit einen sehr schlechten Ruf genoss, soll in Zukunft enorm ausgeweitet werden, damit alle Kinder schon bei Schulbeginn über Grundkenntnisse in Lesen, Schreiben und Rechnen verfügen. Im Sekundarbereich hat sich die Comprehensive School allem parteipolitischen Gerangel zum Trotz zur Regelschule entwickelt. Heute besuchen etwa 88 Prozent der 3,3 Mio. staatlichen Schüler in England und alle 212 000 in Wales Comprehensive Schools, denen eine verschwindend geringe Anzahl von Grammar Schools und – unseren Hauptschulen vergleichbare – Secondary Modern Schools gegenübersteht. Der Diversität des Angebots im Sekundarbereich soll durch neue Bildungseinrichtungen Rechnung getragen werden. So gibt es inzwischen über ganz England verstreut 14 City Technology Colleges (CTCs) in städtischen Gebieten, die sich auf Naturwissenschaften und Technologie konzentrieren (vgl. Abb. 34).

Das private Schulsystem hat seine Stellung aller Kritik und allen Unkenrufen zum Trotz behauptet. Die Zahl der Independent Schools, die sich durch hohe Schulgebühren – oft etliche Tausend Pfund im Jahr – finanzieren, belief sich im Jahr 2001/02 auf 2156 in England, 56 in Wales, 122 in Schottland und 25 in Nordirland. All diese im Independent Schools Council vereinten Schulen leben nicht zuletzt vom Renommee der elitären, schon im Mittelalter gegründeten Public Schools, deren heute irreführender Name sich dadurch erklärt, dass diese Schulen ursprünglich in der Tat öffentlich zugänglich waren. Die Schüler kamen aus ganz England, nicht nur aus der unmittelbaren Umgebung der Schulen, und erhielten zum Teil sogar kostenlosen Unterricht. Winchester, Eton, Rugby und Harrow zählen zu den berühmtesten Public Schools, aus denen sich seit dem 19. Jahrhundert, vor allem nach den auf Charakterbildung ausgerichteten Reformen Thomas Arnolds, die Führungsschichten des Empire rekrutierten.

Eine dieser Persönlichkeiten war niemand anders als Winston Churchill, der jedoch in seiner Autobiographie *My Early Life* seine Aufnahmeprüfung in Harrow mit ironischer Distanz kommentiert:

I had scarcely passed my twelfth birthday when I entered the inhospitable regions of examinations, through which for the next ten years I was destined to journey. These examinations were a great trial to me. [...] This was especially true of my Entrance Examination to Harrow. The Headmaster, Dr. Welldon, however, took a broad-minded view of my Latin prose: he showed discernment in judging my general ability. This was the more remarkable, because I was found unable to answer a single question in the Latin paper. I wrote my name at the top of the page. I wrote down the number of the question 'I'. After much reflection I put a bracket round it thus '(I)'. But thereafter I could not think of anything connected with it that was either relevant or true. Incidentally there arrived from nowhere in particular a blot and several smudges. I gazed for two whole hours at this sad spectacle: and then merciful

Number of schools by type in the UK, 2001/02		Number of pupils by school type in the UK, 2001/02	
Type of school	Number	Type of school	Thousands
State nursery	3,214	State nursery	149
State primary	22,798	State primary	5,246
State secondary	4,306	State secondary	3,948
of which specialist schools	685		
Non-maintained schools	2,403	Non-maintained schools	633
Special schools	1,480	Special schools	112
Pupil referral units	337	Pupil referral units	10
All schools	**34,538**	**All Schools**	**10,100**

Abb. 34: Department for Education and Skills, National Assembly for Wales, Scottish Executive and Northern Ireland Department of Education; Office for National Statistics 2002: 103–104.

ushers collected my piece of foolscap with all the others and carried it up to the Headmaster's table. It was from these slender indications of scholarship that Dr. Welldon drew the conclusion that I was worthy to pass into Harrow. It is very much to his credit. It showed that he was a man capable of looking beneath the surface of things: a man not dependent upon paper manifestations. (Churchill 1987: 15–16)

Zur Ehrenrettung der Public Schools sei gesagt, dass ihr heutiges Aufnahmeritual über solche Kritik erhaben ist und hohe Anforderungen stellt.

Schaut man sich die Zahl aller Schulabsolventen an, so scheint es, als habe das demokratische Bildungsideal das elitäre endgültig abgelöst, doch in Wirklichkeit hat der private Sektor immer noch ein sehr starkes Gewicht. Die ca. 250 Public Schools genießen auch heute noch den Ruf von Eliteschulen par excellence, selbst wenn sie wegen ihrer Exklusivität häufig angefeindet werden. Schließlich können sie wegen ihrer enormen Kosten nur von gesellschaftlich Privilegierten besucht werden, doch sind ihre Absolventen sowohl bei den Universitäten Oxford und Cambridge als auch in Politik und Wirtschaft deutlich überrepräsentiert. Allerdings verdanken die Public Schools ihren guten Ruf nicht nur ihrer elitären Stellung und Tradition, sondern auch ihrer Unterrichtsqualität, die durch hervorragende, meist gut bezahlte Lehrer garantiert wird. Deshalb ist nach Jahrzehnten der Labour-Kritik zur Zeit auch keine Rede mehr davon, den privaten Sektor abzuschaffen. Um jedoch die Abstimmung zwischen staatlichem und priva-

Prüfungen und akademische Grade

Eleven-plus: Selektive Prüfung in Englisch, Mathematik und Allgemeinwissen im Alter von 11 Jahren eingangs der Sekundarstufe. Aufgrund der Dominanz der Comprehensive Schools spielt diese Prüfung heute nur dort eine Rolle, wo Grammar Schools nach dem alten System bestehen.

General Certificate of Secondary Education (GCSE): 1988 eingeführte Abschlussprüfung am Ende des ersten Teils der Sekundarstufe (11–16), etwa dem Qualifizierten Hauptschulabschluss vergleichbar. Die Prüfung wird im Schnitt in sechs bis sieben individuell wählbaren Fächern abgelegt – darunter meist Englisch, Naturwissenschaften und eine Fremdsprache –, für jedes Fach einzeln auf einer Notenskala von A bis G zertifiziert und berechtigt zum Besuch des zweiten Teils der Sekundarstufe (16–18).

General Certificate of Education Advanced Subsidiary (AS) und Advanced (A) Level: In den letzten beiden Schuljahren (*sixth form*), die ungefähr der Kollegstufe entsprechen, erwerben die Schüler im ersten Jahr AS Levels und im zweiten Jahr die seit 1951 bestehenden A Levels (Notenskala A bis E), die zum Besuch der Universität und zu verschiedenen Formen der Fachausbildung berechtigen. Die 1988 eingeführten AS Levels (etwa die Hälfte eines A Level) sollten einer zu starken Spezialisierung auf Kosten der Allgemeinbildung vorbeugen. Sie können mit den A Levels, bei denen die Schüler große Wahlfreiheit haben, kombiniert werden. Die Universitäten suchen sich ihre Absolventen aufgrund der Anzahl der A Levels, der dort erzielten Noten und universitärer Eingangsprüfungen bzw. -interviews aus.

Bachelor und Master: Der Bachelor bildet den Abschluss (*first degree*) des im allgemeinen drei- bis vierjährigen Studiums (*undergraduate studies*). Die bekanntesten sind Bachelor of Arts (B.A., Geisteswissenschaften), Bachelor of Science (B.Sc., Naturwissenschaften) und Bachelor of Education (B.Ed., Erziehungswissenschaften). Nach ein bis zwei weiteren Forschungsjahren (*postgraduate studies*) kann als nächsthöherer akademischer Grad der Master erworben werden, z.B. Master of Arts (M.A.) und Master of Science (M.Sc.).

Doctor of Philosophy (Ph.D. oder D.Phil.), Doctor of Science (D.Sc.), Doctor of Divinity (D.D.), Doctor of Laws (LL.D.): der höchste akademische Grad einer britischen Universität, der frühestens nach etwa drei Jahren Forschungsarbeit verliehen wird. Eine der deutschen Habilitation entsprechende Qualifikation existiert nicht.

tem Schulsystem zu optimieren, wurde 1997 ein Partnerschaftsabkommen (*Independent/State School Partnership*) geschlossen, das sowohl einzelne Projekte fördern als auch dem generellen Erfahrungsaustausch dienen soll.

Versucht man, die gegenwärtige Situation zu bilanzieren, so ist das Niveau der schulischen Ausbildung recht unausgeglichen. Der Primarbildung wird international eine hohe Qualität bescheinigt. Nach den Studien der Organization for Economic Co-operation and Development (OECD) schneidet das UK als Zweite in den Bereichen Mathematik und Naturwissenschaften sowie als Dritte beim Lesen hervorragend ab. Die Sekundarbildung kann sich damit jedoch nicht messen und weist noch erhebliche Defizite auf. Ein weiteres gravierendes Problem stellt der Lehrermangel dar, dem die Regierung mit verschiedenen Maßnahmen zu begegnen sucht. So wurde all jenen Lehrern ein "golden hello" von £ 4000 versprochen, die sich in Fächern mit Lehrermangel ausbilden lassen und dann in diesen Fächern auch unterrichten.

8.2 *Oxbridge* und *Redbricks:* Die Universitäten

Die britischen Universitäten lassen sich recht übersichtlich nach ihrer historischen Entstehung gruppieren; darin spiegelt sich zugleich die Ausweitung der höheren Bildung und somit ihre Demokratisierung wider. Die erste Phase in diesem Prozess stellen die mittelalterlichen Universitäten in England und Schottland dar, mit Oxford (ca. 1167), Cambridge (1209), St Andrews (1411), Glasgow (1450) und Aberdeen (1494) als historischen Spitzen. Oxford und Cambridge, "die ungleichen Zwillinge", "Dioskuren wie Kastor und Pollux" (Sager 2003: 11), zählen zu den ältesten Universitäten auf der Welt. Oxford wird als ältere der beiden Universitäten meistens zuerst genannt, während Cambridge pikanterweise von abweichlerischen Studenten aus Oxford gegründet wurde. Heute werden beide Universitäten trotz ihrer historischen Rivalität oft in einem Atemzug als Oxbridge bezeichnet – eine Wortschöpfung des viktorianischen Romanciers William Makepeace Thackeray, der seinen Protagonisten Pendennis im gleichnamigen, 1848–50 in Fortsetzungen erschienenen Roman auf die berühmte Universität Oxbridge schickt, die nach Thackeray genauso gut Camford heißen könnte. Oxbridge schöpft sein akademisches Potenzial nicht zuletzt aus den Public Schools, und alle zusammen sind Teile des Establishment, d.h. Institutionen, die unabhängig von den jeweiligen Regierungen einen enormen gesellschaftlichen Einfluss haben. So ist mit der Zeit ein Netzwerk an Kontakten und Einflüssen entstanden (*the old boy network*), das der Gesellschaft als unentbehrliches Reservoir für ihre Führungskräfte dient. Obwohl nur eine vergleichsweise geringe Anzahl von Studierenden diese beiden Universitäten besucht, dominieren ihre Absolventen als Eliten in Politik, Industrie, Verwaltung und Rechtswesen, ähnlich wie bei den Grandes Écoles in Frankreich.

Die Sonderstellung von Oxbridge geht historisch auf ihre Colleges zurück, und die Namen der berühmtesten von ihnen zergehen Kennern auf der Zunge. Auf Oxfords Seite ließen sich beispielsweise University College (1249), Balliol (1262), Magdalen (1458) oder Christ Church (1546) nennen;

Abb. 35: *Town and gown* in Oxford. *Town* (Stadt) und *gown* (Talar) verweisen auf das Neben- bzw. Gegeneinander von einheimischer Bevölkerung und Universität. Nicht selten kam es zwischen *town and gown*, die ursprünglich auch räumlich getrennt waren, zu handfesten Auseinandersetzungen.

Cambridge hat als Pendants Corpus Christi (1352), King's College (1441) oder Trinity College (1546) zu bieten. Der Ruf der beiden Universitäten gründet sich allerdings auf unterschiedliche Forschungsbereiche. Oxford zeichnete sich besonders in der Philosophie und in den Geisteswissenschaften aus und war lange Zeit ein Hort des Katholizismus. Cambridge hingegen, Zentrum des Protestantismus, verdankt sein Ansehen bis heute vor allem den Naturwissenschaften. So war beispielsweise Isaac Newton von 1673 bis 1702 Professor in Cambridge, und heute finden sich im Großbereich Cambridge viele innovative High-Tech-Gründungen.

Zwischen den beiden Universitäten besteht neben der akademischen auch eine sportliche Rivalität, die außer im Cricket vor allem in dem seit 1829 ausgetragenen *boat race* Ausdruck findet. Alljährlich findet Ende März auf der Themse zwischen den Londoner Stadtteilen Putney und Mortlake das traditionelle Ruderduell zwischen den Achtern von Oxford (*dark blue*) und Cambridge (*light blue*) statt; ein bizarres Kräftemessen, dessen sportlicher Wert – die Bilanz des Rennens ist in etwa ausgeglichen – von Prestigedenken und Kuriositäten überlagert wird: gesunkene Boote, ein totes Rennen und eine zehnjährige Erfolgssträhne der Crew aus Oxford, die erst 1986 von fast traumatisierten Mannen aus Cambridge unterbrochen wurde. Während gesellschaftlich die Vertreter von Oxbridge 'in einem Boot' zu sitzen scheinen, lebt die alte Rivalität sportlich auf jeden Fall weiter.

Die zweite Gruppe der Universitäten wird von den so genannten *redbrick universities* gebildet, häufig wegen ihrer städtisch-bürgerlichen Bindungen auch *civic universities* genannt. Sie entstanden als Folge der Industriellen Revolution zwischen 1850 und 1930, sollten den erweiterten Bildungsansprüchen Rechnung tragen und finden sich deshalb vor allem in Industriestädten wie Leeds, Liverpool und Manchester. Der Name dieser Universitäten geht auf ihre Backsteinbauweise zurück, die einen – oft negativ gedeuteten – Kontrast zur Natursteinarchitektur (*mellow grey stone*) von Oxford und Cambridge darstellt.

Die dritte Gruppe umfasst die neuen, vor allem nach dem Zweiten Weltkrieg gegründeten Universitäten, die bestimmten Regionen zugeordnet sind, wie beispielsweise die Universitäten von Sussex in Brighton, East Anglia in Norwich und Kent in Canterbury. Diese Universitäten lassen sich hinsichtlich ihrer regionalen Verankerung, ihres äußeren Erscheinungsbildes als Beton- oder Spiegelglas-Universitäten (*concrete* bzw. *plateglass universities*) oder ihrer strukturellen und inhaltlichen Neuorientierung mit ähnlichen Entwicklungen in der Bundesrepublik Deutschland vergleichen (Bielefeld, Bochum, Essen, Duisburg, Konstanz, Passau). So ist beispielsweise die University of Sussex in verschiedene *schools* gegliedert (z.B. School of Humanities, School of Social Sciences and Cultural Studies), die sich durch interdisziplinäre Lehre und Forschung international hohes Ansehen erworben haben.

Als vierte Gruppe sind die ehemaligen Polytechnika (*polytechnics*) zu nennen, die einen zweiten Pfeiler im britischen Hochschulwesen darstellten und mit Modifikationen den deutschen Fachhochschulen vergleichbar waren. Zusammen mit einigen anderen Colleges erhielten die Polytechnics 1992 gleichfalls den Status von Universitäten und konnten entsprechende akademische Grade verleihen.

Then and Now

In 1952 there were 17 universities in England, 1 in Wales, 4 in Scotland and 2 in Northern Ireland. In 2002 the figures were 72, 2, 14 and 2 respectively. A number of new universities were endowed in the 1960s and 1970s. The number of universities increased considerably after 1992, when polytechnics were given degree awarding powers and were allowed to call themselves universities as a result of the *Further and Higher Education Act 1992*. In 2000/01 there were just over 2 million students in full- or part-time higher education, compared with around 222,000 in the mid-1950s. (Office for National Statistics 2002: 112)

Im Bereich der Further Education und Higher Education ist also nach dem Zweiten Weltkrieg ein gewaltiger Aufschwung zu verzeichnen. In den siebziger Jahren gesellten sich sogar noch die Colleges of Higher Education hinzu, die eine stark berufsbezogene Komponente enthielten, zum Teil speziell der Lehrerbildung dienten und eine breite Palette an Abschlüssen offerierten.

Eine Bildungsinstitution sollte in diesem Zusammenhang besonders erwähnt werden: die 1969 in Milton Keynes errichtete Open University, des Labour-Premierministers Harold Wilson liebstes Kind. Sie fällt deshalb aus dem Rahmen, weil sie keine formalen Zulassungsvoraussetzungen verlangt, also keine Abschlussqualifikationen in Form von A Levels. Wie bei deutschen Fernuniversitäten erwerben die Studierenden ihre Abschlüsse durch das Studium in einem Medienverbund, der Buchmaterial, Radio- und Fernsehsendungen sowie die Teilnahme an Sommerkursen einschließt. Inzwischen nutzen ca. 200 000 Studierende sogar die Möglichkeiten des Internet und nehmen an den Kursen online teil.

Die Open University musste sich ihren guten Ruf erst mühsam erarbeiten und wurde anfangs oft belächelt. Ein fiktionales Beispiel dafür ist der etablierte Universitätsdozent Frank in Willy Russells Drama *Educating Rita* (1981), der nur aus finanziellen Motiven Kurse an der Open University übernommen hat und sich über diese neue Form der Weiterbildung lustig macht:

Frank […] I've got this Open University Woman coming, haven't I? […] Yes, I probably go to the pub afterwards, I shall need to go to the pub afterwards, I shall need to wash away the memory of some silly woman's attempts to get into the mind of Henry James or whoever it is we're supposed to study on this course. (Russell 1984: 8)

Seine Schülerin Rita, eine Friseuse, die ihre zweite Bildungschance trotz großer Schwierigkeiten nutzt, teilt anfangs die skeptische, abschätzige Haltung ihres Lehrers:

Rita […] You work for the ordinary university, don't y'? With the real students. The Open University's different, isn't it?
Frank It's supposed to embrace a more comprehensive studentship, yes.
Rita (inspecting a bookcase) Degrees for dishwashers. (Russell 1984: 10)

Ganz im Gegensatz zur zunächst skeptischen Einschätzung in diesem Dialog liest sich die Geschichte der Open University wie eine einzigartige Erfolgsstory: kosteneffektiv, motivationsfördernd, vorbildhaft für andere Länder – so hat diese Universität seit Aufnahme ihrer Kurse ihre Existenz mehr als gerechtfertigt.

Nach dem Urteil der OECD hat Großbritannien eines der besten Universitätssysteme auf der ganzen Welt und hätte demnach allen Grund, stolz zu sein. In England besucht knapp ein Drittel der nicht mehr Schulpflichtigen eine Universität oder ähnliche Einrichtung; in Schottland (45 Prozent) und Nordirland (44 Prozent) liegt die Zahl sogar noch höher. Die Austauschprogramme mit der EU werden jedes Jahr von etwa 9000 Studierenden wahrgenommen. Allerdings wird das Gesamtbild dadurch getrübt, dass die Labour-Regierung 1998 viele Stipendien durch Darlehen ersetzt hat und damit erneut die Gefahr einer klassenbedingten Privilegierung heraufbeschwört, obwohl die offiziellen Zahlen dies noch nicht bestätigen.

Es ist offensichtlich, dass sich die Funktion von Bildung im 20. Jahrhundert mehrfach wandelte und ideologisch nachhaltig beeinflusst wurde. Zunächst dominierten die aristokratische und die bürgerliche Ideologie, die Charakterformung und klassische Bildung betonten (Public Schools) oder eine spezielle Bildung für höhere Berufe favorisierten (Grammar Schools). Nach dem Zweiten Weltkrieg herrschte dann die demokratische Ideologie vor, während in den letzten Jahrzehnten Bildung zunehmend unter gesellschafts- und arbeitsmarktpolitischen Aspekten, also als Schlüssel für wirtschaftlichen Erfolg und Fortschritt, betrachtet wurde (*manpower planning*). Bildung verlagerte sich von den Bedürfnissen des Einzelnen stärker auf die der Gesellschaft, und dementsprechend verstärkte sich die zentrale Kontrolle über das Bildungswesen. Kritiker monieren deshalb, dass sich Bildung nicht ausschließlich an den marktpolitischen Bedürfnissen einer *enterprise culture* orientieren dürfe, sondern akademische, technische und berufsbezogene Aspekte gleichermaßen berücksichtigen müsse. Bedenkt man die allseits zu beobachtenden Kürzungen aus Kostengründen, so wird klar, dass dem Bildungswesen in Zukunft noch mehrere Reformen bevorstehen dürften, zumal Tony Blair dem Ausbau eines leistungsfähigen Bildungssystems weiterhin Priorität einräumt:

> I see the Government's education crusade as something in which we all have a stake, and in which we all have a part to play. Get it right, and our children will learn more and earn more. The world of learning is the passport to fulfilment in the 21st century, and all our children must have that passport. (Oakland 2001: 206–207)

Dieses Ziel, das trotz aller Versprechen noch längst nicht erreicht ist, soll nun mit einem Bündel sich ergänzender Maßnahmen verstärkt in Angriff genommen werden: Qualitätskontrollen, um Minderleistungen weitgehend abzustellen, Innovationen und Investitionen sowie Flexibilität, um optimale Ergebnisse zu erzielen. Dazu erforderlich ist auch die richtige Balance zwischen möglichst unabhängigen, flexiblen Bildungseinrichtungen und sorgfältiger staatlicher Lenkung; eine Balance, wie sie Großbritannien im vergangenen Jahrhundert lange Zeit erfolgreich praktiziert hat.

8.3 Der Beveridge-Report und seine Folgen

Social Insurance and Allied Services (Beveridge Report)

6. In proceeding from this first comprehensive survey of social insurance to the next task – of making recommendations – three guiding principles may be laid down at the outset.
7. The first principle is that any proposals for the future, while they should use to the full the experience gathered in the past, should not be restricted by consideration of sectional interests established in the obtaining of that experience. Now, when the war is abolishing landmarks of every kind, is the opportunity for using experience in a clear field. A revolutionary moment in the world's history is a time for revolutions, not for patching.
8. The second principle is that organisation of social insurance should be treated as one part only of a comprehensive policy of social progress. Social insurance fully developed may provide income security; it is an attack upon Want. But Want is one only of five giants on the road of reconstruction and in some ways the easiest to attack. The others are Disease, Ignorance, Squalor and Idleness.
9. The third principle is that social security must be achieved by co-operation between the State and the individual. The State should offer security for service and contribution. The State in organising security should not stifle incentive, opportunity, responsibility; in establishing a national minimum, it should leave room and encouragement for voluntary action by each individual to provide more than that minimum for himself and his family.
10. The Plan for Social Security set out in this Report is built upon these principles. It uses experience but is not tied by experience. It is put forward as a limited contribution to a wider social policy, though as something that could be achieved now without waiting for the whole of that policy. It is, first and foremost, a plan of insurance – of giving in return for contribution benefits up to subsistence level, as of right and without means test, so that individuals may build freely upon it.
(http://www.weasel.cwc.net/beveridge.htm)

Dass Bildungssystem und Wohlfahrtsstaat oft im selben Zusammenhang behandelt werden, hat historische und sachliche Gründe. Als Großbritannien noch unter den von Churchill prophezeiten "blood, toil, tears and sweat" (Churchill 1990: 149) litt, legte im November 1942 eine von dem liberalen Sozial- und Wirtschaftspolitiker William Beveridge geleitete Kommission einen Plan zur Erneuerung der Social Services vor, den so genannten Beveridge Report. Dieser revolutionäre Plan ("a revolutionary moment in the world's history is a time for revolutions, not for patching") machte es sich zur Aufgabe, fünf Grundübel zu bekämpfen: "Want", "Disease", "Ignorance", "Squalor" und "Idleness". Beveridges umfassendes Modell führte zu einer völligen Revision der Sozialversicherung und legte dabei den Begriff *welfare* sehr weit aus. Demnach stand die Bildung (*education*) als

Mittel gegen die Unwissenheit (*ignorance*) gleichberechtigt neben den im engeren Sinne wohlfahrtsstaatlichen Aufgaben, die durch den staatlichen Gesundheitsdienst und die Sozialversicherung übernommen wurden: die Beseitigung der Armut, die Vorsorge gegen Krankheit, Unfall und Arbeitslosigkeit sowie die Altersversicherung. Dieses Modell, ein Meilenstein in der Entwicklung des britischen Wohlfahrtsstaates, wurde zum zentralen Bestandteil der Konsensuspolitik nach dem Zweiten Weltkrieg. Interessant ist in diesem Zusammenhang auch der Verweis auf die privaten Leistungen des Einzelnen über die staatliche Grundversorgung hinaus ("co-operation between the State and the individual", "voluntary action by each individual"), die in der öffentlichen Diskussion um die Verantwortung des Einzelnen unter Thatcher und Blair erneut in den Mittelpunkt der Aufmerksamkeit rückten.

Die Errungenschaften des modernen Wohlfahrtsstaates, dessen Systeme in Großbritannien und in Deutschland große Ähnlichkeiten aufweisen, gelten in unserer zivilisierten Welt meistens als selbstverständlich. Es bedarf keiner Diskussion, dass der Staat den Einzelnen unterstützt, wenn er in Not gerät oder wenn sein Existenzminimum nicht mehr gesichert ist. Ebenso selbstverständlich ist es, dass uns ein ausgeklügeltes Versicherungssystem gegen Krankheit, Unfall oder Arbeitslosigkeit schützt. Wir denken allenfalls darüber nach, wie sich dieses System noch verfeinern lässt, wie man seinen Missbrauch verhindern oder die enormen Kosten gerecht verteilen kann. Doch von den Anfängen staatlicher Fürsorge bis zur heutigen Diskussion über Leistungsfähigkeit und Grenzen des prinzipiell unumstrittenen Wohlfahrtsstaates war es ein weiter und beschwerlicher Weg.

Schon seit der Einführung des Armenrechts (*poor law*) unter Elizabeth I im Jahre 1601 wurden in England bedürftige Menschen durch die Gemeinde bzw. durch den Staat unterstützt, allerdings nur in sehr geringem Maße. Armut galt in erster Linie als selbstverschuldet; deshalb sah der Staat zunächst nur wenig Anlass einzugreifen, er verließ sich vielmehr weitgehend auf das Prinzip der Selbsthilfe. Ursprünglich nahmen sich daher vor allem die Kirche und die verschiedenen Wohlfahrtsorganisationen der Armenfürsorge an.

Durch die steigende Verarmung vieler Menschen in der Industriellen Revolution wurde eine Reform des Armenrechts im 18. und 19. Jahrhundert unumgänglich. So passte beispielsweise das 1795 eingeführte Speenhamlandsystem das Armenrecht den veränderten sozialen Bedingungen an und legte als Basis für eine Unterstützung den Brotpreis zugrunde, während der Poor Law Amendment Act von 1834 die Bedingungen für den Empfang des Armenrechts erheblich verschärfte und u.a. ein Armenhaus (*workhouse*) vorsah, in dem arbeitsfähige Arme als Gegenleistung für ihre äußerst bescheidene Unterbringung und Verpflegung unbezahlte Arbeit verrichten mussten. Armut blieb auch weiterhin ein Stigma, zu dessen Beseitigung der Staat nur wenig beitrug.

Zahlreiche Zeitgenossen, Schriftsteller wie z.B. Charles Dickens in *Oliver Twist* oder engagierte Politiker, legten Zeugnis von den entwürdigenden Zuständen in diesen Armenhäusern ab. Charles Younge, der Vorsitzende des Board of Guardians in Sheffield, beschrieb die Strategie der Armenhäuser folgendermaßen:

The great object of the poor law board is to ensure a constant unvarying and efficient discipline during the entire residence of the pauper within the workhouse. He rises to the minute; he works to the minute; he eats to the minute. He must be clean, respectful, industrious and obedient. In short the habits inculcated in the house are precisely those the possession of which would have prevented his becoming an inmate. The pauper naturally enough concludes that the relief he receives in the workhouse is a very inadequate return for the surrender of his liberty – the full occupation of his time – the value of his labour – the humiliation he must endure in being associated with some of the depraved and abandoned members of the community and the painful consciousness that he has lost all self reliance and self respect. Who can wonder that the honest poor should make every effort to keep out of the workhouse? (Fraser 1986: 260)

Das Armenrecht und die Fortschritte im Gesundheitswesen – 1848 wurde das erste Gesundheitsgesetz (*Public Health Act*) erlassen, das die katastrophalen sanitären Zustände in den Städten verbessern sollte – waren freilich nur bescheidene Vorboten des modernen Wohlfahrtsstaates, dessen Anfänge bis in die spätviktorianische Zeit zurückreichen. Wie Bismarck seit Anfang der 1880er Jahre im Deutschen Reich die Sozialgesetzgebung vorantrieb, so ergriff nur kurze Zeit später auch in Großbritannien der Staat immer mehr die Initiative, um das Individuum gegen unverschuldete Schicksalsschläge abzusichern. Die Arbeiterentschädigung (*Workmen's Compensation Acts*) von 1897 war das erste Zeichen einer neuen Sozialpolitik; wenige Jahre später folgten die beitragsfreie Altersrente (*non-contributory old-age pension*), die Arbeitslosenversicherung (*unemployment insurance*), beide im Jahre 1908, und schließlich die beitragspflichtige Krankenversicherung (*contributory health insurance*) im Jahre 1912. Die staatliche Fürsorge für das Individuum, die seit der Jahrhundertwende zu einem zentralen Ziel der Politik avancierte, schlug sich nun zwar in einem stetigen Ausbau des sozialen Netzes nieder, doch fügten sich all diese sozialpolitischen Maßnahmen noch nicht zu einem geschlossenen System zusammen, das allen Menschen zugute kam.

Am Auf- und Ausbau des Wohlfahrtsstaates wirkten seit dem Ende des 19. Jahrhunderts alle Parteien tatkräftig mit. Als Erste nahmen sich in England die Liberalen der sozialen Frage an, während sich die Konservativen in verstärktem Maße nach dem Ersten Weltkrieg für den sozialen Fortschritt einsetzten; die Koalitionsregierung unter Winston Churchill stellte dann mit dem Beveridge Report im Zweiten Weltkrieg die Weichen für die weitere Entwicklung nach 1945, und der Labour Party blieb es schließlich vorbehalten, unter Clement Attlee als Premierminister (1945–51) den Wohlfahrtsstaat zu einem umfassenden System auszubauen und Beveridges Prinzip, dass jeder Bürger einen Anspruch auf staatliche Sozialleistungen und soziale Absicherung hat, zu verwirklichen. Die Modernisierung des *welfare state* ist somit eng verknüpft mit der Konsensuspolitik aller beteiligten Parteien.

Aus moderner Sicht lässt sich der Begriff *welfare* enger oder weiter definieren: Im engeren Sinne ist darunter der Schutz des Individuums gegen Unfall, Krankheit und Arbeitslosigkeit sowie die Altersvorsorge zu verstehen; im weiteren Sinne umfasst *welfare* hingegen auch Bereiche wie Wohnungsbau, Städteplanung und Bildung. So gesehen, liegt dem britischen Wohlfahrtsstaat eine eher weite Vorstellung von *welfare* zugrunde. In diesem Zusammenhang verdient eine Reihe von Reformen Erwähnung, die dem Wohlfahrtsstaat sein modernes Gepräge verliehen haben.

Da kinderreiche Familien erfahrungsgemäß mehr unter Armut zu leiden hatten und die Geburtenrate in Großbritannien nach dem Krieg sehr niedrig war, sollte das staatliche Familiengeld (*Family Allowances Act*, 1946) die Situation der Familien verbessern. Das Gesetz gegen Personenschäden (*National Injuries Act*, 1946), das die seit 1897 bestehenden Workmen's Compensation Acts ablöste, bot allen Arbeitnehmern Schutz gegen aus ihrer Arbeit resultierende Unfälle, Verletzungen oder Arbeitsunfähigkeit. Die staatliche Unterstützung (*National Assistance Act*, 1948), durch die faktisch das Armenrecht abgeschafft wurde, war für all jene Menschen gedacht, die keinen anderen Anspruch auf Sozialleistungen hatten. Allerdings mussten sie sich zuvor einem recht erniedrigenden Verfahren, dem Bedürftigkeitstest (*means test*), unterziehen.

Auch im Bereich des Wohnungsbaus versuchte die Regierung, die 1945 bestehende gravierende Wohnungsknappheit durch gesetzliche Maßnahmen zu beheben. Die 1946 und 1948 erlassenen Housing Acts sollten den sozialen Wohnungsbau (*council houses*) ankurbeln, der Town and Country Planning Act von 1947 verpflichtete die Kommunen, umfassende Entwicklungspläne vorzulegen, und der New Towns Act von 1946 sah die Gründung zahlreicher neuer Städte vor – als erste Stevenage nördlich von London –, welche die Ballungszentren, vor allem die Hauptstadt London, entlasten sollten.

Als Kernstück der nach dem Krieg eingeleiteten Sozialreformen dürfen jedoch zwei Gesetze gelten, die die Sozialversicherung und das Gesundheitswesen, die beiden Eckpfeiler des britischen Wohlfahrtsstaates, neu gestalteten: die 1946 verabschiedete und 1948 in Kraft getretene Sozialversicherung (*National Insurance Act*) sowie der staatliche Gesundheitsdienst (*National Health Act*, in England und Wales 1946, in Schottland 1947 und in Nordirland 1948 eingeführt). Der National Insurance Act knüpfte an bereits bestehende Gesetze an und zielte darauf ab, ein nationales Versicherungssystem zu schaffen, das Arbeitsunfähigkeit und Arbeitslosigkeit, Altersversorgung, Witwenschaft und Todesfälle umfasste. Arbeitnehmer, Selbstständige, Arbeitgeber und der Staat, sie alle zahlten Pflichtbeiträge in den damals vom Department of Health and Security verwalteten nationalen Versicherungsfonds ein.

Weitaus revolutionärer war jedoch die Einführung des staatlichen Gesundheitsdienstes (*National Health Service*), der die private Gesundheitsfürsorge durch ein nationales System ersetzte, wie es im Weißbuch *A National Health Service* von 1944 vorgeschlagen worden war:

> The government want to ensure that in future every man, woman and child can rely on getting all the advice and treatment and care they may need in matters of personal health; that what they shall get shall be the best medical and other facilities available; that their getting these shall not depend on whether they can pay for them or any other factor irrelevant to the real need. (http://society.guardian.co.uk/print/0,3858,4699639–1081. 92,00.html)

Zwar stieß der National Health Service bei den Ärzten, die um ihre Privilegien fürchteten, auf heftigen Widerstand, doch in der Praxis erwies sich die Idee, allen Menschen ungeachtet ihrer Herkunft und ihres Einkommens staatlicherseits eine kostenlose Gesundheitsfürsorge zur Verfügung zu stellen, als äußerst effektiv und als hervorragende Investition für die Zukunft. Im Übrigen entsprach das Prinzip der freien medizinischen Behandlung auch den demokratischen Tendenzen, wie sie in anderen Bereichen zu beobachten waren, beispielsweise in der Bildungspolitik mit dem Motto 'free secondary education for all'. Allerdings schnellten die Kosten schon bald so in die Höhe, dass sich die Regierung ab 1957 gezwungen sah, vom Prinzip der völlig kostenlosen Versorgung wieder abzurücken und die Patienten Schritt für Schritt an den steigenden Kosten zu beteiligen.

Die Briten durften in der Tat stolz darauf sein, unmittelbar nach dem Krieg, in einer Zeit großer Entbehrungen und wirtschaftlicher Schwierigkeiten, dem so genannten *age of austerity*, einen zukunftsweisenden Wohlfahrtsstaat geschaffen zu haben, der auch anderen Ländern als Vorbild diente und allen Briten einen umfangreichen Versicherungsschutz gewährte.

8.4 Vom Wohlfahrtsstaat zur *Workfare*-Gesellschaft

Das System des britischen Wohlfahrtsstaates wurde zwar in den sechziger und siebziger Jahren immer weiter verfeinert, blieb aber in seinen Grundprinzipien unangetastet. Erst mit dem Ende der Konsensuspolitik verschärfte sich auch die Diskussion über den Wohlfahrtsstaat, und es kommt gewiss nicht von ungefähr, dass sich mit dem Beginn der Ära Thatcher die kritischen Stimmen mehrten, die eine grundlegende Reform des Wohlfahrtsstaates forderten. Der Thatcher-Ideologie entsprechend, sollte das Individuum durch die Übernahme von mehr Eigenverantwortung den Staat entlasten; außerdem sollte das Wohlfahrtssystem marktgerechter und effizienter operieren, um die staatlichen Ausgaben einzudämmen. Die Leitbegriffe der Reform unter den konservativen Regierungen von 1979 bis 1997 lauteten deshalb: *individual responsibility*, *market ideology* und *better targetting*. Mehr private Vorsorge statt staatlicher Fürsorge – dieses Prinzip sollte sowohl im Gesundheitswesen als auch in der Sozialversicherung Geltung haben. In der Praxis bedeutete dies: private Krankenversicherungen zur Entlastung des National Health Service, zudem die Möglichkeit, von der staatlichen verdienstbezogenen Altersversorgung (*State Earnings-Related Pension Scheme*) auf eine private umzusteigen. So hatten im Jahre 2001 bereits 6,7 Millionen Briten eine private Krankenversicherung.

Für eine marktgerechtere und zielorientiertere Verteilung der Mittel sollte auch eine Reform der administrativen Struktur sorgen, die einen Großteil der Verantwortung dezentralisierte und lokalen Gesundheitsbehörden (*health authorities*) sowie Ärzten mehr Entscheidungsfreiheit bei der Verwendung der ihnen zugestandenen Budgets einräumte. Zur Entlastung der Staatskasse diente auch die Idee des *workfare*, eine wortschöpferische Kontraktion aus *work* und *welfare*. Danach konnten Arbeitslose im Rahmen von Arbeitsbeschaffungsmaßnahmen zu Arbeiten herangezogen werden, die im besonderen Interesse des Gemeinwohls lagen – eine Idee, die auch in Deutschland des Öfteren diskutiert wird.

So umstritten Ausmaß und Einzelheiten der Reform auch waren, kaum jemand wird angesichts der kontroversen Diskussionen in den USA, Großbritannien oder Deutschland die Notwendigkeit solcher Reformen ernsthaft bezweifeln. Bei der Reform des Wohlfahrtsstaates handelt es sich deshalb nicht um ein spezifisch britisches Phänomen, sondern um ein Kernproblem moderner Industrieländer. Die Sozialleistungen stagnieren im Verhältnis zum Bruttoinlandsprodukt; die Kostenlawine, vor allem im Gesundheitswesen, ist nur schwer oder gar nicht zu bremsen; und die demographische Entwicklung, die eine wesentlich breitere Spitze der Alterspyramide erkennen lässt, signalisiert enorme Belastungen für den zukünftigen Wohlfahrtsstaat. "Social security is the largest single area of UK government spending" (Office for National Statistics 2002: 140). Seit der Mitte des 19. Jahrhunderts hat sich die Lebenserwartung für Männer und Frauen fast verdoppelt, während die Sterblichkeitsrate bei Säuglingen in den letzten 50 Jahren von 28,8 Promille auf 4,7 Promille gesunken ist. Menschen über 65 sind der am schnellsten wachsende Sektor der britischen Gesellschaft, und etwa 52 Prozent der Sozialversicherungsleistungen werden in Großbritannien für ältere Menschen aufgewendet. Trotzdem lagen die Pro-Kopf-Ausgaben für soziale Absicherung im Jahre 1999 im UK (€ 5872) nur knapp über dem Durchschnitt in der EU (€ 5793) und unter der vergleichbaren Zahl für Deutschland (ca. € 6700).

Die konservative Strategie der Abwälzung einiger staatlichen Lasten auf den privaten Bereich führte zwar zu heftigen Diskussionen, doch erschütterten die Reformen den britischen Wohlfahrtsstaat keineswegs in seinen Grundfesten. Der Wohlfahrtsstaat als Sicherheitsnetz für die dringendsten Bedürfnisse des Individuums muss zwar modernisiert werden, soll aber auch in Zukunft Bestand haben, wie Tony Blair im Januar 1998, also kurz nach seiner Amtsübernahme, nachdrücklich erklärte:

> I want to build a new architecture for a system that, like Beveridge's in 1945, successfully tackles poverty, and provides security and opportunity at points in your life when you need it most. Our changes will be based on principles, and though the system of 1945 is not working as we would like in 1997, the principles are the same. Just as new Labour in opposition was about putting traditional values in a modern setting, so is the reform of welfare in government.
>
> First, those in genuine need will always be helped and supported by a Labour government. That is my guarantee. Second, anyone of working age who can work should work. Work, for those that can work, is in our view the best form of welfare. It provides financial independence, a network of contacts, and dignity. So those who have in the past been excluded from job opportunities, such as lone parents or the disabled, many of whom can work and want to work, will be given the chance to do so. Third, we believe in the responsibility of individuals to help provide for themselves where they can do so. […]
>
> If the rewards come in the next century, with the welfare state put on a sound, modern footing for future generations, then it will have been worth the controversy. (Oakland 2001: 186–187)

Blair will einen modernisierten, gerechteren Wohlfahrtsstaat schaffen; seine Vorstellungen laufen darauf hinaus, "to turn it into an active welfare state that promotes personal responsibility and individual opportunity as opposed to what is characterized as a 'passive' welfare state that encourages dependency and lack of initiative" (Weber 1999: 76). Weniger diplomatisch ausgedrückt heißt das: Auch Blair will den Sozialschmarotzern das Handwerk legen.

Eines der Grundprobleme des gegenwärtigen Wohlfahrtsstaates besteht darin, möglichst viele arbeitslose Menschen wieder in den Arbeitsprozess einzugliedern, um Kosten zu sparen bzw. die Einnahmen durch Steuern zu erhöhen.

> The key elements of current thinking and policy development seem to lie in the active approach typified by the various New Deal programmes, the use of the tax system and a minimum wage to help 'make work pay', and an increased emphasis on support for families with children. (McKay & Rowlingson 1999: 205)

Labour's Welfare-to-Work Programme

* The New Deal for the young unemployed.
250,000 unemployed (six months plus) young people aged 18–25.
Counselling/guidance by Employment Service as part of the 'gateway' to the New Deal
Four options:
- private sector employment with a wage subsidy of £ 60 a week
- voluntary work
- Environmental Task Force
- full-time education/training on an approved course.

* There are two options for the long term unemployed (two years duration plus) aged over 25:
Employment with private sector employers subsidized by £ 75 a week.
Access to an employment-related course leading to an accredited qualification.

* A New Deal for Lone Parents
Lone parents with children (aged 5+) invited for a job centre interview to develop an individual plan of action with a personal caseworker: job search skills, training and childcare.
Small improvements to childcare support, in particular after-school care.

* A New Deal for Disabled People

* The establishment of a statutory national minimum wage by the Low Pay Commission (possibly with a lower rate for the under-25s). (Weber 1999: 100)

Labour hat die Arbeitsmarktproblematik u.a. durch sein *Welfare-to-Work Programme* zu lösen versucht, freilich bislang ohne durchschlagenden Erfolg. Diese oder ähnliche Restriktionen gelten im Wesentlichen auch für die Sozialpolitik, die in die Kompetenz des Department for Work and Pensions (DWP) fällt. Wie bei der Bildung ist die Regierung in London dafür zuständig, nationale Richtlinien zu entwickeln und die Leistungen zu überwachen. Die lokalen Behörden (*local authority social services departments*) sind für die praktische Betreuung vor Ort zuständig, z.B. Essen auf Rädern (*meals on wheels*), Tagesstätten (*day centres*) und Wohnen im Heim (*residential homes*).

Die Sozialversicherung setzt sich zur Zeit aus drei verschiedenen Komponenten (*social security benefits*) zusammen:

- *means-tested*, available to people whose income and savings are below certain levels;
- *contributory*, paid to people who have made the required contributions to the *National Insurance Fund* [...]; and
- benefits which are neither means-tested nor contributory (mainly paid to cover extra costs, for example of disability, or paid universally, for example Child Benefit). (Office for National Statistics 2002: 140–141)

Die meisten dieser Leistungen werden jährlich den gestiegenen Einzelhandelspreisen angepasst. Selbst wenn aus Kostengründen Leistungen inzwischen abgesenkt werden, bleibt der Grundgedanke einer Solidargemeinschaft aller Beteiligten bestehen. So ist z.B. aus dem *unemployment benefit* seit 1996 eine *jobseeker's allowance* geworden, die davon abhängt, ob sich die Empfänger auch wirklich um Arbeit bemühen. Wie in Deutschland unterstützt der Staat die Familien durch ein steuerfreies Kindergeld (*child benefit*), das für das erste Kind £ 15.75 pro Woche und für jedes weitere Kind £ 10.55 beträgt.

Im Bereich der Sozialleistungen sind als relativ neue Errungenschaft die so genannten *personal social services* zu erwähnen, eine Art genereller Pflegeversicherung für alle Altersgruppen:

> Personal social services refers to the assessment for and provision of practical help and support for elderly people, people with disabilities, vulnerable children and young people, those with mental health problems or learning disabilities, and their families and carers. (Office for National Statistics 2002: 139)

Statt einer Unterbringung in Anstalten oder Heimen sollen ausgebildete Kräfte wie Sozialarbeiter oder *home nurses* den Invaliden und Behinderten helfen, ein normales Leben in ihrer Gemeinschaft zu führen. Da die Nachfrage in diesem Bereich jedoch ständig wächst, wird die Frage der Kosten wiederum eine entscheidende Rolle bei der Beibehaltung oder Ausweitung der *personal social services* spielen.

Was das vom Department of Health (DH) verwaltete Gesundheitswesen angeht, so hat die in den fünfziger Jahren in Europa allseits bewunderte und auch nachgeahmte Idee, allen Menschen eine erschwingliche medizinische Behandlung zu ermöglichen, immer noch Gültigkeit:

> The National Health Service (NHS) was created in 1948 to provide healthcare for the UK's resident population, based on need, not the ability to pay. [...] The NHS is funded by the taxpayer and is accountable to Parliament. All taxpayers, employers and employees contribute to the cost, so that members of the community who do not require healthcare help to pay for those who do. Most forms of treatment are provided free, but others may incur a charge, such as prescription drugs and sight tests. (Office for National Statistics 2002: 161)

Der National Health Service, immerhin mit gut einer Million Beschäftigten einer der größten Arbeitgeber auf der ganzen Welt und ein wichtiger Wirtschaftsfaktor, genießt in der Öffentlichkeit einen zwiespältigen Ruf. Einerseits wird er heftig kritisiert, weil er angeblich zu ineffizient ist und unter bürokratischer Schwerfälligkeit leidet; diesem Manko versucht man durch eine stärkere Dezentralisierung zu begegnen. Andererseits werden seine im Vergleich zu anderen Ländern beachtlichen Leistungen durchaus positiv registriert. Krankenhausaufenthalte sind nach wie vor kostenlos, obschon es bei der stationären Behandlung bisweilen zu erheblichen Wartezeiten gekommen ist, und in England waren im Jahre 2002 nach offiziellen Angaben ca. 82 Prozent der Rezepte gebührenfrei. Deshalb wird den Briten von Außenstehenden gerne vorgehalten, sie wüssten eigentlich gar nicht zu schätzen, über welch ein gutes Gesundheitssystem sie verfügen.

Die Labour-Regierungen unter Tony Blair haben schon mehrfach zu erkennen gegeben, dass neue Wege bei der Reform des Wohlfahrtsstaates beschritten werden sollen. Das zentrale Problem, das sich jedoch auch der Labour-Regierung stellt, betrifft die Verteilung der Lasten zwischen Staat und Individuum. Großbritannien kann sich sein kostenintensives Wohlfahrtssystem nur leisten, wenn in Zukunft der Einzelne sehr viel stärker seiner Eigenverantwortung nachkommt und die staatlichen Ressourcen möglichst effizient genutzt werden. Die neue Labour-Politik unterscheidet sich deshalb nur partiell von der ihrer konservativen Vorgänger. Es geht weniger um eine generelle Neubestimmung der Ziele als um die Mittel, mit denen diese Ziele erreicht werden sollen: Verbesserung, Expansion und Reform heißen die Ziele für die nächsten Jahre. Dabei gilt nach Ansicht zahlreicher Kritiker die Gesundheitsfürsorge weiterhin als eine vordringliche Aufgabe des Staates, um nicht dem alten Vorurteil Vorschub zu leisten: 'Weil du arm bist, musst du früher sterben.'

Im Juni 2002 hat Tony Blair die Reformpolitik der kommenden Jahre auf den folgenden Nenner gebracht:

> All our reforms have the same underlying principles – opportunity, fairness and mutual responsibility. We want to give people the chance to fulfil their potential. We want to raise people's expectations and their self-belief, by giving them the tools to help themselves.
>
> Our strategy is working. We have a stable economy and greater social justice. Fewer people are on benefits – enabling us to spend more on children, pensioners and the severely disabled – and to reward work. And the welfare state is becoming popular again. (http://society.guardian.co.uk/socialexclusion/story/0,11499,730779,00.html)

Trotz Tony Blairs Optimismus bedarf es keiner großen prophetischen Gabe, um zu prognostizieren, dass die Debatte über die Reform und Zukunft des Wohlfahrtsstaates Großbritannien auch weiterhin in starkem Maße beschäftigen wird.

9. *Freedom of Speech:* Medien und Öffentlichkeit

Wie in allen westlichen Informationsgesellschaften kommt den Medien auch in Großbritannien eine gesellschaftliche Schlüsselfunktion zu, so dass Presse, Rundfunk und Fernsehen aus dem öffentlichen Leben nicht mehr wegzudenken sind. Aufgrund seiner politischen Geschichte kam dem Land jedoch international eine Vorreiterrolle bei der Einführung der freien Presse zu, die später weltweiten Vorbildcharakter annahm. Aber auch hinsichtlich des Rundfunks und des Fernsehens hat Großbritannien modellhafte Regelungen bei der Institution dieser Medien getroffen.

Demokratische Staatswesen gründen sich auf den Wettstreit konkurrierender politischer Interessen, die von unterschiedlichen Gesellschaftsgruppen verfolgt und von politischen Parteien vertreten werden. Ausgetragen werden diese Auseinandersetzungen in der Öffentlichkeit, und im Hinblick auf die öffentliche Meinungsbildung benötigen Parteien und andere Interessengruppen (*pressure groups*) Medien, um ihre Vorstellungen und Absichten der Öffentlichkeit zu übermitteln. Medien sind somit institutionelle Träger der öffentlichen Meinung und bilden auch in Großbritannien einen festen Bestandteil der politischen Kultur.

9.1 Die Entstehung der neuen Öffentlichkeit

Die Voraussetzung für das Entstehen einer politischen Öffentlichkeit, in der die freien Meinungen der am politischen Entscheidungsprozess beteiligten Personen durch Medien kommuniziert werden, ist die Vielfalt der geäußerten Interessen. Die Glorious Revolution von 1688 schuf in Großbritannien diese Voraussetzung, indem sie den absolutistischen Führungsanspruch des Königs durch das System einer konstitutionellen Monarchie ersetzte und dem parlamentarischen Interessenausgleich zwischen einer regierenden und einer oppositionellen Partei zum Sieg verhalf. Zudem wurde mit der Bill of Rights die Zensur eingeschränkt und die Redefreiheit im Parlament rechtlich zugesichert: "That the freedom of speech and debates or proceedings in Parliament ought not to be impeached or questioned in any court or place out of Parliament" (Browning 1966: 124). An die Stelle der repräsentativen Öffentlichkeit, in welcher die früheren Feudalherren die Macht über ihre Untertanen in Form der nur darstellenden Herrschaft repräsentierten, trat die neue, bürgerliche Öffentlichkeit der Aufklärung, die ihr Recht auf eine vernünftig und im allgemeinen Interesse geführte Diskussion einzufordern begann. Durch die Gründung politischer Parteien und das Recht der freien Meinungsäußerung entstand seit dem frühen 18. Jahrhundert somit ein öffentliches Forum, auf dem diese Interessengruppen um Unterstützung für ihre jeweiligen Ziele warben. Aufgrund dieser Entwicklung etablierten sich die Medien als Träger der öffentlichen Meinung in Großbritannien wesentlich früher als in anderen europäischen Staaten, die eine bürgerliche Öffentlichkeit und eine freie Presse erst einführen konnten, nachdem die absolutistischen Herrschaftsformen beseitigt waren.

Dieser *Strukturwandel der Öffentlichkeit* (Habermas 1962) in Großbritannien begünstigte die Entwicklung eines Diskussionsforums, das sich rasch in unterschiedliche Institutionen auffächerte. Zu ihnen zählten die Coffee Houses und die entstehenden Clubs (vgl. Kap. 7.4) als Stätten sozialer Zirkulation und öffentlicher Diskussion ebenso wie die Theater als Treffpunkte des gebildeten, räsonierenden Bürgertums. An die Adresse dieser Zuschauer richtete Richard Steele im Prolog zu seiner empfindsamen Komödie *The Conscious Lovers* (1722) die folgenden Verse:

> 'Tis yours, with Breeding to refine the Age,
> To chasten Wit, and Moralize the Stage.
> Ye Modest, Wise and Good, ye Fair, ye Brave,
> To-night the Champion of your Virtues save,
> Redeem from long Contempt the Comic Name,
> And Judge Politely for your Countrey's Fame.
> (Steele 1995: 71–72)

Bildung und Vernunft, aber auch moralische Prinzipien, Tugenden und ein loyales Bekenntnis zur Nation wurden zu charakteristischen Merkmalen der bürgerlichen Öffentlichkeit. Um das wachsende Informationsbedürfnis des Bürgertums zu stillen, entstand ein literarischer Markt, auf dem Nachrichten unterschiedlichster Art gehandelt wurden. Die neue Leserschicht wünschte nicht nur politische Informationen, sondern auch Handelsnachrichten, Verhaltensvorschläge und Benimmregeln, Theaterrezensionen, Operntipps, Reiseberichte und auch Informationen über neue Produkte. Den Bedarf zu wecken war daher weniger schwierig als ihn zu decken, da sich Autoren erst im journalistischen Schreiben üben mussten. Die ersten britischen Zeitschriften von Rang erschienen daher wöchentlich, und da sie sich neben der Politik ausführlich mit Fragen der bürgerlichen Identität beschäftigten, wurden sie als moralische Wochenschriften (*moral weeklies*) bezeichnet. Als Begründer des britischen Journalismus gelten seither Joseph Addison und der bereits erwähnte Richard Steele, die gemeinsam die ersten Wochenschriften publizierten, nämlich *The Tatler* (1709–11, vgl. Abb. 36) und *The Spectator* (1711–12).

Numb. 1

The TATLER.

By *Iſaac Bickerſtaff* Eſq;

Quicquid agunt Homines noſtri Farrago Libelli.

Tueſday, April 12. 1709.

THO' the other Papers which are publiſh'd for the Uſe of the good People of England *have certainly very wholeſom Effects, and are laudable in their particular Kinds, they do not ſeem to come up to the main Deſign of ſuch Narrations, which, I humbly preſume, ſhould be principally intended for the Uſe of Politick Perſons, who are ſo publick-ſpirited as to neglect their own Affairs to look into Tranſactions of State. Now theſe Gentlemen, for the moſt Part, being Perſons of ſtrong Zeal and weak Intellects, It is both a Charitable and Neceſſary Work to offer ſomething, whereby ſuch worthy and well-affected Members of the Commonwealth may be inſtructed, after their Reading,* what to think*: Which ſhall be the End and Purpoſe of this my Paper, wherein I ſhall from Time to Time Report and Conſider all Matters of what Kind ſoever that ſhall occur to Me, and publiſh ſuch my Advices and Reflections every* Tueſday, Thurſday, *and* Saturday, *in the Week, for the Convenience of the Poſt. It is alſo reſolv'd by me to have ſomething which may be of Entertainment to the Fair Sex, in Honour of whom I have taken the Title of this Paper. I therefore earneſtly deſire all Perſons, without Diſtinction, to take it in for the preſent* Gratis, *and hereafter at the Price of one Penny, forbidding all Hawkers to take more for it at their Peril. And I deſire all Perſons to conſider, that I am at a very great Charge for proper Materials for this Work, as well as that before I reſolv'd upon it, I had ſettled a Correſpondence in all Parts of the Known and Knowing World ; and foraſmuch as this Globe is not trodden upon by mere Drudges of Buſineſs only, but that Men of Spirit and Genius are juſtly to be eſteem'd as conſiderable Agents in it, we ſhall not upon a Dearth of News preſent you with muſty Foreign Edicts, or dull Proclamations, but ſhall divide our Relation of the Paſſages which occur in Action or Diſcourſe throughout this Town, as well as elſewhere, under ſuch Dates of Places as may prepare you for the Matter you are to expect, in the following Manner :*

All Accounts of Gallantry, Pleaſure, *and* Entertainment, *ſhall be under the Article of* White's Chocolate-houſe ; Poetry, *under that of* Will's Coffee-houſe ; Learning, *under the Title of* Græcian ; Foreign *and* Domeſtick News, *you will have from St.* James's Coffee-houſe ; *and what elſe I ſhall on any other Subject offer, ſhall be dated from my own* Apartment.

I once more deſire my Reader to conſider, That as I cannot keep an Ingenious Man to go daily to Will's, *under Twopence each Day merely for his Charges ; to* White's, *under Sixpence ; nor to the* Græcian, *without allowing him ſome Plain* Spaniſh, *to be as able as others at the Learned Table ; and that a good Obſerver cannot ſpeak with even* Kidney *at St.* James's *without clean Linnen. I ſay, theſe Conſiderations will, I hope, make all Perſons willing to comply with my Humble Requeſt (when my* Gratis *Stock is exhauſted) of a Penny a Piece ; eſpecially ſince they are ſure of ſome Proper Amuſement, and that it is impoſſible for me to want Means to entertain 'em, having, beſides the Helps of my own Parts, the Power of Divination, and that I can, by caſting a Figure, tell you all that will happen before it comes to paſs.*

But this laſt Faculty I ſhall uſe very ſparingly, and not ſpeak of any Thing 'till it is paſs'd, for fear of divulging Matters which may offend our Superiors.

White's Chocolate-houſe, April 7.

THE deplorable Condition of a very pretty Gentleman, who walks here at the Hours when Men of Quality firſt appear, is what is very much lamented. His Hiſtory is, That on the 9th of *September*, 1705, being in his One and twentieth Year, he was waſhing his Teeth at a Tavern Window in *Pall-Mall*, when a fine Equipage paſs'd by, and in it a young Lady who look'd up at him ; away goes the Coach, and the young Gentleman pull'd off his Night-Cap, and inſtead of rubbing his Gums, as he ought to do, out of the Window till about Four a Clock, he ſits him down, and ſpoke not a Word till Twelve at Night ; after which, he began to enquire, If any Body knew the Lady --- The Company ask'd, What Lady ? But he ſaid no more, till they broke up at Six in the Morning. All the enſuing Winter he went from Church to Church every Sunday, and from Play-houſe to Play-houſe all the Week, but could never find the Original of the Picture which dwelt in his Boſom. In a Word, his Attention to any Thing, but his Paſſion, was utterly gone. He has loſt all the Money he ever play'd for, and been confuted in every Argument he has enter'd upon ſince the Moment he firſt ſaw her. He is of a Noble Family, has naturally a very good Air, is of a frank, honeſt Temper : But this Paſſion has ſo extremely maul'd him, that his Features are ſet and uninform'd, and his whole Viſage is deaden'd by a long Abſence of Thought. He never appears in any Alacrity, but when raiſ'd by Wine ; at which Time he is ſure to come hither, and throw away a great deal of Wit on Fellows, who have no Senſe further than juſt to obſerve, That our poor Lover has moſt Underſtanding

The First *Tatler*, recto

Abb. 36: Titelseite der Erstausgabe des *Tatler* vom 12. April 1709.

9.2 Wächter und Beobachter: Die freie Presse

Unter den Medien hat die Zeitung die längste, ungebrochene Tradition in Großbritannien. Die technischen Voraussetzungen waren durch die Einführung des Buchdrucks nach England am Ende des 15. Jahrhunderts gegeben, und schon im 17. Jahrhundert gab es frühe Formen von Nachrichtenjournalen, die zu Vorläufern der späteren Zeitungen wurden. Im Verlauf des 18. Jahrhunderts nahm der Bedarf an Nachrichten und Informationen ständig zu, so dass 1785 mit der *Times* und 1791 dem *Observer* die ersten britischen Tageszeitungen gegründet wurden, die noch heute existieren. Der eigentliche Siegeszug der Printmedien vollzog sich jedoch erst im 19. Jahrhundert. Durch die Befreiung von steuerlichen Belastungen wie den Stempelgebühren (*stamp duty*), die Vergrößerung der Leserschaft durch wachsende Alphabetisierung aufgrund verbesserter Bildung, die effizientere Auslieferung von Zeitungen mittels der Eisenbahn sowie durch die Fortschritte in der Drucktechnik schnellte die Zahl der Zeitungen rapide in die Höhe. Waren um 1712 in London zwölf Gazetten verfügbar, so waren es hundert Jahre später bereits über fünfzig. Auch außerhalb der Hauptstadt schossen Nachrichtenredaktionen aus dem Boden: Ab 1817 versorgte *The Scotsman* die schottische Bevölkerung mit Informationen, 1821 folgte der *Manchester Guardian*, dessen Redaktion 1959 den Verlagsort aus dem Titel strich und sich zwei Jahre später nach dem Umzug nach London als nationale Tageszeitung präsentierte, und 1837 ging das chartistische Wochenblatt *The Northern Star* in den Druck.

Die Diversifizierung des Zeitungsmarkts hatte eine Spezialisierung auf unterschiedliche Leserbedürfnisse und einen verschärften Konkurrenzkampf zur Folge. Hatte in der ersten Hälfte des 19. Jahrhunderts die *Times* ihre Vormachtstellung erfolgreich verteidigen können, so musste sie sich in der zweiten Hälfte den Markt zunehmend mit anderen Blättern teilen. Zu ihnen zählte die *Daily Mail* (ab 1896), die sich an die untere Mittelschicht richtete, und der *Daily Mirror* (ab 1903), der für die Interessen der Arbeiterschicht konzipiert war. Beide Zeitungen erzielten mit einer Auflagenhöhe von mehr als einer Million Exemplaren täglich eine große Popularität und ansehnliche Gewinne. Die Inhaber der beiden Blätter, die Brüder Alfred und Harold Harmsworth, die späteren Lord Northcliffe und Lord Rothermere, investierten die Erlöse in den Erwerb weiterer Zeitungen, ab 1908 auch der *Times*, und wurden zu den ersten britischen Pressebaronen. Nicht minder einflussreich wurden die Brüder William und Gomer Berry, später Lord Camrose und Lord Kemsley, die 1915 die *Sunday Times* und 1928 den *Daily Telegraph* erwarben und insgesamt mehr als einhundert Zeitungen besaßen. Zur Riege der ersten Pressebarone zählten weiterhin Cyril Pearson, der den *Daily Express* und den *Evening Standard* gründete und zu dessen Imperium weiterhin die *Financial Times* gehört, sowie Max Aitken, der spätere Lord Beaverbrook, der den *Sunday Express* gründete und den *Daily Express* sowie den *Evening Standard* für sein Verlagsunternehmen erwarb. Beaverbrooks Ernennung zum Informationsminister im Kabinett von Lloyd George 1918 sowie zum Minister für Versorgungsangelegenheiten im Kriegskabinett von Winston Churchill von 1941 bis 1942 weisen auf die enge und daher auch problematische Verbindung von Politik, Presse und öffentlicher Meinung bereits überdeutlich hin.

Der zähe Wettbewerbsdruck auf dem heftig umkämpften Zeitschriftenmarkt hat die britische Presselandschaft seit den zwanziger Jahren geprägt, aber auch die Auflagenzahlen kontinuierlich in die Höhe getrieben. Wurden 1920 etwa 5,5 Millionen Tageszeitungen verkauft, so waren es 1973 schon 17 Millionen. Seit den siebziger Jahren ist der Absatz rückläufig, weil die Anteile von Rundfunk und Fernsehen auf dem Nachrichtenmarkt ständig gewachsen sind und die Zeitungen auch Einnahmen aus der Werbung an diese konkurrierenden Medien verloren haben. Wirtschaftliche Schwierigkeiten bereiteten auch die hohen Lohnkosten sowie die machtvollen Druckergewerkschaften, die sich gegen die Einführung der neuen computergestützten Drucktechniken zur Wehr setzten, weil dadurch zahlreiche Arbeitsplätze gefährdet waren. Der Kampf zwischen den Druckergewerkschaften, angeführt von der National Graphical Association, und den Verlagseignern eskalierte in den achtziger Jahren, als der australische Medientycoon Rupert Murdoch eine tiefgreifende Reform seines Presseimperiums vornahm.

Durch den Erwerb der *Sun* sowie der *Times* und der *Sunday Times* war Murdoch in die erste Riege der britischen Medienzaren aufgestiegen. Zudem war er entschlossen, seine Zeitungen auf dem hart umkämpften Markt profitabler zu machen, weshalb der kostspielige Bleisatz durch neue Computersysteme ersetzt werden sollte. Im Zuge dieser Restrukturierungsmaßnahme wurden die angestammten Redaktionsquartiere in der renommierten Fleet Street verlassen und ein neu errichteter Gebäudekomplex in den Docklands bezogen. Die Gewerkschaften stemmten sich mit aller Macht gegen die geplanten Einschnitte, doch schlugen Murdoch und seine Manager einen unmissverständlichen und geradezu gnadenlosen Ton an, den der amerikanische Journalist Bill Bryson, der Mitte der achtziger Jahre für die *Times* arbeitete, noch deutlich im Ohr hat:

On 24 January 1986, *The Times* abruptly sacked 5,250 members of the most truculent unions – or deemed them to have dismissed themselves. On the evening of that day, the editorial staff were called into an upstairs conference room where Charlie Wilson, the editor, climbed onto a desk and announced the changes. Wilson was a terrifying Scotsman and a Murdoch man through and through. He said to us: 'We're sending ye tae Wapping, ye soft, English nancies, and if ye wairk very, very hard and

Rupert Murdoch (*1931)

He was born in Melbourne, Australia, and educated at Geelong Grammar School and Oxford, where he was active in Labour politics. His grandfather was a prominent Presbyterian minister in Scotland, and his father a celebrated World War I correspondent who later became chief executive of the Melbourne Herald newspaper group. When his father died in 1952 he inherited the Adelaide *News* and, employing shrewdly the experience gained at the *Daily Express* in London, he soon made it a success. He became in the space of a decade Australia's second largest publisher and began to set his sight on expansion abroad. First he acquired the *News of the World* in London in 1969, which at the height of the Profumo scandal had a circulation of six million. Then, at the end of the same year, he bought the *Sun*. Denounced for its puerile taste, including the introduction of daily 'page 3' girls, the *Sun* defied its critics and maintained its lead in the circulation war. In 1981 he struck at the heart of the English Establishment when his British subsidiary company, News International, acquired *The Times* and *The Sunday Times* after a bitter struggle. In 1989 he bought the book publishers Collins and inaugurated Sky Television (now BSkyB), a satellite television network. He moved into the US market in 1976 with the purchase of the New York *Post*, and then acquired numerous other US publications, including the Village Voice, New York magazine and TV Guide, as well as 20th Century Fox film studios. He created a successful television network, the Fox Network, and in 1996 bought New World Communications, becoming the owner of television stations that reached up to 40 per cent of US viewership. His company, News Corporation, continues to expand into new markets, notably China. He has been a US citizen since 1985. (MacGovern 2002: 1095)

if ye doonae git on ma tits, then mebbe I'll not cut off yer knackers and put them in the Christmas pudding. D'ye have any problems with that?' Or words to that effect. (Bryson 1995: 52)

Obwohl die Arbeitskämpfe andauerten, erlahmte der gewerkschaftliche Widerstand doch allmählich, und im Verlauf der achtziger Jahre folgten die meisten Verleger dem Vorbild Murdochs durch die Einführung neuer Printtechnologien. Zudem verließen auch sie die traditionellen Quartiere in der Fleet Street und siedelten die Redaktionen in neu errichteten Verlagshäusern in den Docklands an, die seither zum neuen Londoner Presseviertel avanciert sind. Nur die schon 1851 gegründete Nachrichtenagentur Reuters ist bis heute der Fleet Street treu geblieben.

Trotz rückläufiger Umsätze seit den siebziger Jahren ist der Zeitungsumsatz in Großbritannien mit täglich knapp 30 Millionen verkaufter Exemplare, einschließlich der Sonntagszeitungen, höher als in anderen europäischen Ländern. In Deutschland werden absolut gerechnet nur geringfügig mehr Zeitungen verkauft, doch ist der Absatz aufgrund der größeren Bevölkerungszahl relativ betrachtet geringer: Während in Deutschland jeder Dritte über vierzehn Jahre eine Zeitung liest, ist es in Großbritannien jeder Zweite. Auch ist die Zeitungsdichte ungewöhnlich stark entwickelt, so dass verschiedene Möglichkeiten zur Gruppierung der Blätter denkbar sind. Unterscheiden lässt sich zum einen zwischen regionalen und nationalen Zeitungen. Es existieren schätzungsweise 1300 regionale Blätter, die teils als Tages-, teils als Wochen-, teils als Sonntagszeitungen publiziert werden und etwa 90 Prozent der Bevölkerung erreichen. Hierzu zählen Blätter wie die in Cardiff gedruckte *Western Mail*, die in Leeds ansässige *Yorkshire Post* und die *Birmingham Evening Mail*. In ihrer Bedeutung bleiben sie jedoch insgesamt hinter den nationalen Zeitungen zurück.

Im Hinblick auf den britischen Zentralismus ist bemerkenswert, dass die Versorgung der Öffentlichkeit mit Nachrichten überwiegend durch nationale Zeitungen organisiert wird, die fast ausschließlich in London gedruckt und dann über das ganze Land verteilt werden. Die nationalen Zeitungen, die sich an alle Leser in Großbritannien wenden, lassen sich ihrerseits in Tageszeitungen (*daily papers*) und Sonntagszeitungen (*Sunday papers*) gliedern. Beide Gruppen wiederum werden nach ihrer journalistischen Qualität in drei Sparten unterteilt: Massenblätter (*populars*) wie die *Sun* und der *Daily Mirror* richten sich an breite Leserschichten und bieten Sensationsjournalismus mit reißerischer Berichterstattung, deren Schlagzeilen auf Werbeplakaten (*tabloids*) täglich weithin sichtbar publiziert werden. Zeitungen mittlerer Qualität (*mid-market*) wie die *Daily Mail* und der *Daily Express* kämpfen seit den siebziger Jahren um ihre Existenz, da sie seither immer mehr Leser an die Boulevardblätter einerseits und an die dritte Gruppe, nämlich die Qualitätsblätter (*qualities*), andererseits verlieren. Als Folge des erhöhten Konkurrenzdrucks und in Anbetracht rückläufiger Einnahmen aus Anzeigen könnte sich die traditionelle Segmentierung des Markts bald verändern. Einen Hinweis darauf lieferte Ende 2003 der *Independent*: Obwohl die Auflagenhöhe der Zeitung seit ihrer Gründung im Wesentlichen konstant war, entschloss sich die Redaktion zu dem radikalen Schritt, parallel zur Standard-Ausgabe im Großformat (*broadsheet*) auch eine Ausgabe im Kleinformat (*tabloid*) mit identischem Inhalt anzubieten. Der kleine Bruder, humorvoll auf den Namen 'Mini-Indy' getauft, war mit täglich etwa 40 000 verkauften Exemplaren auf Anhieb so erfolgreich, dass die *Times* unverzüglich nachzog und ebenfalls mit einer kleinformatigen Ausgabe (*compact version*) aufwartete. War bisher die Größe des Zeitungsformats immer auch ein symbolischer Hinweis auf die Qualität eines Blatts, so verraten die Kompaktversionen die Absicht der Qualitätsblätter, den auflagenstarken Boulevardzeitungen das Wasser abzugraben.

Die folgende Auflistung gibt einen Überblick über die wichtigsten britischen Nationalzeitungen. Neben dem Zeitungstitel ist das Gründungsjahr vermerkt:

Nationale Tageszeitungen

Zeitung	Auflagenhöhe	Verlagsgruppe
Populars		
The Sun (1964)	3 389 189	News International
Daily Mirror (1903)	1 905 947	Trinity Mirror
Daily Star (1978)	858 248	United News and Media
Mid-Market		
Daily Mail (1896)	2 368 272	Daily Mail and General Trust
Daily Express (1900)	894 032	United News and Media
Quality		
The Times (1785)	580 084	News International
The Guardian (1821)	370 205	Guardian Media Group
Daily Telegraph (1855)	894 043	Telegraph Group
Financial Times (1888)	411 629	Pearson
The Independent (1986)	185 061	Independent Newspapers

Nationale Sonntagszeitungen

Zeitung	Auflagenhöhe	Verlagsgruppe
Populars		
News of the World (1843)	3 998 085	News International
Sunday Mirror (1963)	1 558 071	Trinity Mirror
The People (1881)	1 036 289	Trinity Mirror
Mid-Market		
Mail on Sunday (1982)	2 341 769	Daily Mail and General Trust
Sunday Express (1918)	896 059	United News and Media
Quality		
Observer (1791)	459 471	Guardian Media Group
Sunday Times (1822)	1 379 074	News International
Sunday Telegraph (1961)	694 137	Telegraph Group
Independent on Sunday (1990)	180 398	Independent Newspapers

Abb. 37: Übersicht über die britischen Tages- und Sonntagszeitungen; Stand: November 2003. Quelle: http://media.guardian.co.uk/presspublishing/tables

In Hinblick auf die britische Presselandschaft ist kaum übersehbar, dass Blätter mit einer konservativen Ausrichtung wie die *Sun*, das Gegenstück zur deutschen *Bild*-Zeitung, ebenso wie der *Daily Star* und der *Daily Telegraph*, überwiegen, während Zeitungen mit einer Labour-freundlichen Berichterstattung wie der *Daily Mirror* und der *Guardian* sich in der Minderheit befinden und auch geringere Auflagen erzielen. Die Dominanz der konservativen Zeitungen ist zum Teil noch eine Folge der konservativen Regierungen unter Margaret Thatcher und John Major. Hinter der politischen Ausrichtung der Zeitungen verbirgt sich aber natürlich auch eine handfeste Medienpolitik und eine Lenkung der öffentlichen Meinungsbildung, denn die meisten britischen Zeitungen besitzen keine wirtschaftliche Eigenständigkeit mehr, sondern sind in Medienkartelle integriert.

Über das größte Presseimperium verfügt der Verleger Rupert Murdoch mit *News International*. Zu dieser Gruppe, die etwa 30 Prozent des Markts kontrolliert, gehört mit der *Sun* die meistgelesene britische Tageszeitung. 1981 erwarb Murdochs *News International* auch die traditionsreiche und prestigeträchtige *Times*, die bis dahin als zwar gemäßigt konservative, aber gut informierte und kritische Qualitätszeitung galt und die auch das hohe Niveau des britischen Journalismus entscheidend geprägt hatte. Seither hat die *Times* diesen Status eingebüßt, da sie unter Murdochs Leitung stärker der konservativen Politik Margaret Thatchers angenähert und zudem das Qualitätsniveau gesenkt wurde, um größere Leserschichten zu gewinnen.

Indem die *Times* somit aus der politischen Mitte gerückt wurde, entstand ein journalistisches Vakuum, das 1986 mit der Gründung des *Independent* gefüllt wurde, zu dem zahlreiche enttäuschte Journalisten der *Times* abwanderten. Der *Independent* hat sich als Stimme des politischen Zentrums behaupten können und darf mittlerweile als eingeführtes Blatt gelten. Auch die Sonntagsausgabe hat sich auf dem Markt erfolgreich etabliert. Wirtschaftlich unabhängig sind die Independent Newspapers aber ebenfalls nicht, denn sie gehören zur Mirror Group, einem weiteren britischen Medienimperium, das auch den *Daily Mirror* besitzt und von dem 1991 verstorbenen Robert Maxwell gegründet wurde. Zwar bemühen sich die Redakteure der Qualitätsblätter um größtmögliche Unabhängigkeit der Berichterstattung, doch lässt sich in Anbetracht der gewaltigen Kartellbildung die Gefahr einer gezielten Steuerung der öffentlichen Meinung in Großbritannien nur schwer vermeiden.

Das Recht der Presse, alle politischen Entscheidungen ungehindert einer öffentlichen Kritik auszusetzen, hat dem Medium seinerseits Respekt eingebracht und selbst politische Macht verliehen. Aus diesem Grund lässt sich das britische Pressewesen auch als integraler Bestandteil der staatlichen Organisation betrachten, und die Presse wird gelegentlich auch als weitere Säule der Verfassung (*fourth estate*) bezeichnet. Dies deuten bereits die

Namen der Zeitungen an: Während sich die frühen Wochenschriften wie der *Spectator* noch überwiegend mit einer Zuschauerrolle begnügten und sich auch die *Times* zunächst auf eine Chronistenfunktion konzentrierte, verstanden sich der *Observer* und der *Guardian* von Anbeginn programmatisch als Blätter, die als aufmerksame Beobachter der Regierungstätigkeit und als Wächter über die verfassungsrechtlichen Freiheiten auftraten. Die Kontrolle der Regierung durch die freie Presse, die durch ihre Berichterstattung die öffentliche Meinung herstellt, aber auch beeinflusst, war bereits zu Beginn des 20. Jahrhunderts fest etabliert. So konnte schon 1923 der deutsche Anglist Wilhelm Dibelius die Funktionen der Presse als Organ der öffentlichen Meinung sowie als Trägerin staatlicher Institutionen zutreffend beschreiben:

> Man versteht diese Presse nicht, wenn man ihr Wesen in der Berichterstattung sieht. Ihr Wesen ist vielmehr Formung der öffentlichen Meinung. Nicht darauf kommt es an, dem Leser zu sagen, was ist, sondern etwas zu schaffen, was sein soll. Der Journalist wird daher seinem Publikum möglichst nur die Nachrichten vorsetzen, von denen er weiß, daß sie seine Leser in einer bestimmten Richtung beeinflussen werden. Sein Ideal ist, nicht alles zu bringen, sondern das, was er oder sein Auftraggeber für wichtig halten. Nur tut er das von alters her in Form des objektiven Berichtes, er spricht von Indikativen, aber er strebt danach, möglichst alle Indikative als Imperative wirken zu lassen. Alte Tradition und ethischer Zwang, dem jeder vornehme Journalist sich unterwerfen wird, halten einen erheblichen Teil seiner Arbeit tatsächlich im Rahmen einer wirklich objektiven Berichterstattung, aber der Teil der Zeitung, in dem das Imperativische überwiegt, ist ein unentbehrlicher Teil des Fundaments jedes demokratischen Staatswesens; in ihm wird der Träger der demokratischen Regierungsgewalt, die öffentliche Meinung, erzeugt. (Dibelius 1925: I, 397–398)

Das journalistische Selbstverständnis in Großbritannien ist daher traditionell geprägt von der gesellschaftlichen Verantwortung, die Öffentlichkeit vollständig und rückhaltlos über alle politischen Entscheidungsprozesse zu informieren, aber auch zugleich aktiv gestaltend in die Politik einzugreifen. Ausnahmen von diesem Prinzip betreffen nur die Geheimhaltungspflicht, wie sie im Official Secrets Act von 1989 niedergelegt ist. Das bemerkenswerte Selbstbewusstsein, mit dem britische Journalisten bis heute dieses Ziel verfolgen, hat immer wieder zu Konflikten mit der Regierung geführt, da sich die journalistische Enthüllung von Fakten und der Regierungswille zur Geheimhaltung von Informationen aus politischen Gründen vielfach nicht vereinbaren lassen. Die Neufassung des Official Secrets Act im Jahre 1989 war das Resultat einer scharfen Auseinandersetzung, bei der die Presse wiederholt den Vorwurf an die Regierung gerichtet hatte, unter dem Vorwand nationaler Sicherheitsinteressen der Öffentlichkeit Informationen vorzuenthalten, nur weil diese in Wahrheit für die Regierung selbst höchst peinlich wären. Als besonders skandalträchtig erwies sich die geplante Veröffentlichung des Buchs *Spycatcher* (1987), in dem der frühere Geheimdienstmitarbeiter Peter Wright den Secret Service beschuldigte, in den sechziger Jahren an einem Mordkomplott gegen den ägyptischen Präsidenten Nasser beteiligt gewesen zu sein und auch aktiv eine Destabilisierung der Labour-Regierung von Harold Wilson betrieben zu haben. Da sich die konservative Regierung unter Margaret Thatcher erfolglos bemühte, die Publikation des Buchs zu verhindern, wurden mit der revidierten Fassung des Official Secrets Act die Regelungen für die Preisgabe und Veröffentlichung von Regierungsinformationen fortan erheblich verschärft. Sicherheitsrelevante Erkenntnisse werden seither mit einer *Defence Notice* versehen und dürfen ohne Billigung der Regierung weder an die Öffentlichkeit weitergegeben noch von der Presse publiziert werden.

Dennoch hat kein britisches Kabinett jemals ernsthaft die Einführung einer Pressezensur erwogen. An ihre Stelle ist ein ungeschriebenes System von Absprachen getreten, mit dem sich Regierung und Presse über die Veröffentlichung geheimer Informationen verständigen. Mit der Verabschiedung des Freedom of Information Act im Jahr 2001 hat New Labour den Zugang zu Informationen zwar erleichtert und die Forderung nach größerer Transparenz zu erfüllen versucht, doch führen die Geheimhaltungspflicht und die Datenschutzbestimmungen auch weiterhin zu Einschränkungen.

Official Secrets Act

The law, continuously updated since 1911 with the latest Act in 1989, which prohibits harmful actions against the security interests of the state in Britain, such as the publishing or communicating of secret information. If found guilty of such a criminal offence, a person/organization may be imprisoned and/or fined. Individuals employed in sensitive government establishments and in security-based jobs are obliged to obey and sign the Official Secrets Act.
(Oakland 2003: 134)

Freedom of Information Act

An Act of Parliament (2001) initiated by the Labour Government which attempts to promote greater openness in British life. It allows citizens access to personal and other information held by the police, state schools, health authorities, hospitals, the prison service and the National Health Service (NHS). Critics argue that the act does not go far enough in allowing access to information.
(Oakland 2003: 72)

Die enge Verbindung von Politik und Medien hat zum Ende des 20. Jahrhunderts unübersehbar zugenommen. In dem gleichen Maß, in dem die Medien zunehmend gestaltend in die Politik einzugreifen versuchen, bemüht sich die Politik ihrerseits, den Einfluss auf die Medien zu verstärken.

Margaret Thatcher und John Major konnten bei den Unterhauswahlen in den achtziger und neunziger Jahren auf die Unterstützung der konservativen Presse hoffen, und die regierungsfreundliche Berichterstattung leistete einen medialen Beitrag zu den zum Teil glänzenden Wahlerfolgen. Dass sich die Medien jedoch nicht als politische Handlanger und Erfüllungsgehilfen instrumentalisieren lassen, zeigte sich im Vorfeld der Wahlen von 1997, als sich Rupert Murdoch und sein Konsortium News of the World auf die Seite von New Labour schlugen und der Partei mit einer mächtigen Pressekampagne zu einem Erdrutschsieg verhalfen. Tony Blair hat sich seither wie kein Premierminister vor ihm den Ruf erworben, ein kühl kalkulierender Medienprofi zu sein, der sich stets publikumswirksam in Pose bringt und die Inhalte seiner Politik durch die Presse populistisch vermarktet. Der erneute Erfolg von New Labour bei den Unterhauswahlen 2001 war eine Bestätigung dieser medialen Vermittlungsstrategie, und doch lässt sich eine solche Politik nicht risikolos betreiben.

Zum Zwecke der vorteilhaften Darstellung der Regierungstätigkeit in der Presse hatten schon die Konservativen unter Margaret Thatcher mit Maurice Saatchi, Timothy Bell und Peter Gummer Medienspezialisten in ihre Reihen aufgenommen und zum Teil mit Kabinettsrang ausgestattet, deren vordringliche Aufgabe darin bestand, den politischen Zielsetzungen den richtigen Dreh (*spin*) in der Öffentlichkeit zu geben. Perfektioniert und radikalisiert aber wurde die *spin culture* unter New Labour auf dem Weg zur Macht. Durch Medienberater (*spin doctors*) wie Peter Mandelson und später Alastair Campbell wurden gezielt Gerüchte gestreut, die dem politischen Gegner schadeten, und zudem wurden Journalisten von Labour-freundlichen Blättern mit privilegierten Informationen belohnt, die auf dem hart umkämpften Zeitungsmarkt nur allzu begehrt waren.

Die Grenzen einer so betriebenen Medienpolitik wurden durch die Irak-Krise im Jahr 2003 schonungslos offen gelegt: Im März erklärte Whitehall seine Solidarität mit den USA beim Einmarsch in den Irak, nachdem der Öffentlichkeit zuvor auf der Grundlage von Geheimdienstinformationen das Vorhandensein von Massenvernichtungswaffen glaubhaft versichert worden war. Wenig später stellte sich heraus, dass diese Erkenntnis nicht auf geheimdienstlichen Einsichten beruhte, sondern auf einem längst überholten Text, der im Internet frei zugänglich war. Dennoch beharrte die Regierung unter Tony Blair unbeirrt auf der Präsenz bedrohlicher Waffenarsenale im Irak. Im Juli nahm sich der angesehene britische Waffeninspekteur David Kelly das Leben, nachdem er als Quelle für einen BBC-Bericht enttarnt worden war, in dem Blairs Irak-Politik einer scharfen Kritik unterzogen wurde. Verschärft wurde die Krise der Regierung noch zusätzlich, als im November Rupert Murdoch androhte, die weitere Unterstützung der Regierung durch sein Medienimperium zu verweigern. Dieses Beispiel zeigt, dass die Gefahr des *spin* in der bedrohlich engen Verquickung von Politik und Medien besteht, die sich immer weniger gegenseitig kontrollieren, sondern für ihr jeweiliges Überleben wechselseitig aufeinander angewiesen sind. Unter solchen Bedingungen wird die aufrichtige Information der Öffentlichkeit zu deren geschickter Manipulation. Wenn aber der *spin* als reine Strategie der Beeinflussung und auch der öffentlichen Verdummung enttarnt wird, ist der Verlust an Glaubwürdigkeit gewaltig. Einer Umfrage des *Guardian* vom Januar 2004 zufolge glaubten 48 Prozent der Befragten, dass der Premierminister sowohl in der Irak-Frage als auch im Fall Kelly nicht die Wahrheit gesagt hat. Die Entlastung Blairs durch die von Lordrichter Hutton geleitete Untersuchungskommission hat die schwere Glaubwürdigkeitskrise der Regierung nur bedingt entschärft. Dass gerade der traditionell Labour-freundliche *Guardian* seine Aufgabe als Wächter auch weiterhin gewissenhaft erfüllt, darf als hoffnungsvolles Zeichen für die weitere Zukunft der freien Presse und einer informierten Öffentlichkeit betrachtet werden.

9.3 Die Stimme der Freiheit: Die BBC und die britische Rundfunkkultur

Während sich das Pressewesen verhältnismäßig ungestört durch staatliche Einflussnahmen und Regelungen entwickelte, geriet das neue Medium des Rundfunks unmittelbar nach seiner Einführung unter öffentliche Kontrolle. Mit der Gründung der British Broadcasting Company (1922), aus der fünf Jahre später die British Broadcasting Corporation (BBC) hervorging, wurde eine in der Welt bis dahin einmalige Institutionsform geschaffen, die den öffentlichen Rundfunk zum nationalen Dienstleistungsunternehmen machte. Die gewählte Organisationsform einer *public corporation* sicherte der BBC den Status einer offiziellen Kontrollinstanz zu, deren Autorität durch eine Königliche Befugnis (*royal charter*) bestätigt wurde, die zunächst eine Gültigkeit von siebzig Jahren besaß und nun in regelmäßigen Abständen erneuert werden muss. Damit wurde die BBC zu einer quasi-autonomen, jedenfalls aber regierungsunabhängigen Institution, und ihr wurde zudem das Recht zugesprochen, die Rundfunkprogramme durch Gebührenerhebung zu finanzieren. Die finanzielle Unabhängigkeit wurde durch eine politische Komponente ergänzt, wonach sich der zwölfköpfige Aufsichtsrat (*Board of Governors*) der BBC seither aus unabhängigen Persönlichkeiten des öffentlichen Lebens zusammensetzt. Die Mitglieder des Aufsichtsrats werden auf Vorschlag des Premierministers durch die Königin ernannt, gehören folglich in der Regel dem Establishment an, dürfen aber nicht aktiv in der Politik tätig sein, damit eine Interessenverquickung verhindert wird. Auch die

Programminhalte wurden korporationsrechtlich geregelt und auf die drei Hauptbereiche Bildung, Information und Unterhaltung festgelegt.

Die BBC hat an diesen Grundsätzen, von wenigen Veränderungen abgesehen, bis heute festgehalten und sich zu einem gewaltigen medialen Dienstleistungsunternehmen entwickelt. Zur Zeit strahlt die BBC landesweit fünf Hörfunkprogramme aus, die gemeinsam eine jährliche Sendeleistung von fast 44 000 Stunden erbringen: BBC 1 sendet überwiegend Musik, BBC 2 Unterhaltung, BBC 3 Klassik, Jazz und Kulturprogramme, BBC 4 berichtet über Politik und Wirtschaft, BBC 5 über Sport und Bildung. Seit 2002 stehen darüber hinaus digital ausgestrahlte Sendeformate zur Verfügung, die zum einen eine junge Zuhörerschaft durch Kinderprogramme und aktuelle Rap-Musik versorgen, zum anderen sich an ethnische Minderheiten richten und wie BBC Asian Network Nachrichten speziell für asiatische Zuhörer ausstrahlen.

Zudem verfügt die BBC über 39 lokale Radiostationen, von denen aus regionale Nachrichtenprogramme gesendet werden. Die regionale Differenzierung des Sendeangebots ist eine Folge der Dezentralisierungspolitik, die von der BBC konsequent umgesetzt worden ist. Insbesondere mit der Einrichtung und der finanziellen Ausstattung von BBC Scotland wurden Strukturen geschaffen, durch die ein speziell auf schottische Adressaten ausgerichtetes Programm angeboten werden kann. Indem die BBC die Konturierung einer schottischen Identität medial unterstützt, steht sie vor dem Problem, inwieweit sie als Medieninstitution den politischen Entscheidungen des Londoner Parlaments nur folgen will oder ob sie diese Entwicklungen vorwegnehmen und eine künftige Unabhängigkeit Schottlands durch Einrichtung einer unabhängigen BBC Scotland antizipieren will. Zwar ist diese Entscheidung zugunsten der ersten Option gefallen, doch allein die Alternative verweist in aller Deutlichkeit auf die Macht der BBC innerhalb der politischen Meinungsbildung.

Trotz gelegentlicher Kritik an ihrer vom Establishment bestimmten Organisationsstruktur blickt die BBC auf eine eindrucksvolle Leistungsbilanz zurück. Sie hat die britische Bevölkerung im 20. Jahrhundert kontinuierlich mit Nachrichten und Informationen versorgt und dabei stets sorgfältig auf ihre politische Unabhängigkeit und Ausgewogenheit geachtet. Auch ihrem Bildungsauftrag ist die BBC nachgekommen und sendet seit geraumer Zeit auf dem dritten Kanal unter anderem die Programme der Open University. Ihr bedeutendster Verdienst ist aber sicherlich die Entwicklung einer eigenständigen Radiokultur, der nicht allein im englischsprachigen Ausland Vorbildfunktion zugekommen ist. Im Hinblick auf Informationsvermittlung, Unterhaltung sowie auf den Sprachstandard des *BBC English* hat die BBC seit ihrer Gründung normstiftende Funktionen übernommen.

Durch das britische Selbstbewusstsein, im Mutterland der Demokratie zu leben, hat sich die BBC immer auch bemüht, politisch zuverlässige und ideologiefreie Informationen weltweit zu verbreiten. Als nach dem Ende des Zweiten Weltkriegs das deutsche Rundfunkwesens von Grund auf reformiert wurde, orientierte sich die ARD bei ihrer Gründung am 9. Juni 1950 am organisatorischen Modell der BBC. In zahlreichen diktatorisch regierten Ländern der Welt, in denen die Pressezensur eine öffentliche Meinungsbildung verhindert, galten und gelten die Nachrichten der BBC als zuverlässige Informationsquelle. Die BBC ist auch weiterhin der weltweit größte Anbieter von Nachrichten und hat CNN als härtesten Konkurrenten bislang noch immer auf den zweiten Platz verweisen können. Die Rolle als Marktführer liegt auch zu einem guten Teil am 1932 gegründeten BBC World Service, der einzigen Programmsparte, die vom Außenministerium finanziell unterstützt wird. Der World Service der BBC sendet gegenwärtig vierundzwanzigstündige Rundfunkprogramme in 43 Sprachen, die weltweit von etwa 150 Millionen Menschen verfolgt werden. Getreu den Vorgaben der BBC sendet auch der World Service neben Nachrichten regional differenzierte Unterhaltungsprogramme sowie Bildungsangebote, unter denen der Unterricht in englischer Sprache Priorität besitzt. Die globale Ausrichtung des World Service, der seine Programme auch digital ausstrahlt, hat in den vergangenen Jahren neue Hörerkreise angelockt. Nach den Anschlägen auf das World Trade Center in New York vom 11. September 2001 verdoppelte sich die Zahl der amerikanischen Hörer, die im BBC World Service eine hervorragend informierte und zugleich vorurteilsfreie Informationsquelle fanden.

Gleichwohl verfügt die BBC nicht mehr über ein Rundfunkmonopol. Die in den achtziger Jahren begonnene Privatisierungswelle hat auch vor den Medien nicht Halt gemacht und dem Drängen privater Rundfunkanstalten nach eigenen Senderechten nachgegeben. Neben die BBC ist seit 1991 die Radio Authority getreten, die für die Vergabe von Frequenzen und Sendelizenzen an private Hörfunkanbieter zuständig ist, die ihre Programme durch Werbung finanzieren.

Radio Authority

The Radio Authority's licensing and regulatory remit covers all independent radio services, including national, local, cable, satellite and restricted services. Its three main tasks are to plan frequencies, appoint licensees with a view to broadening listener choice, and regulate programming and advertising. It has published codes covering engineering, programmes, news and current affairs, and advertising and sponsorship, to which its licensees must adhere. Satellite radio services must be licensed by the Radio Authority if they are transmitted from the UK for general reception within the country, or if they are transmitted from outside, but are managed editorially from within, the United Kingdom. (Office for National Statistics 2003: 244–245)

Die Radio Authority vergibt die Senderechte im Versteigerungsverfahren an den meistbietenden Interessenten und ist verpflichtet, die Qualität der Programme zu überprüfen. An die Vergabe einer lokalen Sendelizenz, die eine Gültigkeit von acht Jahren besitzt, sind strenge Auflagen geknüpft: Die Bewerber müssen zum einen darlegen, in welcher Weise sie das lokale Rundfunkangebot qualitativ zu erweitern beabsichtigen, und sie müssen zum anderen nachweisen, dass sie über die finanziellen Mittel verfügen, um das Angebot kontinuierlich aufrecht erhalten zu können. Seit die Radio Authority ihre Arbeit aufgenommen hat, wurden etwa 260 Lizenzen an private Lokalsender vergeben, deren Programme überwiegend aus Musik, Nachrichten und Verkehrsmeldungen bestehen. Zu den erfolgreichsten privaten Rundfunkstationen, die ihre Programme national ausstrahlen dürfen, zählen Classic FM (1992), Virgin 1215 (1993) und Talk Sport (1995). Diese Radiosender liefern überwiegend Musik- und Diskussionsbeiträge und beziehen ihre Nachrichtensendungen über die Independent Radio News (IRN), die der privaten London Broadcasting Company (LBC) angeschlossen ist. Presse und Fernsehen haben die Popularität des öffentlich-rechtlichen sowie des privaten Rundfunks nicht schmälern können; mehr als 90 Prozent der Bevölkerung nutzt das Radio regelmäßig als Quelle für Informationen, Unterhaltung und Bildung.

9.4 Alte Einheit, neue Vielfalt: Die Fernsehlandschaft

Als in den vierziger Jahren der Siegeszug des Fernsehens einsetzte, wurde das neue Medium wie schon zuvor der Hörfunk ebenfalls in die Obhut der BBC gegeben und nach den gleichen Vorgaben institutionell verwaltet. Jedoch endete das Fernsehmonopol der BBC schon 1954, als das Innenministerium ein Gremium ins Leben rief, das die Vollmacht erhielt, Senderechte auch an kommerzielle Fernsehanstalten zu vergeben, die sich durch Werbeeinnahmen finanzieren würden. Die Mitglieder dieses Ausschusses, der den Namen Independent Broadcasting Authority (IBA) erhielt, wurden ausnahmslos durch das Ministerium ernannt, und sie waren für die Kontrolle der neu einzurichtenden Sendeanstalten verantwortlich. Damit entstand das Independent Television (ITV) als Verband unabhängiger Sendeanstalten, so dass aus dem BBC-Monopol ein Fernseh-Duopol wurde.

Die britische Fernsehlandschaft gestaltete sich in der Folgezeit so, dass die BBC auf zwei Kanälen landesweite Programme ausstrahlte, wobei BBC 1 sich stärker nach dem Massengeschmack richtete und Unterhaltungsproduktionen sendete, während BBC 2 sich auf Dokumentarfilme, Konzertübertragungen und Bildungsprogramme spezialisierte. Die im ITV zusammengeschlossenen Sender konzentrierten sich zunächst schon aus technischen

Gründen auf regionale Zuschauerschaften im Großraum London, den Midlands und in Nordengland. Insgesamt umfasste die ITV fünfzehn Sender, von denen sich fünf zu Marktführern im Bereich des unabhängigen Fernsehens entwickelten, nämlich Thames und London Weekend Television (LWT) für die Londoner Zuschauer, Central für die Midlands, Granada für Nordwestengland und Yorkshire für den Nordosten. Neben der Ausstrahlung von Regionalprogrammen kooperierten diese Sender miteinander bei der gemeinsamen Gestaltung ihrer Programme am Abend und an Wochenenden.

Der Wettbewerb um die Zuschauergunst zwischen der öffentlich-rechtlichen BBC und den privaten Sendeanstalten führte bald zu einer gesteigerten Qualität der Unterhaltungsprogramme, wobei sich mit der Seifenoper (*soap opera*) und der Situationskomödie (*situation comedy*) zwei zentrale Formate herausbildeten, die nach wie vor die größte Popularität genießen. Die Seifenoper war ursprünglich eine Erfindung des amerikanischen Rundfunks in den dreißiger Jahren. Adressatinnen dieser leichten Unterhaltungsprogramme waren Hausfrauen, die am Nachmittag bei der Verrichtung der Hausarbeit Zerstreuung finden sollten. In den Werbepausen wurden sie zudem über neue Reinigungsprodukte informiert, und die Hersteller von Waschmitteln stellten den Rundfunk-, später den Fernsehsendern die erforderlichen Werbeeinnahmen für die Produktion dieser Programme zur Verfügung, woher sich der Begriff 'Seifenoper' herleitet. Ganz im Sinne der Sponsoren entwickelte die Soap Opera ein idealisiertes Bild der amerikanischen Mittelschicht, das von Sauberkeit, Reinheit und Ordentlichkeit geprägt war. Auch spätere amerikanische Soaps wie *Dallas* und *Dynasty* haben dieses Image durch die Präsentation schöner, gepflegter und adrett gekleideter Figuren fortgesetzt.

Zum Prototyp der britischen Soap wurde die Serie *Coronation Street*, deren erste Folge am 9. Dezember 1960 ausgestrahlt wurde. Produziert wurde das Programm von Granada TV, wo man sich der mit der Ausstrahlung verbundenen Risiken sehr bewusst war: So erhielt der Regisseur Tony Warren nur die Zustimmung für die Produktion von zunächst zwölf Episoden. Bei ausbleibendem Publikumserfolg sollten das Programm eingestellt und die Kulissen niedergerissen werden. Zur Verblüffung aller Beteiligten wurde *Coronation Street* ein bahnbrechender Publikumserfolg und ist es bis in die Gegenwart geblieben. Die Sendung hält den Rekord als längste, ununterbrochen laufende Soap weltweit: Bisher sind über 5000 Episoden ausgestrahlt worden, in denen mehr als 3500 Figuren aufgetreten sind, darunter Gastauftritte von Prominenten wie Prince Charles und Robbie Williams. ITV sendet jede Woche vier neue Episoden, und darüber hinaus werden Wiederholungen von älteren Folgen regelmäßig ausgestrahlt.

Obwohl sich das Programm in seiner mehr als vierzigjährigen Geschichte in vieler Hinsicht entwickelt hat, haben die Produzenten an der ursprünglichen Konzeption festgehalten. Im Gegensatz zu amerikanischen Soaps ist *Coronation Street* im Arbeitermilieu angesiedelt. Die Handlung spielt in der fiktiven Gemeinde Weatherfield, einer Vorstadt von Manchester, und der Straßenname 'Coronation Street' ist eine häufig anzutreffende Bezeichnung. Ebenso schlicht wie die Straße sind auch deren Bewohner während der letzten vierzig Jahre geblieben. Das öffentliche Leben der Gemeinde spielt sich in der überschaubaren Welt der Coronation Street ab, wo das Pub, der kleine Lebensmittelladen und der Zeitungshändler zu sozialen Treffpunkten werden. Im Gegensatz zu amerikanischen Formaten sind die Figuren weder besonders schön noch besonders reich, sondern sie sind Alltagsgestalten der Arbeiterklasse, deren Interessen bei Arbeit und Freizeit von den charakteristischen Werthaltungen und Problemen ihrer Schicht bestimmt sind.

Soziales Leben und alltägliche Probleme wurden in *Coronation Street* daher von Beginn an nicht geschönt. Das Modell für diese Darstellungsform lieferte der soziale Realismus, wie ihn die Londoner Bühnen in den fünfziger Jahren praktizierten. Dramatiker wie John Osborne, Arnold Wesker und Shelagh Delaney siedelten ihre Dramen im Milieu der Unterschicht und der unteren Mittelklasse an und verwendeten realistische Bühnenbilder, mit denen das private Lebensumfeld der Figuren veranschaulicht wurde und in dessen Mittelpunkt häufig Küche und Spülstein standen (*kitchen sink drama*). Dieses Format des sozial engagierten Dramas stand auch bei der Geburt von *Coronation Street* Pate. Zwar sind die klassenkämpferischen Töne der Anfangsjahre leiser geworden, aber auch weiterhin ranken sich die Ereignisse in den einzelnen Episoden um Alltagsprobleme wie Scheidung, Abtreibung, Homosexualität, Drogenabhängigkeit, Arbeitslosigkeit und Krankheit.

Wie kaum eine andere britische Fernsehserie hat *Coronation Street* das Bild von der Solidarität der Arbeiterklasse medial geprägt. Obwohl die Lebenswelt der Figuren durch vielfältige Probleme belastet ist, gelingt es ihnen seit über vierzig Jahren, ihre Schwierigkeiten im Vertrauen auf den Zusammenhalt ihrer Gemeinschaft und der sie verbindenden Werte zu lösen. Auf dem hohen Identifikationspotenzial der Figuren und ihrer Probleme sowie auf der warmherzigen Atmosphäre beruht der unverminderte Erfolg der Serie, die auch in Kanada, Neuseeland, Australien und den USA ausgestrahlt wird. Auch das deutsche Fernsehen ist von der britischen Serie beeinflusst worden, da die von Hans W. Geißendörfer seit 1985 für die ARD produzierte *Lindenstraße* sich am Vorbild der englischen *Coronation Street* orientiert. Einer Umfrage des MORI-Instituts aus dem Jahr 1998 zufolge gilt *Coronation Street* gemeinsam mit *Eastenders* (BBC 1, ab 1985) als populärste britische Soap Opera. Beide Serien fanden die Zustimmung von 29 Prozent der Befragten und verwiesen konkurrierende Formate wie *Emmerdale Farm* (Yorkshire TV, ab 1972) und *Brookside* (Channel 4, ab 1982) sowie die australischen Serien *Neighbours* und *Home and Away* auf die nachfolgenden Plätze.

Neben der Seifenoper hat sich die Situationskomödie als zweite Form der Fernsehunterhaltung fest etablieren können.

Situation Comedy

Situation comedies, or sitcoms, focus on a comic situation which is returned to by a small cast of actors in successive episodes. Much of the humour in these shows derives from character, and 'straight' actors appear in them more frequently than comedians. Although there have been notable exceptions, such as *On the Buses, Dad's Army, Yes, Minister* and its Whitehall location, or *Fawlty Towers* with its seaside hotel setting, a domestic environment has been the most common location for the sitcom since shows of the late 1960s like *Steptoe and Son*. This characteristic has meant that sitcoms often feature more female characters than many other television genres, and indeed from the 1970s onwards numerous sitcoms have centred on women, including *The Liver Birds, Solo, Butterflies, Girls on Top, Birds of a Feather* and, most recently, *Absolutely Fabulous*. Making humour out of the domestic scenarios of sitcoms has equally made them vehicles for 'unusual' domestic arrangements, in attempts to represent shifts in gender and family relations. *A Man About the House* and *The Good Life* were premised, respectively, on the 'swinging' and 'hippie' reputation of the 1970s. *Men Behaving Badly, Home to Roost* and *Fresh Fields* are more contemporary examples of this theme. (Matthews 1999: 494–495)

Durch den Erfolg von *Coronation Street* sah sich die BBC in den sechziger Jahren gezwungen, mit einer neuen Fernsehserie verlorene Marktanteile wieder zurückzugewinnen. Aufgrund der langen Hörfunkpraxis besaß die BBC umfangreiche Erfahrungen im Bereich der *radio comedy*, wie sie von Tony Hancock, Benny Hill, Spike Milligan und Tommy Cooper produziert wurde. Daher lag es nahe, diese Erfahrungen für die Entwicklung einer Fernsehkomödie zu nutzen. Der Durchbruch gelang den Drehbuchautoren Jimmy Perry und David Croft, die sich entschlossen, die Heimatverteidigung Großbritanniens während des Zweiten Weltkriegs zum Gegenstand einer Situationskomödie zu machen. War das Direktorium von Granada TV vor der Erstausstrahlung von *Coronation Street* besorgt über die Zuschauerresonanz, so war auch die BBC unsicher, ob eine Sitcom über die britische Zivilbevölkerung im Krieg vom Publikum akzeptiert werden würde. Der unmittelbare Erfolg des Programms, das unter dem Namen *Dad's Army* am 31. Juli 1968 erstmals ausgestrahlt wurde, machte jedoch rasch alle Bedenken gegenstandslos. Zwar war der Start der Serie begünstigt worden durch einen gewerkschaftlichen Streik, der den Sendebetrieb von ITV lahm legte und den Zuschauern nur das BBC-Programm als Alternative ließ, doch

Abb. 38: Captain Mainwaring, Sergeant Wilson und die tapferen Soldaten der Home Guard von Walmington-on-Sea, dem fiktiven Schauplatz von *Dad's Army*.

wurde *Dad's Army* im Wettbewerb mit ITV zu einem kräftigen Zugpferd der BBC. Bis 1977 wurden achtzig Folgen in sechs Staffeln gedreht, was der Serie ein Leben von etwa zehn Jahren bescherte. Bei den Erstausstrahlungen der Folgen wurden jeweils Einschaltquoten von 10 bis 15 Millionen Zuschauern erreicht, und Wiederholungen einzelner Episoden in den neunziger Jahren erzielten vergleichbare Quoten, was die unverminderte Popularität der Serie belegt.

Die Handlung spielt in der fiktiven Kleinstadt Walmington-on-Sea an der britischen Südküste, die bei einer deutschen Invasion unmittelbar zum Kriegsschauplatz würde und daher einer besonders wachsamen Einheit des Heimatschutzes (*Home Guard*) bedarf. In allen Folgen besteht diese Truppe (vgl. Abb. 38) aus folgenden Personen: George J. Mainwaring (Arthur Lowe) ist Leiter der Bankfiliale in Walmington, der sich in maßloser Selbstüberschätzung flugs zum Captain der Einheit ernannt hat. Seine rechte Hand ist Sergeant Arthur Wilson (John Le Mesurier), ein liebenswürdiger und charmanter Zeitgenosse, der vom militärischen Sinn der Einheit nur wenig überzeugt ist, der aber als Sergeant schon deshalb unverzichtbar ist, weil er seinen Captain immer wieder vor den schlimmsten Katastrophen bewahrt. Dies führt wiederkehrend zu amüsanten Spannungen zwischen den beiden Figuren, zumal Wilson aus einer wohlhabenderen Familie stammt, eine bessere Public School besucht hat und in der gesellschaftlichen Hierarchie höher rangiert als sein militärischer Vorgesetzter. Diese Auseinandersetzungen zwischen Captain und Sergeant gehören zu den Glanzpunkten der Komik in der Serie. Zum Personal gehören weiterhin Lance Corporal Jack Jones (Clive Dunn), im Zivilleben der ortsansässige Metzger, sowie die einfachen Soldaten James Frazer (John Laurie), Charles Godfrey (Arnold Ridley) und Frank Pike (Ian Lavender).

Der immense Erfolg des Programms ist zu einem großen Teil auf die Konfiguration dieses Personals rückführbar. Die Figuren sind insgesamt flache Charaktere, deren jeweilige Eigenschaften während der zehn Jahre währenden Ausstrahlung weitgehend konstant blieben. Da sie sich als Charaktere nicht nennenswert fortentwickelten, konnten sie in jeder neuen Folge unmittelbar wiederverwendet werden. Aus rezeptiver Sicht verlieh ihre Konstanz der Serie über die Jahre nicht nur eine erstaunliche Frische, sondern sie stellten für das Fernsehpublikum auch ein wichtiges Moment an Verlässlichkeit und Stabilität dar: Die Figuren blieben ihren Eigenschaften stets treu und bewahrten sie auch in Momenten größter Bedrängnis. Sie waren und blieben typisch britisch. Dazu gehören auch ihre schrulligen Absonderlichkeiten, die sie nicht widerwärtig, sondern geradezu liebenswert, eben menschlich erscheinen lassen.

Zur Popularität des Personals trug schließlich auch die Rollenbesetzung bei. Mit der Wahl von Arthur Lowe als Captain Mainwaring und von John Le Mesurier als Sergeant Wilson wurden ideale Besetzungen gefunden. Beide Schauspieler hatten sich bereits in der Nachkriegszeit einen festen Namen in der Theaterszene gemacht und galten als hervorragende Darsteller im komischen Rollenfach. Sie und die übrigen Akteure haben den Figuren der Home Guard ein menschliches Gesicht verliehen, was für die Deutungs- und Übermittlungspraxis der Fernsehserie entscheidend wurde.

Dad's Army bietet einen nostalgischen Rückblick auf eine Zeit, die trotz aller Kriegswirren angenehm, entspannend und unterhaltsam wirkt. Sie präsentiert eine britische Gesellschaft, in der traditionelle Grundwerte noch intakt waren, in der Solidarität über blanken Individualismus obsiegte, in der die Menschen trotz sozialer Hierarchien letztlich zusammenhielten, in der Höflichkeit und Anstand (*decency*) als zentrale Werte galten, in der Exzentrik und das Amateurhafte Vorrang hatten vor dem Professionalismus amerikanischer Prägung und in der ein Freiwilligengeist herrschte, der die Menschen ohne politischen Zwang für das Gemeinwohl aktiv werden ließ. Im Rückblick führte die Kriegserfahrung zur Erkenntnis der eigenen nationalen Identität, deren charakteristische Werthaltungen den Krieg nicht nur überdauerten, sondern mit deren Hilfe der Krieg letztlich gewonnen wurde. Dies war sicherlich eine trostreiche Botschaft in den sechziger Jahren, und die anhaltende Popularität der Serie deutet darauf hin, dass diese Botschaft auch weiterhin Gehör findet. Einer Meinungsumfrage der *Daily Mail* aus dem Jahre 1993 zufolge galt *Dad's Army* als die populärste britische Fernsehkomödie der zurückliegenden zwei Jahrzehnte. Bei einer von der BBC im Sommer 2003 durchgeführten Internetabstimmung über die erfolgreichsten Sitcoms erzielte *Dad's Army* erneut einen Spitzenplatz unter den Top Ten neben so bekannten Produktionen wie *Fawlty Towers* (BBC 2, 1975–1979), *The Good Life* (BBC 1, 1975–1978), *Only Fools and Horses* (BBC 1, 1981–1991) und *Yes, Minister* (BBC 2, 1980–1982).

Der Wettbewerb zwischen BBC und ITV verschärfte sich 1982, als auf Initiative der IBA mit Channel 4 eine weitere Fernsehstation eingerichtet wurde. Da sowohl die BBC als auch ITV sich bei ihren Programmplanungen jeweils auf Zuschauermehrheiten richteten, schienen Minderheiteninteressen in der Fernsehlandschaft zu wenig berücksichtigt. Channel 4 wurde mit der klaren Zielvorgabe ausgestattet, diesen Mangel des Fernsehsystems zu beseitigen und alternative Produktionen auszustrahlen, die sich insbesondere an Jugendliche, ethnische Minderheiten und Homosexuelle richten. Die Finanzierung des Senders, der nicht profitorientiert arbeitet, wurde dadurch sichergestellt, dass die im ITV organisierten Sender einen Teil ihrer Werbeeinnahmen an Channel 4 abtreten mussten. Seither hat sich der Sender als Alternativkanal erfolgreich etabliert und eine Reihe innovativer Sendeformate bei Talk Shows und Quiz-Sendungen entwickelt.

Da Channel 4 keine eigenen Produktionen herstellt, sondern alle Sendungen einkaufen muss, hat sich eine enge Zusammenarbeit des Senders mit einer Reihe experimentierfreudiger Produktionsgesellschaften entwickelt, deren Dienste mittlerweile auch von der BBC und von ITV in Anspruch genommen werden. Aus der Kooperation mit unabhängigen Produktionsfirmen sind zudem zahlreiche Kinofilme entstanden, und Channel 4 hat auch dazu beigetragen, die Qualität des britischen Films zu verbessern. Aus der langen Liste erfolgreicher FilmFour-Produktionen stechen einige besonders hervor: *The Draughtsman's Contract* (1982), *A Room With a View* (1985), *Letter to Brezhnev* (1985), *The Crying Game* (1992), *Four Weddings and a Funeral* (1994), *Trainspotting* (1996), *The Full Monty* (1997), *Elizabeth* (1998) und *Late Night Shopping* (2001).

Channel 4 hat den Auftrag, ein alternatives Programm für Minderheiten zu bieten, stets sehr ernst genommen, sich dabei aber auch verschiedentlich die Verstimmung konservativer Kreise zugezogen. Unmut erregten schonungslose Sendereihen über Obdachlosigkeit, soziale Ungerechtigkeit und Homosexualität, wobei ein lesbischer Kuss in der Soap Opera *Brookside* 1994 zu besonders scharfen Kontroversen führte. Channel 4 hat seine konfrontative Haltung seither gemildert, ohne den ursprünglichen Sendeauftrag aus dem Blick zu verlieren. So thematisierte schon die Verfilmung von E. M. Forsters Roman *Maurice* (1987) Homosexualität in einem eher traditionellen, dem Heritage Cinema verpflichteten Format, das für die Mehrheit der Zuschauer akzeptabel war. Auf diese Weise bemüht sich der Sender mit beachtlichem Erfolg, sowohl das Problembewusstsein des Publikums zu schärfen als auch gleichzeitig die Einnahmen zu steigern. Diese Strategie hat sich als nützlich erwiesen: Channel 4 hält einen konstanten Marktanteil von 11 Prozent und konnte in den neunziger Jahren stets Überschüsse erwirtschaften, die allerdings an die im ITV zusammengeschlossenen Sender zurücküberwiesen werden müssen.

Im Jahre 1990, als etwa 98 Prozent der britischen Bevölkerung über ein Fernsehgerät verfügten, waren somit vier Programme zu empfangen: BBC 1 und BBC 2, ITV (bzw. Channel 3) und Channel 4. Im gleichen Jahr wurde das Fernsehsystem durch die neue Gesetzgebung des Parlaments (*Broadcasting Act*) erheblich modifiziert. Wie beim Hörfunk setzte die konservative Regierung auch beim Fernsehen auf einen vermehrten Wettbewerb zwischen den Anbietern und eine größere Vielfalt des Angebots. Zwar war die BBC vom Broadcasting Act nicht unmittelbar betroffen, doch sollte eine Verschärfung des Wettbewerbs auch die BBC zu neuen Anstrengungen herausfordern.

Tiefgreifender waren die mit dem Gesetz eingeführten Änderungen im Bereich des kommerziellen Fernsehens. Die IBA wurde aufgelöst und durch die neugegründete Independent Television Commission (ITC) ersetzt, deren Kontrollbefugnisse über den terrestrischen Empfang von Fernsehprogrammen per Antenne ausgedehnt wurde auf Kabel- und Satellitenübertragungen. Zwar ist die Verkabelung der britischen Haushalte weit weniger fortgeschritten als etwa in Deutschland, doch hat die Einführung des Satellitenfernsehens zur Einsicht geführt, dass eine innerbritische Kontrolle des Fernsehangebots unmöglich wird, wenn europäische und amerikanische Satellitenprogramme in Großbritannien konsumiert werden können.

Die im Jahre 1996 verabschiedete Neufassung des Broadcasting Act setzte den Willen des früheren Gesetzes zu einer Verbreiterung des Fernsehangebots fort und legte die künftige Digitalisierung von Fernsehübertragungen rechtlich fest. Damit ergeben sich theoretisch wie technisch gewaltige Entwicklungsmöglichkeiten des medialen Angebots. Bereits die Gesetzesfassung von 1990 sah die Einrichtung eines zusätzlichen kommerziellen Fernsehkanals unter der Bezeichnung Channel 5 vor. Wie beim Rundfunk war auch hier eine Versteigerung der Sendelizenz vorgesehen, wenngleich die ITC gehalten war, neben der Lukrativität des Angebots auch auf die Programmqualität zu achten. Zunächst war die Aufnahme des Sendebetriebs für 1994 vorgesehen, aber bis 1992 lag nur ein einziges Angebot vor, das von der ITC zudem abgelehnt wurde. 1994 wurde erneut um Angebote gebeten und im folgenden Jahr dem Konsortium Broadcasting Limited die Sendelizenz mit einer Gültigkeit von zehn Jahren erteilt. 1997 ging

Channel 5 zunächst mit einem terrestrischen Programm auf Sendung, das kurz darauf auch über Kabel und Satellit verfügbar gemacht wurde, aber aufgrund technischer Probleme noch immer nicht von allen Haushalten landesweit empfangen werden kann. Die größten Anteile an Channel 5 besitzt die Mediengruppe United News & Media, die auch den *Daily Express*, den *Daily Star* und Anglia Television besitzt. Ein weiterer Eigner ist der Medienkonzern Pearson, zu dem die *Financial Times*, Penguin Books, Thames TV und die australische Fernsehstation Grundy TV gehört. Das Programm von Channel 5 besteht im Wesentlichen aus Quiz- und Talkshows, Musiksendungen für jüngere Zuschauer, Wiederholungen älterer Fernsehserien sowie Sportübertragungen aus den USA, vor allem American Football und Basketball. Im Gegensatz zu Channel 4 hat sich Channel 5 noch keinen angestammten Platz in der britischen Fernsehlandschaft erstreiten können, und das Überleben des Senders wird entscheidend davon abhängen, ob es gelingt, ein eigenständiges und wettbewerbsfähiges Programmangebot zu entwickeln.

Bislang ist der kommerzielle Erfolg von Channel 5 wesentlich geringer als der des britischen Satellitenfernsehens BSkyB, das 1988 die Lizenz erhielt und zunächst als Sky TV sein Programm ausstrahlte. Die Zukunft des Senders stand bei seiner Gründung zunächst buchstäblich in den Sternen, da der neue Markt des satellitengestützten Fernsehens noch weitgehend unerschlossen war und zudem von dem Konkurrenzunternehmen British Satellite Broadcasting (BSB) umworben wurde. Durch die Fusion von BSB und Sky TV, die im Grunde das Resultat einer feindlichen Übernahme war, wurde 1990 mit BSB der Rivale aus dem Feld geschlagen und unter dem Namen BSkyB in Rupert Murdochs Medienimperium News International integriert. Mit großen Anstrengungen gelang es in den neunziger Jahren, den gewaltigen Schuldenberg von vier Milliarden Pfund durch den Verkauf von Sendeabonnements und die Steigerung der Werbeeinnahmen abzutragen. Investiert wurden die Gewinne in die lukrativen Übertragungsrechte von Sportveranstaltungen, insbesondere von Fußballspielen der Premier League sowie von Rugby und Cricket.

BSkyB strahlt mittlerweile digital sechs Programme aus und bedient unterschiedlichste Zuschauerinteressen. Einige der Sendungen wie das Nachrichtenprogramm von Sky News können kostenfrei empfangen werden; andere Programmsparten wie das Spielfilmangebot von Sky Movies sind als Pay TV kostenpflichtig. Dieses Angebot nahmen 2002 über sechs Millionen Menschen wahr, doch ist unklar, ob BSkyB in Zukunft noch weitere Zuschauerkreise erschließen kann oder ob der Markt damit gesättigt ist. Gleichwohl deutet die Entwicklung von BSkyB darauf hin, dass die Zukunft des britischen Fernsehens in gleichem Maß von der Satellitentechnik und der digitalen Übermittlung bestimmt sein wird, deren Wettbewerbscharakter und Angebotsverbreiterung auch die deutsche Medienlandschaft seit den neunziger Jahren verändert haben.

Zugleich stellt sich die Frage nach der Finanzierung des Fernsehangebots auch in Großbritannien immer dringlicher. Unter den konservativen Regierungen von Margaret Thatcher und John Major war die BBC wegen ihrer zu geringen Marktorientierung kritisiert worden, doch wurde die angedrohte Streichung der Rundfunk- und Fernsehgebühren nicht wahrgemacht. Die BBC darf auch weiterhin diese Gebühren erheben, die sich im Jahr 2003 auf £ 112 für den Empfang von Farbfernsehen beliefen. Dennoch wurde sie in den neunziger Jahren zu einer Reform ihrer Verwaltungsstruktur gezwungen, um eine größere Effektivität ihrer Arbeit zu ermöglichen. Zugleich wurde 1994 die Gesellschaft BBC Worldwide Ltd. gegründet, die für die Vermarktung der Medienprodukte zuständig ist. Seither hat sich die Gesellschaft zu Europas größtem Exporteur von Fernsehprogrammen entwickelt, die weltweit verkauft werden. Im Jahr 2002 erzielte BBC Worldwide einen Umsatz von £ 660 Millionen, von denen über £ 100 Millionen direkt an die BBC zurückflossen.

Während die finanzielle Situation des öffentlich-rechtlichen Rundfunks und Fernsehens somit als im Wesentlichen solide bezeichnet werden kann, ringen die privaten Anbieter um die Gunst der Wirtschaftsunternehmen und um Werbeanteile. Dabei spielen, wie auch in Deutschland und in anderen europäischen Ländern, die Einschaltquoten die wichtigste Rolle. Die Ausrichtung auf den Massengeschmack hat die Qualität vieler Programme negativ beeinflusst. Die Trivialisierung äußert sich einerseits in der steigenden Zahl kostengünstig produzierbarer Talkshows, andererseits im populistischen Sensationalismus des Reality TV mit Sendungen wie *Big Brother*, *Survivor* und *I'm a Celebrity, Get Me Out of Here*, die große Zuschauerzahlen über viele Abende anlocken und daher beträchtliche Werbeeinnahmen verbuchen können. Diesem Wettbewerb um Einschaltquoten hat sich auch die BBC nicht völlig entziehen können. Die Entscheidung, die Abendnachrichten (*nine o'clock news*) wie früher auf 22 Uhr zu verschieben, war ein Zugeständnis an den Quotendruck. Somit konnte die Hauptsendezeit (*prime time*) für populärere Programme freigehalten werden, allerdings auf Kosten einer aktuellen Information der Öffentlichkeit, was stets eine traditionelle Domäne der BBC gewesen ist.

Die politisch gewollte Entwicklung von der alten Einheit zur neuen Vielfalt unterschiedlichster Programmanbieter steht aufgrund der Verfügbarkeit neuer Technologien wie Internet und Breitbandübermittlung, aber auch wegen der bevorstehenden Verbindung von Fernsehen und Telekommunikation vor neuen Herausforderungen. Mit den Befugnissen der Broadcasting Standards Commission (BSC), die über Verstöße der Sendeanstalten gegen schriftlich festgelegte Normen wacht und über Beschwerden entscheidet, wird die Komplexität der künftigen Medienlandschaft kaum zu bewältigen sein. Im Mai 2002 hat die Regierung daher den Entwurf für ein Kommunikationsgesetz (*Communications Bill*) vorgelegt, das die Einrichtung eines unabhängigen Office of Communications (Ofcom) vorsieht. Als zentrale Regulierungsbehörde soll Ofcom die Kompetenzen von BSC, ITV, der Radio Authority sowie des Office of Telecommunications (Oftel) in sich vereinen. Ziel ist die Steigerung des Wettbewerbs, in den auch die BBC eingebunden sein soll, sowie eine neue Formulierung der Rundfunk- und Fernsehstandards zum Nutzen der Konsumenten. Im Hinblick auf diese anstehende Neuregelung des Senderechts wird entscheidend sein, welche Bestimmungen der Gesetzgeber zu den medialen Mischkonzernen (*media cross-ownership*) trifft, die neben Printmedien auch Anteile an Fernsehsendern, Produktionsfirmen und Telekommunikationsunternehmen halten. New Labour hat eine Liberalisierung des Markts angekündigt und beabsichtigt, in Zukunft die Regeln für die Fusion von Medienunternehmen und die Entstehung von Multimediakonzernen zu erleichtern. Für Rupert Murdochs News International wäre das eine vorteilhafte Entscheidung, weil BSkyB damit auf Dauer rentabel arbeiten könnte. Kleinere Anbieter, die häufig Nischen im Medienmarkt bedienen, würden von einer solchen Entscheidung hingegen hart getroffen. Dann allerdings könnte die Gefahr bestehen, dass sich die angestrebte neue Vielfalt am Ende in der neuen Einfalt des Trash TV erschöpft.

10. *Renewal of Britain:* Großbritannien nach dem Zweiten Weltkrieg

Wenn man nach einem Leitbegriff für die Entwicklung Großbritanniens nach dem Zweiten Weltkrieg sucht, so könnte dieser 'Erneuerung' heißen. Getreu dem britischen Traditionsbewusstsein heißt Erneuerung allerdings nicht Bruch mit der Vergangenheit, sondern Weiterentwicklung auf der Basis des Bewährten; nicht Revolution, sondern Evolution, selbst wenn der Begriff 'Revolution' gelegentlich zur Beschreibung wichtiger Änderungen verwendet wird wie beispielsweise bei der konservativen Revolution Margaret Thatchers. Einige Beispiele sollen vorab im Überblick die Idee der Erneuerung seit dem Zweiten Weltkrieg kurz umreißen.

Im Gegensatz zu den auf den Kriegshelden Churchill zugeschnittenen, eher retrospektiven Parolen der Konservativen signalisierte das Wahlprogramm der Labour Party von 1945, "Let Us Face the Future", schon den zukunftsorientierten Reformkurs, der nach dem Wahlsieg umgehend eingeschlagen wurde. In etwas mehr als fünfzehn Monaten verabschiedete die Labour-Regierung unter Attlee 55 Gesetze, von denen einige wie der New Towns Act von 1946 die Erneuerung schon im Namen tragen. Einige Kritiker interpretieren deshalb die umfassenden Veränderungen unter Labour (1945–51) sogar als eine Revolution des Lebens in Großbritannien.

Renewal im Sinne von Revolution verbindet sich unweigerlich mit dem Namen Margaret Thatchers. Schon als sie 1975 auf dem Parteitag in Blackpool zur neuen Parteivorsitzenden gekürt wurde, stellte sie die für ihre Amtszeit entscheidende Frage: "Now, what is the challenge of our time? I believe there are two, to overcome the country's economic and financial problems, and to regain our confidence in Britain and ourselves" (Thatcher 1989: 18). Erneuerung entsteht bei Thatcher aus der Rückbesinnung auf alte Werte, die viel beschworenen viktorianischen Tugenden, damit Großbritannien in Zukunft wieder eine ähnliche Rolle spielen kann wie in der Vergangenheit; *renewal* als Synthese von Traditionsbewusstsein und Zukunftsoptimismus:

> My fourth theme is expressed well by the word 'renewal'. Here we know that the restoration of the confidence of a great nation is a massive task. We do not shrink from it. It will not be given to this generation of our countrymen to create a great Empire. But it is given to us to demand an end to decline and to make a stand against what Churchill described as the "long dismal drawling of drift and surrender, of wrong measurements and feeble impulses". (Tönnies & Viol 2001: 111–112)

Was anfangs überraschend schien, ist inzwischen ein Gemeinplatz geworden: die manchmal frappierende Ähnlichkeit zwischen Tory-Thatcher und Labour-Blair. Blairs Vision eines neuen Großbritanniens, wie er sie schon vor seinem Amtsantritt im Titel seines 1996 erschienenen Buches *New Britain. My Vision of a Young Country* verkündete, gründet sich auf die Ineinssetzung von Partei und Nation – "New Labour: New Britain". So versprach Blair auf dem Parteitag der Labour Party 1994 in Blackpool all seinen Zuhörern:

> Ours is a project of national renewal, renewing our commitment as a nation, as a community of people, in order to prepare and provide for ourselves in the new world we face.
>
> I want to build a nation with pride in itself – a thriving community, rich in economic prosperity, secure in social justice, confident in political change; a land in which our children can bring up their children with a future to look forward to.
>
> That is our hope: not just to promise change – but to achieve it.
>
> Our Party – New Labour. Our mission – New Britain. New Labour: New Britain. (Blair 1996: 50)

Wie New Labour die Krise überwunden hatte – Steven Fielding gab seinem 1995 erschienenen Buch den bezeichnenden Titel *Labour. Decline and Renewal* –, so sollte auch Großbritannien einem "national renewal" unterzogen werden.

In Blairs erster Amtsperiode verlor freilich die Zauberformel 'New Labour' viel von ihrem ursprünglichen Glanz, so dass Labour sie seit Blairs erneutem Wahlsieg im Jahre 2001 aus dem offiziellen Sprachgebrauch der Partei verbannte. Seinen Anspruch auf Erneuerung, Reform und Modernisierung hat Labour damit jedoch nicht aufgegeben, sondern nur in neue – oder vielmehr alte – Worte gekleidet. In Tony Blairs Einleitung zum Jahresbericht der Labour Party für das Jahr 2001 kehren viele der vertrauten Begriffe oft mehrfach wieder: "challenge", "mission", "improve", "modernise" und "reform" (Labour Party 2001: 5) – politische Leerformeln, denn sie können ganz unterschiedlich gefüllt werden, wie Großbritanniens Entwicklung seit dem Zweiten Weltkrieg bewiesen hat.

10.1 *Austerity*, *Affluence* und *Anger:* Die Nachkriegsgesellschaft

Als Sieger der Unterhauswahlen von 1945 wurde allgemein Winston Churchill erwartet, der mit seiner Koalitionsregierung die Nation im Krieg geeint hatte. Umso überraschender kam für viele der Sieg der Labour Party, die sich im Zweiten Weltkrieg endgültig als regierungsfähig erwiesen hatte und nun den Auftrag erhielt, die wirtschaftliche und gesellschaftliche Erneuerung Großbritanniens in Angriff zu nehmen. Offensichtlich hatte sich die nationale Stimmung gewandelt, und eine Mehrheit der Menschen wünschte sich nach Kriegsende mehr soziale Gerechtigkeit und den Abbau der alten Klassengesellschaft. Mit dem Beveridge Report von 1942 und dem Education Act von 1944 waren die ersten Schritte bereits getan (vgl. Kap. 8); nun galt es, das Werk der Kriegskoalition fortzuführen und die Ideen der Reformer John Maynard Keynes, William Henry Beveridge, Leslie Patrick Abercrombie und Richard Austen Butler möglichst umfassend in die Praxis umzusetzen.

Grundlage für diesen Prozess der Erneuerung war eine parteiübergreifende Politik, der so genannte Nachkriegskonsensus zwischen Labour und Konservativen in der Wirtschafts-, Sozial- und Außenpolitik. Dieser Konsensus war umso notwendiger, als die unmittelbaren Nachkriegsjahre von Einschränkungen geprägt waren, die mit dem Begriff *austerity* ebenso treffend charakterisiert werden wie die sich anschließende Zeit des Wohlstands mit dem Ausdruck *affluent society*. Mit *austerity* verbinden sich ein karges Leben, Entbehrungen, Sparmaßnahmen, Kontrollen und Rationierung. In dieser Hinsicht war das *age of austerity* nichts anderes als ein Leben im Frieden unter ähnlich harten Bedingungen wie im Krieg. Die Winterkrise von 1947 mit dem schlimmsten Winter seit 1895 und die Lebensmittelknappheit, unter der die Briten länger zu leiden hatten als die Deutschen, kamen erschwerend hinzu. Letztlich wurde aus der einstigen Gläubigernation Großbritannien eine Nation mit riesigen Schulden, die eine radikale Abwertung des Pfundes um 30,8 Prozent im Jahre 1949 zur Folge hatten.

Für solch eine Situation, in der eine straffe staatliche Lenkung gefordert war, schienen die planwirtschaftlichen Vorstellungen der Labour Party besser geeignet als die marktwirtschaftlichen Konzepte der Konservativen. Dem Nachkriegskonsensus entsprechend, sollte die wirtschaftliche Erneuerung auf der Basis einer *mixed economy* erfolgen, d.h. der Koexistenz von privatwirtschaftlichen Unternehmen und verstaatlichten Industriebereichen. In dieser Konzeption spielte die Verstaatlichung (*nationalisation*) – und damit verbunden mehr öffentliche Kontrolle – eine zentrale Rolle:

> For practical purposes 'nationalised industries' can be defined as public corporations whose assets are in public ownership, whose boards are appointed by a Secretary of State, whose employees are not civil servants, which are engaged in trading activities, and which derive the greater part of their revenue directly from customers. (Butler & Butler 2000: 429)

Die Idee, die Wirtschaftlichkeit durch Rationalisierung und Standardisierung zu verbessern, war im Grundsatz nicht neu, sondern schon vor dem Zweiten Weltkrieg praktiziert worden. Neu war freilich die massive Konzentration, gleichsam eine Verstaatlichungswelle zwischen 1946 und 1949:

Civil Aviation Act (1946), Electricity Act (1947), Transport Act (1947), Gas Act (1948) und Iron and Steel Act (1949). Die Frage, wie viel staatliche Lenkung oder Privatisierung für Großbritannien sinnvoll war, entwickelte sich nach 1945 zum Zankapfel zwischen Labour und Konservativen, ehe Thatcher viele der zuvor verstaatlichten Betriebe wieder in den privaten Sektor überführte.

Insgesamt gesehen, erfüllte die Verstaatlichung weder die hoch gesteckten Erwartungen der Labour Party noch bestätigten sich die tief sitzenden Ängste der Konservativen: Die Hoffnung auf einen Abbau der Klassengesellschaft war vorschnell, und die Furcht vor einem bürokratischen Sozialismus erwies sich als unbegründet. Labours Bilanz konnte sich trotzdem sehen lassen, denn das *age of austerity* war zugleich auch ein *age of reform.* Selbst wenn die Verstaatlichung nicht den gewünschten Effekt hatte, waren die Errichtung des Wohlfahrtsstaates und der wirtschaftliche Wiederaufbau in einer Zeit der Entbehrungen eine beachtliche Leistung.

Der Beginn der fünfziger Jahre markiert in Großbritannien in mehrfacher Hinsicht einen Einschnitt, den man anschaulich an drei Ereignissen exemplifizieren kann: dem Wahlsieg der Konservativen, dem Festival of Britain und dem Tod von George VI. Die Labour Party gewann zwar in der Wahl von 1950 mehr Stimmen als je zuvor, doch verzeichneten auch die Konservativen einen Zuwachs, so dass Labour nur über eine minimale Mehrheit von fünf Sitzen verfügte. Da sich diese Pattsituation 1951 noch weiter verschlechterte, wurden schon nach kurzer Zeit Neuwahlen erforderlich. Diese bescherten zwar Labour einen weiteren Stimmenzuwachs und einen Vorsprung von über 200 000 Stimmen gegenüber den Konservativen, aber aufgrund des britischen Wahlsystems hatten diese eine Mehrheit von 26 Sitzen und konnten mit dem nun 76-jährigen Churchill an der Spitze erneut regieren. Obwohl Labour in den Jahren der *austerity* die Basis für die Erneuerung Großbritanniens gelegt und damit nachgewiesen hatte, dass die Partei auch in Zukunft eine echte Regierungsalternative darstellte, honorierten die Wähler diese Leistungen nicht mit einem Labour-Wahlsieg – vielleicht deshalb, weil sie endgültig ein Ende der von Labour verkörperten *austerity* herbeisehnten.

Mit dem Regierungswechsel ging eine bemerkenswerte Reformperiode zu Ende; und selbst wenn die Konservativen einige Veränderungen rückgängig zu machen versuchten, wie z.B. einen Teil der Verstaatlichungen, gelang es ihnen nicht, die Uhr insgesamt zurückzudrehen. Es war zweifellos ein Verdienst der Labour Party, dass die sozialen Reformen auch den unteren Schichten neue Möglichkeiten, beispielsweise in der Bildung, eröffneten; umgekehrt rechneten es sich die Konservativen als Verdienst an, dass sie dem Land in den folgenden dreizehn Jahren ihrer Herrschaft eine Zeit der *affluence* bescherten.

Das Etikett *affluent society* stammt von dem amerikanischen Wirtschaftswissenschaftler J. K. Galbraith, der damit eine Phase materiellen Wohlstands und eine Verbesserung des Lebensstandards bezeichnet. Zweifellos war die britische Wirtschaft in den fünfziger Jahren im Aufwind, und viele Briten, auch aus der Arbeiterklasse, konnten sich nun Dinge leisten, die in den harten Jahren der *austerity* nicht möglich gewesen waren, z.B. Fernsehen, Urlaub und Motorisierung. Kein Wunder, dass sich die Konservativen unter Macmillan diesen Aufschwung zugute schrieben: 'You've never had it so good', 'Life's better under the Conservatives', 'You've got it good; keep it good' – so lauteten ihre Wahlparolen.

Das Festival of Britain ist ein zweites Beispiel für den Nachkriegswandel in Großbritannien. Die Royal Society of Arts hatte der Labour-Regierung vorgeschlagen, zur Erinnerung an die Great Exhibition von 1851 und zugleich als Vision des neuen Großbritanniens ein nationales Festival zu veranstalten, das fast alle Aspekte des britischen Lebens abdecken sollte: Kunst, Geschichte, Technik, Industrie und Sport. Diese Jahrhundertfeier war somit als politisches und kulturelles Ereignis gedacht, das die Erinnerung an die glorreiche Vergangenheit mit einer Manifestation der Nachkriegsleistungen und dem Traum von einer modernen sozialistischen Gesellschaft verknüpfte. In der Eröffnungszeremonie in der St Paul's Cathedral bezeichnete deshalb auch George VI das Festival als Symbol für Großbritanniens ungebrochenen Mut und seine Vitalität.

Das Zentrum des am 3. Mai 1951 eröffneten Festivals lag zwar am Südufer der Themse im zerbombten Londoner Vorort Lambeth, doch zahlreiche Ausstellungen und Feiern im ganzen Land unterstrichen die nationale Bedeutung. Architektonisch gewagte Entwürfe wie der Dome of Discovery, dessen riesige Kuppel den Trafalgar Square überdacht hätte und der einen Mikrokosmos der gesamten Welt, einschließlich des Weltraums, beherbergte, sowie der angrenzende Skylon, dessen fast 100 Meter hoher Turm im Himmel zu schweben schien, waren erstaunliche technische Leistungen und futuristische Spektakel. Das einzige Gebäude, das das Festival überlebte, war freilich die Royal Festival Hall, ein Konzertsaal mit über 3000 Sitzplätzen und einer hervorragenden Akustik. Neben der Architektur zeichnete sich das Festival vor allem durch Tausende neuer Designs und Produkte aus, die in den Pavillons ausgestellt waren und den so genannten Festival-Stil kreierten, der eine Zeit lang zahlreiche Nachahmer fand.

Zwar hätten Kritiker die Kosten von £ 8 Millionen lieber für den weiteren Wiederaufbau des Landes verwendet, doch war das Festival unbestritten ein riesiger Erfolg. 8,5 Millionen Besucher, darunter auch zahlreiche Ausländer, feierten den Aufbruch in eine neue Zeit, obschon die Lebensmittelrationierungen noch nicht völlig aufgehoben waren. So spiegelte das Festival of Britain den Optimismus der frühen fünfziger Jahre und die wachsende Freude an der neuen Nachkriegsgestalt Großbritanniens.

Abb. 39: Festival of Britain. Das Symbol des Festivals, eine stilisierte Britannia auf einem aufgehenden Stern, spiegelt die optimistische Stimmung wider und sollte nach dem *age of austerity* die nationale Moral heben.

Dazu trug auch ein zunächst eher trauriges Ereignis bei, der Tod von George VI im Jahre 1952, der als drittes Beispiel den Einschnitt zu Beginn der fünfziger Jahre verdeutlichen kann. Churchill, der erst einige Monate wieder als Premierminister amtierte, betonte in seiner von der BBC ausgestrahlten Rede "The King Walked with Death" die Integrität dieses Königs, der nur durch die unglücklichen Umstände der Abdankung Edwards VIII in Amt und Würden gekommen war. Zum Schluss seiner Rede vereint Churchill jedoch Vergangenheit, Gegenwart und Zukunft und zieht viel versprechende Parallelen zwischen der neuen Königin und ihrer berühmten Namensschwester Elizabeth I:

> Now I must leave the treasures of the past and turn to the future. Famous have been the reigns of our Queens. Some of the greatest periods in our history have unfolded under their sceptres. Now that we have the second Queen Elizabeth, also ascending the Throne in her twenty-sixth year, our thoughts are carried back nearly 400 years to the magnificent figure who presided over, and in many ways embodied and inspired, the grandeur and genius of the Elizabethan Age. Queen Elizabeth the Second, like her predecessor, did not pass her childhood in any certain expectation of the Crown. [...] I, whose youth was passed in the august, unchallenged and tranquil glories of the Victorian Era, may well feel a thrill in invoking, once more, the prayer and the Anthem: God save the Queen. (Churchill 1990: 319)

Dieses zweite Elisabethanische Zeitalter erleben die Briten zumindest hinsichtlich der Länge, denn Elizabeth II hat ihre Namensschwester jetzt schon um einige Jahre übertroffen. Dem Aufstieg Englands zur weltbeherrschenden Seemacht unter Elizabeth I steht allerdings der Zerfall des Empire unter Elizabeth II gegenüber (vgl. Kap. 3), eingeleitet durch die Unabhängigkeit Indiens im Jahre 1947 und fortgesetzt durch die Suez-Krise von 1956, kein Schwanengesang, sondern eher ein Abgesang auf das Empire.

Die fünfziger Jahre dürfen deshalb nicht nur am besseren Lebensstandard gemessen werden, zumal auch dieser nicht alle Bevölkerungsschichten gleichmäßig erfasste, denn 1,5 Millionen Menschen bezogen Sozialhilfe. Außerdem erreichten die Streiks einen Höchststand seit dem Generalstreik von 1926, und statt den Wohlfahrtsstaat weiter auszubauen, sahen sich die Konservativen aus Kostengründen zu ersten Einschränkungen gezwungen. Schließlich führte auch die Kritik an der Klassengesellschaft nicht zum gewünschten Ziel, denn an die Stelle des alten Vorkriegs-Establishment trat nun ein neues Establishment, das sich im Wesentlichen aus den bekannten Quellen speiste. Von den 18 Direktoren der Bank of England hatten 6 Eton besucht, und von 34 Ministern der Tory-Regierung gleichfalls fast ein Drittel, nämlich 11. Die Public-School-Oligarchie und das Oxbridge-Netzwerk dominierten die gesellschaftlichen und politischen Institutionen so stark, dass ein Widerspruch zwischen der sozialen Hierarchie und den egalitären Idealen entstand. So gesehen, verschleierte die *affluent society* nur eine Reihe von Problemen, die sich unter der Oberfläche des materiellen Wohlstands verbargen. Deshalb attackierte Labour die konservative Ideologie 'You've never had it so good' mit dem neuen Slogan der sechziger Jahre 'Time for a change!'.

Dieses ambivalente Bild der Nachkriegsjahre macht verständlich, warum auch die "culture of austerity" (Marwick 2003: 52) von uneinheitlichen Tendenzen geprägt wird. Auf der einen Seite übernimmt der unmittelbar nach Kriegsende ins Leben gerufene Arts Council, die sehr einflussreiche Nachfolgeorganisation des Council for the Encouragement of Music and Arts, die Aufgabe, dem kulturellen Leben durch Vermittlung stattlicher Zuschüsse neue Impulse zu verleihen. Zeichen der kulturellen Ambitionen ist auch das 1947 neu gegründete Edinburgh International Festival, damals ein großes Wagnis, das sich jedoch zu einem der bedeutendsten Festivals auf der Welt entwickeln sollte: hohe künstlerische Ansprüche; Dirigenten, Regisseure und Orchester von Weltruf; richtungweisende Kunstausstellungen; Premieren wie T. S. Eliots *The Cocktail Party* im Jahre 1949 – das Edinburgh International Festival setzte in der Tat Maßstäbe und wurde zugleich ein wichtiger wirtschaftlicher Faktor.

Die *culture of austerity* zeichnet sich jedoch nicht nur durch einen hoffnungsvollen Neubeginn aus, sondern auch – als Reaktion auf die Schattenseite der *affluent society* – durch die Literatur der Angry Young Men. Mit diesem Etikett werden mehrere Schriftsteller bezeichnet, Dramatiker wie John Osborne und Romanciers wie Kingsley Amis, John Braine, John Waine oder Alan Sillitoe, die die Werte der *affluent society* kritisch hinterfragten und gegen das neue Establishment aufbegehrten. Zentrale Figur in dieser wenig homogenen Gruppe von Schriftstellern war John Osborne, dessen Drama *Look Back in Anger* (1956) oft als Meilenstein im englischen Drama des 20. Jahrhunderts und als Schlüssel für das Verständnis der fünfziger Jahre angesehen wird.

Osbornes Drama befreite das Theater von den Fesseln der Salonkomödie und des *well-made play*, wodurch sich das Drama in der zweiten Hälfte des 20. Jahrhunderts erneuern konnte, selbst wenn *Look Back in Anger* aus der Rückschau viel von seiner ursprünglichen Faszination verloren hat. Als das Stück 1989 von der English Renaissance Company mit Kenneth Branagh und Emma Thompson in den Hauptrollen wieder aufgeführt wurde, verdrängte bezeichnenderweise der Kampf der Geschlechter die Kritik an den sozialen Bedingungen der fünfziger Jahre.

10.2 *The Swinging Sixties:* Liverpool, die Beatles und die neue Subkultur

Die sechziger Jahre werden häufig als Jahrzehnt der Befreiung, als "roads to freedom" (Marwick 2003: 83), apostrophiert, in denen sich Großbritannien – wie im Übrigen auch andere westliche Länder – überkommener engstirniger Normen entledigte. *Permissiveness* und *permissive society* wurden zu Schlagworten einer Epoche: Am 13. November 1967 erschien *Newsweek* mit einer unverhüllten Jane Fonda als Titelbild, wenn auch nur als Rückenansicht, begleitet von den Schlagzeilen "Anything Goes" und "*The Permissive Society*". Minirock und *hot pants*, sexuelle Befreiung und Freizügigkeit, Drogen, aber auch politische Demonstrationen und Reformen zeichneten diese neue Kultur aus, die zum Markenzeichen der sechziger Jahre werden sollte. Angefangen hatte diese Entwicklung allerdings schon in den fünfziger Jahren, z.B. mit dem Aufstieg neuer Jugendkulturen:

In the second half of the twentieth century the life experiences of British youngsters have been subject to profound transformation. The character of change has, to a large part, been a direct consequence of fundamental shifts in the structure of the labour market. [...] Although a degree of anxiety always figured in social responses to young people's patterns of leisure, the apparent affluence of many youngsters allowed representations of youth to become emblematic of economic growth and consumer prosperity. (Osgerby 1998: 220)

Teddy Boys, Mods und Rockers

Die Teddy Boys (Teds) der fünfziger Jahre leiteten ihren Namen von Edward VII (1901–10) und dem Wiederaufleben des *Edwardian style* ab. Sie waren Halbstarke, die vor allem durch ihre äußere Erscheinung (Schmalzlockenfrisur mit langen Koteletten, Röhrenhosen, Lederjacken und spitze 'Leisetreter') auf sich aufmerksam machten und eine Vorliebe für die Musik von Bill Haley und Elvis Presley hatten.

Als Gegenbewegung zu den Teds entwickelte sich Anfang der sechziger Jahre eine andere Gruppe von Teenagern, die Mods, die sich adrett kleideten, ihre Haare kurzgeschnitten trugen, Motorroller fuhren und für die Musik der Rolling Stones schwärmten.

Die Rockers, die gleichfalls in den frühen sechziger Jahren in Erscheinung traten, bevorzugten Lederkleidung, lange Haare, Motorräder und Rockmusik. Besonders berüchtigt waren die gewalttätigen Kämpfe der rivalisierenden Teds und Rockers, die sich vorzugsweise an Bankfeiertagen in Seebädern wie Brighton, Margate und Hastings abspielten. Aggression und Gewaltbereitschaft der Mods und Rockers werden in dem Film *Quadrophenia* (1979) eindrucksvoll dargestellt.

Das Jahr 1960 ist in mancher Beziehung typisch für den folgenden Prozess der Befreiung. Am 16. Mai beschäftigte sich das Unterhaus mit einer Gesetzesvorlage, die das Teddy-Boy-Phänomen regeln sollte; und am 20. Oktober begann der Prozess gegen Penguin Books wegen Obszönität. Diese Anklage richtete sich gegen die Veröffentlichung des 1928 erschienenen, aber gesetzlich nicht zugänglichen Romans *Lady Chatterley's Lover*. Der Verlag gewann den Prozess am 2. November und verkaufte an nur einem Tag 200 000 Exemplare. Im Jahre 1960 wurde auch Sillitoes Roman *Saturday Night and Sunday Morning* von Karel Reisz mit Albert Finney in der Rolle der rebellischen Hauptfigur Arthur Seaton verfilmt. Schließlich war 1960 auch das Jahr, in dem die Liverpooler Pop-Gruppe Quarrymen ihren Namen in The Silver Beatles änderte, eine Band, die als Pop-Gigant The Beatles wenig später Geschichte machen sollte.

Die Freizügigkeit erfasste fast alle Bereiche des Lebens von der Hochkultur bis zur Alltagskultur. Die traditionelle Spannung zwischen der Hochkultur (*Culture* groß geschrieben) und Popkultur (*culture* klein geschrieben) verschwand zwar nicht völlig, doch war die Trennlinie nicht mehr so rigide wie zuvor. Für die Mode war der Erfolg von Mary Quant, die schon 1955 ein Geschäft in Chelsea eröffnet hatte, typisch. Frauen sollten sich frei und sexy fühlen; und so konnte der Minirock Furore machen, den der *Evening Standard* einmal als 'gymslip of the permissive society' bezeichnete. Selbst wenn die radikalen Feministinnen zu Recht gegen diese Art der Befreiung wetterten, weil doch die politische Liberalisierung Vorrang gehabt hätte, konnten sie die freizügige Mode der sechziger Jahre nicht aufhalten.

Im Übrigen beschränkte sich die sexuelle Befreiung keineswegs auf die Mode und auf die seit 1961 verfügbare Pille zur Empfängnisverhütung, sondern erfasste auch das Theater. Nach der öffentlichen Diskussion um Edward Bonds *Saved* (1965) wurde im Jahre 1968 die seit Jahrhunderten bestehende Zensur abgeschafft. Das *annus mirabilis* der sechziger Jahre war jedoch 1967, denn in diesem Jahr passierten drei Gesetze zur gesellschaftlichen Liberalisierung das Unterhaus. Das Abtreibungsgesetz (*Abortion Act*) ersetzte die noch aus viktorianischen Zeiten stammende Regelung und legalisierte die Abtreibung, wenn zwei Ärzte diese aus medizinischen oder psychologischen Gründen für geboten hielten. Abtreibungen ließen sich sodann sogar auf Kosten des National Health Service durchführen.

Das Gesetz gegen die Erregung öffentlichen Ärgernisses (*Sexual Offences Act*) richtete sich gleichfalls gegen Relikte der viktorianischen Moral, die Homosexualität gesellschaftlich brandmarkte. Eines der prominentesten Beispiele war der Literat Oscar Wilde gewesen, der sogar wegen Homosexualität verurteilt wurde und seine erniedrigenden Erfahrungen in der *Ballad of Reading Gaol* (1898) verarbeitete. Die Legalisierung der Homosexualität hatte zur Folge, dass sich zahlreiche Homosexuelle outeten und allmählich eine *gay culture* entstand. Die Enttabuisierung ebnete auch den Weg für die postume Veröffentlichung von E. M. Forsters Roman *Maurice* (1971), die Forster zu seinen Lebzeiten untersagt hatte, obgleich die Homosexualität in Public Schools schon lange ein offenes Geheimnis war.

Das dritte Gesetz aus dem Jahre 1967 reformierte die Scheidung (*Divorce Act*), die seit viktorianischen Zeiten eine komplizierte Angelegenheit war und auf dem Schuldprinzip basierte. Ähnlich wie in Deutschland erfolgten Scheidungen nun nach dem Zerrüttungsprinzip. Waren sich beide Partner einig und hatten zwei Jahre getrennt gelebt, konnten sie sich scheiden lassen. Verweigerte jedoch ein Partner seine Zustimmung, konnte die Scheidung erst nach fünf Jahren erfolgen.

Dieses neue Gefühl der Freiheit veranlasste Philip Larkin, einen der bekanntesten zeitgenössischen englischen Lyriker, zu einem Gedicht, das gleichfalls aus dem Jahre 1967 stammt und den Titel "Annus Mirabilis" trägt:

Sexual intercourse began
In nineteen sixty-three
(Which was rather late for me) –
Between the end of the *Chatterley* ban
And the Beatles' first LP.

Up till then there'd only been
A sort of bargaining,
A wrangle for a ring,
A shame that started at sixteen
And spread to everything.

Then all at once the quarrel sank:
Everyone felt the same,
And every life became
A brilliant breaking of the bank,
A quite unlosable game.

So life was never better than
In nineteen sixty-three
(Though just too late for me) –
Between the end of the *Chatterley* ban
And the Beatles' first LP.
(Larkin 1988: 167)

In der Rückschau erscheint die *permissiveness* wie eine Fortsetzung des *anger* der fünfziger Jahre: Die britische Gesellschaft befreite sich aus ihrer viktorianischen Zwangsjacke, zur Freude der Verfechter einer liberaleren Gesellschaft und zum Leidwesen der konservativen Kritiker. Diese machten das Abtreibungsgesetz für die steigende Zahl von Geschlechtskrankheiten und unehelichen Kindern verantwortlich, verwiesen auf wachsende Kriminalität sowie zunehmenden Drogenkonsum und deuteten die neue (Un-)Moral als Zusammenbruch der traditionellen Überzeugungen und Werte. Die *swinging sixties* erlebten den Kampf zwischen den alten viktorianischen und den neuen zeitgenössischen Vorstellungen, wobei die Letzteren in den sechziger Jahren den Sieg davontrugen:

In the end, for all the tinsel and for all the posturing, there was an almost un-British vibrance in popular culture, in verbal expression, and in the arts and entertainment, which adds up, as far as anything ever can, to a cultural revolution. (Marwick 2003: 99)

Kulturelle Revolution, ein fast unbritisches Pulsieren der Popkultur – das lässt sich stellvertretend an Liverpool verdeutlichen. Einst eine reiche Industrie- und Handelsstadt, war Liverpool nach dem Krieg zu einer trostlosen Provinzstadt verkommen, entwickelte sich jedoch nun zum Mittelpunkt der neuen Merseyside-Kultur. Liverpool trat aus dem Schatten der Metropole London heraus und erlebte eine kulturelle Explosion, die zum Ausdruck einer neuen Arbeiter- und Popkultur wurde.

Adrian Henri, Roger McGough und Brian Patten, die Gruppe der so genannten Liverpool Poets, fanden sich in den Jahren der durch die Beatles erzeugten Euphorie in Liverpool zusammen und versuchten, dieses Lebensgefühl auch in ihren Gedichten zu thematisieren und durch Lesungen in Pubs und Clubs einem breiteren Publikum nahe zu bringen. Dichtung sollte ihrer Ansicht nach populär im wahrsten Sinne des Wortes sein: nicht akademisch, als Lektüre fürs stille Kämmerlein, sondern allgemein verständlich und öffentlich erlebt. Der Dichter als Entertainer: Dieses populäre Dichtungsverständnis, das sich gleichwohl literarischen Verfahren und Traditionen nicht versagte, gepaart mit kritischen Anmerkungen zur britischen Gesellschaft, wurde zum gemeinsamen Merkmal der Liverpool Poets. Alltägliche Themen, stilistische Einfachheit, gefälliger Rhythmus und witzig-ironische Sprache, dazu eine musikalische Untermalung, so präsentierten die Liverpool Poets Dichtung als Popkultur. McGough, vor seiner dichterischen Karriere selbst Mitglied der Gruppe The Scaffold, schildert beispielsweise in dem Gedicht mit dem bezeichnenden Titel "My Busseductress" die ungewöhnlichen Träume einer ganz gewöhnlichen Busschaffnerin:

She is as beautiful as bustickets
and smells of old cash
drinks Guinness off duty
eats sausage and mash.
But like everyone else
she has her busdreams too
when the peakhour is over
and there's nothing to do.

A fourposter upstairs
a juke-box inside
there are more ways than one
of enjoying a ride.
Velvet curtains on the windows
thick carpets on the floor
roulette under the stairs
a bar by the door.

Three times a day
she'd perform a strip-tease
and during the applause
say nicely 'fares please'.

Upstairs she'd reserve
for men of her choice
invite them along
in her best clippie voice.
(McGough 1989: 70)

Dieses Gedicht ist zweifellos Ausdruck eines Zeitgeistes, der das Gefühl der Freiheit, auch sexueller Freiheit, ungenierter als vorher thematisiert, wie es auch schon Philip Larkin in dem zuvor zitierten Gedicht getan hatte. Kritisch kann man allerdings auch aus heutiger, feministisch beeinflusster Sicht fragen, inwieweit nicht die erstaunliche Verwandlung einer *busconductress* in eine *busseductress* eher männlichem Wunschdenken als den Träumen einer Frau entspringt, deren äußere Erscheinung nur wenig dem damals gängigen weiblichen Schönheitsideal entspricht.

Wie die Liverpool Poets Dichtung von elitären Fesseln befreien wollten, so machten umgekehrt die ebenfalls aus Liverpool stammenden Beatles populäre Musik auch für den anspruchsvollen Geschmack akzeptabel. Liverpool Poets und Beatles, Popdichtung und Popmusik, bewegten sich auf einem gemeinsamen Terrain, wo Text, Musik und unterhaltsame Darstellung eine Einheit bildeten. Doch während die Liverpool Poets heute nur noch literarisch Interessierten bekannt sind, haben die Beatles nichts von ihrer Faszination eingebüßt, selbst wenn sie sich als Gruppe Ende der sechziger Jahre auflösten. Sie waren faszinierende Figuren, die im Gegensatz zu den gleich populären Rolling Stones die schmale Gratwanderung zwischen gesellschaftlichem Exzess und gesellschaftlicher Akzeptanz meisterten; kulturelle Ikonen, die sich den neuen Freiheiten nicht versagten und die Liebe nicht nur in musikalischen Variationen beherrschten; Popstars, die schon Jahrzehnte vor *boy groups* und *girl groups* ihr Publikum in Ekstase versetzten. 'Beatlemania' wurde zum Leitbegriff der neuen Subkultur.

Dabei scheuten die Beatles nach ihren zunächst recht einfachen Texten wie in ihrem ersten Hit "Love Me Do" auch nicht vor komplexeren Themen und vor sozialkritischen, politischen Tönen zurück und durchsetzten die Popmusik mit klassischen, später auch exotischen, Elementen. Gerade diese Vielseitigkeit ist ein Grund dafür, dass sie nicht nur als Repräsentanten einer vergangenen Popmusik im Gedächtnis bleiben, sondern jenseits dieses Status jeweils neue Aktualität gewinnen können.

Die balladeske Form ihrer Songs und der pseudo-klassische Musikstil mit Trompeten, Flöten und Streichern, den die Beatles in Songs wie "Penny Lane" perfektionierten, begründen u. a. die anhaltende Popularität der Band. Ihre Rivalen, die Rolling Stones, heute wohl die älteste Rockband der Welt, sicherten sich ihre Popularität mehr durch ihren vehementen musikalischen Protest gegen das Establishment und durch ihr skandalträchtiges *bad-boy*-Image. Dass Paul McCartney und Mick Jagger, ein *enfant terrible*

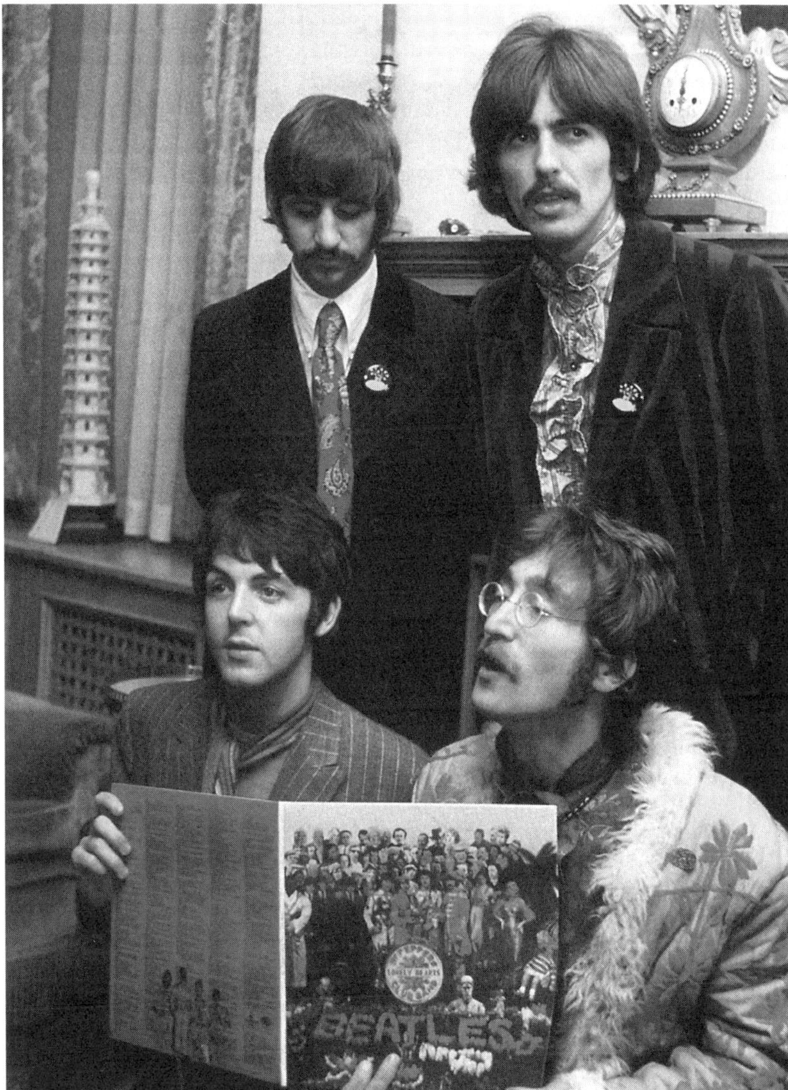

Abb. 40: Die Beatles. *The Fabulous Four* – John Lennon, Paul McCartney, George Harrison und Ringo Starr – verkörperten die neue Popkultur der sechziger Jahre und wurden zum Symbol einer befreiten jungen Generation.

der sechziger Jahre, inzwischen beide in den Adelsstand erhoben wurden, deutet auf eine gesellschaftliche Aufwertung dieser Popikonen hin. Eine weitere höchst erfolgreiche Rockgruppe, Pink Floyd, zeichnete mit ihren psychedelischen Inszenierungen den Weg zum technisch-brillanten Massenspektakel unserer Tage vor. Die Revolution der Popmusik, wie sie z.B. diese drei Gruppen bewirkten, wurde somit zu einem wesentlichen Merkmal der sechziger Jahre.

Die neue Subkultur dieses Jahrzehnts ist freilich von anderen liberalen Tendenzen, vor allem auch im politischen Bereich, nicht zu trennen. Die neue Labour-Regierung unter Harold Wilson wollte mit der Einführung der Comprehensive School die Demokratisierung der Bildung fortsetzen; die *women's lib* hinterließ auch im eher konservativen Großbritannien nachhaltige Spuren; und die 1968 von Paris ausgehenden Studentenunruhen trugen auch in Großbritannien zur Politisierung des kulturellen Lebens, beispielsweise durch die Entstehung vieler alternativer Theatergruppen, bei.

10.3 Die konservative Revolution: Prinzipien des Thatcherismus

Margaret (Hilda) Thatcher geb. Roberts

1925	Am 13. Oktober in Grantham geboren
1936	Besuch der Grammar School in Grantham (1936–43), Studium der Chemie in Oxford (1943–47)
1947	Als Chemikerin in der Forschung tätig
1950	Erste (nicht erfolgreiche) Kandidatur für die Konservativen in Dartford
1951	Heirat mit Denis Thatcher; Jurastudium
1953	Geburt der Zwillinge Carol und Mark
1954	Zulassung als Anwältin bei Gericht (*barrister*)
1959	Konservative Unterhausabgeordnete für Finchley
1961	Parlamentarische Unterstaatssekretärin in der Regierung Macmillan
1964	Als Mitglied der konservativen Opposition u.a. Mitglied des Schattenkabinetts
1970	Staatssekretärin für Bildung und Wissenschaft in der Regierung Heath
1975	Parteivorsitzende der Konservativen (seit 1974 in der Opposition)
1979	Wahlsieg der Konservativen; Thatcher erste Premierministerin in der britischen Geschichte; neue Wirtschaftspolitik
1982	Falkland-Krieg
1983	Wiederwahl Thatchers
1984	Einjähriger Bergarbeiterstreik
1987	Erneute Wiederwahl Thatchers
1988	Umstrittene Europapolitik Thatchers mit der polemischen Rede vor dem Europa-Kolleg in Brügge
1990	Rücktritt Thatchers nach heftigen parteiinternen Auseinandersetzungen

Als Margaret Thatcher 1975 auf dem Parteitag der Konservativen in Blackpool zur neuen Parteivorsitzenden gewählt wurde, deutete sie in ihrer Rede bereits an, wie sie sich die Vision eines Neuanfangs unter konservativer Führung vorstellen würde: eine Absage an den Nachkriegskonsensus, privatwirtschaftliche Prinzipien statt einer *mixed economy* und ein radikaler Umbau des Wohlfahrtsstaates. Mit anderen Worten: eine konservative Revolution, obwohl beide Begriffe zunächst nicht miteinander vereinbar scheinen. Doch Revolution bedeutet hier eine Rückkehr zum Status quo ante und damit zu viktorianischen Wertvorstellungen. Diese Überzeugungen, die Thatcher vom Elternhaus, besonders von ihrem Vater, vermittelt worden waren, sollten zur Grundlage ihrer zukünftigen Politik werden.

"Woman to Woman"

Miriam Stoppard: Do you think that your upbringing prepared you for the kind of life you had?

Margaret Thatcher: All my upbringing was to instil into both my sister and I a fantastic sense of duty, a great sense of whatever you do you're personally responsible for it. You don't blame society for anyone, society isn't anyone. You're personally responsible and you must make up your own mind. That was very, very strong. [...] and always, you don't compromise on things that matter. That's something you never compromise on...

Miriam Stoppard: ... Like? ...

Margaret Thatcher: ...Other things you do. Sometimes I'm called inflexible. I *am* inflexible about certain things. You're inflexible in defence of freedom. You're inflexible that the rule of law must be applied. You'll be always... You help the police because the police can't do their job unless they get back-up ... We did demonstrate. You don't strike, you discuss things. You pay your tax on time, and so on. Because this is how society is run. There you are. [...]

Miriam Stoppard: One of your most famous sayings is that you thought there'd never be a female Prime Minister in your life.

Margaret Thatcher: That's right. I did. I did. I couldn't see people choosing a *woman* Prime Minister. But you know we talk too much about labels. Some people you know try to map out their lives. I can remember some of my young contemporaries at Oxford saying, "I'm in to be Prime Minister". That was the one thing I never said because I didn't think I'd have the chance. But I didn't. But – just take what opportunities are available to you and grasp them with both hands.

Miriam Stoppard: Are you excited about the idea that you're the first woman in Number Ten? Does it still excite you?

Margaret Thatcher: I'm terribly excited to be here... Every time I come in I'm still thrilled to be here. Still thrilled. I don't think of myself as the first woman Prime Minister. I'm still thrilled to be the person who's in here.

(Auszüge aus einem Interview des Yorkshire TV aus dem Jahre 1985)

Drei dieser Prinzipien verdienen besondere Beachtung, weil sie in ihren Reden und in ihrem politischen Handeln immer wiederkehren: die Eigenverantwortung, der Kreuzzug für traditionelle Werte und Führungsstärke. Die Eigenverantwortung resultiert aus einem Pflichtgefühl gegenüber der Gesellschaft, die Tatmenschen und nicht Zuschauer braucht. Der von Thatcher favorisierte Leitbegriff heißt *meritocracy* – eine Wortschöpfung aus *merit* und *aristocracy* – und soll zu einer neuen Leistungsgesellschaft an Stelle der alten Klassengesellschaft führen. Aus der Eigenverantwortung folgt für Thatcher eine Politik der Privatisierung statt staatlicher Lenkung.

Der Kreuzzug für alte Werte, den Thatcher in einem Interview in der *Daily Mail* vom 29. April 1988 als "my new crusade" bezeichnete, ist eine Kampfansage an die schändliche Kultur der sechziger Jahre, die es mit Stumpf und Stiel auszurotten galt. Eines der Hauptangriffsziele waren dabei die Universitäten, Brutstätten ständiger Unruhe, die Gesetz und Ordnung gefährdeten, weil sie sich dem absoluten Führungsanspruch Thatchers widersetzten.

Das Bild der starken 'Führerin' spiegelt sich auch in ihrem Beinamen *Iron Lady* wider, der ihr ursprünglich von einem sowjetischen Magazin verliehen wurde. Thatcher adoptierte jedoch bereitwillig dieses Epitheton und machte es zum unverzichtbaren Bestandteil ihres Selbstbildes: 'the Iron Lady of the Western World'. Dieser Name signalisiert Entschlusskraft, Willensstärke, Kompromisslosigkeit und Patriotismus, mithin Attribute, die oft als männlich gelten. Dem entsprechend wurde Thatcher auch häufig mit Namen belegt, die auf ihre männlichen Qualitäten verweisen: 'headmistress in a boys' school', 'the boss', 'Attila the hen' oder 'the only man in the Conservative Party'. Thatcher in metallener Rüstung oder, wie 1986 bei einem Besuch der britischen Truppen in der BRD, als Panzerfahrerin verstärken visuell noch diesen Eindruck von Männlichkeit.

Die Karikatur Margaret Thatchers als Britannia (vgl. Abb. 41) ist in mehrfacher Hinsicht aufschlussreich. Unter dem Einfluss der kriegerischen Königin Boadicea entwickelte sich die Britannia zum Symbol für Großbritannien und herrschte dank ihres neptunischen Dreizacks über die ungestümen Meere. Die der ikonographischen Darstellung innewohnenden Attribute wie Macht und Herrschaft charakterisieren Thatcher trefflich, denn sie löst Großbritanniens Probleme – zu sehen sind im Vordergrund beispielsweise die im Trojanischen Pferd versteckten Gewerkschaften – auf ihre Art, wozu auch die Raketengeschosse des Dreizacks beitragen mögen. Der Titel der Karikatur, "Waiving the Rules", Thatchers Außerachtlassung von Spielregeln, ist dabei eine rhetorisch geglückte Umkehrung des britischen Leitspruchs "Britannia rule the waves".

Charakteristisch für Thatchers Härte und Entschlossenheit ist auch eine oft erzählte Anekdote. Als Thatcher auf dem Parteitag 1980 gefragt wurde,

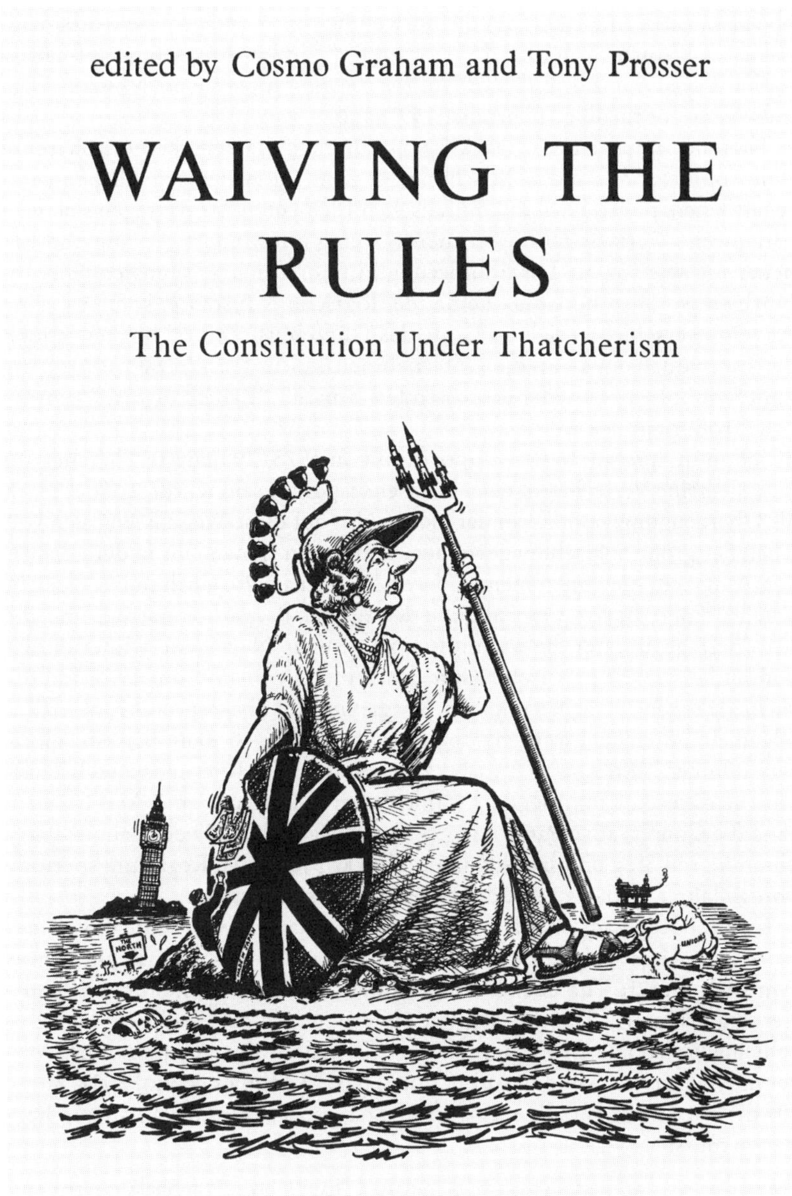

Abb. 41: Karikatur von Margaret Thatcher. Die Premierministerin ist häufig Zielscheibe von Karikaturisten gewesen, die sie gerne mit typisch männlichen Eigenschaften ausstatteten.

ob ein *U-turn*, eine Kehrtwende, notwendig sei, antwortete sie wortspielerisch: "A U-turn? You turn if you want to." Und in Anspielung auf Christopher Frys Drama *The Lady's Not for Burning* fügte sie noch hinzu: "The Lady's not for turning" (Thatcher 1997: 116).

Thatcherismus ist, um es kurz zusammenzufassen, keine kohärente Philosophie, sondern eine Mischung aus zum Teil widersprüchlichen wirtschaftlichen, politischen und moralischen Elementen. So vertragen sich viktorianische Wertvorstellungen ebenso wenig mit Modernisierung und Erneuerung wie soziale Disziplinierung mit christlicher Nächstenliebe. Im Übrigen ist Thatcherismus keine ideologische Konstante, sondern seine Akzente verschieben sich im Laufe des Jahrzehnts. Zentral bleiben jedoch der Individualismus und die Unternehmenskultur (*enterprise culture*), die zum Symbol eines wieder erstarkenden, von der "British disease" genesenen Großbritannien werden.

Schon in den Jahren der Opposition von 1975–79 deutete Thatcher an, dass sie keine Verfechterin einer Konsensuspolitik sein würde, sondern sich als Überzeugungspolitikerin definierte. Nur auf diese Weise ließen sich laut Thatcher große Schlachten gewinnen, und davon standen ihr in der elfjährigen Amtszeit, die von keinem anderen Premier im 20. Jahrhundert erreicht wurde, einige bevor: der Falkland-Krieg, der Bergarbeiterstreik und die Europafrage, um nur die wichtigsten zu nennen. Nach dem 'winter of discontent' – wie die politische Krise des Winters von 1978 auf 1979 und die sie begleitenden Arbeitskämpfe in Anspielung auf Shakespeares *Richard III* allgemein bezeichnet werden – folgt bei Shakespeare bekanntlich ein "glorious summer" (*Richard III*, I.i.1–2), den man in der Rückschau auch Thatcher attestieren kann. Bei den Wahlen zum Unterhaus am 3. Mai 1979 errang die Conservative Party mit 339 Sitzen gegenüber 269 der Labour Party einen klaren Sieg und läutete damit eine konservative Regierungsperiode von 18 Jahren und das Ende des Nachkriegskonsensus ein.

In ihrer Rede am 6. Juli 1979 vor der Conservative Political Summer School in Cambridge, ziemlich genau zwei Monate nach Beginn ihrer Amtszeit, nutzte Thatcher die Gelegenheit, um ihre Vorstellungen detailliert zu erläutern. Dazu beschwor sie erneut die auf Tradition und Geschichte basierende Größe der Nation – "Britain is a great nation. The Conservative Party is proud of our national past" (Tönnies & Viol 2001: 86) –, für die wiederum der allgegenwärtige Shakespeare als Gewährsmann herhalten muss:

> We in our party are certain that we belong to a "happy breed", as Shakespeare put it in the mouth of John of Gaunt. We can still echo, in our time, much else in John of Gaunt's great deathbed speech. We should, however, read it to the end. For Gaunt died regretting that this "dear, dear land – dear for her reputation through the world" was:

Leas'd out ... bound in with shame,
With inky blots, and rotten parchment ...
That [Britain], that was wont to conquer others,
[Had] made a shameful conquest of itself.
Richard II, Act II, Scene 1
(Tönnies & Viol 2001: 88)

Überträgt man die von Thatcher gewählten Bilder auf die damals aktuellen politischen Verhältnisse, so sieht sich die Premierministerin mit einem durch Labour Party und Gewerkschaften ruinierten Staat konfrontiert, einem Augiasstall, den es nun auszumisten gilt. Deshalb betont Thatcher auch immer wieder den Prozess der Erneuerung: "the need for renewal of our traditional craftmanship and civic spirit; renewal at every level, and in every profession, of our old vigour and vitality"; und deshalb sei es die Aufgabe der Regierung, "to renew the spirit and the solidarity of the nation" (Tönnies & Viol 2001: 99). Die Frage, inwiefern Thatcher die Erneuerung auch wirklich geglückt ist, soll nun an zwei zentralen Ereignissen der Thatcher-Regierung näher beleuchtet werden, dem Falkland-Krieg und dem Bergarbeiterstreik.

Böse Zungen mögen behaupten, dass Thatcher der Falkland-Krieg wie gerufen kam, eine These, die aus der Rückschau noch an Überzeugungskraft gewinnt. In nackten Zahlen ausgedrückt, war nämlich bis zum Ausbruch des Falkland-Krieges am 2. April 1982 Thatchers Politik gerade in den zentralen Bereichen nicht sehr erfolgreich gewesen. Die Inflationsrate hatte schon ein Jahr nach ihrer Amtsübernahme eine Rekordhöhe erreicht, der Wechselkurs des Pfundes erwies sich als nachteilig für den Export, und die Arbeitslosigkeit hatte sich in den ersten beiden Jahren fast verdoppelt. Kein Wunder, dass die Meinungsumfragen Margaret Thatcher Tiefstwerte bescheinigten.

Die Besetzung der Malwinen durch Argentinien, weshalb zum ersten Mal seit der Suez-Krise eine Sitzung des Parlaments an einem Samstag stattfand, verursachte einen Sturm der Entrüstung in Großbritannien und ein Aufflackern patriotischer Gefühle: 'The Lion roared and the Lady howled', so könnte man die britische Reaktion salopp umschreiben. Die militärischen Aktionen auf beiden Seiten, vor allem das Versenken des argentinischen Schlachtschiffes *General Belgrano* und der Vergeltungsschlag gegen die *HMS Sheffield*, sind bekannt; ebenso die Kapitulation Argentiniens am 14. Juni.

Wichtiger sind die Auswirkungen des Falkland-Krieges auf die britische Mentalität und die Politik Thatchers. Die Schlagzeilen der *Sun* ("GOTCHA", "WALLOP", "HIGH NOON") bedürfen als niveauloser Boulevardjournalismus keines weiteren Kommentars. Bedeutsamer scheint die Euphorie einer wieder erwachten Empire-Mentalität in großen Teilen der

Bevölkerung; Stolz und Zufriedenheit angesichts der Heldentaten, die 'our boys' vollbrachten, und Erinnerungen an den Zweiten Weltkrieg wurden wach. Nicht von ungefähr bemühte Thatcher des Öfteren Churchill zum Vergleich: "Thirty-six years on, perhaps we are beginning to re-learn the truth which Churchill so clearly taught us" (Thatcher 1989: 163).

In einer Karikatur (vgl. Abb. 42) wird dieser Bezug auch visuell verdeutlicht. Neben der Darstellung der Kriegsgegner in Gestalt von Falkland-Schafen, die durch eine Union-Jack-Fliege als britisches Kollektiv erscheinen, zieht vor allem Margaret Thatcher die Aufmerksamkeit auf sich. Auffallend sind zunächst wieder ihre vermännlichten Züge, die durch die weiteren Symbole verstärkt und vertieft werden. Das Zeichen des Sieges, V für *victory*, und die Zigarre verweisen auf den von Thatcher als Vorbild tief bewunderten Churchill, einen der letzten Verfechter des Empire und Großbritanniens Kriegsidol aus dem Zweiten Weltkrieg.

Allerdings weist Thatcher den vom Führer der Liberalen David Steel vorgebrachten Vorwurf der Kriegstreiberei entschieden zurück und betont in all ihren Äußerungen zum Falkland-Krieg, wie gerecht dieser Krieg aufgrund der geschichtlichen Erfahrung sei. Vor der Conservative Women's Conference appelliert sie an ihre Zuhörerinnen:

> If we, the British, were to shrug our shoulders at what has happened in the South Atlantic and acquiesce in the illegal seizure of those far-away islands, it would be a clear signal to those with similar designs on the territory of others in the footsteps of aggression. Surely we, of all people, have learnt the lesson of history: that to appease an aggression is to invite aggression elsewhere, and on an ever-increasing scale. (Thatcher 1986: 75)

Diese ideologisch klare Unterscheidbarkeit von Gut und Böse, von friedliebenden Briten und argentinischen Aggressoren, paart sich mit der Erinnerung an Großbritanniens historische Größe und mit imperialer Zuversicht. Nach dem Ende des Krieges demonstriert Thatcher ihr gestiegenes Selbstbewusstsein, beispielsweise auf einer Kundgebung der Konservativen am 3. Juli in Cheltenham, und hält ihren Kritikern entgegen, dass sich Großbritannien seiner Empire-Tradition würdig erwiesen habe:

> The lesson of the Falklands is that Britain has not changed and that this nation still has those sterling qualities which shine through our history. This generation can match their fathers and grandfathers in ability, in courage, and in resolution. [...] We have ceased to be a nation in retreat. We have instead a new-found confidence – born in the economic battles at home and tested and found true 8,000 miles away. [...] we rejoice that Britain has re-kindled that spirit which has fired her for generations past and which today has begun to burn as brightly as before. (Thatcher 1989: 161–163)

Die Mehrheit der Briten teilte Thatchers Ansicht, doch eine Minderheit mochte sich den jingoistischen Freudentönen nicht anschließen. In seinem

Abb. 42: Der Falkland-Krieg. *Iron Britannia*, der Titel des Buches und der Illustration, verweist sowohl auf Thatchers Beinamen *Iron Lady* als auch auf Großbritanniens unnachgiebige Haltung im Falkland-Krieg.

Reisebuch *Coasting* (1987) zieht Jonathan Raban eine kritische Bilanz des *insular war*: "[...] I'd been eavesdropping on the nastier workings of the national subconscious; I'd overheard Britain talking in a dream, and what it was saying scared me stiff" (Raban 1987: 107). Und Peter Greengrass sieht im Falkland-Krieg "a national exercise in myth making", eine Kompensation für den Geist von Suez, "that haunting moment when Britain's Great Power pretensions were finally unmasked" (Greengrass 1992: ix). Zweifellos lenkte der Falkland-Krieg von den schlechten Nachrichten über die wirtschaftlichen Probleme ab und half Margaret Thatcher, ihre dürftige politische Zwischenbilanz aufzupolieren. Der "Falklands Factor", ein Ausdruck, den Thatcher in ihrer Rede in Cheltenham selbst verwendete, trug maßgeblich zu dem überwältigenden Sieg bei den Unterhauswahlen im folgenden Jahr bei, als die Konservativen 397 von 650 Sitzen gewinnen konnten und Thatcher zu einer vor dem Falkland-Krieg kaum für möglich gehaltenen zweiten Amtszeit als Premierministerin kam.

Die Eiserne Lady war ihrem Beinamen im Falkland-Krieg gerecht geworden. Dem außenpolitischen Test sollte nach den Wahlen der innenpolitische auf dem Fuße folgen, denn Thatcher wagte sich nach dem 'mannhaft' überstandenen Bombenattentat 1984 auf dem Parteitag in Brighton sogleich an die nächste Bewährungsprobe, den Kampf gegen die Gewerkschaften (vgl. Kap. 7.2). An der Macht der Gewerkschaften war ihr Vorgänger Edward Heath gescheitert, und auch die Labour-Regierung unter Callaghan hatte die von den Gewerkschaften verursachte Krise im berüchtigten Winter 1978–79 nicht meistern können. Wohlwissend, dass eine Schwächung der Gewerkschaften zugleich auch eine Schwächung der Labour Party bedeutete, sagte Thatcher den Gewerkschaften unmittelbar nach dem Ende des Falkland-Krieges den Kampf an.

Die Auseinandersetzung mit den Gewerkschaften war das zentrale Ereignis von Thatchers zweiter Amtszeit, die ihren Höhepunkt in dem einjährigen Bergarbeiterstreik von 1984–85 erlebte. Die National Union of Mineworkers mit Thatchers Intimfeind, Arthur Scargill, an der Spitze war trotz der Mobilisierung aller Kräfte der wohldurchdachten Strategie Thatchers nicht gewachsen. Die Niederlage war gleichzeitig das Eingeständnis des radikalen Niedergangs gewerkschaftlicher Macht, denn seit 1984 hat es Streiks dieses Ausmaßes in Großbritannien nicht mehr gegeben. Der 'kranke Mann Europas', so Thatchers Worte, war geheilt.

Marginalised in policy making and now weakened by recession, trade unions were in no position to resist government reforms. Even so the government exercised caution and tackled reform through step-by-step legislation, with each act building on the previous legislation in order further to restrict traditional union freedoms. By the end of the Thatcher years, union members were restricted by limitations on secondary picketing, the closed shop and eligibility for social security, as well as new protection for non-strikers. At the same time unions were obliged to hold secret ballots for strike action, executive elections and ballots to hold political funds. (Coxall & Robins 1998: 234–235)

Die neuen gesetzlichen Regelungen zur Reform der Gewerkschaften (*Industrial Relations Acts*) hatten eine weitgehende Entmachtung – und damit Entpolitisierung – der Gewerkschaften zur Folge, die deshalb unter Thatcher viele ihrer Mitglieder verloren. Von 1979 an schrumpfte beispielsweise die Mitgliederzahl der größten Gewerkschaft, der Transport and General Workers Union, innerhalb eines Jahrzehnts von gut 2 Millionen auf etwa 1,2 Millionen; und noch schlimmer erging es der National Union of Mineworkers, deren Mitgliederzahl sich im selben Zeitraum, natürlich auch auf Grund des verlorenen Streiks, von 372 122 auf 123 479 verringerte. Nach Ansicht vieler Kritiker war deshalb der Miners' Strike das letzte Aufflackern einer alten Ordnung, die Margaret Thatcher endgültig auslöschte.

Die Bilanz von Thatchers Politik fällt zwiespältig aus. Auf der einen Seite lässt sich nicht leugnen, dass Thatcher eine neue Unternehmenskultur etablierte und bei der Bekämpfung der wirtschaftlichen Probleme große Erfolge aufweisen konnte. Steigende Produktivität, eine geringere Inflation und sinkende Arbeitslosenzahlen sprechen ebenso für Thatcher wie das Hoch ausländischer Investitionen und eine größere Flexibilität auf dem Arbeitsmarkt.

The distinctive flavour of Thatcherism has mainly been because of Mrs Thatcher herself with her highly individual political style. But it has also reflected the particular British conditions of the late 1970s. The breakdown of the social-democratic consensus during the decade – dramatized by the events of the 'winter of discontent' – created the opportunity for a new lead and a new direction. If the origins of the shift in macro-economic policy lay in the mid-1970s and many of the problems were international rather than domestic, the way that Britain has developed during the 1980s has still owed a lot to Mrs Thatcher. Her special contribution has been to maintain the momentum of change and to develop new policies in response to problems as they have arisen. It has been the application of her middle-class values that has been characteristic of Thatcherism rather than any clear ideological blueprint. (Riddell 1991: 13)

Diese positive Bilanz, die sich im Wirtschaftsboom der späten achtziger Jahre niederschlug, war jedoch teuer erkauft. Geringere Löhne, Einsparungen im sozialen Bereich, das Entstehen einer neuen *underclass* und unsichere Arbeitsplätze schlugen negativ zu Buche; vor allem die Einführung einer neuen Kopfsteuer (*poll tax*) im Jahre 1989 war ein Desaster, so dass diese Pauschalsteuer Anfang der neunziger Jahre umgehend durch eine gerechtere Gemeindesteuer ersetzt wurde.

In einem Punkt sind sich die Kritiker allerdings weitgehend einig, dass nämlich Großbritannien nach dem Zweiten Weltkrieg durch nichts so sehr verändert wurde wie durch den Thatcherismus. Deshalb fällt auch im Zusammenhang mit Thatchers Politik immer wieder der Begriff 'Revolution'. Thomas Noetzel nennt sein Buch *Die Revolution der Konservativen* (1987); Andrew Adonis und Tim Haines stellen im Titel ihres Sammelbandes die Frage *A Conservative Revolution?* (1994); und erst jüngst ist Earl A. Reitans Monographie *The Thatcher Revolution* (2003) erschienen. Auch Stephen J. Lee beantwortet die Frage nach dem revolutionären Potenzial des Thatcherismus eindeutig mit Ja:

> So was there a 'Thatcher revolution'? If we define revolution as a sharp break with existing theory and practice we get one perspective; if we focus on the word *re*-volution and see it as a return to the principles of a past age we get another. It seems that the answer should include both, and that it should also establish the extent to which the changes were based on ideology. A case can be made that Mrs Thatcher *did* introduce a revolution; she broke the consensus which dominated British politics since 1945 and returned to some of the basic principles of the Victorian era – in both respects a fundamental change. (Lee 1996: 240)

Thatchers Uhr als Premierministerin lief im November 1990 endgültig ab. Nicht die immer noch schwächelnde Labour Party zwang sie zum Rücktritt, sondern die innerparteiliche Opposition, die Thatchers diktatorischen Führungsstil und ihre unnachgiebige Haltung in der Europafrage (vgl. Kap. 10.5) nicht länger akzeptierte. Als Geoffrey Howe der Premierministerin am 1. November nach sechzehn Jahren loyaler Zusammenarbeit wegen unüberbrückbarer Differenzen in der Europapolitik die Gefolgschaft aufkündigte, zeichnete sich das Ende ihrer Amtszeit ab. Bei ihrem Rücktritt am 22. November hielten sich jedoch die Tränen über ihren Abgang selbst in den eigenen Reihen in Grenzen: "Few that evening spared a moment to regret both the fact and the manner of her going, let alone permit themselves a tear. There was much unconcealed pleasure at the clever way they had got her out" (Ridley 1991: 252).

Außer von der politischen Opposition kam die feindseligste Kritik am Thatcherismus aus den Reihen der Künstler, die sich als überflüssige Mitglieder einer materialistisch orientierten Gesellschaft fühlten und verständlicherweise mit heftigem Groll reagierten. Sie prangerten vor allem Thatchers autoritären Führungsstil, die zersetzende Wirkung Thatcher'scher Prinzipien und den Verlust an Menschlichkeit an. In dieser Hinsicht konvergieren politischer und künstlerischer Protest. Der Regisseur Stephen Frears beklagte in einem Interview die Tabuisierung der Kritik an der Regierung; und selbst zahlreiche Konservative, darunter auch Mitglieder der Regierung, bedauerten, dass Zweifel oder gar abweichlerische Meinungen für Margaret Thatcher Hochverrat darstellten. Wenn Young seine Thatcher-Biographie *One of Us* (1989) nannte, so spielte er damit auch auf Thatchers beliebte Frage an: 'Is she/he one of us?' Unbedingte Loyalität gegenüber

Thatcher bedeutete damit auch einen Verlust an Freiheit, was einige Thatcher-Vertraute wie Michael Heseltine oder Geoffrey Howe letztendlich zum Rücktritt bewog.

Die Kritik renommierter Schriftsteller, Regisseure und Popmusiker an der konservativen Regierung fällt zum Teil sehr drastisch aus. Elvis Costello, einer der führenden Rockmusiker dieser Jahre, wirft Thatcher Verrat an Großbritannien und der jungen Generation vor:

> When England was the whore of the world
> Margaret was her madam
> And the future looked as bright and as clear as
> the black tarmacadam
> Well I hope that she sleeps well at night, isn't
> haunted by every tiny detail
> Cos when she held that lovely face in her hands
> all she thought of was betrayal.
> (Elvis Costello, "Tramp the Dirt Down", auf der LP *Spike* [1989])

Costello attackiert Thatchers vorgetäuschtes Mitleid und beklagt wie viele andere Kritiker vor allem den Verlust an Menschlichkeit. Diese scharfe Form der Kritik zieht sich wie ein Tenor durch viele Texte der Thatcher-Ära. In Howard Brenton und Tony Howards Drama *A Short Sharp Shock!* (1980), das sogar am etablierten Royal Court Theatre in London aufgeführt wurde, tritt die Premierministerin höchstpersönlich auf: "MARGARET THATCHER *comes on in a flak jacket. She poses in a tank, hair windswept, for unseen photographers*" (Brenton & Howard 1980: 57); und die Kritik an ihr gipfelt in dem vernichtenden Urteil: "Margaret Hilda Thatcher is the ball on the end of a demolition crane, crashing into everything that's decent in my country. Freedom? Free choice? Community groups? Unions? Nurseries? They'll pulverise the lot" (Brenton & Howard 1980: 55). In Caryl Churchills Drama *Top Girls* (1982) werden Thatchers Dogmen durch den Kontrast der beiden Schwestern Marlene und Joyce thematisiert. Marlene ist das Musterbeispiel einer erfolgreichen Geschäftsfrau, die das gesamte Thatcher'sche Credo vom Individualismus bis zur Meritokratie verinnerlicht hat. Die klassenbewusste Joyce hingegen hat nur Verachtung für Thatcher und ihre Prinzipien übrig und bestätigt letztlich das ambivalente Bild des Thatcherismus, dessen Errungenschaften mit sozialen Härten erkauft werden.

Solche Beispiele finden sich zuhauf, auch in anderen Medien. Stephen Frears und der Drehbuchautor Hanif Kureishi zeigen in ihrem Film *My Beautiful Laundrette* (1985), wie asiatische Einwanderer Thatcher'sche Prinzipien erfolgreich in die Praxis umsetzen. Damit ist der Film "eine ironische Hommage an die von der streitbaren konservativen Premierministerin geforderte und rücksichtslos geförderte *enterprise culture*" (Tönnies

& Viol 1999: 140). *Sammy and Rosie Get Laid* (1987) zeichnet hingegen ein noch abstoßenderes Bild der von Rassismus und sozialer Ungerechtigkeit geprägten Thatcher-Gesellschaft mit den Brixton Riots als Hintergrund.

Mit den Erfahrungen von sieben Jahren Labour-Regierung nach dem konservativen Interregnum relativieren sich einige Kritikpunkte. In einer Rezension von Thatchers letztem Buch *Statecraft* (2002) bemüht sich der Rezensent um eine objektive Kritik, die bei Thatcher so schwer fällt wie bei kaum einem anderen britischen Nachkriegspolitiker:

> The battle over the Thatcher myth and legacy has done her reputation no favours. Her record in office stands on its own. She will be remembered as one of the most remarkable Prime Ministers of the past two centuries. The achievements of Lady Thatcher and her close allies changed the domestic political landscape. But her foreign policy record was always more ambiguous and, perhaps inevitably, less durable. Despite some strengths and insights, *Statecraft* is part of her subsequent attempt to reinterpret those policies and to rewrite her record. For those wanting to understand Margaret Thatcher in her prime, rather than her decline, *The Downing Street Years* remains a much more reliable and balanced guide. (Riddell 2002: 27)

Thatchers Leistungen, vor allem in der Wirtschaftspolitik, sind ebenso wenig zu bestreiten wie ihre Defizite in der Europapolitik. Ihr wahrer Erbe ist nach Ansicht vieler Experten jedoch nicht ihr konservativer Nachfolger John Major, sondern der Labour-Premier Tony Blair, der die Vorzüge von Thatchers Politik zu bewahren und gleichzeitig ihre Nachteile abzustellen versucht.

10.4 *New Labour – New Britain*

Als die Labour Party mit 27,6 Prozent ihren historischen Tiefstand bei Unterhauswahlen zu verzeichnen hatte, machte sich Tony Blair 1983 als Abgeordneter für Sedgefield auf den Weg an die Parteispitze, der ihn in elf Jahren zum Parteiführer und in vierzehn Jahren zum umjubelten Wahlsieger führen sollte. Da Blair weder von seiner Herkunft noch von seinem politischen Denken her radikal-sozialistische Positionen vertrat, spielte er bei der Reform der Partei, die zwischen der alten Linken und der neuen Rechten vermitteln musste, eine wichtige Rolle: "Statt des klassischen parteipolitischen Ringens 'Links gegen Rechts' führt Blair, führt New Labour einen Kampf 'Neu gegen Alt'" (Becker 2002a: 277). Blair gab der Labour Party ein neues Gesicht, z.B. durch die Abschaffung der umstrittenen Clause IV, auf Grund deren der Labour Party immer noch der Geruch eines antiquierten Sozialismus anhaftete. Mit der Absage an die Vergesellschaftung der Produktionsmittel fiel eine historische Bastion, woraufhin sich Labour end-

Tony (Anthony Charles Lynton) Blair

1953	Am 6. Mai in Edinburgh geboren
1961	Besuch der Public School in Durham und Edinburgh, anschließend Jurastudium in Oxford und Tätigkeit als Rechtsanwalt in einer Anwaltskanzlei
1975	Eintritt in die Labour Party
1980	Heirat mit Cherie Booth, vier Kinder
1983	Erstmals als Labour-Abgeordneter für Sedgefield ins Unterhaus gewählt
1987	Arbeits- und Innenminister im Schattenkabinett von John Smith
1994	Vorsitzender der Labour Party; unter dem Etikett 'New Labour' programmatische Erneuerung der Ziele, Inhalte und Organisation (u.a. Abschaffung von Clause IV)
1997	Erdrutschartiger Wahlsieg der Labour Party; Blair mit 43 Jahren jüngster Premier seit Lord Liverpool im Jahre 1812; vorrangiges Ziel Sanierung der Staatsfinanzen
1998	Dank Blairs Initiative und Diplomatie Fortschritte bei der Lösung der Irischen Frage; Unterzeichnung des Nordirlandabkommens (*Good Friday Agreement*)
1999	Wegen seines Einsatzes für den Frieden in Nordirland und die Hinwendung Großbritanniens zur Europäischen Union mit dem Karlspreis der Stadt Aachen ausgezeichnet
2001	Zweiter Wahlsieg der Labour Party unter Blair; nach dem Attentat vom 11. September mit George W. Bush Jun. gemeinsamer Kampf gegen den internationalen Terrorismus
2003	Im völkerrechtlich umstrittenen Irak-Krieg globaler Führungsanspruch Blairs; Kabinettskrise mit dem Rücktritt mehrerer Minister wegen der britischen Beteiligung am Irak-Krieg

lich zur sozialen Marktwirtschaft bekennen konnte (vgl. Kap. 6.4). Außerdem wurden das basisdemokratische Element gestärkt und der starke Einfluss der Gewerkschaften auf die Parteipolitik reduziert. Traditionelle Gewerkschaftler hatten zwar immer noch gehofft, dass eine neue Labour-Regierung die Reformen unter Thatcher wieder rückgängig machen würde, doch die Realisten in den Gewerkschaften akzeptierten die von Thatcher bewirkte weitgehende Entmachtung und konzentrierten sich mehr auf das tagespolitische Geschäft wie das Aushandeln von Löhnen und besseren Arbeitsbedingungen. Durch diese Kurskorrekturen, welche die Partei von ideologischem Ballast befreiten und eine Mittlerposition zwischen polaren Ansichten einnehmen ließen, entwickelte sich Labour zu einer modernen, effizienten Organisation.

Tony Blairs Selbstverständnis als Modernisierer der Labour Party kommt schon im Begriff 'New Labour' zum Ausdruck, einer Vision, die sich in starkem Maße auf die Idee des Dritten Weges (*third way politics*) von

Classical social democracy (the old left)	Thatcherism, or neoliberalism (the new right)
Pervasive state involvement in social and economic life	Minimal government
State dominates over civil society	Autonomous civil society
Collectivism	Market fundamentalism
Keynesian demand management, plus corporatism	Moral authoritarianism, plus strong economic individualism
Confined role for markets: the mixed or social economy	Labour market clears like any other
Full employment	
Strong egalitarianism	Acceptance of inequality
Comprehensive welfare state, protecting citizens 'from cradle to grave'	Welfare state as safety net
Linear modernization	Linear modernization
Low ecological consciousness	Low ecological consciousness
Internationalism	Realist theory of international order
Belongs to bipolar world	Belongs to bipolar world

(Nach Giddens 2002: 7–8)

Anthony Giddens gründet. Giddens, Direktor der berühmten London School of Economics and Political Science, wurde gerne als Blairs Guru apostrophiert, weil er die Entwicklung von New Labour in starkem Maße geprägt hat, selbst wenn Blair inzwischen von der Idee des Dritten Weges wieder etwas abgerückt ist.

The overall aim of third way politics should be to help citizens pilot their way through the major revolutions of our time: *globalization*, *transformations in personal life* and our *relationship to nature*. Third way politics should take a positive attitude towards globalization – but, crucially, only as a phenomenon ranging much more widely than the global marketplace. Social democrats need to contest economic and cultural protectionism, the territory of the far right, which sees globalization as a threat to national integrity and traditional values. Economic globalization plainly can have destructive effects upon local self-sufficiency. Yet protectionism is neither sensible nor desirable. Even if it could be made to work, it would create a world of selfish and probably warring economic blocs. Third way politics should not identify globalization with a blanket endorsement of free trade. Free trade can be an engine of economic development, but given the socially and culturally destructive power of markets, its wider consequences need always to be scrutinized.

Third way politics should preserve a core concern with social justice, while accepting that the range of questions which escape the left/right divide is greater than before. Equality and individual freedom may conflict, but egalitarian measures also often increase the range of freedoms open to individuals. Freedom to social demo-

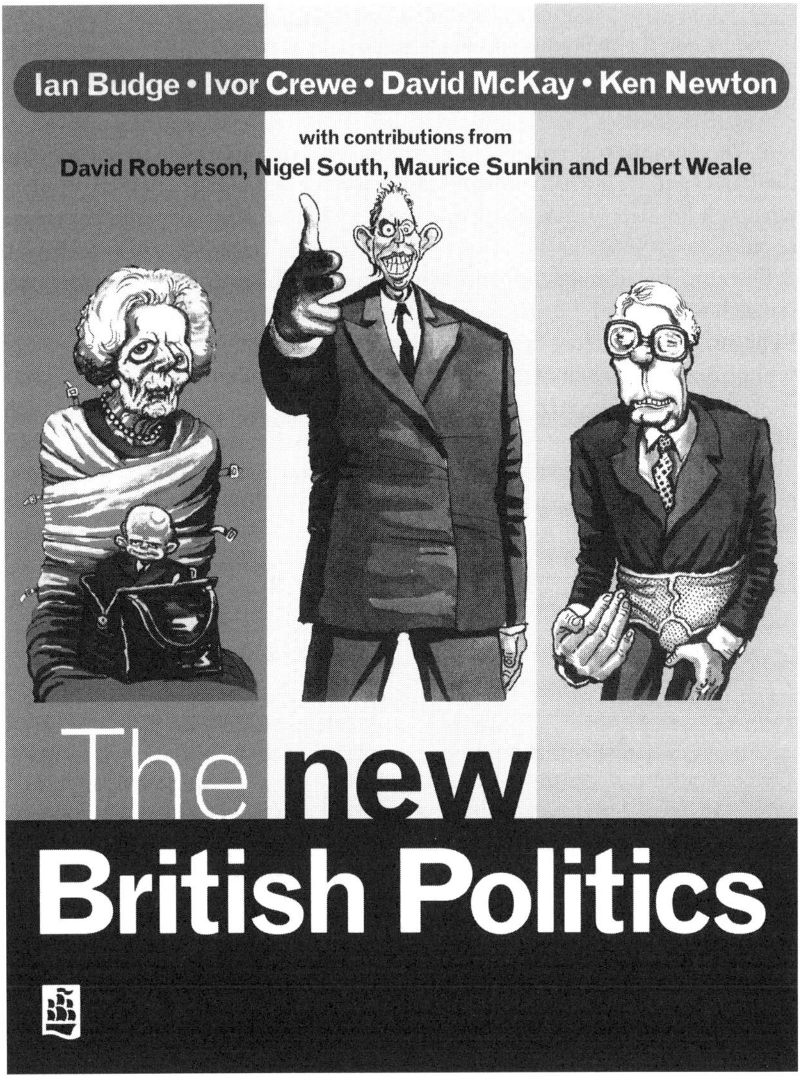

Abb. 43: New British Politics. Das politische Dreigestirn, das Großbritanniens Geschicke in den letzten 25 Jahren lenkte: eine zur Wirkungslosigkeit verdammte Margaret Thatcher, ihr insgesamt glückloser Nachfolger John Major und der strahlende, noch amtierende Premier Tony Blair.

crats should mean autonomy of action, which in turn demands the involvement of the wider social community. Having abandoned collectivism, third ways politics looks for a new relationship between the individual and the community, a redefinition of rights and obligations. (Giddens 2002: 64–65)

Die Verschmelzung von sozialistischen und neoliberalen Ideen machte die Partei gerade auch für Mittelklassenwähler besonders attraktiv und erwies sich bei den Unterhauswahlen von 1997 und 2001 als äußerst erfolgreich.

Die zum Teil ähnlichen Positionen zwischen Thatcher und Blair zeichneten sich bei Blairs Übernahme des Parteivorsitzes noch nicht ab. In seiner Rede auf dem Parteitag der Labour Party am 4. Oktober 1994 in Blackpool schlug Blair, natürlich auch aus strategischen Gründen, einen klaren Konfrontationskurs ein. Stärker hätte Tony Blair die Gegensätze zwischen sich und Margaret Thatcher kaum betonen können als in der direkten Gegenüberstellung der einst von Thatcher als Programm verkündeten Worte des heiligen Franz von Assisi und seines eigenen kritischen Kommentars.

Margaret Thatcher, 4 May 1979	**Tony Blair, 4 October 1994**
	Look at Britain fifteen years after Mrs Thatcher first stood on the steps of Downing Street.
Where there is discord, may we bring harmony; where there is error, may we bring truth; where there is doubt, may we bring faith; where there is despair, may we bring hope.	Where there was discord, is there harmony? Where there was error, is there truth? Where there was doubt, is there faith? Where there was despair, is there hope?
	Harmony? When crime has more than doubled? Truth? When they won an election on lies about us and lies about what they would do? Faith? When politics is debased by their betrayal? Hope? When 3 million people are jobless, almost 6 million are on income support, and one in three children grow up in poverty?
(Nach Young 1993: 136–137)	(Blair 1996: 35–36)

Nach seinem Wahlsieg klingen Blairs Töne wesentlich moderater, und wenn er auf dem Parteitag vier Jahre nach der Übernahme des Parteivorsitzes auf das Bild des Dritten Weges zurückgreift, so könnten viele der Aussagen fast ebenso gut von Margaret Thatcher stammen:

1999 will be the year of challenge. […] There are three choices. Resist change – futile. Let it happen: laissez faire – each person for themselves, each country for itself. Or the third way: We manage change, together. We accept the challenge of the future but refuse to consider ourselves powerless to overcome it. Modernise. Reform. Equip our country for the future. This way we face the challenge together. And if the spirit of the nation is willing, it can make the body of the nation strong. One nation, one community, each and every one of us playing our part. (Tönnies & Viol 2001: 133, 136–137)

“Challenge”, “change”, “modernise”, “reform”, “nation” – alle Schlüsselbegriffe klingen zum Teil altvertraut und haben schon Blairs Vorgänger beschäftigt, ohne zum Erfolg zu führen. Doch trotz aller Ähnlichkeit zwischen Thatcher und Blair ist es inzwischen durchaus Mode, von *Blairism* zu sprechen, und auch der Begriff ‘Revolution’ wird Blair wie seiner prominenten Vorgängerin attestiert. Peter Mandelson, ein enger Vertrauter Blairs, veröffentlichte schon 1996 zusammen mit Roger Liddle ein Buch mit dem Titel *The Blair Revolution*, das im Jahre 2002 als *The Blair Revolution Revisited* wieder aufgelegt wurde. Innerparteilich mag man die Abschaffung der Clause IV durchaus als revolutionär ansehen, doch in Bezug auf Großbritannien generell ist der revolutionäre Charakter Blair’scher Politik viel weniger ersichtlich, zumal wenn man wie zahlreiche politische Kommentatoren Blair als würdigen Nachfolger Thatchers bezeichnet. Ist also die Blair’sche Revolution identisch mit der konservativen Revolution unter Margaret Thatcher? Laut Mandelson setzt Blair in seinem Prozess der Modernisierung deutlich neue Akzente:

For Labour, modernisation is about far more than red roses, seductive sound-bites and fancy packaging, however important these may be in the modern media age. It is about a fundamental reinvention of what Labour offers to the British people. However, the business of reinvention does not involve abandonment of Labour’s basic principles and convictions. It means a sharper definition of those core aims and values, and their thorough reapplication to the circumstances of the modern world. (Mandelson 2002: 2)

Zweifellos hatte auch die Vermarktung von New Labour revolutionäre Züge: Der Auftritt des Medienprofis Tony Blair als Regierungschef auf dem Parteitag 1998 in Blackpool wurde wie der eines Popstars inszeniert. Blairs Präsentation in den Medien diente auch seinem deutschen Pendant Gerhard Schröder als Vorbild, allerdings mit einem entscheidenden Unterschied:

Die deutschen Genossen waren an den Techniken, die Labour 1997 angewandt hatte, sehr interessiert – vieles wurde übernommen. Die für das Projekt New Labour wesentliche Verbindung einer organisatorischen Modernisierung der Partei und programmatischer Veränderungen aber wurde bislang weitgehend außer Acht gelassen. (Becker 2002a: 271)

In der programmatischen Erneuerung ist Blair seinem deutschen Amtskollegen somit ein Stück voraus. Zwar hat Blair es abgelehnt, das allseits beliebte Bild eines *Cool Britannia* offiziell zu verwenden, doch in der Sache kommt er dem, was mit diesem Bild gemeint ist, sehr nahe: "What I'm bothered about is Britain's standing in the world, the strength of our economy and the prosperity of the British people [...]. That is why I want Britain to be seen as a vibrant, modern place, for countries wrapped in nostalgia cannot build a strong future" (Oakland 2001: 41). Das hätte auch von Margaret Thatcher stammen können.

Nachdem Kritiker Blair Mitte der neunziger Jahre mangelnde Konkretheit vorwarfen, ließ er sich im Mai 1996 für den Fall eines Wahlsieges zu klar definierten Zielen hinreißen. Im *Independent* vom 7. April 1996 finden sich Vorgaben, an denen sich Blair Anfang des 21. Jahrhunderts messen lassen wollte:

At the end of five years of Labour government, I would have wanted to make substantial progress on these fronts: an education system geared to excellence not for an elite but for all; radical reform of the welfare state; a proper modern partnership with industry in place and starting to deliver; the revitalising of the constitution; and Britain regaining influence in Europe and the wider world. (Zitiert in Rentoul 1997: 451)

Misst man Blairs Erfolge an seinen eigenen Vorgaben, dann hat er die Modernisierung Großbritanniens vor allem bei der Verfassungsreform, der Frage der Devolution sowie in der Wirtschafts- und Finanzpolitik ein gutes Stück vorangetrieben. Hingegen lässt die weitere europäische Integration Großbritanniens noch auf sich warten (vgl. Kap. 10.5), und bei der Bildungs- und Gesundheitsreform sieht sich Blair ähnlichen Problemen gegenüber, wie wir sie aus leidvoller Erfahrung auch in Deutschland kennen.

Anfang des 21. Jahrhunderts wünschen einige Kritiker der Labour Party wieder einen Schuss mehr Ideologie: "Eben hier liegt die wahre Bewährungsprobe für Tony Blair und Labour: Zu zeigen, dass man auch das politische Alltagsgeschäft meistert und auf die eigenen Leistungen und Stärken mehr vertraut als auf die Präsentation eines Gesamtbildes" (Becker 2002a: 274). Auch die *New Left* verfolgt verständlicherweise Blairs Vision eines Dritten Weges mit einer Portion Skepsis und sieht darin eine "silent revolution" (Hall 2003: o. S.), die New Labour nahtlos mit dem Thatcherismus verbindet. Stuart Hall, eines der prominentesten Mitglieder der britischen Linken und emeritierter Professor der Open University, hat deshalb in seinem vorläufigen Fazit der Blair'schen Politik noch einmal auf den entscheidenden Unterschied zur Labour Party vor Blair hingewiesen:

> New Labour has a long-term strategy, a "project": the transformation of social democracy into a particular variant of free market neo-liberalism. [...] New Labour has adapted the fundamental neo-liberal programme to suit its conditions of governance – that of a social democratic government trying to govern in a neo-liberal direction while maintaining its traditional working-class and public sector middle-class support. (Hall 2003: o. S.)

Nach siebenjähriger Amtszeit, der längsten eines Labour-Premiers in der Geschichte der Partei, hat Blair auf seinem Weg zwischen neoliberalem Kapitalismus und wohlfahrtsstaatlichem Sozialismus die ersten Hürden hinter sich, doch den endgültigen Test der Zeit noch vor sich.

10.5 Großbritannien zwischen Nationalstaat und dem Europa der Regionen

"Der mühsame Weg Großbritanniens nach Europa" (Volle 1998: 459) resultiert in großem Maße aus seiner insularen Mentalität, seiner Empire-Tradition und seiner *special relationship* (vgl. Kap. 3). Nach dem Zweiten Weltkrieg gab Großbritannien zwar seine *splendid isolation* auf und näherte sich Europa an, aber nicht bedingungslos, sondern eher halbherzig. Das Verhältnis zwischen Großbritannien und Europa entwickelte sich in den letzten knapp sechzig Jahren deshalb nicht als linearer Fortschritt, sondern als Wellenbewegung mit Hochs und Tiefs, die sich in drei Phasen gliedern lässt: das Rapprochement mit Großbritanniens Beitritt zur EG, die nachhaltige Entfremdung unter Thatcher und die vorsichtige Kurskorrektur unter Blair.

Die erste Phase ist ein typisches Beispiel für die schwankende Haltung Großbritanniens zu Europa. Auf dem Parteitag der Konservativen im Oktober 1948 prägte Churchill eine Formel, die später gerne aufgegriffen wurde, aber auch auf die grundsätzliche Problematik verweist. Churchill, in mancher Hinsicht ein erstaunlich pro-europäischer Vordenker, sprach von den "three great circles among the free nations and democracies" und meinte damit das Britische Weltreich, die englischsprachige Welt und das Vereinigte Europa: "You will see that we are the only country which has a great part in every one of them. We stand, in fact, at the very point of junction" (zitiert nach May 1999: 9). Was Churchill noch als Stärke der britischen Weltmacht begriff, obwohl sich genau zu diesem Zeitpunkt das Empire endgültig aufzulösen begann, wurde zu einem zentralen Problem der britischen Außenpolitik nach 1945: Großbritannien im Kräftespiel von Empire-Tradition, *special relationship* und Europa. Dass die Entscheidung unter Premier Macmillan zunächst gegen die 1957 durch die Römischen Verträge gebildete Europäische Wirtschaftsgemeinschaft (EWG) und für die Europäische Freihandelszone (EFTA) fiel, war angesichts der ständigen Angst der

Großbritannien und Europa

1957 Römische Verträge (ohne Großbritannien) als Grundlage für die Europäische Wirtschaftsgemeinschaft (EWG) und EURATOM
1959 Europäische Freihandelszone (*European Free Trade Association*, EFTA) als Gegenmodell zur EWG mit Großbritannien als Mitglied
1961 Konservative Regierung unter Macmillan beginnt Verhandlungen über Beitritt zur EWG
1963 De Gaulle legt Veto gegen Großbritanniens Beitritt ein
1967 Labour-Regierung unter Wilson beabsichtigt neue Gespräche über Beitritt; de Gaulles zweites Veto
1970 Die Europäische Gemeinschaft (EG, kollektiver Name seit 1967) lädt Großbritannien zu Verhandlungen ein
1971 Das Parlament billigt mit 356 zu 244 Stimmen die grundsätzliche Entscheidung des Beitritts Großbritanniens zur EG
1973 Großbritannien wird Mitglied der EG und von EURATOM
1975 Ein Referendum bestätigt mit 64,5 Prozent den Verbleib Großbritanniens in der EG
1978 Einführung des *European Monetary System* ohne Beteiligung Großbritanniens
1979 Thatcher verlangt auf dem Gipfeltreffen in Dublin "her money back"
1982 Die EG unterstützt Großbritanniens Sanktionen gegen Argentinien im Falkland-Krieg
1985 Verabschiedung des *Single European Act* auf dem Gipfel in Luxemburg; dadurch Stärkung der Institutionen der EG und Schaffung eines geschlossenen Wirtschaftsraumes
1988 Thatchers umstrittene Rede vor dem College of Europe in Brügge, in der sie die europäische Integration kritisiert
1990 Großbritannien schließt sich dem Wechselkursmechanismus (*Exchange Rate Mechanism*) an; Rücktritt Thatchers u. a. wegen ihrer Haltung in der europäischen Frage
1992 Vertrag von Maastricht, der zum 1. November 1993 in Kraft trat; seitdem Europäische Union (EU)
1994 Erste Direktwahlen zum Europäischen Parlament mit hohen Verlusten für die britischen Konservativen
1997 Nach dem Regierungsantritt Tony Blairs erfolgt unter New Labour der Versuch einer stärkeren Annäherung an Europa
2001 Als Resultat der kontroversen Debatte um die Art der Bekämpfung des Terrorismus schlägt sich Blair auf die Seite des amerikanischen Präsidenten Bush
2003 Blair unterstützt Bush bedingungslos im Irak-Krieg und entfremdet sich der Mehrheit der EU

Briten vor dem Kontinent verständlich, erwies sich allerdings langfristig als Fehlentscheidung. Tony Blair betonte deshalb am 23. November 2001 vor dem European Research Institute in Birmingham:

> The purpose of this speech is to argue: that Britain's future is inextricably linked with Europe, that to get the best out of it, we must make the most of our strength and influence within it, and that to do so, we must be whole-hearted, not half-hearted, partners in Europe. [...] The history of our engagement with Europe is one of opportunities missed in the name of illusions – and Britain suffering as a result. (www.ac-limoges.fr/bleucl/anglais/EG/RaudDugal/blair.rtf)

Als Anfang der sechziger Jahre das britische Interesse an Festlandeuropa wuchs, versuchte Macmillan zwar, eine Kurskorrektur vorzunehmen, scheiterte jedoch am Widerstand de Gaulles und an Großbritanniens Selbstüberschätzung. Es war vom Glauben, unverzichtbar zu sein, überzeugt, während aus Sicht der EWG Großbritannien zwar ein wichtiger, aber kein lebenswichtiger Partner war. Deshalb sollte es noch bis zum Rücktritt de Gaulles und bis zur Amtszeit des ausgesprochen europafreundlichen Edward Heath dauern, ehe Großbritannien mit Wirkung vom 1. Januar 1973 der nun EG genannten Gemeinschaft beitrat.

Dass nur zwei Jahre später ein britisches Referendum, im Übrigen das erste in Großbritanniens Geschichte, über den weiteren Verbleib in der EG entscheiden musste, ist ein weiteres Indiz britischer Wankelmütigkeit hinsichtlich Europa. Die bei den Unterhauswahlen von 1974 siegreiche Labour Party hatte ihren Wahlkampf mit einer anti-europäischen Strategie geführt und einen Austritt aus der Gemeinschaft in Aussicht gestellt. Diesem Dilemma entging Premier Wilson durch die Abstimmung der britischen Bevölkerung, die sich kurioserweise, trotz der wachsenden Europaskepsis, am 5. Juni 1975 mit großer Mehrheit für Großbritanniens Verbleib in der EG entschied.

Die zweite Phase im Verhältnis Großbritanniens zu Europa stand nach dieser Grundsatzentscheidung eigentlich unter einem günstigen Stern, der sich auch nach Thatchers Wahlsieg 1979 nicht sogleich wieder verdunkelte. Auf ihrem ersten Parteitag als Regierungschefin ließ Thatcher noch moderate Europatöne vernehmen, die eine Mischung aus britischem Eigeninteresse und konstruktiver Mitarbeit an Europa darstellten: "The future of Western Europe is our future too" (Thatcher 1997: 105). Thatchers Haltung zur Europäischen Gemeinschaft wandelte sich erst in den achtziger Jahren von Europaskepsis zu Europafeindlichkeit und von Reserviertheit zu Ablehnung. In ihrer Autobiographie *The Downing Street Years* liefert Thatcher dafür eine zunächst einleuchtende Begründung:

> Looking back, it is now possible to see the period of my second term as Prime Minister as that in which the European Community subtly but surely shifted its direction away from being a Community of open trade, light regulation and freely co-

operating sovereign nation-states towards statism and centralism. […] I decided that the time had come to strike out against what I saw as the erosion of democracy by centralization and bureaucracy, and to set out an alternative view of Europe's future. (Thatcher 1993: 536)

Der Grund für Thatchers zunehmend resoluteres – um nicht zu sagen: rüderes – Verhalten läge somit bei der Europäischen Gemeinschaft, die statt der auch von Thatcher gewünschten wirtschaftlichen Union eine politische anstrebte. Damit artikulierte Thatcher einen der fundamentalen Unterschiede zwischen Briten und Kontinentaleuropäern. Thatchers Begründung nimmt sich freilich auch wie eine nachträgliche Rechtfertigung aus, denn immerhin stimmte sie 1985 dem Single European Act zu, der die Rolle des Europäischen Parlaments stärken und interne Barrieren innerhalb der EU beseitigen sollte.

Thatchers 'legendäre' Philippika vor dem Europa-Kolleg in Brügge, das 1949 als Hort Europas und zur Förderung einer europäischen Gesinnung gegründet wurde, erfolgte am unpassendsten Platz und zum ungeeignetsten Zeitpunkt, um den Europäern die Leviten zu lesen und sie mit martialischen Tönen einzuschüchtern. In ihrer wohl wichtigsten Rede zur europäischen Frage erteilte Thatcher erneut den Vereinigten Staaten von Europa in Gestalt eines Superstaates in Brüssel eine Absage und malte die Zukunft der Europäischen Gemeinschaft in den düstersten Farben:

My first guiding principle is this: willing and active co-operation between independent sovereign states is the best way to build a successful European Community. To try to suppress nationhood and concentrate power at the centre of a European conglomerate would be highly damaging and would jeopardize the objectives we seek to achieve. Europe will be stronger precisely because it has France as France, Spain as Spain, Britain as Britain, each with its own customs, traditions and identity. It would be folly to try to fit them into some sort of identikit European personality. (Thatcher 1997: 318)

Traum versus Alptraum, unternehmerische Freiheit versus bürokratischer Sozialismus, freiheitliche Nationalstaaten versus europäischer Superstaat: Thatchers entschiedene Ablehnung einer politischen Union überdauerte auch ihren Rücktritt. In ihrem 2002 erschienenen Buch *Statecraft* trug sie ihre europäische, vor allem wirtschaftlich orientierte Vision vollends zu Grabe: "As I shall seek to show, Europe as a whole is fundamentally unreformable" (Thatcher 2002: 321); und wie sie an anderer Stelle dieser Abrechnung mit Europa erklärte, werde sich die völlig unnötige Zentralisierung Europas als "perhaps the greatest folly of the modern era" (Thatcher 2002: 410) erweisen. Thatchers Haltung mag extrem und nicht immer glücklich formuliert sein, doch sie entspricht im Kern durchaus dem Unterschied zwischen britischem und kontinentaleuropäischem Denken, wie ihn schon Macmillan in den späten fünfziger Jahren konstatierte:

The difference is temperamental and intellectual. It is based on a long divergence of two states of mind and methods of argumentation. The continental tradition likes to reason *a priori* from the top downwards, from the general principles to the practical application [...]. The Anglo Saxon likes to argue *a posteriori* from the bottom upwards, from practical experience. (Zitiert nach Coxall & Robins 1998: 118)

Die europäischen Misstöne am Ende von Thatchers Amtszeit, die durch die gravierenden Veränderungen in Osteuropa und die deutsche Wiedervereinigung zusätzlich verstärkt wurden, verklangen auch nicht unter ihrem kompromissbereiteren Nachfolger John Major. Eine entscheidende Verbesserung des politischen Klimas erfolgte erst in der dritten Phase anglo-europäischer Nachkriegsbeziehungen unter Tony Blair. Im Gegensatz zu seiner Partei, bei der Blair erst Überzeugungsarbeit leisten musste, verstand er selbst sich immer als Europäer. Im Wahlprogramm der Labour Party von 1997 verkündete New Labour zwar vollmundig: "We will give Britain the leadership in Europe which Britain and Europe need" (Labour Party 1997: 5), doch war dies nur ein verheißungsvoller Slogan ohne echte Substanz, denn insgesamt spielte Europa im Konzept von New Labour anfangs eine untergeordnete Rolle. Deshalb "richtete [Blair] den Wahlkampf seiner *New-Labour*-Partei im Frühjahr 1997 so aus, daß proeuropäische Aussagen so weit wie möglich vermieden wurden, um die europaskeptische, wenn nicht sogar europafeindliche Bevölkerung Großbritanniens nicht abzuschrecken" (Volle 1998: 459). Er selbst hingegen machte aus seiner inneren Überzeugung kein Hehl und erklärte schon 1995 bei einem Besuch der Friedrich-Ebert-Stiftung in Bonn:

I grew up as part of a postwar generation. I voted for Britain to remain in the EEC in 1975. I fought to persuade my party to become a party of Europe, believing that to be in my country's interests. I support the European ideal of cooperation between nation-states for the mutual benefit of all. I have no doubt that the future of my country lies in being at the heart of Europe. (Blair 1996: 257)

Blair suchte auch in Bezug auf Europa einen Dritten Weg, trieb die Integration Großbritanniens voran, ohne die britischen Interessen zu vernachlässigen, und war bestrebt, aus der deutsch-französischen *ménage à deux* eine für Großbritannien vorteilhaftere *ménage à trois* zu machen. Wie sehr Blairs neuer Kurs auf dem Kontinent, nicht zuletzt auch in Deutschland, geschätzt wurde, beweist die Verleihung des Karlspreises im Jahre 1999 für "Frieden und Zusammenwachsen in Europa". Beim Festakt zur Preisverleihung bekräftigte Blair, der als vierter Brite nach Macmillan, Heath und Jenkins mit dem Karlspreis ausgezeichnet wurde, noch einmal seine Entschlossenheit, die zwiespältige, oft halbherzige Haltung Großbritanniens zu Europa zu überwinden.

Wie viel Blair ein gutes deutsch-britisches Verständnis für seine Europapolitik bedeutet, brachte er auch 2001 auf dem Parteitag der SPD in Nürnberg in aller Deutlichkeit zum Ausdruck:

I have a simple ambition for Britain. To make us a successful nation, proud of our own national identity but also a full partner in Europe. [...] Britain under New Labour leadership wants to be a full partner with Germany and others in the development of the European Union. This is our true destiny. [...] We in Britain can take great pride in our role in 20th century history, often standing alone. Yet I know that in the 21st century as a new Europe arises of peace and prosperity, it would be an utterly backward and self-defeating act for us to isolate ourselves from modern Europe. The outcome would not be a stronger Britain but a weaker one. (www.spd.de/servlet/PB/menu/1011080/index.html)

Die Schwierigkeiten seiner Vorstellung, Großbritannien als transatlantische Brücke zwischen den USA und Europa neu zu positionieren, erfuhr Blair allerdings in aller Schärfe im Irak-Krieg, als sich die Ansichten von USA, Großbritannien und EU nicht unter einen Hut bringen ließen.

Selbst wenn zahlreiche Meinungsumfragen in den letzten Jahren eine stärkere Akzeptanz Europas bei den Briten signalisieren, so ist nur etwa ein Drittel vollständig überzeugt, dass Großbritanniens Mitgliedschaft in der EU eine rundum gute Sache ist. Hingegen tendiert fast die Hälfte aller Briten immer noch zu einem sofortigen Austritt aus der EU, der verfassungsmäßig möglich, pragmatisch jedoch wenig sinnvoll ist. Die Briten scheinen von Blairs Europapolitik noch nicht überzeugt zu sein, wie auch die Ergebnisse der letzten Europawahl von 1999 belegen, bei der die Labour Party schlechter als die Konservativen abschnitt. So ist auch zu verstehen, dass Blair das Referendum über die Einführung des Euro noch nicht gewagt hat.

Trotz des leichten Aufwärtstrends in den Meinungsumfragen ist eine starke Fraktion immer noch europafeindlich gestimmt. Ein Teil dieser Europagegner, die konservativ mit britisch – oder genauer englisch – gleichsetzen, startete in der erzkonservativen Zeitschrift *This England* eine Kampagne gegen die Stärkung der Macht der EU und bediente sich dabei zum Teil derselben ikonographischen Verfahren und Symbole, wie sie auch die Thatcher-Karikaturen aufwiesen (vgl. Abb. 44).

Es ist bezeichnend, dass auch diese entschiedenen Europagegner – wiederum analog zu Thatcher – Shakespeare instrumentalisieren und die ihm zugeschriebene patriotische Grundhaltung als Beleg für den Widerstand gegen eine 'feindliche Übernahme' Großbritanniens durch die EU anführen. So appelliert im Sommer 2002 ein Leser von *This England* an alle wahren Briten, ihre sprichwörtliche Zurückhaltung aufzugeben, und beruft sich dabei auf Shakespeares mahnende Worte in dem Historiendrama *Henry V*:

In peace there's nothing so becomes a man
As modest stillness, and humility;
But when the blast of war blows in our ears,
Then imitate the action of the tiger:
Stiffen the sinews, summon up the blood,
[...].

Abb. 44: "Don't Let Europe Rule Britannia".

The game's afoot:
Follow your spirit; and upon this charge
Cry 'God for Harry, England, and Saint George!'
(Shakespeare, *Henry V*, III.i.3–34)

Der metaphorisch gemeinte Krieg, der Großbritanniens historische Rolle als Hüterin der Freiheit in Erinnerung ruft, schließt sich nahtlos an Thatchers 'Krieg' gegen den alles verschlingenden Moloch eines europäischen Superstaates an.

Großbritannien hat die Integration nach Europa noch nicht abgeschlossen. Deshalb steht nach wie vor die Frage im Raum, ob es denn Tony Blair zu Beginn des 21. Jahrhunderts endlich schaffen wird, aus den Briten vollgültige Europäer zu machen. Dazu muss Blair seine Landsleute mehr noch als bislang von den wirtschaftlichen, politischen und kulturellen Vorteilen der EU überzeugen. Die Kluft zwischen dem britischen Nationalstaat und Europa ist kleiner geworden, aber noch nicht geschlossen.

Literatur

Abercrombie, Nicholas & Alan Warde (2000), *Contemporary British Society*, Oxford: Polity Press.

Adonis, Andrew & Tim Hames, Hrsg. (1994), *A Conservative Revolution? The Thatcher-Reagan Decade in Perspective*, Manchester: Manchester University Press.

Adonis, Andrew & Stephen Pollard (1997), *A Class Act. The Myth of Britain's Classless Society*, Harmondsworth: Penguin.

Allen, Harry Cranbrook (1969), *Great Britain and the United States. A History of Anglo-American Relations (1763–1952)* ([1]1954), o. O.: Archon.

Altendorf, Ulrike (2003), *Estuary English. The First Systematic Study of the South-Eastern British English Accent*, Tübingen: Narr.

Althaus, Marco, Hrsg. (2002), *KAMPAGNE! Neue Strategien für Wahlkampf, PR und Lobbying* (3. Auflage) (Medienpraxis 1), Münster: LIT.

Asch, Ronald G., Hrsg. (1993 a), *Three Nations – a Common History? England, Scotland, Ireland and British History c. 1600–1920*, Bochum: Brockmeyer.

– (1993 b), "'Obscured in Whiskey, Mist and Misery'. The Role of Scotland and Ireland in British History", in Asch (1993 a), 9–48.

Ash, Timothy Garton (2001), "Europa? Sorry, wir sind Briten. Auf dem Kontinent leben die anderen. Sie haben keine Ahnung von Cricket", *Die Zeit*, 8. März, 15.

Aulich, James, Hrsg. (1992), *Framing the Falklands War. Nationhood, Culture and Identity*, Milton Keynes: Open University Press.

Bagehot, Walter (1963), *The English Constitution*, hrsg. R. H. S. Crossman, London: Collins.

Ball, Stuart (1998), *The Conservative Party since 1945*, Manchester: Manchester University Press.

Baratta, Mario von, Hrsg. (2002), *Der Fischer Weltalmanach 2003*, Frankfurt a. M.: Fischer Taschenbuch Verlag.

Barnett, Anthony (1982), *Iron Britannia*, London: Allison & Busby.

– (1997), *This Time. Our Constitutional Revolution*, London: Vintage.

Bassnett, Susan, Hrsg. (1997), *Studying British Cultures. An Introduction*, London: Routledge.

Becker, Bernd (2002 a), "New Labour auf Dritten Wegen. Blairs Politikvermarktung und was die SPD daraus lernte", in Althaus, 258–275.

– (2002 b), *Politik in Großbritannien. Einführung in das politische System und Bilanz der ersten Regierungsjahre Tony Blairs*, Paderborn: Schöningh.

Berg, Maxine & Kristine Bruland, Hrsg. (1998), *Technological Revolutions in Europe. Historical Perspectives*, Cheltenham: Elgar.

Birch, Anthony H. (1993), *The British System of Government* (9. Auflage), London: Routledge.

Blackburn, Robert, Hrsg. (1992a), *Constitutional Studies. Contemporary Issues and Controversies*, London: Mansell.
– (1992b), "The Future of the British Monarchy", in Blackburn (1992a), 1–13.
– (1995), *The Electoral System in Britain*, London: Macmillan.
Blackburn, Robert & Raymond Plant, Hrsg. (1999), *Constitutional Reform. The Labour Government's Constitutional Reform Agenda*, London: Longman.
Blair, Tony (1996), *New Britain. My Vision of a Young Country*, London: Fourth Estate.
Bogdanor, Vernon (1995), *The Monarchy and the Constitution*, Oxford: Clarendon Press.
– (1999), *Devolution in the United Kingdom*, Oxford: Oxford University Press.
Boothroyd, David (2001), *The History of British Political Parties*, London: Politico's.
Boswell, Samuel (1987), *The Life of Johnson* ([1]1797), Oxford: Oxford University Press.
Bourke, John (1965), *Englischer Humor*, Göttingen: Vandenhoeck & Ruprecht.
Brenton, Howard & Tony Howard (1981), *Thirteenth Night & A Short Sharp Shock!*, London: Eyre Methuen.
Breuer, Rolf (2003), *Irland. Eine Einführung in seine Geschichte, Literatur und Kultur*, München: Fink.
Briggs, Asa (1985), *The BBC. The First Fifty Years*, Oxford: Oxford University Press.
Britische Botschaft, Hrsg. (1993), *Britain Today and Tomorrow. Eine Vortragsreihe der Britischen Botschaft*, Bonn: Britische Botschaft.
Broich, Ulrich & Susan Bassnett, Hrsg. (2001), *Britain at the Turn of the Twenty-First Century*, Amsterdam: Rodopi.
Brook, Stephen (1997), *Class. Knowing Your Place in Modern Britain*, London: Gollancz.
Brown, Ivor & George Fearon (1969), *This Shakespeare Industry. Amazing Monument* ([1]1939), Westport, CT: Greenwood Press.
Browning, Andrew, Hrsg. (1966), *English Historical Documents*, Bd. 8: *1660–1714*, London: Routledge.
Bryson, Bill (1998), *Notes From a Small Island* ([1]1992), London: Black Swan.
Budge, Ian *et al.* (2001), *The New British Politics* (2. Auflage), Harlow: Pearson Education.
Bukowski, Andrzej (1987), *Die Zukunft des Kymrischen als Träger der Welsh Identity*, Duisburg: Linguistic Agency.
Burke, Edmund (1993), *Reflections on the Revolution in France*, hrsg. L. G. Michael, Oxford: Oxford University Press.
Burns, Robert (1986), *The Complete Works of Robert Burns*, hrsg. James A. Mackay, Ayr: Alloway.
Butler, David & Gareth Butler (2000), *Twentieth-Century British Political Facts, 1900–2000* (8. Auflage), Houndmills: Macmillan.
Butler, David & Dennis Kavanagh (2002), *The British General Election of 2001*, Houndmills: Palgrave.
Campbell, Carol & Geoff Whitty (2003), "From New Right to New Labour. What's New in English Education Policy?", in Tönnies, 123–145.

Cannadine, David (1990), *The Decline and Fall of the British Aristocracy*, New York: Anchor Books.
– (1998), *Class in Britain*, New Haven: Yale University Press.
Charmley, John (1996), *A History of Conservative Politics, 1900–1996*, Basingstoke: Macmillan.
Charter 88 (2000), *Unlocking Democracy*, London: Charter 88 Trust.
Childs, Peter & Mike Storry, Hrsg. (1999), *Encyclopedia of Contemporary British Culture*, London: Routledge.
Chitty, Clyde (2003), *Education Policy in Britain*, Basingstoke: Palgrave.
Chohan, Satinder (1999), "Fringe Theatre", in Childs & Storry, 214–215.
Christopher, David (1999), *British Culture. An Introduction*, London: Routledge.
Churchill, Winston (1987), *My Early Life. A Roving Commission* ([1]1930), New York: Scribner's.
– (1990), *The Speeches of Winston Churchill*, hrsg. David Cannadine ([1]1989), London: Penguin.
Clark, Peter (1983), *The English Alehouse. A Social History 1200–1830*, London: Longman.
Coleridge, Samuel Taylor (1976), *The Collected Works of Samuel Taylor Coleridge*, Bd. 10: *On the Constitution of the Church and State*, hrsg. John Colmer, London: Routledge & Kegan Paul.
Colley, Linda (1992), *Britons. Forging the Nation 1707–1837*, New Haven: Yale University Press.
Concise Oxford Dictionary of Quotations, The ([2]1989), London: Guild.
Coxall, Bill & Lynton Robins (1998), *British Politics since the War*, Houndmills: Macmillan.
Crawford, Robert (1997), "Dedefining Scotland", in Bassnett (1997), 83–96.
Curran, James & Sean Seaton (1991), *Power without Responsibility. The Press and Broadcasting in Britain* (4. Auflage), London: Routledge.
Dahrendorf, Ralf (1982), *On Britain*, London: British Broadcasting Corporation.
Daiches, David, Jones, Jean & Peter Jones, Hrsg. (1986), *A Hotbed of Genius. The Scottish Enlightenment 1730–1790*, Edinburgh: Edinburgh University Press.
Daintith, John *et al.*, Hrsg. (1988), *Bloomsbury Thematic Dictionary of Quotations*, London: Bloomsbury.
Davies, Alistair & Alan Sinfield, Hrsg. (2000), *British Culture of the Postwar. An Introduction to Literature and Society 1945–1999*, London: Routledge.
Davies, Norman (1999), *The Isles. A History*, London: Macmillan.
Day, Gary (2001), *Class* (The New Critical Idiom), London: Routledge.
Department of Foreign Affairs, Dublin (1978), *Facts about Ireland*, Dublin: Irish Printers.
Dibelius, Wilhelm (1925), *England*, 2 Bde. (2. Auflage), Stuttgart: Deutsche Verlags-Anstalt.
Dicey, A.V. (1979), *Introduction to the Study of the Law of the Constitution* (10. Auflage), London: Macmillan.
Dickens, Charles (1998), *Hard Times* ([1]1854), Oxford: Oxford University Press.
Dickie, John (1994), *'Special' No More. Anglo-American Relations: Rhetoric and Reality*, London: Weidenfeld & Nicolson.

Dickinson, Harry Thomas (1986), *Caricatures and the Constitution, 1760–1832*, Cambridge: Chadwyck-Healey.
Dixon, Paul (2001), *Northern Ireland. The Politics of War and Peace*, Houndmills: Macmillan.
Dobson, Alan (1998), "Die 'Special Relationship'. Zur Entwicklung der britisch-amerikanischen Sonderbeziehung seit 1945", in Kastendiek, Rohe & Volle, 420–436.
Douglas, David C., Hrsg. (1996), *English Historical Documents*, 3 Bde., London: Routledge.
Dryden, John (1956), *Annus Mirabilis*, in *The Works of John Dryden*, hrsg. Edward N. Hooker *et al.*, 20 Bde., Bd. 1, Berkeley: University of California Press.
Dugan, Sally (2000), *The Day the World Took Off. A History of the Social Policy since the Industrial Revolution*, London: Channel 4 Books.
Dumbrell, John (2001), *A Special Relationship. Anglo-American Relations in the Cold War and After*, Houndmills: Macmillan.
Eagleton, Terry (1988), "Afterword", in Holderness, 203–208.
Easthope, Anthony (1999), *Englishness and National Culture*, London: Routledge.
Eisenberg, Christiane, Hrsg. (2001), *Parliamentary Cultures. British and German Perspectives; Parlamentskulturen. Britische und deutsche Perspektiven* (Publications of the Centre for British Studies 3), Trier: Wissenschaftlicher Verlag.
Eldridge, John, Kitzinger, Jenny & Kevin Williams (1997), *The Mass Media Power in Modern Britain*, Oxford: Oxford University Press.
Eliot, T. S. (1979), *Notes Towards the Definition of Culture* ([1]1948), London: Faber & Faber.
Elliott, Catherine & Frances Quinn (2002), *English Legal System* (4. Auflage), Harlow: Longman.
Epstein, Dan (1999), *Twentieth-Century Pop Culture*, London: Carlton.
Erskine May, Thomas (1997), *Parliamentary Practice* (22. Auflage), hrsg. Donald Limon & W. R. McKay, London: Butterworths.
Fawcett, Helen & Rodney Lowe (1999), *Welfare Policy in Britain. The Road from 1945*, Houndmills: Macmillan.
Fielding, Steven (1999), *Labour. Decline and Renewal* (2. Auflage), Tisbury: Baseline Book Co.
Fischer, Paul & Geoffrey Burwell (1995), *Kleines England-Lexikon. Wissenswertes über Großbritannien* (3., neubearbeitete und erweiterte Auflage), München: Beck.
Franklin, Bob (1994), *Packaging Politics. Political Communications in Britain's Media Democracy*, London: Arnold.
Fraser, Derek (1986), *The Evolution of the British Welfare State. A History of Social Policy since the Industrial Revolution* (2. Auflage), Houndmills: Macmillan.
Freud, Clement (1994), "'We Are Not Amused …' Ab Mai ist England keine Insel mehr. Der unterirdische Anschluß an den Kontinent berührt die Grundtiefen der britischen Seele", *Süddeutsche Zeitung*, Magazin, 4. März, 17–19.
Friebel, Isolde & Heinrich Händel (1991), *Britain – USA. A Survey in Key Words* (6., neubearbeitete und erweiterte Auflage), Frankfurt a.M.: Diesterweg.
Fröhlich, Michael (2004), *Geschichte Großbritanniens. Von 1500 bis heute*, Darmstadt: Wissenschaftliche Buchgesellschaft.

Gardiner, Juliet & Neil Wenborn, Hrsg. (1995), *The History Today Companion to British History*, London: Collins & Brown.
Gardner, Brian (1973), *The Public Schools. An Historical Survey*, London: Hamish Hamilton.
Garner, Robert & Richard Kelly (1998), *British Political Parties Today* (2. Auflage), Manchester: Manchester University Press.
Gascoigne, Christina & Bamber Gascoigne (1992), *Castles of Britain*, London: Thames & Hudson.
Gelfert, Hans-Dieter (1998), *Max und Monty. Kleine Geschichte des deutschen und englischen Humors*, München: Beck.
– (1999), *Kleine Kulturgeschichte Großbritanniens. Von Stonehenge bis zum Millennium Dome*, München: Beck.
– (2002), *Typisch britisch. Wie die Briten wurden, was sie sind* (4., durchgesehene und um ein Nachwort erweiterte Auflage), München: Beck.
Gellner, Winand (1998), "Medien im Wandel", in Kastendiek, Rohe & Volle, 543–561.
Gibb, Richard, Hrsg. (1994), *The Channel Tunnel. A Geographical Perspective*, Chichester: Wiley & Sons.
Giddens, Anthony (2002), *The Third Way. The Renewal of Social Democracy* ([1]1998), Cambridge: Polity Press in Association with Blackwell.
Goldsmith, Oliver (1979), *She Stoops to Conquer*, hrsg. Tom Davis, New York: Norton & Co.
Graham, Cosmo & Tony Prosser, Hrsg. (1988), *Waiving the Rules. The Constitution under Thatcherism*, Milton Keynes: Open University Press.
Grant, Linda (1997), "Englishness Slips Away", *The Guardian*, 16. September, 7.
Greengrass, Paul (1992), "Foreword", in Aulich, ix–x.
Grond, Petra (2004), *When Maggie speaks. Die Reden der britischen Premierministerin Margaret Thatcher – eine Studie in politischer Rhetorik* (Passauer Arbeiten zur Literatur- und Kulturwissenschaft 2), Passau: Stutz.
Habermas, Jürgen (1990), *Strukturwandel der Öffentlichkeit. Untersuchungen zu einer Kategorie der bürgerlichen Gesellschaft* ([1]1962), Frankfurt a.M.: Suhrkamp.
Händel, Heinrich & Daniel A. Gossel (1994), *Großbritannien* (3., neubearbeitete und erweiterte Auflage), München: Beck.
Hailsham, Lord (1977), "Our Queen and Our Times", *The Daily Telegraph*, 5. Juni, 1.
Hall, Stuart (2003), "New Labour Has Picked Up Where Thatcherism Left Off", *The Guardian*, 6. August 2003 (http://politics.guardian.co.uk/labour/comment/0,9236,1 013028,00.html).
Hamilton, Patrick (1987), *Twenty Thousand Streets Under the Sky. A London Trilogy* ([1]1935), London: Hogarth Press.
Hammerschmidt, Valentin & Joachim Wilke (1990), *Die Entdeckung der Landschaft. Englische Gärten des 18. Jahrhunderts*, Stuttgart: Deutsche Verlags-Anstalt.
Hayward, John, Hrsg. (1937), *Silver Tongues. Famous Speeches from Burke to Baldwin*, London: Joseph.
Heart of England Tourist Board, Hrsg. (1999), *From Strength to Strength. A Sustainable District-Wide Tourism Stategy for Stratford-Upon-Avon 1999–2004. Summary* (www.warwickshire.gov.uk).

Hebel, J. William & Hoyt H. Hudson, Hrsg. (1929), *Poetry of the English Renaissance 1509–1660*, New York: Crofts & Co.
Heffernan, Richard (2000), *New Labour and Thatcherism. Political Change in Britain*, Basingstoke: Macmillan.
Heideking, Jürgen (1999), *Geschichte der USA* (2., überarbeitete und erweiterte Auflage), Tübingen: Francke.
Helbig, Jörg (1999), *Geschichte des britischen Films*, Stuttgart: Metzler.
Henrich, Dieter (2003), *Einführung in das englische Privatrecht* (3., völlig neubearbeitete Auflage), Darmstadt: Wissenschaftliche Buchgesellschaft.
Herbert, David T., Hrsg. (1995), *Heritage, Tourism and Society*, London: Mansell.
Herdegen, Matthias (2003), *Europarecht* (5., überarbeitete und erweiterte Auflage), München: Beck.
Höfele, Andreas (2001), "Millennial Shakespeare. Profile of a Cultural Megastar", in Broich & Bassnett, 183–205.
Hoggart, Richard (1971), *The Uses of Literacy. Aspects of Working-Class Life, with Special References to Publications and Entertainments* ([1]1957), London: Chatto & Windus.
Holderness, Graham, Hrsg. (1988), *The Shakespeare Myth*, Manchester: Manchester University Press.
Howe, Geoffrey (1994), *Conflict of Loyalties*, London: Macmillan.
HRH The Prince of Wales (1989), *A Vision of Britain. A Personal View of Architecture*, London: Doubleday.
Hübner, Emil & Ursula Münch (1999), *Das politische System Großbritanniens* (2. Auflage), München: Beck.
Humphrey, Richard (2003), "Museumizing the Museum. The Museum Culture of Postmodern Britain in Historico-Cultural Perspective", *Journal for the Study of British Cultures*, 10, 101–124.
Imhof, Rüdiger (2002), *A Short History of Irish Literature*, Stuttgart: Klett.
Ingle, Stephen (2000), *The British Party System* (3. Auflage), London: Pinter.
Inwood, Stephen (1998), *A History of London*, London: Macmillan.
Irvine (Lord Irvine of Lairg) (2001), "The Constitutional Revolution in Britain since May 1997", in Eisenberg, 17–26, 41–51.
Jacob, Margaret C. (1998), "The Cultural Foundations of Early Industrialization. A Prospect", in Berg & Bruland, 67–85.
Jäger, Helmut (1976), *Großbritannien*, Darmstadt: Wissenschaftliche Buchgesellschaft.
Jakub, Jay (1995), "The Anglo-American 'Special Relationship' in the Post Cold-War World. Much More Than Meets the Eye", *Defense Analysis*, 11, 318–322.
James, Henry (1987), *The Complete Notebooks of Henry James*, hrsg. Leon Edel & Lyall H. Powers, New York: Oxford University Press.
Johnson, Paul (1989), *Castles of England, Scotland and Wales*, London: Weidenfeld & Nicolson.
Jones, Bill *et al.*, Hrsg. (2001), *Politics UK*, Harlow: Pearson Education.
Jones, Bronwen, Hrsg. (1987a), *The Tunnel. The Channel and Beyond*, Chichester: Horwood.
– (1987b), "Preface", in Jones (1987a), ix–xxxi.

Jones, Margaret & Rodney Lowe, Hrsg. (2002), *From Beveridge to Blair. The First Fifty Years of Britain's Welfare State 1948–98* (Documents in Contemporary History), Manchester: Manchester University Press.

Kamm, Jürgen & Silvia Mergenthal (2002), "'Englishness': Introduction", in Kastovsky, Kaltenböck & Reichl, 267–271.

Kastendiek, Hans & Richard Stinshoff, Hrsg. (2000), *Scotland 2000. Remaking the Nation* [Themenheft 7/1 des *Journal for the Study of British Cultures*], Tübingen: Narr.

Kastendiek, Hans, Rohe, Karl & Angelika Volle, Hrsg. (1998), *Länderbericht Großbritannien. Geschichte, Politik, Wirtschaft, Gesellschaft* (aktualisierte und erweiterte Auflage), Bonn: Bundeszentrale für politische Bildung.

Kastovsky, Dieter, Kaltenböck, Günther & Susanne Reichl, Hrsg. (2002), *Anglistentag 2001 Wien. Proceedings*, Trier: Wissenschaftlicher Verlag.

Kearney, Hugh (1989), *The British Isles. A History of Four Nations*, Cambridge: Cambridge University Press.

Kelly, Richard, Hrsg. (1999), *Changing Party Policy in Britain. An Introduction*, Oxford: Blackwell.

Killen, Mary (2002), "Different Class", *Telegraph Weekend*, 16. Februar, 9.

Kipling, Rudyard (1977), *Rudyard Kipling's Verse. Definitive Edition*, London: Hodder & Stoughton.

Kitchen, Martin (1996), *The British Empire and Commonwealth. A Short History*, Basingstoke: Macmillan.

Klein, Rudolf (2001), *The New Politics of the National Health Service* (4. Auflage), Harlow: Prentice Hall.

Kramer, Jürgen & Bernd Lenz (1994), "Editorial", *Journal for the Study of British Cultures*, 1, 3–7.

Krieger, Karl-Friedrich (1996), *Geschichte Englands*, 3 Bde. (2. Auflage), München: Beck.

Kureishi, Hanif (1991), *The Buddha of Suburbia* ([1]1990), London: Faber & Faber.

– (1999), *My Beautiful Laundrette. A Screenplay*, hrsg. Merle Tönnies & Claus-Ulrich Viol, Stuttgart: Reclam.

Labour Party (1997), *Manifesto New Labour. Because Britain Deserves Better*, London: Labour Party.

– (2001), *Annual Report 2001*, London: Labour Party.

Larkin, Philip (1988), *Collected Poems*, hrsg. Anthony Thwaite, London: The Marvell Press.

Lawson, Nigella (1994), "Bloody Foreigners", *Stern*, 7. April, 34–35.

Lee, Stephen J. (1996), *Aspects of British Political History 1914–1995*, London: Routledge.

Leonhardt, Rudolf Walter (1983), *77mal England. Panorama einer Insel* (13. Auflage), München: Piper & Co.

Lindsay, Isobel (2000), "Anglo-Scottish Stereotypes. Popular Perceptions of National Identity", *Journal for the Study of British Cultures*, 7, 51–60.

Lively, Jack & Adam Lively, Hrsg. (1994), *Democracy in Britain. A Reader*, Oxford: Blackwell.

Lojewski, Wolf von (1988), *Die Briten sind anders. Erfahrungen rund um Big Ben*, Hamburg: Hoffmann & Campe.

London Chamber Information Centre, Hrsg. (2002), *London Statistics*, London: The London Chamber of Commerce and Industry.

Macaulay (Lord), Thomas Babington (1873), *History of England*, 3 Bde., London: Longmans, Green, Reader & Dyer.

MacIver, Don, Hrsg. (1996), *The Liberal Democrats*, London: Prentice Hall.

Mackenzie, John M., Hrsg. (2001), *The Victorian Vision. Inventing New Britain*, London: Victoria & Albert Publications.

Maitland, Frederic W. (1950), *The Constitutional History of England. A Course of Lectures Delivered*, 10 Bde., Cambridge: Cambridge University Press.

Mandelson, Peter (2002), *The Blair Revolution Revisited* ([1]1996), London: Politico's.

Marwick, Arthur (1998), "Mentalitätsstrukturen und soziokulturelle Verhaltensmuster", in Kastendiek, Rohe & Volle, 116–145.

– (2000), *A History of the Modern British Isles 1914–1999. Circumstances, Events and Outcomes*, Oxford: Blackwell.

– (2003), *British Society since 1945* (4. Auflage), London: Penguin.

Matthews, Nicole (1999), "Situation Comedy", in Childs & Storry, 494–495.

May, Alex (1999), *Britain and Europe since 1945*, London: Longman.

McDowall, David (1993), *Britain in Close-Up. An In-Depth Study of Contemporary Britain* (2. Auflage), Harlow: Longman.

McGough, Roger (1989), *Selected Poems 1967–1987*, London: Cape.

McGovern, Una, Hrsg. (2002), *Chambers Biographical Dictionary* (7. Auflage), London: Chambers Harrap.

McGrath, John (1981), *The Cheviot, the Stag and the Black, Black Oil*, London: Eyre Methuen.

McKay, Stephen & Karen Rowlingson (1999), *Social Security in Britain*, Houndmills: Macmillan.

McKibbin, Ross (1998), *Classes and Cultures. England 1918–1951*, Oxford: Oxford University Press.

McNeill, Tom (1996), *Castles* (English Heritage Books), London: Batsford/English Heritage.

Mikes, George (1987), *How to Be an Alien. A Handbook for Beginners and Advanced Pupils* ([1]1946), Harmondsworth: Penguin.

Moran, Michael (1989), *Politics and Society in Britain* ([1]1985), Basingstoke: Macmillan.

More, Charles (2000), *Understanding the Industrial Revolution*, London: Routledge.

Nairn, Thomas (2000), *After Britain. New Labour and the Return of Scotland*, London: Granta Books.

Niedhart, Gottfried (1996), *Geschichte Englands im 19. und 20. Jahrhundert* (2. Auflage), München: Beck.

Noetzel, Thomas (1987), *Die Revolution der Konservativen. England in der Ära Thatcher*, Hamburg: Junius.

– (2003), *Geschichte Irlands. Vom Erstarken der englischen Herrschaft bis heute*, Darmstadt: Wissenschaftliche Buchgesellschaft.

Norton, Philip, Hrsg. (1996), *The Conservative Party*, London: Prentice Hall.

Oakland, John (1998), *British Civilization. An Introduction* (4. Auflage), London: Routledge.
– (2001), *Contemporary Britain. A Survey with Texts*, London: Routledge.
– (2002), *British Civilization. An Introduction* (5. Auflage), London: Routledge.
– (2003), *British Civilization. A Student's Dictionary* (2. Auflage), London: Routledge.
O'Brien, Patrick K., Hrsg. (1995), *The Industrial Revolution and British Society*, Cambridge: Cambridge University Press.
Office for National Statistics, Hrsg. (2002), *UK 2003. The Official Yearbook of the United Kingdom of Great Britain and Northern Ireland*, London: Her Majesty's Stationery Office.
– (2003), *UK 2004. The Official Yearbook of the United Kingdom of Great Britain and Northern Ireland*, London: Her Majesty's Stationery Office.
Opie, Iona & Peter Opie, Hrsg. (1998), *The Oxford Nursery Rhyme Book*, Oxford: Oxford University Press.
Orwell, George (1979), *The Road to Wigan Pier* ([1]1937), Harmondsworth: Penguin.
Osgerby, Bill (1998), *Youth in Britain since 1945*, Oxford: Blackwell.
Ovendale, Ritchie (1998), *Anglo-American Relations in the Twentieth Century*, Houndmills: Macmillan.
Paine, Thomas (1984), *Rights of Man* ([1]1791), Harmondsworth: Penguin.
Parrott, Eric Oakley (1984), *The Penguin Book of Limericks* ([1]1983), London: Penguin.
Parry, Brenda (1977), "Pomp and Emotion in St Paul's", *The Daily Telegraph*, 8. Juni, 1.
Paxman, Jeremy (1999), *The English. A Portrait of a People* ([1]1998), London: Penguin.
Pettifer, Adrian (1995), *English Castles. A Guide by Counties*, Woodbridge: Boydell Press.
Phillips, Graham & Martin Keatman (1995), *The Shakespeare Conspiracy* ([1]1994), London: Arrow Books.
Pierson, Paul, Hrsg. (2001), *The New Politics of the Welfare State*, Oxford: Oxford University Press.
Pilkington, Colin (2001), *Britain in the European Union Today* (2. Auflage), Manchester: Manchester University Press.
Pollard, Sidney (2000), *Essays on the Industrial Revolution in Britain*, Aldershot: Ashgate.
Porter, Roy (1998), *England in the Eighteenth Century* ([1]1982), London: The Folio Society.
– (2000), *London. A Social History* ([1]1994), Harmondsworth: Penguin.
Priestley, J. B. (1976), *The English Humour* ([1]1929), London: Heinemann.
Raban, Jonathan (1987), *Coasting* ([1]1986), London: Picador.
Reid, Ivan (1998), *Class in Britain*, Cambridge: Polity Press.
Rentoul, John (1997), *Tony Blair*, London: Warner Books.
Reynolds, John (2000), "New Britain, New Establishment", www.fuzzclogcom/archive/features/newbritain.htm: 26. Oktober.
Riddell, Peter (1991), *The Thatcher Era and its Legacy*, Oxford: Blackwell.

Riddell, Peter (2001), *Parliament under Blair*, London: Politico's.
– (2002), "America First – and Last" [Rezension von Thatchers *Statecraft*], *Times Literary Supplement*, 26. April, 27.
Ridley, Nicholas (1991), *My Style of Government*, London: Hutchinson.
Rodger, John J. (2000), *From a Welfare State to a Welfare Society. The Changing Context of Social Policy in a Postmodern Era*, Houndmills: Macmillan.
Room, Adrian (1997), *An A to Z of British Life*, Oxford: Oxford University Press.
Russell, Willy (1984), *Educating Rita*, hrsg. Albert-Reiner Glaap, Frankfurt a. M.: Diesterweg.
Saalfeld, Thomas (1998), *Großbritannien. Eine politische Länderkunde*, Opladen: Leske & Budrich.
Sager, Peter (2003), *Oxford & Cambridge. Eine Kulturgeschichte*, Darmstadt: Wissenschaftliche Buchgesellschaft.
Sampson, Anthony (1992), *The Essential Anatomy of Britain. Democracy in Crisis*, London: Hodder & Stoughton.
Santayana, George (1967), *Soliloquies in England* ([1]1922), Michigan: Ann Arbor Paperbacks.
Sautter, Udo (2000), *Die Vereinigten Staaten. Daten, Fakten, Dokumente*, Tübingen: Francke.
Schieren, Stefan (2001), *Die stille Revolution. Der Wandel der britischen Demokratie unter dem Einfluss der europäischen Integration*, Darmstadt: Wissenschaftliche Buchgesellschaft.
Schlaeger, Jürgen, Hrsg. (1997), *The Media Debate. British and German Perspectives; Die Mediendebatte. Deutsch-britische Perspektiven* (Publications of the Centre for British Studies 1), Trier: Wissenschaftlicher Verlag.
Schmidt, Johann N. (2001), "In Love with Shakespeare. Der Barde und das zeitgenössische Hollywood-Kino", *Shakespeare-Jahrbuch*, 137, 86–99.
Schnurmann, Claudia (2001), *Vom Inselreich zur Weltmacht. Die Entwicklung des englischen Weltreichs vom Mittelalter bis ins 20. Jahrhundert*, Stuttgart: Kohlhammer.
Schwanitz, Dietrich (1995), *Englische Kulturgeschichte*, 2 Bde., Tübingen: Francke.
Seldon, Anthony, Hrsg. (2001), *The Blair Effect. The Blair Government 1997–2001*, London: Little, Brown & Co.
Shakespeare, William (1960), *The Complete Works*, hrsg. Peter Alexander (Tudor Edition), London: Collins.
Sharp, Alan & Glyn Stone, Hrsg. (2000), *Anglo-French Relations in the Twentieth Century. Rivalry and Cooperation*, London: Routledge.
Shaw, Eric (1996), *The Labour Party since 1945. Old Labour – New Labour*, Oxford: Blackwell.
Shelley, Percy B. (1956), *Poems*, hrsg. Isabel Quigley, Harmondsworth: Penguin.
Shiels, Robert S. (1999), *Scottish Legal System*, Edinburgh: Sweet & Maxwell.
Sillitoe, Alan (1974), *Saturday Night and Sunday Morning* ([1]1958), London: Flamingo.
Sitwell, Edith (1950), *The English Eccentrics*, London: Dobson.
Smith, Christopher (1999), "Estuary English", in Childs & Storry, 171.

Smith, John (1970), *De Republica Anglorum. The Manner of Government or Policy of the Realm of England* ([1]1583), Amsterdam: Da Capo Press.
Sobran, Joseph (1997), *Alias Shakespeare. Solving the Greatest Literary Mystery of All Time*, New York: The Free Press.
Soley, Clive (2001), "The Modernisation of Parliament. Themes and Challenges", in Eisenberg, 53–72.
Sondhi, Ranjit (1993), "Die multikulturelle Gesellschaft Großbritanniens", in Britische Botschaft, 81–106.
Spender, Stephen (1974), *Love-Hate Relations. A Study of Anglo-American Sensibilities*, London: Hamish Hamilton.
Steele, Richard (1995), *The Conscious Lovers*, in *The Beggar's Opera and Other Eighteenth-Century Plays*, hrsg. David W. Lindsay, London: Dent, 65–143.
Stokes, Jane & Anna Reading, Hrsg. (1999), *The Media in Britain. Current Debates and Developments*, Houndmills: Macmillan.
Storry, Mike & Peter Childs, Hrsg. (1997), *British Cultural Identities*, London: Routledge.
Strachey, Lytton (1988), *Eminent Victorians* ([1]1918), London: Bloomsbury.
Street, John (2001), *Mass Media, Politics and Democracy*, Houndmills: Macmillan.
Strong, Roy (1999), *The Spirit of Britain. A Narrative History of the Arts*, London: Hutchinson in Association with Julia MacRae.
Sturm, Roland (1997), *Großbritannien. Wirtschaft – Gesellschaft – Politik* (2., völlig überarbeitete und erweiterte Auflage), Opladen: Leske & Buderich.
– (2003), "Devolution and National Identities in Britain", in Tönnies, 11–31.
Suerbaum, Ulrich (2001 a), *Der Shakespeare-Führer*, Stuttgart: Reclam.
– (2001 b), *Shakespeares Dramen* (2., überarbeitete Auflage), Tübingen: Francke.
Swaan, Wim (1984), *Die großen Kathedralen*, Köln: DuMont.
Swift, Graham (1996), *Last Orders*, London: Picador.
Swift, Jonathan (1979), *Gulliver's Travels and Selected Writings in Prose & Verse*, hrsg. John Hayward, London: The Nonesuch Press.
Thatcher, Margaret (1986), *In Defence of Freedom. Speeches on Britain's Relations with the World 1976–1986*, hrsg. Ronald Butt, London: Aurum Press.
– (1989), *The Revival of Britain. Speeches on Home and European Affairs 1975–1988*, hrsg. Alistair B. Cooke, London: Aurum Press.
– (1993), *The Downing Street Years*, London: HarperCollins.
– (1995), *The Path to Power*, London: HarperCollins.
– (1997), *The Collected Speeches of Margaret Thatcher*, hrsg. Robin Harris, London: HarperCollins.
– (2002), *Statecraft. Strategies for a Changing World*, London: HarperCollins.
Theroux, Paul (1984), *The Kingdom by the Sea*, Harmondsworth: Penguin.
Thompson, F. M. L., Hrsg. (1990), *The Cambridge Social History of Britain 1750–1950*, 3 Bde. [Bd. 1: *Regions and Communities*; Bd. 2: *People and their Environment*; Bd. 3: *Social Agencies and Institutions*], Cambridge: Cambridge University Press.
Thomson, James (1965), *Poetical Works*, hrsg. J. Logie Robertson, London: Oxford University Press.

Thomson, Stuart, Hrsg. (1999), *Dictionary of Labour Quotations*, London: Politico's.
Thorpe, Andrew (2001), *A History of the British Labour Party* (2. Auflage), Houndmills: Macmillan.
Tönnies, Merle, Hrsg. (2003), *Labour under Blair* (anglistik & englischunterricht 65), Heidelberg: Winter.
Tönnies, Merle & Claus-Ulrich Viol (1999), "Nachwort", in Kureishi, 133–165.
– Hrsg. (2001), *British Political Speeches. From Churchill to Blair*, Stuttgart: Reclam.
Tonge, Jonathan (2002), *Northern Ireland. Conflict and Change* (2. Auflage), Harlow: Pearson Education.
Trevelyan, G.M. (2000), *English Social History* ([1]1944), London: Penguin.
Turner, Frederick Jackson (1920), *The Frontier in American History*, New York: Holt.
Vahimagi, Tise, Hrsg. (1996), *British Television. An Illustrated Guide* (2. Auflage), Oxford: Oxford University Press.
Volle, Angelika (1998), "Der mühsame Weg Großbritanniens nach Europa", in Kastendiek, Rohe & Volle, 459–475.
Walker, David M. (2001), *The Scottish Legal System. An Introduction to the Study of Scots Law* (8. Auflage), Edinburgh: Green, Sweet & Maxwell.
Walz, Heinz (1965), *Contemporary Britain. Her Land, Life and Leaders*, München: Hueber.
Waterson, Merlin (1994), *The National Trust. The First Hundred Years*, London: National Trust.
Waugh, Evelyn (1962), *Brideshead Revisited* ([1]1945), Harmondsworth: Penguin.
Webb, Paul (2000), *The Modern British Party System*, London: Sage.
Weber, Helmut, Hrsg. (1999), *The Future of the Welfare State. British and German Perspectives; Die Zukunft des Sozialstaates. Britische und deutsche Perspektiven* (Publications of the Centre for British Studies 2), Trier: Wissenschaftlicher Verlag.
Wende, Peter (1995), *Geschichte Englands* (2., überarbeitete und erweiterte Auflage), Stuttgart: Kohlhammer.
– (2001), *Großbritannien 1500–2000*, München: Oldenbourg.
Wersich, Rüdiger B., Hrsg. (1995), *USA Lexikon. Schlüsselbegriffe zu Politik, Wirtschaft, Gesellschaft, Kultur, Geschichte und zu den deutsch-amerikanischen Beziehungen*, Berlin: Schmidt.
White, Roland & Brendan Bourne (2002), "Are You Posh Enough to be Working Class?", *The Sunday Times*, 25. August, 19.
Wiener, Martin J. (1981), *English Culture and the Decline of the Industrial Spirit 1850–1980*, Cambridge: Cambridge University Press.
Williams, E. N. (1965), *A Documentary History of England*, Bd. 2: *1559–1931*, Harmondsworth: Penguin.
Williams, Raymond (1993), *The Country and the City* ([1]1973), London: Hogarth Press.
Wilmut, Roger, Hrsg. (1989), *Monty Python's Flying Circus. Just the Words*, 2 Bde., London: Methuen.
Wordsworth, William (1994), *The Works of William Wordsworth*, Ware: Wordsworth Editions.
Wright, Tony & Matt Carter (1997), *The People's Party. The History of the Labour Party*, London: Thames & Hudson.

Yeats, William Butler (1991), *The Collected Poems of William Butler Yeats*, hrsg. Richard J. Finneran, Houndmills: Macmillan.
Young, Hugo (1993), *One of Us. A Biography of Margaret Thatcher* ([1]1989), London: Pan Books.
– (1999), *This Blessed Plot. Britain and Europe from Churchill to Blair* ([1]1998), London: Macmillan.
Ziegesar, Detlef von (1993), *Großbritannien ohne Krone?*, Darmstadt: Wissenschaftliche Buchgesellschaft.

Websites

10 Downing Street: www.number-10.gov.uk
Britcult: www.ruhr-uni-bochum.de/britcult
Britische Museen: www.bubl.ac.uk/link/b/britishmuseums.htm
British Academy of Film and Television Arts: www.bafta.org
British Broadcasting Corporation (BBC): www.bbc.co.uk
British Council: www.britcoun.de und www.britcoun.org
British Embassy (Berlin): www.britischebotschaft.de
British Film: www.britmovie.co.uk und www.britfilmcom
British History: www.british-history.com
British Museum: www.thebritishmuseum.ac.uk
British Theatre Guide: www.britishtheatreguide.info
Central Government: www.ukonline.gov.uk
Centre for Contemporary British History: www.icbh.ac.uk
Conservative Party: www.tory.org.uk
Cultural Studies Central: www.culturalstudies.net
Department for Constitutional Affairs: www.dca.gov.uk
Department for Culture, Media and Sport: www.culture.gov.uk
Department for Education and Skills: www.dfes.gov.uk
Department of Health: www.doh.gov.uk
Foreign & Commonwealth Office: www.fco.gov.uk
German Portal to British Studies: www.britishstudies.de
Home Office: www.homeoffice.gov.uk
House of Commons: www.parliament.uk/about_commons/about_commons.cfm
House of Lords: www.parliament.uk/about_lords/about_lords.cfm
Labour Party: www.labour.org.uk
Liberal Democrats: www.libdems.org.uk
MORI: www.mori.com
National Archives: www.nationalarchives.gov.uk
National Assembly for Wales and Welsh: www.wales.gov.uk
Office for National Statistics: www.statistics.gov.uk
Prime Minister's Office: www.pmo.gov.uk
Scottish Parliament: www.scottish.parliament.uk
UK Government Portal: www.ukonline.gov.uk
UK Monarchy: www.royal.gov.uk
United Kingdom Parliament: www.parliament.uk

Register